精品课程配套教材

21世纪应用型人才培养“十三五”规划教材

“双创”型人才培养优秀教材

物流企业管理

WULIU QIYE GUANLI

主　编　张　印　刘永锋　孙宗耀

副主编　吴杰华　李丽媛　潘祥武

钱　芳　李艳珍　冷春蕾

杨建华　谢梦琴　方　煜

山东大学出版社

图书在版编目（CIP）数据

物流企业管理/张印，刘永锋，孙宗耀主编. —济南：山东大学出版社，2018. 7

ISBN 978-7-5607-6106-0

Ⅰ. ①物… Ⅱ. ①张…②刘…③孙… Ⅲ. ①物流企业—企业管理 Ⅳ. ①F253

中国版本图书馆 CIP 数据核字(2018)第 172457 号

责任编辑：陈佳意
美术编辑：张　荔
封面设计：尤　岛

出版发行：山东大学出版社
　　　　　社　址　山东省济南市山大南路 20 号
　　　　　邮　编　250100
　　　　　电　话　市场部（0531）88364466
经　　销：山东省新华书店
印　　刷：北京俊林印刷有限公司
规　　格：787 毫米×1092 毫米　1/16
　　　　　17.5 印张　　400 千字
版　　次：2018 年 7 月第 1 版
印　　次：2018 年 7 月第 1 次印刷
定　　价：39.00 元

精品课程配套教材 “双创”型人才培养优秀教材 编审委员会

前 言

随着现代信息网络技术的日益完善，物流的发展非常迅猛，已经成为国民经济中的一个重要环节，特别是在当前我国社会主义市场经济的发展进程中，物流作为经济活动的重要性越来越突出，物流的地位、功能也发生了深刻的变化。许多市场意识较为敏锐的企业早已把物流作为提高市场竞争力和提升企业核心竞争力的重要手段，但是物流人才的培养却相对滞后，造成了现代物流综合性人才严重匮乏。21 世纪的物流管理是一体化的物流管理，也是现代企业竞争优势的来源，作为一种先进有效的组织形式和管理技术，物流管理越来越被政府和企业所重视，而物流的研究和教育也是方兴未艾，许多学者积极介入该领域的研究并取得了丰硕的成果。

本书在借鉴和吸收国内外物流管理的基本理论和最新研究成果的基础上，密切结合我国物流业的发展和物流管理教学的实际，从介绍物流的基本概念、基本理论入手，结合当前物流业界的最新实践，对现代物流基本理论进行了较为细致的系统讲解。该书稿还选用了近年来国内外物流管理领域中的最新技术和研究成果，理论性、实践性和适用性均较强，不仅能推动物流管理专业的教材建设，而且也能够较好地满足当前企业物流管理人员的实践需要。

本书注重实践性、应用性，采取理论和实践相结合的方式进行阐述，理论简明适用，实际操作简单明了，同时引用具体案例说明问题。本书可作为物流管理、交通运输、运输管理、电子商务、工商企业管理、市场营销、营销管理等专业的课程教学用书，也可作为仓储、物资管理、流通管理领域从业人员的职业培训用书和岗位培训的参考用书。

本书由张印、刘永锋、孙宗耀担任主编，由吴杰华、李丽媛、潘祥武、钱芳、李艳珍、冷春蕾、杨建华、谢梦琴、方煜任副主编。第 1 章至第 2 章由刘永锋、吴杰华、谢梦琴编写，第 3 章至第 4 章由张印编写，第 5 章由张印、杨建华、方煜编写，第 6 章至第 7 章由孙宗耀、李丽媛、潘祥武编写，第 8 章至第 9 章由钱芳、李艳珍、冷春蕾编写，全书由张印统稿。全体编者在此向对本书的出版给予大力支持的山东大学出版社以及对编写工作给予热心支持与关心的同志表示衷心的感谢。

本书在编写过程中参考了国内外大量的文献资料，引用了一些专家学者的研究成果，在此向这些作者表示诚挚的谢意。由于物流管理特别是第三方物流、物流成本管理、供应链管理在我国正处于阶段性的变革发展之中，一些理论和实际操作仍需进一步探索，再加上本书编写时间紧迫及编者认识的局限性，书中难免存在一些不足之处，衷心希望读者予以指正，以利于我们水平的提高，促进现代物流管理研究的发展。

编　者

2018 年 6 月

目 录

第1章 物流与物流企业概述

学习目标

通过本章的学习，使学生了解物流的基本知识及发展溯源，掌握物流企业及物流企业管理的基本内涵、物流管理的基本职能，了解物流企业类型及物流企业评估。

关键概念

物流（logistics） 包装（packaging） 运输（transportation） 物流管理（logistics management） 物流企业（logistics enterprise） 库存（stock control）

引导案例

菜鸟物流

“菜鸟网络科技有限公司”是2013年5月28日阿里巴巴集团、银泰集团联合复星集团、富春集团、顺丰集团、“三通一达”（申通、圆通、中通、韵达），以及相关金融机构合作共同组建的正式成立的“中国智能物流骨干网”（简称“CSN”）。

“菜鸟”小名字大志向，其目标是通过5~8年的努力，打造一个开放的社会化物流大平台，在全国任意一个地区都可以做到24小时送达。2016年3月14日，阿里巴巴旗下大数据物流平台公司菜鸟网络宣布已经完成首轮融资，融资额超百亿元，估值近500亿元人民币。

菜鸟网络专注打造的中国智能物流骨干网将通过自建、共建、合作、改造等多种模式，在全中国范围内形成一套开放的社会化仓储设施网络。同时利用先进的互联网技术，建立开放、透明、共享的数据应用平台，为电子商务企业、物流公司、仓储企业、第三方物流服务商、供应链服务商等各类企业提供优质服务，支持物流行业向高附加值领域发展和升级。最终促使建立社会化资源高效协同机制，提升中国社会化物流服务品质。菜鸟通过打造智能物流骨干网，对生产流通的数据进行整合运作，实现信息的高速流转，而生产资料、货物则尽量减少流动，以提升效率。有人认为这种运作模式将颠覆传统物流模式。

菜鸟网络的注册资金为50亿元，前三期投资将合计3000亿元。建立智能物流骨干网的一个重要基础是仓储干线建设，因此，菜鸟在这一方面也下足了功夫。菜鸟网络CEO沈国军介绍，同时启动的拿地建仓项目已包括北京、天津、广州、武汉、金华、海宁等十多个城市。金华的金义都市新区，则有望成为阿里物流的第一个创业基地。沈国军表示："包括中西部地区在内，我们会在全国八个重要城市，按照'八大军区'的思路布局去建立主干网络。"

菜鸟的用地需求将带动物流地产的升温，同时将营造更多的就业机会，根据菜鸟网络的预计，发展初期将至少支持1000万家新型企业发展和创造1000万个就业岗位。而依照马云的设想，智能骨干网成熟运作后，我国占GDP总值18%的物流费用将降至欧美发达国家的12%左右，国家经济效益将得到整体提升。

"菜鸟"的诞生实质上就是淘宝大物流计划，不过这次是阿里借助第三方物流的路子来实现，因此阿里或者说马云并未放弃过物流，同时阿里巴巴也在和发宝网进行密切接触，不排除阿里收购发宝网或者双方达成战略合作共同打造智能物流，马云再次搅动电商物流，将引发新一轮电商物流竞赛。

（资料来源：百度百科"菜鸟物流"词条，https：//baike. baidu. com/item/菜鸟物流/5198723？fr=aladdin，2017年7月8日）

1.1　物流概述

随着我国经济的发展，人们的精神和物质需求不断提高，促使社会供给与需求快速增长，信息化水平的提高进一步回应了经济和科技发展的步伐。然而，信息化等虚拟经济的进步，不可避免要以物质的交流作为最后的保障。

1.1.1　物流基础知识

1. 物流发展溯源

1921年，阿奇·萧（Arch Shaw）在《市场流通中的若干问题》一书中提出"物流是与创造需要不同的一个问题"，并提到"物资经过时间或空间的转移，会产生附加价值"。这里，时间和空间的转移指的是销售过程中的物流。

1918年，英国犹尼里佛的利费哈姆勋爵成立了"即时送货股份有限公司"，其宗旨是在全国范围内把商品及时送到批发商、零售商以及用户的手中，这被一些物流学者誉为"有关物流活动的早期文献记载"。

根据日本物流管理协会的资料记载，日本在20世纪50年代以后，经济已基本恢复到第二次世界大战前的水平，企业进行了大规模设备投资和更新改造，技术水平不断提高，生产力大幅度上升。1955年，日本成立了生产性本部，该团体为了改进流通领域的生产效率，确保经济的顺畅运行和发展，组织了一个由伊泽道雄为团长的大型考察团，并于1956年秋季考察了美国的物流。日本考察团回国后便向政府提出了重视物流的建议，并在产业界掀起了PD（physical distribution）启蒙运动。日本能率协会设立了PD研究会，邀请平原直先生（历任装卸研究所所长、日本装卸协会会长，被誉为日本的"物流之父"）担任会长，每个月举办PD研讨会。在流通经济研究所，日本权威物流学者林周二教授等也组织起PD研究会，积极开展各种形式的启蒙教育活动。经过8年的努力，1964年，日本政府终于开始对 PD 给予了关注。通产省几次邀请平原直先生去政府机关说明 PD 的重要性，为政府官员们讲课。同年 7 月，通产省决定讨论物流预算案时，担心新闻媒体在报道中讲 PD 日本人听不懂，于是邀请平原直先生同内山九万先生（日本通运株式会社专务董事）商议。内山专务认为，PD 中的“P”即 physical，在这里并不是“物质”的意思，而是“物理”的意思；“D”即 distribution，是“流通”的意思，所以应把 PD 译为“物理性流通”，但又觉得作为一个名词，“物理性流通”字数过多、过长，只好缩写为“物的流通”。于是“物的流通”这一新词在全日本媒体上发表了。

此后，“物的流通”在日本逐渐家喻户晓，人人皆知。产业构造委员会内设立了“物的流通分会”。1970 年成立的日本最大的物流团体之一就叫“日本物的流通协会”，同年成立的另一个日本类似的物流团体——日本物流管理协议会每年举行的物流会议也都叫“全国物的流通会议”。

1970 年以后，很多人觉得“物的流通”也有点长，于是就简称为“物流”了。“物流”这个词在日本至今仍在使用。物流目前比较流行的英文翻译为“logistics”。

2. 物流定义

物流的定义有多种。我国国家标准《物流术语》中指出：物流是物品从供应地到接收地的实体流动中，根据实际需要，将运输、储存、装卸、搬运、包装、流通加工、配送、信息处理等基本功能实施有机结合来实现用户要求的过程。

由英文“stream”词义进行解释：在化工生产过程中，需要进行化学或物理变化的物料常常以气态或液态参与生产过程，并以管道输送，这样参与过程的原料、中间产物、产品等称为“物流”。在连续操作过程中不断地加入或排出的固体物料也可称为“物流”。

物流的“7R”理论认为，现代物流管理追求的目标可以概括为“7R”：将适当数量（right quantity）的适当产品（right product），在适当的时间（right time）和适当的地点（right place），以适当的条件（right condition）、适当的质量（right quality）和适当的成本（right cost）交付给客户。具体来讲，通过加强物流系统管理可以实现“7S”，即实现 7 个目标，包括服务（service）目标、快捷（speed）目标、节约（space saving）目标、规模优化（scale optimization）目标、库存（stock control）目标、安全性（safe）目标、总成本（sum cost minimum）目标。

目前被普遍认同的物流定义是美国“物流管理协会”（2004 年已更名为“供应链管理协会”）2000 年所下的定义：物流是为满足客户需要，对商品、服务及相关信息在源头与消费点之间的高效（高效率、高效益）正向及反向流动与储存进行的计划、实施与控制的过程。

综合上述定义，本书对物流的定义是：物流（logistics）是指利用现代信息技术和设备，使物品从供应地到接收地的准确的、及时的、安全的、保质保量的、门到门的合理化服务模式和先进的服务流程。物流是随商品生产的出现而出现，随商品生产的发展而发展，所以物流是一种融合了现代技术的传统的经济活动。

对这一定义的进一步解释如下：

（1）物流构成：商品的运输、配送、仓储、包装、搬运装卸、流通加工，以及相关的物流信息等环节。

(2) 物流活动的具体内容：用户服务、需求预测、订单处理、配送、存货控制、运输、仓库管理、工厂和仓库的布局与选址、搬运装卸、采购、包装、情报信息。

3. 物流的基本职能

物流的基本职能是指物流活动应该具有的基本能力以及通过对物流活动最佳的有效组合，形成物流的总体功能，以达到物流的最终经济目的。它是物流活动特有的、区别于其他经济活动的职责和功能。物流基本职能的内容是进行商品实体定向运动，这是物流的共性。不管是哪一种社会形态，只要有商品交换存在，商流和物流就必然会发生。物流的基本职能具体包括包装、装卸搬运、运输、存储保管、流通加工、配送、废旧物的回收与处理以及情报信息等职能。

(1) 包装

包装可以从名词与动词两方面进行描述。名词包装是指为在流通过程中保护产品，方便储运，促进销售，按一定的技术方法所用的容器、材料和辅助物等的总体名称，实质是所采用的包装物。动词包装是指为达到上述目的而在采用容器、材料和辅助物的过程中施加一定技术方法等的操作活动。

包装的作用有以下几个方面：

①实现商品价值和使用价值，是增加商品价值的一种手段。

②保护商品免受日晒、风吹、雨淋、灰尘沾染等自然因素的侵袭，防止挥发、渗漏、溶化、沾污、碰撞、挤压、散失以及盗窃等损失。

③给流通环节的储、运、调、销带来方便，如装卸、盘点、码垛、发货、收货、转运、销售计数等。

④美化商品，吸引顾客，有利于促销。

⑤就像对人或物进行形象上的装扮、美化，使商品更具吸引力或商业价值。

(2) 装卸搬运

在同一地域范围内（如车站范围、工厂范围、仓库内部等）以改变“物”的存放、支承状态的活动称为“装卸”，以改变“物”的空间位置的活动称为“搬运”，两者全称“装卸搬运”。有时候或在特定场合，单称“装卸”或单称“搬运”也包含了“装卸搬运”的完整含义。

在习惯使用中，物流领域（如铁路运输）常将装卸搬运这一整体活动称为“货物装卸”，而在生产领域中常将这一整体活动称为“物料搬运”。实际上，活动内容都是一样的，只是领域不同而已。

在实际操作中，装卸与搬运是密不可分的，两者是伴随在一起发生的。因此，在物流科学中并不过分强调两者的差别，而是作为一种活动来对待。

搬运的“运”与运输的“运”的区别之处在于：搬运是在同一地域的小范围内发生的，而运输则是在较大范围内发生的，两者是量变到质变的关系，中间并无一个绝对的界限。

(3) 运输

物流的运输则专指“物”的载运及输送。它是在不同的地域范围之间（如两个城市、两个工厂之间，或一个大企业内相距较远的两车之间），以改变“物”的空间位置为目的的活动，是对“物”进行的空间位移。运输又被认为是国民经济的根本。运输的主要工具有板车、三轮车、摩托车、汽车、火车、飞机、轮船、宇宙飞船、火箭等。运输按服务对象不同分为客运和货运，它们是公共运输的一个重要组成部分，是收费提供交通服务的运输方式。

（4）存储保管

储存保管是指物资放置在一定的场所，采用科学的管理办法，使其在储存期间品质、数量不发生变化。

①储存保管的功能。它是社会生产顺利进行的必要保障，保证社会再生产连续不断地有效地进行。通过有目的、能动地调节物资在生产领域和流通域的暂时停滞，调整生产和消费的时间差别，并通过对供给的调节，维持市场稳定，实现劳动产品价值保存。存储保管是流通过程的衔接、市场信息的传感器、开展物流管理的重要环节，也是提供信用保证、现货交易的场所。

②储存保管的目标。通过储存、仓库空间合理规划和科学摆放，达到空间利用效率的最大化，实现储存保管过程中劳动力和设备的有效使用、货物的方便存取、货物的有效移动、货物的良好保养及管理。

（5）流通加工

流通加工是指为了提高物流速度和物品的利用率，在物品进入流通领域后，按客户的要求进行的加工活动，即在物品从生产者向消费者流动的过程中，为了促进销售、维护商品质量和提高物流效率，对物品进行一定程度的加工。流通加工通过改变或完善流通对象的形态来实现“桥梁和纽带”的作用，因此流通加工是流通中的一种特殊形式。随着经济的增长、国民收入的增多，消费者的需求出现多样化，从而促使在流通领域开展流通加工。目前，在世界许多国家和地区的物流中心或仓库经营中都大量存在流通加工业务，在日本、美国等物流发达国家则更为普遍。

流通加工的类型：为适应多样化需要的流通加工，为方便消费、省力的流通加工，为保护产品所进行的流通加工，为弥补生产领域加工不足的流通加工，为促进销售的流通加工，为提高加工效率的流通加工，为提高物流效率、降低物流损失的流通加工，为衔接不同运输方式使物流更加合理的流通加工，生产—流通一体化的流通加工，为实施配送而进行的流通加工。

（6）配送

从物流来讲，配送几乎包括了所有的物流功能要素，是物流的一个缩影或在某小范围中物流全部活动的体现。一般的配送集装卸、包装、保管、运输于一身，通过这一系列活动完成将货物送达的目的。特殊的配送则还要以加工活动为支撑，所以包括的方面更广。但是，配送的主体活动与一般物流却不同，一般物流是运输及保管，而配送则是运输及分拣配货。分拣配货是配送的独特要求，也是配送中有特点的活动，以送货为目的的运输则是最后实现配送的主要手段。从这一主要手段出发，常常将配送简化地看成运输中的一种。

（7）废旧物的回收与处理

在物流包装、装卸搬运、运输、存储保管、流通加工以及配送的各环节中，不可避免地存在废旧物。废旧物的存在会污染环境和占用空间，但同时废旧物本身还存在一定的价值，因此，要对废旧物进行处理。对废旧物的处理具体包括回收和处理。回收是从废物中分离出来的有用物质经过物理或机械加工成为再利用的制品，会带来部分的价值。处理主要是对废渣、废水和废气的处理，但首先要注意环境保护。

(8) 情报信息

情报信息既包括商业系统的商品流通，也包括物资系统的商品流通，还包括不同经济成分经营主体在市场上所进行的商品流通。

4. 物流的分类

(1) 物流对象不同，物流目的不同，物流范围、范畴不同，形成了不同类型的物流

①宏观物流。宏观物流是指社会再生产总体的物流活动，是从社会再生产总体角度认识和研究的物流活动。对于宏观物流，还可以从空间范畴来理解，即在很大空间范畴的物流活动往往带有宏观性，而在很小空间范畴的物流活动则往往带有微观性。宏观物流研究的主要特点是综观性和全局性。宏观物流的主要研究内容是：物流总体构成、物流与社会的关系在社会中的地位、物流与经济发展的关系、社会物流系统和国际物流系统的建立和运作等。

②微观物流。消费者、生产者企业所从事的实际的、具体的物流活动属于微观物流。在整个物流活动中，其中的一个局部、一个环节的具体物流活动也属于微观物流。在一个小地域空间发生的具体的物流活动也属于微观物流。

③社会物流。社会物流是指超越一家一户的以一个社会为范畴面向社会为目的的物流。

④企业物流。企业物流是从企业角度研究与之有关的物流活动，是具体的、微观的物流活动的典型领域。

⑤国际物流。国际物流是现代物流系统发展很快、规模很大的一个物流领域，国际物流是伴随和支撑国际间经济交往、贸易活动和其他国际交流所发生的物流活动。

⑥区域物流。相对于国际物流而言，一个国家范围内的物流、一个城市的物流、一个经济区域的物流都处于同一法律、规章、制度之下，都受相同文化及社会因素的影响，都处于基本相同的科技水平和装备水平之下。

⑦一般物流。一般物流是指物流活动的共同点和一般性，物流活动的一个重要特点是其涉及全社会、各企业。因此，物流系统的建立以及物流活动的开展必须有普遍的适用性。

⑧特殊物流。对于专门范围、专门领域、特殊行业，在遵循一般物流规律的基础上，带有特殊制约因素、特殊应用领域、特殊管理方式、特殊劳动对象、特殊机械装备特点的物流，皆属于特殊物流范围。例如水泥物流、石油及油品物流、煤炭物流、腐蚀化学物品物流、危险品物流、集装箱物流、托盘物流、军事物流、废弃物物流等。

(2) 按物流的范畴不同，物流分为社会物流和企业物流

社会物流属于宏观范畴，包括设备制造、运输、仓储、装饰包装、配送、信息服务等，公共物流和第三方物流贯穿其中，企业物流属于微观范畴，包括生产物流、供应物流、销售物流、回收物流和废弃物流等。

（3）根据作用领域的不同，物流分为生产领域的物流和流通领域的物流

生产领域的物流贯穿于生产的整个过程。生产的全过程从原材料的采购开始，便要求有相应的供应物流活动，即采购生产所需的材料；在生产的各工艺流程之间，需要原材料、半成品的物流过程，即所谓的生产物流；部分余料、可重复利用的物资的回收，就是所谓的回收物流；废弃物的处理则需要废弃物物流。

流通领域的物流主要是指销售物流。在当今买方市场条件下，销售物流活动带有极强的服务性，以满足买方的需求，最终实现销售。在这种市场前提下，销售往往以送达用户并经过售后服务才算终止，因此企业销售物流的特点便是通过包装、送货、配送等一系列物流实现销售。

（4）根据发展的历史进程，物流分为传统物流、综合物流和现代物流

传统物流的主要精力集中在仓储和库存的管理和派送上，而有时又放在仓储和运输方面，以弥补时间和空间上的差异。综合物流不仅提供运输服务，也包括许多协调工作，是对整个供应链的管理，如对陆运、仓储部门等一些分销商的管理，还包括订单处理、采购等内容。由于综合物流的很多精力放在供应链管理上，因此责任更大，管理也更复杂，这是它与传统物流的区别。

现代物流是为了满足消费者的需要而进行的从起点到终点的原材料、中间过程库存、最终产品和相关信息的有效流动，以及储存计划、实现和控制管理的过程。它强调了从起点到终点的过程，提高了物流的标准和要求，是各国物流的发展方向。国际上大型物流公司认为现代物流有两个重要功能：能够管理不同货物的流通质量；开发信息和通信系统，通过网络建立商务联系，直接从客户处获得订单。

（5）根据提供服务的主体不同，物流分为代理物流和生产企业内部物流

代理物流也叫“第三方物流”（third party logistics，3PL），是指由物流劳务的供方、需方之外的第三方去完成物流服务的运作模式。第三方就是提供物流交易双方的部分或全部物流功能的外部服务提供者。

一个生产企业从原材料进厂后，经过多道工序加工成零件，然后再将零件组装成部件，最后组装成成品出厂，这种企业内部物资的流动称为“企业内部物流”。

（6）按物流的流向不同，物流分为内向物流和外向物流

内向物流是企业从生产资料供应商处进货所引发的产品流动，即企业进行市场采购的过程。外向物流是从企业到消费者之间的产品流动，即企业将产品送达市场并完成与消费者交换的过程。

1.1.2　现代物流

随着时代的进步以及各种信息技术的出现，物流逐渐发展到现代物流。现代物流不仅考虑从生产者到消费者的货物配送问题，而且还考虑从供应商到生产者对原材料的采购，以及生产者本身在产品制造过程中的运输、保管和信息等各个方面，全面地、综合性地提高经济效益和效率的问题。因此，现代物流是以满足消费者的需求为目标，把制造、运输、销售等市场情况统一起来考虑的一种战略措施。这与传统物流把它仅看作是“后勤保障系统”和“销售活动中起桥梁作用”的概念相比，在深度和广度上又有了进一步的发展。

在当今的电子商务时代，全球物流产业有了新的发展趋势。现代物流服务的核心目标是在物流全过程中以最小的综合成本来满足顾客的需求。

现代物流具有以下几个特点：电子商务与物流的紧密结合；现代物流是物流、信息流、资金流和人才流的统一；电子商务物流是信息化、自动化、网络化、智能化、柔性化的结合；物流设施、商品包装的标准化，物流的社会化、共同化也都是电子商务下物流模式的新特点。

电子商务的不断发展使物流行业重新崛起，物流公司提供的仓储、分拨设施、维修服务、电子跟踪和其他具有附加值的服务日益增加。物流服务商正在成为客户服务中心、加工和维修中心、信息处理中心和金融中心，并根据顾客需要而增加新的服务。

1.1.3 电子商务物流

电子商务物流又称“网上物流”，就是基于互联网技术，旨在创造性地推动物流行业发展的新商业模式。通过互联网，物流公司能够被更大范围内的货主客户主动找到，能够在全国乃至世界范围内拓展业务，贸易公司和工厂能够更加快捷地找到性价比最适合的物流公司。网上物流致力于把世界范围内最大数量的有物流需求的货主企业和提供物流服务的物流公司都吸引到一起，提供中立、诚信、自由的网上物流交易市场，帮助物流供需双方高效达成交易。目前，已经有越来越多的客户通过网上物流交易市场找到了客户，找到了合作伙伴，找到了海外代理。网上物流提供的最大价值就是更多的机会。

1.1.4 我国物流发展现状及问题

1. 我国物流发展现状

(1) 物流基础设施规模迅速扩大

①铁路：铁路在国家交通建设中占有重要地位，近年以“八纵八横”铁路通道为路网主骨架加以重点建设。至 2016 年末，全国铁路营业里程达到 12.4 万公里，比上年增长 2.5%，其中高铁营业里程超过 2.2 万公里。全国铁路路网密度 129.2 公里/万平方公里，增加 3.2 公里/万平方公里。铁路营业里程中，复线里程 6.8 万公里，比上年增长 5.2%；电气化里程 8.0 万公里，增长 7.4%。具体如图 1-1 所示。

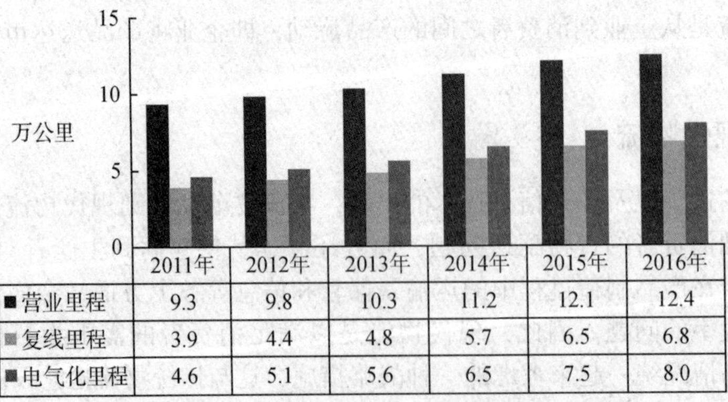

	2011年	2012年	2013年	2014年	2015年	2016年
营业里程	9.3	9.8	10.3	11.2	12.1	12.4
复线里程	3.9	4.4	4.8	5.7	6.5	6.8
电气化里程	4.6	5.1	5.6	6.5	7.5	8.0

图 1-1 2011~2016 年全国铁路营业里程

（数据来源：《2016 年交通运输行业发展统计公报》）

②公路：2016 年末全国公路总里程 469. 63 万公里，比上年增加 11. 90 万公里。公路密度为 48. 92 公里/百平方公里，增加 1. 24 公里/百平方公里（见图 1-2）。公路养护里程为 459. 00 万公里，占公路总里程 97. 7%。

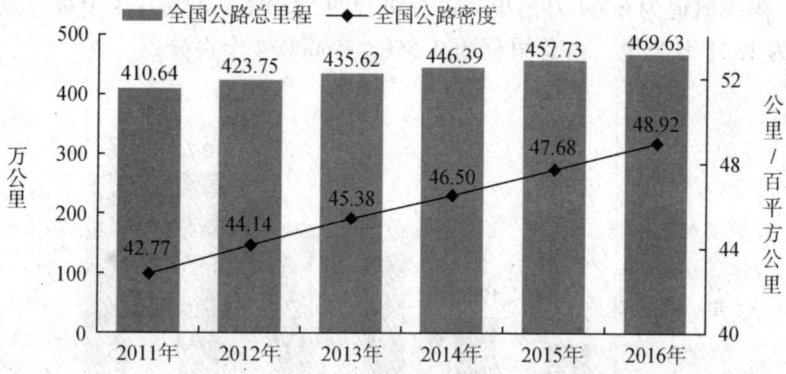

图 1-2　2011~2016 年全国公路总里程及公路密度

（数据来源：《2016 年交通运输行业发展统计公报》）

2016 年末全国四级及以上等级公路里程 422. 65 万公里，比上年增加 18. 03 万公里，占公路总里程 90. 0%，提高 1. 6 个百分点。二级及以上等级公路里程 60. 12 万公里，增加 2. 63 万公里，占公路总里程 12. 8%，提高 0. 2 个百分点。高速公路里程 13. 10 万公里，增加 0. 74 万公里；高速公路车道里程 57. 95 万公里，增加 3. 11 万公里。国家高速公路 9. 92 万公里，增加 1. 96 万公里。

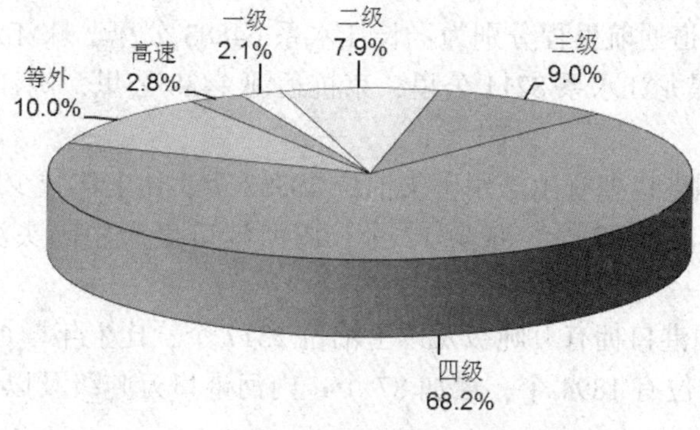

图 1-3　2016 年全国公路里程分技术等级构成

（数据来源：《2016 年交通运输行业发展统计公报》）

2016 年末国道 35. 48 万公里，省道 31. 33 万公里。农村公路里程 395. 98 万公里，其中县道 56. 21 万公里，乡道 114. 72 万公里，村道 225. 05 万公里。

2016 年末全国通公路的乡（镇）占全国乡（镇）总数的 99. 99%，其中通硬化路面的乡（镇）占全国乡（镇）总数的 99. 00%，比上年提高 0. 38 个百分点；通公路的建制村占全国建制村总数的 99. 94%，其中通硬化路面的建制村占全国建制村总数的 96. 69%，提高 2. 24 个百分点。

2016 年末全国公路桥梁有 80. 53 万座、4916. 97 万米，比上年增加 2. 61 万座、324. 19 万米，其中特大桥梁有 4257 座、753. 54 万米，大桥有 86178 座、2251. 50 万米。全国公路隧道为 15181 处、1403.97 万米，增加 1175 处、135.58 万米，其中特长隧道有 815 处、362.27 万米，长隧道有 3520 处、604.55 万米。

③水路：2016 年末全国内河航道通航里程为 12.71 万公里，比上年增加 0.01 万公里（见图 1-4）。等级航道为 6.64 万公里，占总里程的 52.3%，提高 0.1 个百分点。其中三级及以上航道为 1.21 万公里，占总里程的 9.5%，提高 0.4 个百分点。

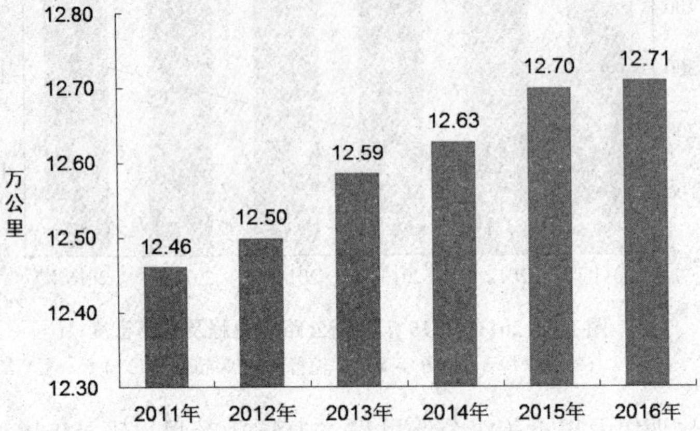

图 1-4　2011～2016 年全国内河航道通航里程

各等级内河航道通航里程分别为：一级航道 1342 公里，二级航道 3681 公里，三级航道 7054 公里，四级航道 10862 公里，五级航道 7485 公里，六级航道 18150 公里，七级航道 17835 公里，等外航道 6.07 万公里。

各水系内河航道通航里程分别为：长江水系 64883 公里，珠江水系 16450 公里，黄河水系 3533 公里，黑龙江水系 8211 公里，京杭运河 1438 公里，闽江水系 1973 公里，淮河水系 17507 公里。

2016 年末全国港口拥有生产用码头泊位 30388 个，比上年减少 871 个。其中，沿海港口生产用码头泊位有 5887 个，减少 12 个；内河港口生产用码头泊位有 24501 个，减少 859 个。

2016 年末全国港口拥有万吨级及以上泊位 2317 个，比上年增加 96 个。其中，沿海港口万吨级及以上泊位有 1894 个，增加 87 个；内河港口万吨级及以上泊位有 423 个，增加 9 个（见表 1-1）。

表 1-1　2016 年全国港口万吨级及以上泊位数量　　计量单位：个

泊位吨级	全国港口	比上年增加	沿海港口	比上年增加	内河港口	比上年增加
合计	2317	96	1894	87	423	9
1 万～3 万吨级（不含 3 万）	814	21	637	18	177	3
3 万～5 万吨级（不含 5 万）	384	15	279	13	105	2

续表

泊位吨级	全国港口	比上年增加	沿海港口	比上年增加	内河港口	比上年增加
5 万～10 万吨级（不含 10 万）	757	29	628	28	129	1
10 万吨级及以上	362	31	350	28	12	3

全国万吨级及以上泊位中，专业化泊位有 1223 个，比上年增加 50 个；通用散货泊位有 506 个，增加 33 个；通用件杂货泊位有 381 个，增加 10 个（见表 1-2）。

表 1-2　全国万吨级及以上泊位构成（按主要用途分）　计量单位：个

泊位用途	2016 年	2015 年	比上年增加
专业化泊位	1223	1173	50
集装箱泊位	329	325	4
煤炭泊位	246	238	8
金属矿石泊位	83	80	3
原油泊位	74	73	1
成品油泊位	132	133	-1
液体化工泊位	200	184	16
散装粮食泊位	39	38	1
通用散货泊位	506	473	33
通用件杂货泊位	381	371	10

④民航：2016 年末共有颁证民用航空机场 218 个，比上年增加 8 个，其中定期航班通航机场有 216 个，定期航班通航城市有 214 个。

2016 年旅客吞吐量达到 100 万人次以上的通航机场有 77 个，比上年增加 7 个，年旅客吞吐量达到 1000 万人次以上的有 28 个，增加 2 个。年货邮吞吐量达到 10000 吨以上的有 50 个，减少 1 个。

2016 年全国国道观测里程约 12. 88 万公里，机动车年平均日交通量为 16090 辆，比上年增长 4. 7%，年平均日行驶量为 207141 万车公里，增长 1. 4%。其中，国家高速公路年平均日交通量为 24468 辆，增长 5. 0%，年平均日行驶量为 109261 万车公里，增长 1. 9%；普通国道年平均日交通量为 11637 辆，增长 4. 3%，年平均日行驶量为 97872 万车公里，增长 0. 9%。

2016 年长江干线航道设有 27 个水上交通流量观测断面，年平均日船舶流量 662. 6 艘，比上年增长 2. 3%。其中，上游航道年平均日船舶流量 213. 6 艘，增长 6. 0%；中游航道年平均日船舶流量 290. 8 艘，增长 7. 1%；下游航道年平均日船舶流量 874. 2 艘，增长 1. 8%。

(2) 全社会货物运输量持续增加

在良好的宏观经济环境下，交通运输部门在继续深化体制改革的基础上，大力开展结构调整和企业重组，提高运输效率和服务质量，运输形势平稳发展，铁路、公路、水运是主要的运输方式。2010全年货物运输总量为320亿吨，比上年增长13.4%。货物运输周转量为137329亿吨公里，增长12.4%。全年规模以上港口完成货物吞吐量为80.2亿吨，比上年增长15.0%。其中外贸货物吞吐量为24.6亿吨，增长13.6%。港口集装箱吞吐量为14500万标准箱，增长18.8%。

(3) 物流市场潜力巨大，第三方物流服务方兴未艾

中国目前与物流相关的年总支出有19000亿元人民币，物流成本占GDP的比重为20%~25%，第三方物流的市场潜力很大。根据中国仓储协会进行的第三次物流市场调查分析：有57%的生产企业和38%的商业企业正在寻找新的物流代理商，企业对第三方物流的满意度在逐渐提高。企业目前的物流需求以物流运作为主，更强调物流总代理的形式，需要一体化的物流服务。与第一次、第二次调查研究结果相比，市内配送服务的需求也越来越迫切。同时物流过程管理、物流决策、资料攫取等信息服务越来越受到企业的重视。种种迹象表明，中国第三方物流市场方兴未艾。但真正意义上的第三方物流尚处于发展初期，根据美智（Mercer）管理顾问公司和中国物流与采购联合会对中国第三方物流市场进行的研究，2001年的市场规模在400亿元人民币以上，70%的物流服务提供商在过去的3年中，年均业务增幅都高于30%，整个中国第三方物流市场2000~2005年的年增长率将达到25%。推动中国第三方物流发展的主要因素，首先在于跨国企业正在将更多的业务转向中国，并通过外包来降低供应链成本；其次是中国公司面临着降低成本和更加关心核心竞争力的压力，而增加了物流外包的需求；最后，政府的激励措施也是刺激中国第三方物流市场迅速发展的重要因素。

(4) 物流技术装备水平迅速提高

由于近年来我国企业生产规模与水平的不断提高，生产设备与物流设备的更新与现代化需求旺盛，汽车、烟草、药品、家电等行业都是物流技术装备的良好市场。

为了适应市场需求，物流技术装备厂商也不断提高产品的水平并且开发出新产品。日本和欧美等国外著名厂家也接连在中国设立办事处以及分公司，也有外国公司为了更深入地介入中国市场，与中国企业建立了密切的合作关系。

由于外国企业更广泛地进入中国市场，提供了高性能的技术装备；中国企业通过技术创新也不断推出新产品，质量也不断提高。近年来，华为公司、海尔公司及许多烟草公司的高水平物流系统的建成，对企业的持续发展起到了坚强的保证作用。邮政、机场、连锁商业等配送中心和分拣设施建设也有效地保证了系统的高效率运行。因此，物流技术装备水平的提高为我国现代化提供了良好的物质基础和技术支持。

2. 我国物流发展存在的问题

(1) 物流系统效率低，物流成本高

我国与发达国家在物流成本方面、周转速度方面以及产业化方面存在较大差距，服务水平和效率都比较低。我国目前每万元GDP产生的运输量为4972吨公里，而美国和日本的这一指标分别为870吨公里和700吨公里。

（2）物流基础设施的配套性、兼容性差，物流技术装备水平低

总体来看，我国现有的物流基础设施虽然有了很大发展，但是还比较落后。按国土面积和人口数量计算的运输网络密度，我国仅为1344.48公里/万平方公里，而美国为6869.3公里/万平方公里，德国为14680.4公里/万平方公里，印度为5403.9公里/万平方公里。在这方面，我们不仅落后于欧美发达国家，而且与印度等发展中国家相比也有较大差距，如果按人口数量计算则差距更大。

（3）标准化建设滞后

物流是跨地区、跨行业的运作系统，标准化程度的高低不仅关系到各种物流功能、要素之间的有效衔接和协调发展，也在很大程度上影响着全社会物流效率的提高。我国物流标准化滞后主要表现在缺乏有关的标准及规章制度，同时在推行标准方面也缺乏必要的力度。一是各种运输方式之间的装备标准不统一，海运与铁路集装箱标准存在差异，在一定程度上影响着我国海铁联运规模的扩展，对我国国际航运业务的拓展、港口作业效率的提高以及进出口贸易的发展都有一定程度的影响。二是物流器具标准不配套，特别是现有托盘标准列入了国际标准中所有四种规格，也没有推行的原则，这样等于没有标准。托盘标准和各种运输装备、装卸设备标准之间都有衔接关系，这就影响了托盘在整个物流过程中的有效使用。三是产品包装标准与物流设施标准之间缺乏有效的衔接，虽然目前我国对商品包装已有初步的国家和行业标准，但在与托盘和各种运输装备、装卸设施、仓储设施相衔接的集装单元化包装标准方面还比较欠缺，这对各种运输工具的装载率、装卸设备的荷载率、仓储设施空间利用率方面的影响较大。四是信息系统之间缺乏接口标准，工商企业内部物流信息系统与第三方信息系统之间缺乏有效的衔接，运输信息系统、仓储信息系统、物流作业管理信息系统之间互不沟通，由于没有公共物流信息交流平台，以EDI互联等为基础的物流信息系统难以得到实际应用。

（4）我国物流业管理体制和机制方面的障碍

在计划经济体制下，各个行业从上到下一统到底，行业之间、部门之间管理体系分割现象严重，在市场经济转型的过程中，习惯势力仍然有一定的影响。物流产业的发展涉及基础设施、物流技术设备、产业政策、投资融资、税收、海关、服务与运输标准等多个方面，而这些问题的管理分属于不同的政府职能部门，各职能部门对现代物流认识不足和缺乏统一协调的战略思想，成为物流产业发展的主要瓶颈之一。

1.2　物流管理

1.2.1　物流管理活动

物流管理科学是近一二十年以来在国外兴起的一门新学科，它是管理科学的新的重要的分支。随着生产技术和管理技术的提高，企业之间的竞争日趋激烈，人们逐渐发现，企业在降低生产成本方面的竞争似乎已经走到了尽头，产品质量的好坏也仅仅是一个企业能否进入市场参加竞争的敲门砖。这时，竞争的焦点开始从生产领域转向非生产领域，转向

过去那些分散、孤立的，被视为辅助环节而不被重视的，诸如运输、存储、包装、装卸、流通加工等物流活动领域。人们开始研究如何在这些领域里降低物流成本，提高服务质量，创造“第三个利润源泉”。物流管理从此从企业传统的生产和销售活动中分离出来，成为独立的研究领域和学科范围。物流管理科学的诞生使得原来在经济活动中处于潜隐状态的物流系统显现出来，揭示了物流活动的各个环节的内在联系，它的发展和日臻完善是现代企业在市场竞争中制胜的法宝。

1. 物流管理的定义

物流管理是指在社会生产过程中，根据物质资料实体流动的规律，以系统论、信息论和控制论为基础，应用管理的基本原理和信息技术等科学方法，对物流活动进行计划、组织、领导、控制，使各项物流活动实现最佳的协调与配合，以降低物流成本，提高物流效率和经济效益。

对这一定义的进一步解释如下：

（1）物流管理的对象是商品的运输、配送、仓储、包装、搬运装卸、流通加工，以及相关的物流信息等环节的物流活动。

（2）物流管理职能依然包括计划、组织、领导与控制四大职能。

（3）物流管理主要有四个特点：以实现客户满意为第一目标；以企业整体最优为目的；以信息为中心；重效率，更重效果。

（4）实施物流管理的目的：要在尽可能最低的总成本条件下实现既定的客户服务水平，即寻求服务优势和成本优势的一种动态平衡，并由此创造企业在竞争中的战略优势。根据这个目标，物流管理要解决的基本问题，简单地说，就是把合适的产品以合适的数量和合适的价格在合适的时间和合适的地点提供给客户。

（5）物流管理强调运用系统方法解决问题。现代物流通常被认为是由运输、存储、包装、装卸、流通加工、配送和信息诸环节构成。各环节原本都有各自的功能、利益和观念。系统方法就是利用现代管理方法和现代技术，使各个环节共享总体信息，把所有环节作为一个一体化的系统来进行组织和管理，以使系统能够在尽可能低的总成本条件下，提供有竞争优势的客户服务。系统方法认为，系统的效益并不是它们各个局部环节效益的简单相加。系统方法意味着，对于出现的某一个方面的问题，要对全部的影响因素进行分析和评价。从这一思想出发，物流系统并不是简单地追求在各个环节上各自的最低成本，因为物流各环节的效益之间存在着相互影响、相互制约的倾向，存在着交替易损的关系。例如，如果过分强调包装材料的节约，就可能因其易于破损而造成运输和装卸费用的上升。因此，系统方法强调要进行总成本分析，以及避免次佳效应和成本权衡应用的分析，以达到总成本最低，同时满足既定的客户服务水平的目的。

2. 物流管理的内容

物流管理包括三个方面的内容：对物流活动诸要素的管理，包括运输、储存等环节的管理；对物流系统诸要素的管理，即对其中人、财、物、设备、方法和信息六大要素的管理；对物流活动中具体职能的管理，主要包括物流计划、质量、技术、经济等职能的管理等。

3. 物流管理的三个阶段

物流管理按管理进行的顺序可以划分为三个阶段，即计划阶段、实施阶段和评价阶段。

（1）物流计划阶段的管理

物流计划作为物流行动的事先策划，是为了实现物流预想达到的目标所作的较完备的工作步骤准备。

物流计划首先要确定物流所要达到的目标，以及为实现这个目标所进行的各项工作的先后次序。其次，要分析研究在物流目标实现的过程中可能发生的任何外界影响，尤其是不利因素，并确定应对这些不利因素的对策。最后，制定贯彻和指导实现物流目标的人力、物力、财力的具体措施。

（2）物流的实施阶段管理

物流的实施阶段管理就是对正在进行的各项物流活动进行管理。它在物流各阶段的管理中具有最突出的地位。这是因为在这个阶段中各项计划将通过具体的执行而受到检验，同时，它也把物流管理与物流各项具体活动进行紧密的结合。

①对物流活动的组织和指挥。物流的组织是指在物流活动中把各个相互关联的环节合理地结合起来，从而形成一个有机的整体，以便充分发挥物流中的每个部门、每个物流工作者的作用。物流的指挥是指在物流过程中对各个物流环节、部门、机构进行的统一调度。

②对物流活动的监督和检查。通过监督和检查可以了解物流的实施情况，揭露物流活动中的矛盾，找出存在的问题，分析问题发生的原因，提出克服的方法。

③对物流活动的调节。在执行物流计划的过程中，物流的各部门、各环节总会出现不平衡的情况。遇到这类问题，就需要根据物流的影响因素，对物流各部门、各个环节的能力作出新的综合平衡，重新布置实现物流目标的力量，这就是对物流活动的调节。

（3）物流评价阶段的管理

在一定时期内，人们对物流实施后的结果与原计划的物流目标进行对照、分析便是物流的评价。通过对物流活动的全面剖析，人们可以确定物流计划的科学性、合理性如何，确认物流实施阶段的成果与不足，从而为今后制订新的计划、组织新的物流提供宝贵的经验和资料。

按照对物流评价的范围不同，物流评价可分为专门性评价和综合性评价。按照物流各部门之间的关系不同，物流评价又可分为物流纵向评价和横向评价。因此，无论采取什么样的评价方法，其评价手段都要借助于具体的评价指标。这种指标通常表示为实物指标和综合指标。

4. 物流管理四核心

在进行物流管理过程中要始终围绕四个核心内容，即采购、仓储、配送和运输。

（1）采购

任何企业都离不开采购，连锁企业亦是如此，商品采购是连锁企业经营活动的起点。连锁企业的采购必须是整个连锁分店的要货计划，配送中心汇集各连锁分店提出的要货计划后，结合总部的要求和市场供应的情况，制订采购计划并统一向市场采购商品和物料。对连锁企业而言，采购是一个创造性的环节，其所经营的商品均需通过采购环节的引进来创造效益。然而目前很多连锁企业的现状是，很难准确掌握本部及下属连锁超市的商品和采购信息，常因库存不足而影响销售，有时甚至因采购交易时间过长而致使商品长期脱销。

（2）仓储

连锁店与其他商店一样，需要有常年销售的商品，需要销售产销不同时间的商品，如果对常年销售的商品，在各连锁店每次发出要货请求后，配送中心才到市场上采购，势必增加成本和采购费用，也不可能最大限度地享受到批量优惠。这就要求配送中心在保证商品储存品质的限度内大批量购进，在连锁分店提出要货请求后，就直接调运分送。对季节性商品，配送中心也应保持一定的仓储量，以保证异时销售的需要。

（3）配送

配送作为连锁业物流的基本功能之一，在其中占有相当重要的地位。实践证明，连锁经营的发展离不开物流配送，合理的物流配送使连锁经营中的统一采购、统一配货、统一价格得以实现，而能否建立高度专业化、社会化的物流配送中心关系到连锁经营的规模效益能否充分发挥。配送中心的建设是整个物流体系的重点，因此我们有必要详细阐述一下。

大型连锁企业要重视配送中心建设，根据企业的经营状况合理确定配送中心规模，提供安全可靠、高效率的配送体系，积极发展社会化的第三方物流配送中心，充分利用和整合物流资源，通过资产联合、重组和专业化改造等途径，打破行业界限和地区封锁，以满足各连锁企业的经营需要。

第一，物流配送中心的建设。发展连锁企业要加快配送中心的建设。我国很多连锁企业发展到30~40家以后，进一步发展的最大障碍就是物流配送，因此，必须要加快物流配送的发展。然而物流配送的基础设施又是制约物流配送的关键因素，所以我国在加快物流配送的投资时，主要应该致力于社会化配送的基础设施建设，进而加大配送中心面积。例如，沃尔玛的一个配货中心要管100个店铺，辐射半径是200公里，一个配送中心就在10万平方米以上。由此可见，加强配送中心的基础设施建设对连锁经营的重要性。

第二，自建配送中心。此方法适用于已达到一定规模的连锁企业。配送中心与店铺面积有一个相适应的比例关系，从世界连锁业发展的实践来看，一个便利连锁公司，在拥有20个店，总面积达到4000平方米时，就可考虑建配送中心；一个超市连锁公司，在拥有10个店，总面积达到5000平方米时，就有建立配送中心的必要。考虑到配送收入与配送成本因素，配送中心也应具有相应的配送经济规模。一般来讲，判断标准应是：分店规模扩大使配送中心正常运转所取得的数量折扣和加速资金周转的效益，足以抵偿配送中心建设和配送设施所花费的成本。

一些大型连锁公司都拥有自己的配送中心。如沃尔玛公司是全美商业排位第一的大型连锁公司，该公司拥有25个大型配送中心、2.3万辆集装箱卡车，其芝加哥配送中心建筑面积就有10万平方米，可同时接纳168辆集装箱卡车进行装卸作业。在日本，规模较大的零售商，如大荣、西友、伊藤洋华堂等都有自己的配送中心。

欧洲（特别是德国）的物流配送设施是世界第一流的，但其物流成本较低导致了大零售商纷纷把物流业务送给了第三方的专业性配送公司。目前，在欧洲向主要连锁零售商发货的业务中，除30%由零售商自有的配送中心发货外，61%控制在第三方的专业性配送公司手里，即将连锁配送活动交给社会化的物流配送中心。

第三，社会化的物流配送中心。一些大型超市公司投资建造的配送中心，能够比较顺利地完成本系统的商品配送任务。而一些中小型的超市公司在资金、设施和人才等方面遇到了不少难题，开展配送业务问题较多，如缺乏规范作业，各种编码（包括商品编码、运输包装编码等）缺乏标准，出货选拣、到货分拣、组配、商品盘点等作业均无电子扫描装置，出货外包装不加贴用于运输、送货的条码等，这些问题直接影响到企业的服务水平。随着科技的进步，生产分工越水越细，在国外已经出现了许多专门承担配送任务的公司，一些连锁企业不再自建配送中心，转而依托社会化的配送中心。社会化的配送中心对我国尤为适用。

①因为我国目前的连锁店规模普遍较小，自建配送中心由于不能取得规模效应而导致收益不足以补偿建设费用。

②由于专门承担配送任务的公司和连锁店之间是服务和被服务的关系，服务质量的好坏直接关系到配送中心的切身利益。因此，在当前我国企业内部管理能力较差的情况下，由专职配送中心完成配送任务有利于提高配送效率，反过来又促进了配送业的发展。很多以前承担单一运输和仓储的企业可以借助其资源开展物流配送服务，使社会资源得到整合。

③我国大量的连锁店需要的商品具有品种繁多、批次不一的特点，且多品种、小批量的趋势越来越明显，如果还是按照传统的渠道，按批发业的业种来各自进行配送的话，既会增大物流的成本，且连锁店铺也难以应付增多的送货卡车。把向各店铺配送的商品混装在一辆卡车上配送，对于大幅度提高连锁物流配送效率具有重要的现实意义。利用第三方物流企业或是社会化的物流配送中心，将同一区域有相同需求的各连锁分店大量分散的共同货物或商品集中运送，可最大限度地提高人员、物资、金钱、时间等物流资源的效率，达到集约化，节省物流成本。

第四，综合性物流配送中心。由于业务所限，许多大型连锁企业的配送中心都开始或多或少地承担其他公司的配送任务。如日本东京附近的西友公司在自建物流配送系统的基础上，还同时为社会上其他企业配送商品。西友公司配送中心像一家大工厂，里面从上到下都是像流水线一样的机器传送带，没有上传送带的商品成箱地码放在5层的货架上，高度有6米多。这个配送中心的货场有6.5万平方米，全部是机器操作的分类场也有3.16万平方米。其流水线平均每小时要分1.62万箱货物，为全国250家连锁店提供商品。

第五，配送中心提供增值服务。首先，配送中心要加强信息化建设。物流配送信息化表现为：物流信息收集的数据库化和代码化、物流信息处理的电子化和计算机化、物流信息传递的标准化和实时化、物流信息存储的数字化等。因此，条码技术（bar code）、数据库技术（database）、电子订货系统（EOS）、电子数据交换（EDI）、快速反应（QR）、有效的客户反应（ECR）、射频技术（RF）、管理信息系统（MIS）、企业资源计划（ERP）等先进技术与管理策略，应在我国的物流配送企业大力推广应用。信息化是一切现代技术和管理手段的基础，只有实现物流配送信息化，才能承担起电子商务时代赋予物流配送业的历史任务。其次，物流配送方要改变单一送货的观念，利用电子商务协助客户完成售后服务，提供更多的增值服务内容，如跟踪产品订单、提供销售统计和报表等。顾客化的配送中心面向一些有很高专业需求的客户时，配送中心可以涉入购买方与原材料供应方之间的交易过程，如：代替购买方向供应方下订单，对原材料的运入和生产成品的运出安排运输方式，还提供最终产品装配的操作和利用仓库设施为顾客做产品测试，扩大配送中心的服务范围。对于客户的跨国交易，配送中心还可以帮其进行报关、缴税费等手续。物流配送方与客户要发展长期的战略伙伴关系，加强双方的信息沟通，切实站在客户的立场思考，挖掘更多潜在的合作利益。

鼓励物流配送中心开展“一揽子”物流服务，开辟物流服务新领域，增强我国连锁企业的竞争优势。面对国外技术先进、实力强大的零售连锁商业的威胁，我国连锁业要抓住本国市场，应从提供更细化的服务来着手。我国连锁业应着眼于“末端物流”的物流新领域。

“一揽子”物流服务也称为“一括型的物流服务”，是从效率化地进行商品的进货到店铺货架的陈列作业而萌发的新的物流系统。一括型物流是尽可能地将店铺的作业在中转的配送中心完成，以大幅度减少店铺内的作业为目标的物流方式。一括型的物流系统是从店铺的货架开始向上推移进行物流构筑的方式。一括型配送的物流中心要拥有对货物的分拣、包装、贴价签，对要捆绑促销的产品进行拆包和捆绑、重新包装，甚至对最终产品进行装配等加工功能。就是说，一括型的系统能够通过一括型的配送中心直接连接从厂家到零售业店铺的货架，显示出可能建立的效率化的供应链系统，为客户提供附加价值。为了更好地提高配送效率，配送中心可以将从零售店铺门前到店内货架途中的货物的搬运、包装的拆卸、上架，甚至是搬运前后店内卫生的打扫等工作都纳入自己的服务范围，以节省货物交手过程的时间和人员的浪费，让店内人员可以全心地进行自己的工作，更好地为顾客服务。同时，这样也利于配送方和收货方对于货物破损的责任划分。

此外，要加强环境保护意识，做好废弃物物流如废旧纸板箱的回收工作，发挥社会效应。

（4）运输

由于各连锁分店分布相对较散，且数量众多，限于交通条件或基于经济上的考虑，不可能配备足够多的交通工具，这就要求配送中心能够根据计算机网络所获得的各分店的要货信息，合理安排调运力量，及时向各分店运送商品，充分满足各分店的销售要求。

1.2.2 物流管理的分类

物流管理的划分有以下几种分类标准。

1. 宏观物流与微观物流管理

从前面关于宏观物流的介绍可知，宏观物流是指社会再生产总体的物流活动，是从社会再生产总体的角度来认识和研究物流活动。因此，宏观物流管理立足于整体的政府行为和行业管理范畴，政府和行业协会对社会整体物流的发展制定规划和战略，通过各种制度建设和组织协调、监督和服务等行为管理物流行业，以促进物流行业的发展。其行为主体是行政主管部门和行业主管部门。

微观物流管理是指消费者、生产者企业对所从事的实际的、具体的物流活动进行的管理活动。在整个物流活动过程中，微观物流管理仅涉及系统中的一个局部、一个环节或一个地区。

2. 社会物流管理和企业物流管理

社会物流管理是指由专业的物流承担者对于货物、包装、装卸搬运、运输、存储保管、流通加工以及配送所进行的有目的、有计划的一系列管理活动。社会物流管理是超越一家一户的以整个社会为范畴、以面向社会为目的的物流管理。这种物流的社会性很强。

企业物流管理是从企业角度研究与之有关的物流活动管理，是具体的、微观的物流活动管理的典型领域，它由企业生产物流、企业供应物流、企业销售物流、企业回收物流、企业废弃物物流几部分管理组成。

3. 国际物流管理和区域物流管理

国际物流管理是指当物流活动涉及两个或两个以上的国家（或地区）时的物流管理活动。

区域物流管理是相对于国际物流而言的概念，指一个国家范围之内的物流管理，如一个城市的物流管理、一个经济区域的物流管理均属于区域物流管理。

4. 一般物流管理和特殊物流管理

一般物流管理是指针对物流活动的共同点和一般性物流活动进行的管理。

特殊物流管理是指在遵循一般物流规律的基础上，针对特殊应用领域、特殊管理方式、特殊劳动对象、特殊机械装备特点的物流管理。此处特殊物流管理不但有一般物流管理的特性，又具有自身的特点。由于特殊物流要注意在存储、运送过程中有各自的特殊要求，如环保、卫生、保密等，因此其又涉及各种特殊的管理。

1.2.3　物流管理的作用

1. 物流管理可提升企业及国家的核心竞争力

物流管理对于企业及国家来说具有不可替代的作用，其作用在于提升核心竞争力。物流管理与资金周转率的关系为：资金周转率＝年销售额/（库存成本+固定资产）。库存成本越大，资金周转率越小。

国际通行以全社会的物流总费用占 GDP 的比例来衡量整个经济体的物流效率，社会物流总费用占 GDP 的比例越低表示该经济体物流效率越高、物流发展水平越发达。近年来，我国物流总费用占 GDP 的比例总体呈缓慢下降的趋势，从 2010 年 17.8%逐渐下降至 2016 年 14.9%，表现出我国物流效率逐渐提高。2015 年 8 月 13 日，国家发改委发布《关于加快实施现代物流重大工程的通知》（以下简称《通知》），《通知》指出，到 2020 年，全社会物流总费用与国内生产总值的比率在目前 16.6%的基础上再下降 1 个百分点，物流业对国民经济的保障和支撑作用将进一步增强。因此，加强物流管理有利于企业核心竞争力的提升。事实与实践已经证明，由于物流能够大幅度降低企业的总成本，加快企业资金周转，减少库存积压，促进利润率上升，从而给企业带来可观的经济效益，国际上普遍把物流称为“降低成本的最后边界”，排在降低原材料消耗、提高劳动生产率之后的“第三利润源泉”，是企业整体利润的最大源泉。所以，各国的企业才越来越重视物流，逐渐把企业的物流管理当作一个战略新视角，变为现代企业管理战略中的一个新的着眼点，通过制定各种物流战略，从物流这一巨大的利润空间去寻找出路，以增强企业的竞争力。

2. 物流管理可以起到降低成本和费用的作用

供应链可以耗费中国企业高达 29%的运营成本。而通过物流管理和供应链优化，可以将原材料采购成本减少 7%~11%，整个供应链的库存将下降 15%~30%，运输成本将下降 3%~15%，整个供应链的运作费用将下降 15%~25%，这一系列数据表明通过物流管理可起到降低成本和费用的具体作用。

1.2.4 物流管理的发展

物流管理的发展经历了配送管理、物流管理和供应链管理三个层次。物流管理起源于第二次世界大战中军队输送物资装备所发展出来的储运模式和技术。在战后这些技术被广泛应用于工业界，并极大地提高了企业的运作效率，为企业赢得了更多客户。当时的物流管理主要针对企业的配送部分，即在成品生产出来后，如何快速而高效地经过配送中心把产品送达客户，并尽可能维持最低的库存量。美国物流管理协会那时叫作“实物配送管理协会”，而加拿大供应链与物流管理协会则叫作“加拿大实物配送管理协会”。在这个初级阶段，物流管理只是在既定数量的成品生产出来后，被动地去迎合客户需求，将产品运到客户指定的地点，并在运输的领域内去实现资源最优化使用，合理设置各配送中心的库存量。准确地说，这个阶段物流管理并未真正出现，有的只是运输管理、仓储管理和库存管理。物流经理的职位当时也不存在，有的只是运输经理或仓库经理。

现代意义上的物流管理出现在 20 世纪 80 年代。那时人们发现利用跨职能的流程管理的方式去观察、分析和解决企业经营中的问题非常有效。通过分析物料从原材料运到工厂，流经生产线上每个工作站，产出成品，再运送到配送中心，最后交付给客户的整个流通过程，企业可以消除很多看似高效率实际上却降低了整体效率的局部优化行为。因为每个职能部门都想尽可能地利用其产能，没有留下任何富余，一旦需求增加，则处处成为瓶颈，导致整个流程的中断。例如，运输部作为一个独立的职能部门，总是想方设法降低其运输成本，但若其因此而将一笔必须加快的订单交付海运而不是空运，这虽然省下了运费，却失去了客户，导致整体的失利。所以传统的垂直职能管理已不适应现代大规模的工业化生产，而横向的物流管理却可以综合管理每一个流程上的不同职能，以取得整体最优化的协同作用。

在这个阶段，物流管理的范围扩展到除运输外的需求预测、采购、生产计划、存货管理、配送与客户服务等，以系统化管理企业的运作，达到整体效益的最大化。高德拉特所著的《目标》一书风靡全球制造业界，其精髓就是从生产流程的角度来管理生产。相应地，美国实物配送管理协会在 20 世纪 80 年代中期改名为“美国物流管理协会”，而加拿大实物配送管理协会则在 1992 年改名为“加拿大物流管理协会”。

1.3　物流企业

1.3.1　物流企业的定义

物流企业（logistics enterprise）是指至少从事运输（含运输代理、货物快递）或仓储一种经营业务，并能够按照客户物流需求对运输、储存、装卸、包装、流通加工、配送等基本功能进行组织和管理，具有与自身业务相适应的信息管理系统，实行独立核算、独立承担民事责任的经济组织。

物流企业的经营范围一般包括从事运输和仓储经营业务，具体到运输、储存、装卸、包装、流通加工、配送的全过程，每一个环节都会涉及物流企业的经营，利用工具中包括信息管理系统，并具有现代企业性质，即独立核算、独立经营、独立承担民事责任。

1.3.2　物流企业的类型

1. 运输型物流企业

运输型物流企业应同时符合以下要求：

（1）以从事货物运输业务为主，包括货物快递服务或运输代理服务，具备一定规模。

（2）可以提供门到门运输、门到站运输、站到门运输、站到站运输服务和其他物流服务。

（3）企业自有一定数量的运输设备。

（4）具备网络化信息服务功能，应用信息系统可对运输货场进行状态查询和监控。

2. 仓储型物流企业

仓储型物流企业应同时符合以下要求：

（1）以从事仓储业务为主，为客户提供货物储存、保管、中转等仓储服务，具备一定规模。

（2）企业能为客户提供配送服务以及商品经销、流通加工等其他服务。

（3）企业自有一定规模的仓储设施、设备，自有或租用必要的货运车辆。

（4）具备网络化信息服务功能，应用信息系统可对货物进行状态查询和监控。

3. 综合服务型物流企业

综合服务型物流企业应同时符合以下要求：

（1）从事多种物流服务业务，可以为客户提供运输、货运代理、仓储、配送等多种物流服务，具备一定的规模。

（2）根据客户的需求，为客户制定整合物流资源的运作方案，为客户提供契约性的综合物流服务。

（3）按照业务要求，企业自有或租用必要的运输设备、仓储设施及设备。

（4）企业具有一定运营范围的货物集散、分拨网络。

（5）企业配置专门的机构和人员，建立完备的客户服务体系，能及时、有效地提供客户服务。

（6）具备网络化信息服务功能，应用信息系统可对物流服务全过程进行状态查询和监控。

1.3.3 物流企业的评估

等级评估原则：能够全面、系统地反映企业的综合能力，对于具备一定综合水平的三种类型的物流企业，按照不同评估指标分为 AAAAA、AAAA、AAA、AA、A 五个等级。AAAAA 级最高，依次降低。

物流企业评估工作可由全国性物流行业组织设立评估机构具体实施。

自 2005 年起，中国物流与采购联合会依据国家标准开展物流企业综合评估工作，到目前为止已有 1500 余家涵盖多个领域、行业的优秀物流企业加入到了 A 级物流企业行列，A 级物流企业评估工作进入了一个稳步发展阶段，评估工作的严肃性、权威性得到了政府、市场、企业和社会各界的广泛认可。

总结评估工作的经验，坚持公开、公平、公正和严格标准的原则，不断完善评估工作流程和制度，是进一步提升评估工作公信力和影响力的基础。鉴于现场评估只是诸多评估流程的一个环节，其任务就是通过查看申报材料原件，实地考察企业的经营管理情况，并采取典型调查和抽样调查（现场随机抽取样本）相结合的方法，核实企业所报材料的真实性、有效性，同其他环节一样，不应给出结论性的评判。

为避免由于现场评估流程设计的不完善，造成评估工作某些不协调现象的发生，进一步严格评估标准，发挥第三方审计报告公平、公正的作用，经物流企业综合评估委员会第十三次会议研究决定，对现场评估流程作相应调整，同时细化审计报告的要求：

第一，现场评估不再作出升级决定。现场评估的任务是完成所下达的评估计划，核实申报企业是否达到评估计划所列明的类型和等级的各项标准。

第二，现场评估最终环节只填写现场评估报告，不再发给企业“通过 A 级物流企业现场评估证明”。

第三，取消现场评估报告中“评估结论”一栏，各种类型的现场评估报告（包括现场复核报告）作相应调整。

第四，审计报告必须由正式会计师事务所出具，并附会计师事务所及注册会计师资质证明；必须提供完整、规范的审计报告（如完整的附注；除在正文中有会计师事务所印章、注册会计师名章并签字外，加盖会计师事务所骑缝章；在资产负债表、利润表和现金流量表中分别加盖会计师事务所审计报告专用章等）。

上述调整和要求，适用于运输型、仓储型、综合服务型三种类型 1A～5A 所有级别评估工作。

1.3.4 物流企业管理的新战略

当今流通领域广泛谈论的话题是如何提高商品物流的效率及降低其成本。商品从制造商送到顾客手中的整个物流过程中，物流/配送中心起着相当重要的作用。而物流中心的营运成本占了整个物流成本的大部分，故降低物流中心的营运成本及提高其经营效益是非常重要的物流改革。

“如何压缩商品流通过程中的库存数量及库存时间”，已成为现今流通企业经营者最关注的课题。这是由于库存的数量及时间关系到整个物流配送过程的营运成本及效益。要推进供销网络的效率化，物流改革是必需的。物流改革包括以下几方面：

首先是信息的共有化。这强调的是流通领域中企业间的信息共有，特别是商品台账类（product master）及零售信息（POS 数据）的共有化。

其次是跨业界的标准化。在流通领域，这种标准化通常是指各企业所经手的发票如交货/送货单等票据格式或票据内容的统一化。而这种标准化的趋势也将推广至诸如订货单位或包装单位等流通批次的管理上。

最后是坚固的同盟关系。今后在物流领域或在流通业的其他领域中，都将强调建立一种与供货商之间坚固而有力的战略同盟关系。为了实现流通库存的最优化，零售企业除了通过特约代理店、特约经销店等举措来进行一系列必要的库存压缩、库存集约外，也可以凭借与生产厂家之间那种坚固而有力的战略同盟关系来尝试不需中间流通环节的“店铺直送”的进货形式。

本章小结

随着时代进步，各种信息技术的出现，物流逐渐发展到现代物流。现代物流不仅单纯地考虑从生产者到消费者的物流配送问题，而且还考虑从供应商到生产者对原材料的采购，以及生产者本身在产品制造过程中的运输、保管和信息等各个方面，全面地、综合性地提高经济效益和效率问题。

物流是指利用现代信息技术和设备，使物品从供应地到接收地的准确、及时、安全、保质保量、门到门的合理化服务模式和先进的服务流程。

物流管理是指在社会在生产过程中，根据物质资料实体流动的规律，以系统论、信息论和控制论的基础，应用管理的基本原理和信息技术等科学方法，对物流活动进行计划、组织、领导、控制，使各项物流活动实现最佳的协调与配合，以降低物流成本，提高物流效率和经济效益。物流管理的内容包括三个方面，即对物流活动诸要素的管理、对物流系统诸要素的管理及对物流活动中具体职能的管理等。物流管理始终围绕四个核心内容，即采购、仓储、配送、运输。

物流企业是至少从事运输（含运输代理、货物快递）或仓储一种经营业务，并能够按照客户物流需求对运输、储存、装卸、包装、流通加工、配送等基本功能进行组织和管理，具有与自身业务相适应的信息管理系统，实行独立核算、独立承担民事责任的经济组织。

自测题

1. 物流的定义是什么？
2. 简述物流的构成。
3. 物流的基本职能是什么？
4. 物流的分类有哪些？
5. 现代物流的概念是什么？
6. 简述我国物流发展的现状及问题。
7. 简述物流管理的定义。
8. 简述物流管理的内容。
9. 简述物流管理的三个阶段。
10. 简述物流管理的分类。
11. 物流企业的定义是什么？
12. 物流企业类型有哪些？
13. 简述物流企业评估。

案例分析

UPS——美国“联合包裹运送服务公司”的物流服务工作

UPS 始建于 1907 年，从事信函、文件及包裹快速传递业务。历经百年的发展，公司目前在全球建立了 18 个空运中转中心，每天开出 1600 个航班，使用机场 610 个；UPS 每日上门取件的固定客户已逾 130 万家。UPS 业务量巨大，经济效益可观，在全球快递业中可谓独占鳌头。UPS 之所以取得巨大的经营成功，与其富有特色的物流服务是密切相关的。

1. 货物传递快捷

UPS 规定国际快件 3 个工作日内送达，国内快件保证在翌日上午 8：30 送达。在美国国内，公司接到客户电话后即可在 1 小时内上门取件，并当场办妥托运手续。20 世纪 90 年代，UPS 开设的 24 小时服务的“下一航班送达”，以其“快递、可靠”的服务准则，获得“物有所值的最佳服务”的声誉。

2. 报关代理和信息服务

UPS 从 20 世纪 80 年代末起投资数亿元建立全球网络和技术基础设施，为客户提供报关代理。UPS 建立的“报关代理自动化系统”，使其承运的国际包裹的所有资料进入这个系统，这样，清关手续在货物到达海关之前即已办完。UPS 的电脑化清关为企业节省了时间，提高了效益。

3. 货物及时追踪服务

UPS 的及时追踪系统是目前世界快递业中最大、最先进的信息追踪系统。所有交付货物都能获得一个追踪条码，货物走到哪里，这个系统就跟到哪里，每天都有1.4万人次通过网络查寻其包裹的行踪。非电脑网络客户可通过电话询问“客户服务中心”，路易斯维尔德服务中心昼夜服务，200多名职员每天用11种语言回答世界各地的客户大约2万次电话询问。

4. 先进的包裹管理服务

UPS建立的亚特兰大“信息数据中心”可将UPS系统包裹的档案资料从世界各地汇总到这里。包裹送达时，员工借助“传递信息数据中心”，投递实现了无纸化操作。

5. 包装检验与设计服务

UPS设在芝加哥的“服务中心”数据库中，各种包装案例如抗震的、抗挤压的、防泄露的等应有尽有。服务中心还曾设计水晶隔热层的包装方式，为糖果、巧克力的运输提供恒温保护；用坚韧织袋包装，为16万台转换器提供了经得起双程磨损的材料。这类服务为企业节省了材料和运费，被誉为“超值服务”。

（资料来源：《两个案例分析》，http：//blog.renren.com/share/261290250/4222688219，2018年6月11日）

阅读案例资料，思考下列问题：

1. UPS物流服务工作主要包含哪些内容？

2. 谈谈你对UPS“超值服务”的认识。

第 2 章　物流企业管理的基本原理

学习目标

通过本章的学习，使学生了解物流企业管理的基本概念、基本管理理论及理论的发展历程，掌握物流管理的基本职能及物流企业管理者的角色，培养物流管理者的素质。

关键概念

管理（manage）　计划（program）　组织（structure）　领导（lead）　控制（control）

引导案例

据武汉市某报纸报道，武汉有位女士，其居住在河南的女儿、女婿为尽孝心，委托某货运公司托运了苹果和梨各一箱。该女士按原定的到货时间致电货运公司，均称货物尚未运到。事隔多天后货运公司通知该女士，说水果已经到武汉。该女士前往货运站取货，却发现两箱水果残缺不全，一箱苹果只剩下几个，梨也只剩下 1/3。多方责问下，经理称：水果在运输保管途中因气候原因变质、腐烂，尚好的部分让工人吃掉了，所以只剩下这么一点。当记者问及承运部门是否知道箱内物品的类别以及不同类型的货物不能混装时，这位经理竟答道：这个我们不管。

（资料来源：天涯社区，http：//bbs. tianya. cn/post－54－571095－1. shtml，2015 年 12 月 25 日）

阅读上述资料，思考下列问题：

1. 客户服务工作的基本前提是什么？
2. 就运输业务来分析，客户的基本需求是什么？

2. 1　管理与管理者认知

管理是人类生产、生活中普遍存在的社会现象。管理实践来自于集体活动，只要有人群的地方就有管理活动。早在原始社会时，人类在生产、生活中就已经形成了分工和合作，并推选首领来进行管理活动。随着技术的进步和社会化大生产的发展，管理的重要性日益突出，管理学开始作为一个学科体系逐渐完善起来。

2.1.1　管理的概念

什么是“管理”，从字面上看，管理是“管人理事”的意思，也就是对一定范围的人员及事务进行安排和处理。对于管理的定义和内涵，不同的人从不同的角度出发，可以有不同的理解。特别是由于管理范畴的宽泛以及随着环境变化而不断产生的创新，使得人们难以用十分精练的语言概括管理工作的全部内涵。长期以来，许多中外学者从不同的研究角度出发，对管理作出了不同的解释，下面我们引用一些有代表性的解释。

科学管理创始人、美国的弗雷德里克·泰勒（Frederick Taylor）认为，管理就是确切地知道你要别人干些什么，并注意用最好最经济的方法去干。根据泰勒的观点，管理者应该认识目标，并根据目标作出完整的计划和方法，然后明确地分配工作，并教授大家好的工作方法，通过集体努力，去实现工作目标。

现代经营管理之父、法国的亨利·法约尔（Henry Fayol）认为，管理控制就是实行计划、组织、指挥、协调和控制。计划，就是为探索未来制订行动计划；组织，就是建立企业的物质和社会的双重结构；指挥，就是使其人员发挥作用；协调，就是连接、联合、调和所有的活动及力量；控制，就是注意是否一切都按已制定的规章和下达的命令进行。“管理”与别的基本职能一样，是一种分配于领导人与整个组织成员之间的职能。

著名管理学教授史蒂芬·罗宾斯（Stephen P. Robbins）认为，管理是指同别人一起，或通过别人使活动完成得更有效的过程。在这里，他谈到了管理者的角色定位以及管理工作的重要意义。罗宾斯对于什么“有效”以及“过程”是什么作了详细的解释，强调了管理工作既要有效率，又要有效果。

管理学家哈罗德·孔茨（Harold Koontz）认为，管理是为在集体工作的人员谋划和保持一个能使他们完成预定目标和任务的工作环境。他首先向人们展示了管理就是要促使人们完成预定目标和任务，其次他强调了管理工作的任务是营造工作环境。这个工作环境既包括物质环境，也包括精神环境；既包括制度，也包括有效的分工协作系统，具有很强的概括性，留给了我们想象的空间。

美国著名管理学家彼得·德鲁克（Peter F. Drucker）认为，管理就是谋取剩余，这主要是强调管理的作用。所谓“剩余”就是产出大于投入的部分。他认为，任何管理活动都是为了一个目的，就是要使产出大于投入，他强调的是管理的效果和目标。

周三多将管理定义为组织为了达到个人无法实现的目标，通过各项职能活动，合理分配、协调相关资源的过程。他强调了管理的载体是组织，管理的本质是合理分配和协调各种资源的过程，管理的对象是包括人在内的一些可调用的相关资源，管理的目的是为了实现既定目标。

综合上述定义，本书将管理定义为：依据事物发展的客观规律，通过计划、组织、领导、控制和创新等职能，综合运用人力资源和其他资源，以有效地实现目标的过程。也就是说，可以将管理视为运用正确的方法，合理调配各种资源，更好实现目标的一门学问。

2.1.2 管理的职能

组织的日常工作是由一系列相互关联、连续进行的活动构成的，这些活动可以归类为一些主要的管理职能，即计划、组织、领导、控制，它们是管理者必须要做的事情。管理职能不是截然分开的独立活动，它们互相渗透并融为一体。

1. 计划

计划是“制定目标并确定为达成这些目标所必需的活动”，是管理者为实现组织目标对工作所进行的筹划活动。计划的工作主要包括：描述组织未来的发展目标，例如市场份额目标、利润增长目标等；有效利用组织的资源实现组织的发展目标；确定为实现目标所要采用的行动。任何管理者都有计划职能，而且要想将工作做好，无论大事小事都不可能缺少事先的筹划。

2. 组织

再好的计划方案只有落实到行动中才有意义，而要把计划落实到行动中，就必须要有组织工作。组织职能是“确定所要完成的任务、由谁来完成任务以及如何协调这些任务的过程”，是为了有效地实现计划所确定的目标而在组织中进行部门划分、权力分配和工作协调的过程。也就是说，为了实现目标和计划需要完成哪些任务，为了完成这些任务，需要设置哪些部门、哪些岗位，每个部门和岗位的职责、职权分别是什么，不同的部门、不同的岗位之间有什么关系。

组织工作的任务是构建一种工作关系网络，使组织成员在这样的网络下更有效地开展工作，透过有效的组织工作，管理人员可以更好地协调组织的人力和物力资源，更顺利地实现组织的目标。

3. 领导

组织都由人力资源和其他资源有机结合而成，人是组织活动中唯一具有能动性的因素。管理的领导职能就是“激励和引导组织成员以使他们为实现组织目标做贡献”，也就是管理者利用职权和威信施展影响，激励下属，调动他们的积极性和能力，指导他们的活动，推动他们的工作，协调他们的行为，解决他们之间的冲突，选择最有效的沟通渠道以及营造良好的组织气氛等。

领导职能一般包括：选择正确的领导方式；运用权威实施指挥；激励下级调动其积极性；进行有效沟通，协调下属行为。凡是有下级的管理者都要履行领导职能，不同层次、类型的管理者领导职能的内容及侧重点各不相同。只有通过卓有成效的领导，组织的目标才有可能实现。

4. 控制

控制工作包括衡量组织成员的工作绩效，发现偏差，采取矫正措施，进而保证实际工作进展情况符合计划的要求。

在实现目标和计划的过程中，总会出现意想不到的事情，使得实践活动偏离原来的计划或目标。这是因为制定目标时不可能考虑得十全十美，而且环境的变化有时无法预测和把握。为了保证事情按照既定的计划进行，保证既定目标的实现，就必须对实际工作进行监控、比较和纠正，使实际与目标保持一致，这就是控制。也就是说，控制职能就是管理者为保证实际工作与目标一致而进行的活动。

工作失去控制就要偏离目标，没有控制就很难保证目标的实现，因此，控制是管理者必不可少的职能。当然，不同层次、不同类型的管理者控制的重点内容和方式是不同的。

2.1.3　管理者与管理者角色

1. 管理者

传统观点认为，管理者是“对其他人的工作负有责任的人”，或是指在一个组织中主要从事指挥别人工作的人员。管理者是指在组织中指挥他人完成具体任务的人，如企业的厂长，学校里的系主任、校长，机关中的科长、处长、局长，公司的经理等。他们虽然有时也做一些具体的事务性工作，但其主要职责是指挥下属工作。

著名管理学家彼得·德鲁克对管理者的定义是：在确定一组织中谁是负有管理责任的人时，最首要的标志并不是谁有权命令别人，管理人员的责任在于贡献、职能，而不是权力，这就是之所以为管理人员的明确标志。从内涵上看，它强调的核心问题是责任，即对组织做出贡献的责任。从概念的外延上看，作出决策能够影响组织的成果的专业人员被列入了管理者范畴。

按管理者在组织中所处的地位，管理者可分为：高层管理者、中层管理者和基层管理者。高层管理者对组织负有全面的责任，主要侧重于决定有关组织的大政方针、沟通组织与外界的交往联系，高层管理者把主要精力和时间放在组织全局性或战略性问题的考虑上；中层管理者的主要职责是贯彻高层管理者所制定的大政方针，指挥基层管理者的活动，他们的主要管理对象是基层管理者；基层管理者的主要职责是直接指挥和监督现场作业人员保证完成上级下达的各项计划和指令，基层管理者是组织中最下层的管理者，他们主要关心的是具体任务的完成。

2. 管理者的角色

在一家小型制造公司里，有些人操作机器，另有些人打印信件，而总经理似乎只是坐在办公室里，有时签发信件，有时与人谈话。经理到底做些什么？带着这样的问题，加拿大管理学家亨利·明茨伯格（Henry Mintzberg）以对 5 位总经理的工作的研究为依据，于 1968 年在麻省理工学院的斯隆管理学院完成了他的博士论文《工作中的经理——由有结构的观察确定的经理的活动、角色和程序》。在该论文的基础上，《经理工作的性质》一书于 1973 年出版，这本书成为经理角色学派的代表著作。

亨利·明茨伯格发现，经理一般都要担任 10 种角色，这 10 种角色可归纳为三大类，即人际关系方面的角色、信息方面的角色和决策方面的角色（见图 2-1）。

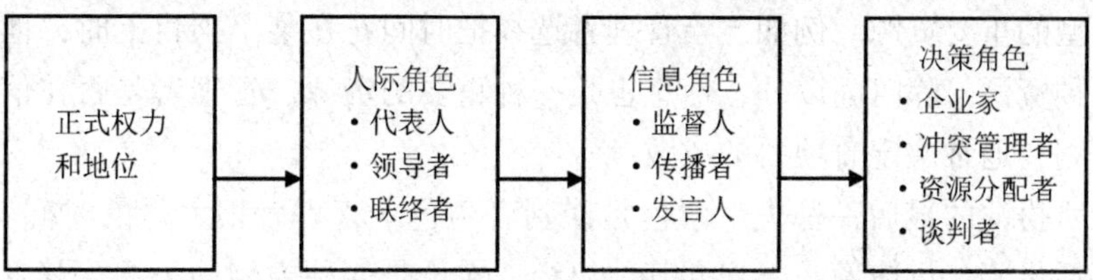

图 2-1　管理者的角色

（1）人际角色

人际角色归因于管理者的正式权力。管理者所扮演的三种人际角色是代表人角色、领导者角色和联络者角色。

作为所在单位的领导，管理者必须行使一些具有礼仪性质的职责。例如，管理者有时必须参加社会活动，如出席社区的集会或宴请重要客户等。这时，管理者扮演代表人的角色。由于管理者直接对所在单位的成败负责，他们必须在单位内扮演领导者角色。这时，管理者和员工一起工作并通过员工的努力来确定目标的实现。管理者还必须扮演联络者的角色。没有联络，管理者就无法与别人一起工作，也无法与外界建立联系。

（2）信息角色

在信息角色中，管理者负责确保和其一起工作的人能够得到足够的信息。

管理职责的性质决定了管理者既是其所在单位的信息传递中心，也是别的单位的信息传递渠道。管理者必须扮演的一种信息角色是监督者角色，监督的目的是获取信息。管理者可通过各种方式获取一些有用的信息，如通过密切关注组织自身状况以及外部环境的变化，通过接触下属，利用个人关系网等方式来获取信息。这些信息有助于管理者识别潜在的机会和威胁。

作为传播者，管理者把监督获取的大量信息分配出去，传递给有关员工。管理者有时也因特殊目的而隐藏特定的信息。

管理者的最后一种信息角色是发言人角色。管理者必须把信息传递给外界，例如，必须向董事和股东说明组织的财务状况和战略方向，必须向消费者保证组织在切实履行社会义务，以及必须让政府官员对组织遵守法律的良好表现感到满意。

（3）决策角色

在决策角色中，管理者处理信息并得出结论。管理者负责作出决策，并分配资源以保证决策方案的实施。

管理者所扮演的第一种决策角色是企业家角色。作为企业家，管理者对发现的机会进行投资，如开发新产品、提供新服务或发明新工艺等。

管理者所扮演的第二种决策角色是冲突管理者。一个组织不管被管理得多么好，它在运行的过程中总会遇到冲突或问题，因此管理者必须善于处理冲突和解决问题，如平息客户的怒气、同不合作的供应商进行谈判、调解员工之间的争端等。

管理者所扮演的第三种决策角色是资源分配者。作为资源分配者，管理者决定组织资源用于哪些项目。尽管我们一谈起资源，就会想起财务资源或设备，但这里的组织资源还包括其他类型的重要资源。例如，当管理者选择把时间花在某个项目上时，他实际上是在分配时间这种资源。除时间以外，信息也是一种重要的资源。管理者是否在信息获取上为他人提供便利，通常决定着项目的成败。

管理者所扮演的最后一种决策角色是谈判者角色。管理者把大量的时间花在谈判上，谈判对象包括员工、供应商、客户和其他组织。无论是何种类型的组织，其管理者为确保组织目标的实现都必然要进行谈判工作。

2.1.4 管理者的职责

作为一个管理者，能将自己的思想行为和事业糅合在一起，在员工中产生巨大的凝聚力，使自己的事业取得成功，是一个管理者的重要职责。作为一个管理者，首先应该抓大事，而不应“事必躬亲”。一切计划、决策、指示都属于出主意一类，一切选才、用人都属于用干部一类。概括地讲，作为一个管理者应抓好以下几项工作。

1. 目标规划和科学决策

“凡事预则立，不预则废。”计划、决策是工作成败的关键。现代管理者不是封建时代的官僚，而应成为为人民造福的“公仆”，应当对本公司的发展前景有一张清晰的蓝图，对本公司的长远发展方向、中期和近期的奋斗目标了如指掌，并对实现这些目标的途径和步骤作出明确具体的规划，这是作为现代管理者的第一件大事。

科学决策，就是管理者运用科学的思维方法，对准备行动的若干方案进行选择，以期达到最优目标。当前，社会分工越来越细，每一个决策的失误都会带来很大损失，作为一个管理者应该经常提醒自己决策是否具有科学性。

2. 制定规范和组织协调

建立合理而有效的组织机构，制定各种全局性的管理制度，协调好内部各种人员的关系，保证目标规划的实现，是管理者的又一项重要工作。现代管理者不能只强调个人的作用，不能依靠个人的威信、关系和经验来治理公司，而应靠制定各种规章制度，靠各种经济责任制的落实，靠科学的管理方法。只有这样，才能更好地调动每个员工的积极性。

协调是谋求大家行动上的步调一致，沟通则是求得思想上的共同了解，没有恰当的协调和有效的沟通，再好的计划也不能付诸实施。因此，作为一个管理者，必须注意做好组织的协调和沟通，使整个公司或部门形成一个坚强的集体，而我们的各级管理就好比是一个乐队的指挥，要能够在不干扰整体演奏的情况下，及时、巧妙地对某些乐器加以指挥和调整。

3. 选才用人和放权

任何一个管理者的思想、意图都需要下属去贯彻执行，管理者不一定处处比自己的下属高明，然而，其工作要想收到事半功倍的效果，就必须善于选才用人。古今中外大凡有远见者都很注重举贤、用贤和育贤。古人云：“己无智，而能用人之智，不愧为智也。己无才，而能用人之才，不愧为才也。唯己无用，而又不能用人，乃真无用者矣。”同样，金无足赤，人无完人，世界上很难找到全才，只能找到适合某一项工作的人才。俗话说，弯木适做犁，直木宜做梁。也就是说，管理者要用人的长处。

放权是管理的一项重要职责，作为一个管理者应按照下级的管理范围逐级放权。这样不仅可以减轻管理的负担，放开手脚抓大事，而且把权分给下属，人尽其才，各司其职，这样既提高了管理效能，又调动了下属的积极性。同时，作为一个管理者还要把培养自己的接班人作为一项重要任务去努力完成。在日本，一些企业甚至明文规定：在没有培养出足以代替你的合格接班人以前，就不得晋升。这一点值得我国企业的管理者们借鉴。管理者应当形成一种习惯，从上任的第一天起，就应当努力地去发现和培养自己的接班人。

2.1.5 管理者的素质及其培养

1. 管理者的素质

管理者的素质即管理者要成功地执行管理工作，圆满地实现管理的目标所应具备的条件。早在2500多年前，孙子就提出："将者，智、信、仁、勇、严也。"可以说，关于管理者应该具有什么样的素质这一问题的讨论，从来就没有间断过，关于管理者素质的观点也很多。从业务条件来看，管理者要取得良好的管理成效，必须具备三个方面的条件：①知识（knowledge），包括管理知识和专业技术知识；②经验（experience），包括直接从事实际管理工作获得的直接经验以及通过学习、观察、体验，从别人的成功和失败中，从信息的传递中得到的间接经验；③能力（ability），包括技术、人事和综合全局这三项基本才干。

当然，作为一名管理者，必须具备相应的业务条件。但是仅仅具备基本业务条件的人并不一定能成为卓有成效的管理者。一位优秀的管理者，要有更高层次的素质要求，以便使自身的知识、经验和能力得到最大限度的发挥。这些条件至少应该包括以下几个。

第一，事业心。每个管理者都承担着赋予社会所托付的各种资源以新的、更高的价值的责任，管理者的工作必须对社会的长期繁荣与发展有益。管理者，特别是高层管理者和企业家们，必须有宏伟的抱负和远大的理想，有成就一番大事业的愿望，这对管理者个人、所负责的组织乃至整个社会的发展都将十分有益。世界上著名的、广为人们尊敬的企业家无不具备这一素质。例如，Kodak公司创始人乔治·伊士曼（George Eastman）一生贡献给了"摄影大众化"的崇高事业，为人类做出了巨大的贡献；福特汽车公司的创始人亨利·福特（Henry Ford）一生对汽车事业的热爱和不懈的努力，加快了美国乃至全球的汽车普及进程，并带来了生活方式、经营方式的变革。

第二，责任心。责任心是促使管理者做好管理工作的内在动力。没有责任感，就没有促进组织发展的热情，那么即使有再多的知识、再丰富的经验、再强的能力，也不会产生出好的管理绩效。相反，富有责任心的管理者，即使在基本素质方面有欠缺，他也会设法予以完善提高。

第三，服务的热情。管理要获得成就，就必须给予服务，就像企业要让顾客购买自己的产品，就必须向顾客提供物美价廉的产品和优质的服务一样。管理意味着服务。管理者带领职工主动承担社会责任，服务于社会，才会受到社会的认可；管理者能为职工创造良好的工作环境，多给职工发展的机会，促进职工发展，才能获得职工的认可和支持，才能做到上下同欲。管理者应树立起服务的意识，认真服务于社会、企业和职工，而不是索取和压制，这样才能使自身知识、经验和能力的发挥对社会、企业、职工和管理者自身的发展有益。

第四，合作的意识。一个人的能力是有限的，要真正达到管理目的，管理者必须有合作的意识，加强组织高层管理者之间的团结，增强凝聚力。管理领域所强调的合作并不仅仅是个人间的配合，企业之间同样也需要合作。作为现代组织的管理者，必须打破传统的"大而全、小而全"的思想，树立广泛合作的意识，注重借助各方面的力量谋求发展，做好内外部资源（而不仅仅是内部资源）的整合工作。合作与竞争一样重要。如果不懂得如何制定合作的战略，增强合作的优势，企业便无法在当今社会中生存。个人也是如此。强调合作，并不是否认个人的作用，也不是要求管理人员在解决具体问题的做法和分析问题的观点上整齐划一，而是要求每位管理者都能以实现组织整体目标为出发点，共同促进管理绩效水平的提高。

2. 管理者素质的培养

那么，管理者如何才能获得上述能力，提高自己的管理技能呢？基本的途径有两个：一是通过教育获得，二是通过实践锻炼。

许多成功管理者的经历都证明，一个管理者要获得管理上的成功，接受正规的管理教育是极为必要的。近年来，我国的管理学院如雨后春笋般地涌现，管理专业吸引了越来越多的学生。即使是获得了管理学学士或硕士学位，许多有眼光的管理人员也并没有就此感到已经学到头了。许多在职的高级管理人员现在仍不定期地回到学校学习，第一线的管理人员也经常利用业余时间进修有关管理的课程，许多大型企事业单位内部设有专门培训管理人员的培训中心，对管理者的继续教育投入了大量的资金。

实践是提高管理技能的最有效的方法。一个人即使把管理的理论、原则、方法背得滚瓜烂熟，也不一定能成为一名成功的管理者，必须通过实践，只有在实践中自己才会碰到一个管理者每天会碰到的各种问题、压力和各种严峻的考验。实践可进一步深化书本知识，促使管理者对管理问题作深入的探索。经常参加社会实践活动，可以在实践中受教育、长才干、做贡献，提高管理者的综合素质。

2.1.6　管理者的技能

管理工作是复杂的，如果要把承担管理工作所需要的各种技能全部列举出来是完全不可能的。在管理者应掌握的一般性管理技能方面，目前，人们普遍接受的是美国学者罗伯特·库茨（Robert L. Kutz）于 20 世纪 70 年代提出的管理技能模型，如图 2-2 所示。

高层管理人员	概念性技能		
中层管理人员		人际关系技能	
基层工作人员			技术性技能

图 2-2　不同层次管理人员应具备的管理技能

概念性技能（conceptual skill）包含着一系列的能力，包括能够提出新的想法和新的思想的能力，能够进行抽象思维的能力，能够把一个组织看成是一个整体的能力，以及能够识别在某一个领域的决策对其他领域将产生何种影响的能力。

人际关系技能（human skill）是与其他人能够一起有效开展工作的能力。也可以说是一个人能够以小组成员的身份有效地工作，并能够在他领导的小组中建立起合作的能力。

技术性技能（technical skill）是指能够运用特定的程序、方法、技巧处理和解决实际问题的能力，也就是说，对某一特殊活动，特别是包含方法、过程、程序或技术的技能的理解和熟练程度。例如，工程师、会计师、广告设计师、推销员等，就都掌握其各相应领域的技术技能，所以被称作“专业技术人员”。

越是处于高层的管理人员，越需要制定全局性的决策。他们所作的决策影响范围更广、影响期限更长，因此，他们需要更多地掌握概念性技能，进而把全局意识、系统思想和创新精神渗透到决策过程中。由于他们并不经常性地从事具体的作业活动，所以并不需要全面地掌握完成各种作业活动所需具备的技术性技能。但是，他们也需要对技术性技能有基本的了解，否则就无法与他们所主管的组织内的专业技术人员进行有效的沟通，从而也就无法对他所管辖的业务范围内的各项管理工作进行具体的指导。在现实生活中，对技术性技能一窍不通的人不能成为高层管理者，但那些在某一专业领域是专家而对其他相关领域专业技术知识一无所知的人也绝对不会成为一名称职的最高管理人员。例如，医院的院长不应该是对医疗过程一窍不通的人，但如果他仅仅精于外科手术而不具备基本的财务管理知识，那么他就不应该当院长，而应该在医生的职位上寻求发展。

作为基层管理人员，他们每天大量的工作是与从事具体作业活动的工作人员打交道，他们有责任检查工作人员的工作，及时解答并同工作人员一起解决实际工作中出现的各种具体问题。因此，他们必须全面而系统地掌握与本单位工作内容相关的各种技术性技能。当然，基层管理人员也可能面临一些例外的、复杂的问题，也要协调好所管辖工作人员的工作，制订本部门的整体计划，为了做好这些工作，他们也需要掌握一定的概念性技能。

人际关系技能是组织各层管理人员都应具备的技能，因为不管是哪个层次的管理者，都必须在与上下左右进行有效沟通的基础上，相互合作共同完成组织的目标。

2.2 基本管理理论

2.2.1 古典管理理论

古典管理理论是在20世纪初产生的，其代表人物泰勒、法约尔、韦伯从三个不同的角度，即车间工人、办公室总经理和组织来解决企业和社会组织的管理问题，为当时的社会解决企业组织中的劳资关系、管理原理和原则、生产效率等方面的问题，提供了管理思想的指导和科学理论方法。

1. 科学管理理论

弗雷德里克·泰勒是美国古典管理学家、科学管理的创始人，被管理界誉为“科学管理之父”。在米德维尔工厂的工作经历使他了解了工人们普遍怠工的原因，他感到缺乏有效的管理手段是提高生产率的严重障碍。为此，泰勒开始探索科学的管理方法和理论。

泰勒从工人入手，研究企业内部具体工作的效率，系统地研究和分析工人的操作方法和动作所花费的时间，逐渐形成其管理体系——科学管理。泰勒在他的主要著作《科学管理原理》中阐述了科学管理理论。他认为，科学管理的根本目的是谋求最高劳动生产率，最高的工作效率是雇主和雇员达到共同富裕的基础，要达到最高的工作效率的重要手段是用科学化的、标准化的管理方法代替经验管理。泰勒认为，最佳的管理方法是任务管理法，为此，他提出了一套崭新的管理思想和管理方法。

（1）工作定额

当时美国的企业中普遍实行的是经验管理，并由此引发了一系列的劳资矛盾。资本家不了解工人一天能够完成的实际工作量，但总嫌工人干活少，拿工资多，于是就往往通过延长劳动时间、增加劳动强度来加重对工人的剥削；而工人也不确切知道自己一天到底能干多少活，但总认为自己干活多，拿工资少，于是用“磨洋工”消极怠工，企业的劳动生产率无法得到提高。泰勒为了改善企业的生产管理状况，提出企业要设立一个专门制定定额的部门或机构，通过各种试验和测量进行劳动动作研究和工作研究，制定出有科学依据的工人的“合理日工作量”。其方法是选择合适且技术熟练的工人，研究这些人在基本工作中使用的基本操作或动作的精确序列以及每个人所使用的工具，用秒表记录每一基本动作所需的时间，加上必要的休息时间和延误时间，找出做每一步工作的最快方法；消除所有错误动作、缓慢动作和无效动作；将最快最好的动作和最佳工具组合在一起，成为一个序列，从而确定工人“合理的日工作量”，即劳动定额。

（2）标准化

泰勒认为，科学管理是过去曾存在的多种要素的结合。他把工人多年积累的经验知识和传统的技巧归纳整理并结合起来，然后进行分析比较，从中找出其具有共性和规律性的东西，然后将其标准化，形成科学的方法。泰勒认为，在科学管理的情况下，要想用科学知识代替个人经验，一个很重要的措施就是实行工具标准化、操作标准化、劳动动作标准化、劳动环境标准化等标准化管理。这是因为，只有实行标准化，才能使工人使用更有效的工具，采用更有效的工作方法，从而达到提高劳动生产率的目的；只有实现标准化，才能使工人在标准设备、标准条件下工作，才能对其工作成绩进行公正合理的衡量。

（3）计件工资制

泰勒认为，现行工资制度所存在的共同缺陷，就是不能充分调动职工的积极性，不能满足效率最高的原则。例如，实行日工资制，工资实际是按职务或岗位发放，这样在同一职务和岗位上的人不免会产生平均主义。在这种情况下，就算是最有进取心的工人，不久也会发现努力工作对他没有好处，最好的办法是尽量减少做工而仍能保持他的地位。这就不可避免地将大家的工作拖到中等以下的水平。又如在传统的计件工资制中，虽然工人在一定范围内可以多干多得，但是超过一定的范围，资本家为了分享迅速生产带来的利益，就要降低工资率。在这种情况下，尽管工人努力工作，也只能获得比原来计日工资略多一点的收入。这就容易导致这种情况：尽管管理者千方百计地使工人增加产量，而工人则会控制工作速度，使他们的收入不超过某一个工资率。因为工人知道，一旦他们的工作速度超过了这个数量，计件工资迟早会降低。

泰勒的科学管理理论并不是脱离实际的，其几乎所有管理原理、原则和方法，都是经过自己亲自试验和认真研究而提出的。它的内容所涉及的方面都是以前各种管理理论的总结，与所有管理理论一样，都是为了提高生产效率，但它是最成功的。它坚持了竞争原则和以人为本的原则。竞争原则体现为给每一个生产过程中的动作建立一个评价标准，并以此作为对工人奖惩的标准。

科学管理理论不仅仅是一种思想、一种观念，也是一种具体的操作规程，是对具体操作的指导。首先，以工作的每个元素的科学划分方法代替陈旧的经验管理工作法。其次，以员工选拔、培训和开发的科学方法代替先前实行的那种自己选择工作和想怎样就怎样的训练和做法。再次，与工人经常沟通以保证其所做的全部工作与科学管理相一致。最后，管理者与工人应有基本平等的工作和责任范围，管理者将担负起其恰当的责任。

20 世纪以来，科学管理在美国和欧洲广受欢迎，至今仍然发挥着巨大的作用。当然，泰勒的科学管理理论也有一定的局限性，如研究的范围比较小，内容比较窄，侧重于生产管理。另外，泰勒对于现代企业的经营管理、市场、营销、财务等都没有涉及。更为重要的是他对人性假设的局限性，即认为人仅仅是一种经济人，这无疑限制了泰勒的视野和高度，但这些也正是需要泰勒之后的管理大师们创建新的管理理论来加以补充的地方。

2. 古典组织理论

(1) 韦伯的行政组织理论

韦伯的行政组织理论，主要反映在他的《社会组织与经济组织理论》一书中。韦伯认为，理想的行政组织体系是所谓官僚制，也叫“科层制”。这种行政组织体系包括以下六个方面的内容。

①为了实现一个组织的目标，要把组织中的全部活动划分为各种基本的作业，作为公务分配给组织中的各个成员。

②各种公务和职位是按照职权的等级原则组织起来的，每一职位有明文规定的权利和义务，从而形成一个指挥系统或层次体系。

③组织中人员的任用，完全根据职务的要求，通过正式考试或教育训练来实行。

④管理人员有固定的薪金和明文规定的升迁制度，是一种“职业的”管理人员。

⑤管理人员必须严格遵守组织规定的规则和纪律，使之不受任何人的感情因素的影响，保证在一切情况下都能贯彻执行。

⑥组织中的各级官员必须完全以理性为指导，他们完全没有个人目标，没有仇视、偏爱、怜悯、同情，然而却有理性，尽管这种理性带有机械性。

韦伯的行政组织理论，实际上是把管理非人格化，依靠单纯的责任感和无个性的工作原则，客观合理地处理各项事务。韦伯认为，这种理想的行政组织体系能提高工作效率，在精确性、稳定性、纪律性和可靠性等方面优于其他组织体系。但同时他也认为，由于这种管理体制排斥感情因素，导致了整个社会感情的匮乏，扼杀了个人的积极性和创造性。在韦伯看来，现代社会中有教养的文明人减少了，而只知忠于职守和懂专业知识的人增加了，这种由官僚制的刻板条例造就的人目光短浅，安于现状，缺少英雄主义和批判精神，没有创造发明。尽管如此，韦伯仍然十分醉心于按这种行政组织体系进行企业管理，嘲笑那种靠个人非凡魅力来管理的领导，因为他认为只有以规章制度做动作，抛弃一切人事关系的感情色彩，公事公办，企业才有可能生存下去。韦伯的古典管理理论为企业管理奠定了理论基础。

(2) 法约尔的管理要素与管理职能理论

管理要素与管理职能理论由法约尔提出，在 1916 年出版的《工业管理和一般管理》一书中，他以大企业的整体为研究对象，认为该理论不仅适用于企业，也适用于军政机关和宗教组织等。法约尔提出了经营六职能、管理五因素和十四条原则的学说。

①经营六职能。法约尔认为，管理不同于经营，只是经营的六种职能活动之一。这六种职能活动是：技术活动、商业活动、财务活动、安全活动、会计活动和管理活动。它们是企业组织中各级人员都要进行的，只不过是由于职务高低和企业大小的不同而各有侧重。

②管理五因素。法约尔把计划、组织、指挥、协调、控制称为管理五因素。法约尔认为，要管理，就需要依据一定的原则，即依据一些被接受、被论证过的管理理论；原则能使人们辨明方向，能为那些知道通往自己目的地道路的人所利用。

③十四条原则。法约尔的十四条管理原则如下：

分工。分工不局限于技术工作，而且也可适用于管理职能专业化和权限的划分。

权力和责任。权力是下达命令的权利和强使人服从的职权。法约尔把由于担任的职务地位而拥有的正式权力，与由于他的智慧、经验、品质、能力、过去的功绩而产生的个人权力区别开来。这两者是相互补充的。此外，权力和责任也是相互联系的，行使权力就要承担责任，委以责任就要授予相应的权力。

纪律。纪律建立在尊重而不是畏惧的基础上，纪律好坏关系到企业的成败。

统一指挥。一个雇员不管采取什么行动，只应接受一个上级的命令。

统一指导。同一目标的许多工作只能有一个领导和一个计划指导。

个人利益服从整体利益。

人员报酬。报酬必须公平合理。

集权。根据企业的规模、特点和领导者的能力等具体条件，规定集权和分权的程度，把集权和分权做到恰到好处。

等级链。等级链是指从最高的权力机构到最基层的上下级关系要形成阶梯形的权力锁链，它表明权力等级的顺序和传递消息的途径。为了克服由于统一指导原则而产生的信息沟通方式的延误，法约尔提出了允许横跨权力线进行横向交往的联系板，被称为“法约尔跳板”。

秩序。物资存放有秩序，厂区必须整洁，每个职工都有明确的岗位职责。

公平。善意和公正地处理职工之间的关系。

人员保持稳定。

创造性。在一切工作中要积极主动，充满热情，富有创造精神。

集体精神。在企业内部建立和谐团结的气氛。

法约尔的十四条管理原则具有独创性的见解，对于管理理论研究和实际工作都具有很大的启发性。

2.2.2　行为科学理论

行为科学理论产生于管理工作实践，在1949年美国芝加哥的一次跨学科的科学会议上，它正式被命名为“行为科学”。在此以前，很多管理学派对管理方法的研究都是以“事”为中心，忽视了对人的研究。行为科学研究管理问题，它提出要关心人、尊重人的管理原则，它的基本论点是每个人都有自己的需要，激发人的动机就应首先满足他的合理需要，需要引起动机，动机决定行为。要研究人的行为规律，人的需要十分重要。其中比较著名的有霍桑试验、需求层次理论、成就动机理论、双因素理论及期望理论等。

1. 人际管理理论

从 1924 年开始，美国西方电气公司在芝加哥附近的霍桑工厂进行了一系列试验。最初的目的是根据科学管理原理，探讨工作环境对劳动生产率的影响。后来梅奥参加了该项试验，研究心理和社会因素对工人劳动过程的影响。1933 年他出版了《工业文明的人类问题》一书，提出著名的“人际关系学说”，开辟了行为科学研究的道路。

霍桑实验共分为以下四个阶段。

（1）照明实验（1924~1927 年）

当时劳动医学的观点在生产效率理论方面的研究占统治地位，认为也许工人生产效率低下是由于疲劳和单调感等，于是当时的实验假设便是“提高照明度有助于减少疲劳，使生产效率提高”。可是经过两年多的实验发现，照明度的改变对生产效率并无影响。具体结果是：当实验组照明度增大时，实验组和控制组都增产；当实验组照明度减弱时，两组依然都增产，甚至实验组的照明度减至 0.06 烛光时，其产量亦无明显下降；直至照明减至如月光一般、实在看不清时，产量才急剧降下来。研究人员面对此结果感到茫然，失去了信心。从 1927 年起，以梅奥教授为首的一批哈佛大学心理学工作者将实验工作接管下来，继续进行。

（2）福利实验（1927~1929 年）

福利实验的目的总的来说是查明福利待遇的变换与生产效率的关系。但经过两年多的实验发现，不管福利待遇如何改变（包括工资支付办法的改变、优惠措施的增减、休息时间的增减等），都不影响产量的持续上升，甚至工人自己对生产效率提高的原因也说不清楚。后经进一步的分析发现，导致生产效率上升的主要原因如下：①参加实验的光荣感。实验开始时 6 名参加实验的女工曾被召进部长办公室谈话，她们认为这是莫大的荣誉。这说明被重视的自豪感对人的积极性有明显的促进作用。②员工间良好的相互关系。

（3）访谈实验（1928~1931 年）

研究者在工厂中开始了访谈计划。此计划的最初想法是要工人就管理当局的规划和政策、工头的态度和工作条件问题作出回答，但这种规定好的访谈计划在进行过程中却大出意料之外，得到意想不到的效果。工人想就工作提纲以外的事情进行交谈，工人认为重要的事情并不是公司或调查者认为意义重大的那些事。访谈者了解到这一点，及时把访谈计划改为事先不规定的内容，每次访谈的平均时间从 30 分钟延长至 1~1.5 个小时，多听少说，详细记录工人的不满和意见。访谈计划持续了两年多，工人的产量大幅提高。

工人们长期以来对工厂的各项管理制度和方法存在许多不满，无处发泄，访谈计划的实行恰恰为他们提供了发泄的机会。发泄过后心情舒畅，士气提高，产量得到提高。

（4）群体实验（1931~1932 年）

梅奥等人在这个实验中选择了 14 名男工人在单独的房间里从事绕线、焊接和检验工作，对这个班组实行特殊的工人计件工资制度。实验者原来设想，实行这套奖励办法会使工人更加努力地工作，以便得到更多的报酬。但观察的结果发现，产量只保持在中等水平上，每个工人的日产量平均都差不多，而且工人并不如实地报告产量。深入地调查发现，这个班组为了维护他们群体的利益，自发地形成了一些规范。他们约定，谁也不能干得太多，突出自己；谁也不能干得太少，影响全组的产量。而且约法三章，不准向管理当局告密，如有人违反这些规定，轻则挖苦谩骂，重则拳打脚踢。进一步调查发现，工人们之所以维持中等水平的产量，是担心产量提高。管理当局会改变现行奖励制度，或裁减人员，使部分工人失业，或者会使干得慢的伙伴受到惩罚。这一实验表明，为了维护班组内部的团结，工人们可以放弃物质利益的引诱。由此梅奥等人提出“非正式群体”的概念，认为在正式的组织中存在着自发形成的非正式群体，这种群体有自己的特殊行为规范，既对人的行为起着调节和控制作用，同时也加强了内部的协作关系。

梅奥对其领导的霍桑实验进行总结，写成了《工业文明中的问题》一书，在书中阐述了自己的观点，主要有以下内容。

①工人是社会人，不是经济人，即工人除了物质需要外，还有社会心理方面的需求，因此不能忽视社会和心理因素对工人工作积极性的影响，否定了当时科学管理学派认为金钱是刺激工人积极性的唯一动力的说法。

②企业中存在非正式的组织。企业成员在共同工作的过程中，相互间必然产生共同的感情、态度和倾向，形成共同的行为准则和惯例，非正式组织独特的感情、规范和倾向左右着成员的行为。非正式组织不仅存在而且与正式组织相互依存，对生产率有重大影响。

③生产率主要取决于工人的工作态度以及他和周围人的关系。梅奥认为提高生产率的主要途径是提高工人的满足度，即工人对社会因素、人际关系的满足程度。如果满足度高，工作的积极性、主动性和协作精神就高，生产率就高。

2. 激励理论

(1) 需求层次理论

马斯洛（A. Maslow）是美国著名的社会心理学家、人格理论家和比较心理学家。马斯洛认为，人类价值体系存在两类不同的需要：一类是沿生物谱系上升方向逐渐变弱的本能或冲动，称为低级需要和生理需要；一类是随生物进化而逐渐显现的潜能或需要，称为高级需要。

马斯洛在 1943 年发表的《人类动机的理论》一书中提出了需要层次论，即把需求分成生理需求、安全需求、社会需求、尊重需求和自我实现需求五类，依次由较低层次到较高层次，各层次需要的基本含义如下。

①生理上的需要。生理上的需要是人类维持自身生存的最基本要求，包括饥、渴、衣、住、性等方面的要求。如果这些需要得不到满足，人类的生存就成了问题。从这个意义上说，生理需要是推动人们行动的最强大的动力。马斯洛认为，只有这些最基本的需要满足到维持生存所必需的程度后，其他的需要才能成为新的激励因素，而到了此时，这些已相对满足的需要也就不再成为激励因素了。

②安全上的需要。安全上的需要是人类要求保障自身安全、摆脱事业和丧失财产威胁、避免职业病的侵袭、接触严酷的监督等方面的需要。马斯洛认为，整个有机体是一个追求安全的机制，人的感受器官、效应器官、智能和其他能量主要是寻求安全的工具，甚至可以把科学和人生观都看成是满足安全需要的一部分。当然，当这种需要一旦相对满足后，也就不再成为激励因素了。

③感情上的需要。感情上的需要包括两个方面的内容：一是友爱的需要，即人人都需

要伙伴之间、同事之间的关系融洽或保持友谊和忠诚；人人都希望得到爱情，希望爱别人，也渴望接受别人的爱。二是归属的需要，即人都有一种归属于一个群体的感情，希望成为群体中的一员，并相互关心和照顾。感情上的需要比生理上的需要来得细致，它和一个人的生理特性、经历、教育、宗教信仰都有关系。

④尊重的需要。人人都希望自己有稳定的社会地位，要求个人的能力和成就得到社会的承认。尊重的需要又可分为内部尊重和外部尊重。内部尊重是指一个人希望在各种不同情境中有实力、能胜任、充满信心、能独立自主。总之，内部尊重就是人的自尊。外部尊重是指一个人希望有地位、有威信，受到别人的尊重、信赖和高度评价。马斯洛认为，尊重需要得到满足，能使人对自己充满信心，对社会满腔热情，体验到自己活着的用处和价值。

⑤自我实现的需要。自我实现的需要是最高层次的需要，它是指实现个人理想、抱负，发挥个人的能力到最大程度，完成与自己能力相称的一切事情的需要。也就是说，人必须干称职的工作，这样才会使他们感到最大的快乐。马斯洛提出，为满足自我实现需要所采取的途径是因人而异的。自我实现的需要是在努力实现自己的潜力，使自己越来越成为自己所期望的人物。

马斯洛认为，人都潜藏着这五种不同层次的需要，但在不同的时期表现出来的各种需要的迫切程度是不同的。人的最迫切需要才是激励人行动的主要原因和动力，人的需要是从外部得来的满足逐渐向内在得到的满足转化。其中生理上的需要、安全上的需要和感情上的需要都属于低一级的需要，这些需要通过外部条件就可以满足；而尊重的需要和自我实现的需要是高级需要，它们是通过内部因素才能满足的，而且一个人对尊重和自我实现的需要是无止境的。一般来说，某一层次的需要相对满足了，就会向高一层次发展，追求更高一层次的需要就成为驱使行为的动力。同一时期，一个人可能有几种需要，但每一时期总有一种需要占支配地位，对行为起决定作用。

（2）期望理论

期望理论，又称作“效价—手段—期望理论”，是由北美著名心理学家和行为科学家维克托·弗鲁姆（Victor H. Vroom）于 1964 年在《工作与激励》一书中提出来的激励理论。

期望理论是以三个因素反映需要与目标之间的关系的，要激励员工，就必须让员工明确：①工作能提供给他们真正需要的东西；②他们欲求的东西是和绩效联系在一起的；③只要努力工作就能提高他们的绩效。

弗鲁姆认为，人们采取某项行动的动力或激励力取决于其对行动结果的价值评价和预期达成该结果可能性的估计。换言之，激励力的大小取决于该行动所能达成目标并能导致某种结果的全部预期价值乘以他认为达成该目标并得到某种结果的期望概率。用公式可以表示为：

$$M=\sum V\times E$$

式中，M 表示激励力，是指调动一个人的积极性，激发人内部潜力的强度；V 表示效价，是指达到目标对于满足个人需要的价值；E 是期望值，是人们根据过去的经验判断自己达到某种目标或满足需要的可能性是大还是小，即能够达到目标的主观概率。

期望理论提出了目标设置与个人需求相统一的理论。期望理论假定，个体是有思想、有理性的人，对于生活和事业的发展，他们有既定的信仰和基本的预测。因此，在分析激励雇员的因素时，我们必须考察人们希望从组织中获得什么以及他们如何能够实现自己的愿望。期望理论也是激励理论中为数极少的量化分析理论。这一理论并不满足于对问题的定性说明，还非常重视定量分析。它通过对各种权变因素的分析，正确地说明了人们在多种可能性中所作出的选择。也就是说人们的行为选择通常是效用最大的，或者说人们的现实行为是其激励力量最大的行为选择。这不仅是激励理论的重要发展，同时在实践中也更具操作性。

(3) 强化理论

强化理论是美国的心理学家和行为科学家斯金纳、赫西、布兰查德等人提出的一种理论，也称为“行为修正理论”或“行为矫正理论”。所谓强化是指增强某人前面的某种行为重复出现次数的一种权变措施。斯金纳认为，在操作条件作用的模式下，如果一种反应之后伴随一种强化，那么在类似环境里发生这种反应的概率就会增加。而且，强化与实施强化的环境一起，都是一种刺激，人们可以此来控制反应。因此，管理人员就可以通过强化的手段，营造一种有利于组织目标实现的环境和氛围，以使组织成员的行为符合组织的目标。

根据强化的性质和目的可把强化分为正强化和负强化。在管理上，正强化就是奖励那些组织上需要的行为，从而加强这种行为；负强化就是惩罚那些与组织不兼容的行为，从而削弱这种行为。正强化的方法包括奖金、对成绩的认可、表扬、改善工作条件和人际关系、提升、安排担任挑战性的工作、给予学习和成长的机会等。负强化的方法包括批评、处分、降级等，有时不给予奖励或少给奖励也是一种负强化。

强化的具体方式有四种：①正强化。就是奖励那些符合组织目标的行为，以便使这些行为得以进一步地加强和重复出现。②惩罚。当员工出现一些不符合组织目标的行为时，采取惩罚的办法，可以约束这些行为少发生或不再发生。惩罚是力图使所不希望的行为逐渐削弱，甚至完全消失。③负强化。负强化强调的是一种事前的规避。俗语“杀鸡儆猴”形象地说明了两者的联系与区别，对出现了违规行为的“鸡”加以惩罚，意欲违规的“猴”会从中深刻地意识到组织规定的存在，从而加强对自己行为的约束。④忽视，就是对已出现的不符合要求的行为进行“冷处理”，从而达到“无为而治”的效果。

在实际应用中，关键在于如何使强化机制协调运转并产生整体效应，为此，应注意以下五个方面。

第一，应以正强化方式为主。在企业中设置鼓舞人心的安全生产目标，是一种正强化方法，但要注意将企业的整体目标和职工个人目标、最终目标和阶段目标等相结合，并对在完成个人目标或阶段目标中做出明显绩效或贡献者，给予及时的物质和精神奖励（强化物），以求充分发挥强化作用。

第二，采用负强化（尤其是惩罚）手段要慎重。负强化应用得当会促进安全生产，应用不当则会带来一些消极影响，可能使人由于不愉快的感受而出现悲观、恐惧等心理反应，甚至发生对抗性消极行为。因此，在运用负强化时，应尊重事实，讲究方式方法，处罚依据准确公正，这样可尽量消除其副作用。将负强化与正强化结合使用一般能取得更好的效果。

第三，注意强化的时效性。采用强化的时间对于强化的效果有较大的影响。一般而论，强化应及时，及时强化可提高安全行为的强化反应程度。但须注意，及时强化并不意味着随时都要进行强化，不定期的非预料的间断性强化往往可取得更好的效果。

第四，因人制宜，采用不同的强化方式。由于人的个性特征及其需要层次不尽相同，不同的强化机制和强化物所产生的效应会因人而异。因此，在运用强化手段时，应采用有效的强化方式，并随对象和环境的变化而相应调整。

第五，利用信息反馈增强强化的效果。信息反馈是强化人的行为的一种重要手段，尤其是在应用安全目标进行强化时，定期反馈可使职工了解已参加安全生产活动的绩效及其结果，既可使职工得到鼓励，增强信心，又有利于及时发现问题，分析原因，修正所为。

斯金纳的强化理论和弗鲁姆的期望理论都强调行为同其后果之间关系的重要性，但弗鲁姆的期望理论较多地涉及主观判断等内部心理过程，而强化理论只讨论刺激和行为的关系。强化的主要功能，就是按照人的心理过程和行为的规律，对人的行为予以导向，并加以规范、修正、限制和改造。它对人的行为的影响，是通过行为的后果反馈给行为主体这种间接方式来实现的。人们可根据反馈的信息，主动适应环境刺激，不断地调整自己的行为。

3. 麦克利兰的成就需求理论

成就需求理论是美国哈佛大学教授戴维·麦克利兰（David McClelland）通过对人的需求和动机进行研究，于20世纪50年代在一系列文章中提出的。麦克利兰把人的高层次需求归纳为对成就、权力和亲和的需求。他认为，具有强烈的成就需求的人渴望将事情做得更为完美，提高工作效率，获得更大的成功，他们追求的是在争取成功的过程中克服困难、解决难题、努力奋斗的乐趣以及成功之后的个人成就感。

麦克利兰发现高成就需求者有以下三个主要特点。

（1）高成就需求者喜欢设立具有适度挑战性的目标，不喜欢凭运气获得成功，不喜欢接受那些在他们看来特别容易或特别困难的工作任务。他们不满足于漫无目的地随波逐流和随遇而安，而总是想有所作为。他们总是精心选择自己的目标，因此，他们很少自动地接受别人为其选定的目标。除了请教能提供所需技术的专家外，他们不喜欢寻求别人的帮助或忠告。他们要是赢了，会要求应得的荣誉；要是输了，也勇于承担责任。

（2）高成就需求者在选择目标时会回避过分的难度。他们喜欢中等难度的目标，既不是唾手可得没有一点成就感，也不是难得只能凭运气。他们会揣度可能办到的程度，然后再选定一个难度力所能及的目标——也就是会选择能够取胜的最艰巨的挑战。对他们而言，当成败可能性均等时，才是一种能从自身的奋斗中体验成功的喜悦与满足的最佳机会。

（3）高成就需求者喜欢多少能立即给予反馈的任务。目标对于他们非常重要，所以他们希望得到有关工作绩效的及时明确的反馈信息，从而了解自己是否有所进步。这就是高成就需求者往往选择专业性职业，或从事销售或者参与经营活动的原因之一。

麦克利兰指出，具有成就需求的人，对工作的胜任感和成功有着强烈的要求，同样也担心失败；他们乐意，甚至热衷于接受挑战，往往为自己树立有一定难度而又不是高不可攀的目标；他们敢于冒风险，又能以现实的态度对待冒险，绝不会以迷信和侥幸心理对待未来，而是要通过认真的分析和估计；他们愿意承担所做的工作的个人责任，并希望得到所从事工作的明确而又迅速的反馈。这类人一般不常休息，喜欢长时间、全身心地工作，并从工作的完成中得到很大的满足，即使真正出现成败也不会过分沮丧。一般来说，他们喜欢表现自己。麦克利兰认为，一个公司如果有很多具有成就需求的人，那么公司就会发展得很快；一个国家如果有很多这样的公司，那么整个国家的经济发展速度就会高于世界平均水平。

2.2.3　现代管理理论

现代管理理论是几十年来正在迅速崛起的一个较新的研究领域。其蓬勃发展主要是受到了社会对更高领导能力需求的推动，而这种推动力又来源于社会环境的迅速变化对组织领导的更高要求。在 20 世纪五六十年代以后，现代管理理论发展很快，学派很多，主要包括社会系统学派、决策理论学派、系统管理学派、经验主义学派、管理科学学派和权变理论学派。

1. 社会系统学派

社会系统学派的代表人物是美国著名的管理学家切斯特·巴纳德（Chester Barnard）。1938 年，他发表了《经理人的职能》一书，在这本著作中，他对组织和管理理论的一系列基本问题都提出了与传统组织和管理理论完全不同的观点。他认为，组织是一个复杂的社会系统，应从社会学的观点来分析和研究管理的问题。由于他把各类组织都作为协作的社会系统来研究，后人把由他开创的管理理论体系称作“社会系统学派”。

社会系统学派的主要内容可以归纳为以下几个方面。

（1）组织是一个由个人组成的协作系统，个人只有在一定的相互作用的社会关系下同他人协作才能发挥作用。

（2）巴纳德认为组织作为一个协作系统都包含三个基本要素：能够互相进行信息交流的人们，这些人们愿意做出贡献，实现一个共同目的。因此，一个组织的要素是：信息交流、做贡献的意愿、共同的目的。

（3）组织是两个或两个以上的人所形成的协作系统，管理者应在这个系统中处于相互联系的中心，并致力于获得有效协作所必需的协调。因此，经理人员要招募和选择那些能为组织目标的实现而做出最好贡献和进行有效的协调的人。巴纳德认为，应该采用“维持”的方法，包括“诱因”方案的维持和“威慑”方案的维持。“诱因”方案的维持是指采用各种报酬奖励的方式来鼓励组织成员为组织目标的实现做出他们的贡献；“威慑”方案的维持是指采用监督、控制、检验、教育和训练的方法来促使组织成员为组织目标的实现做出他们的贡献。

（4）经理人员的作用就是在一个正式组织中充当系统运转的中心，并对组织成员的活动进行协调，指导组织的运转，实现组织的目标。根据组织的要素，巴纳德认为，经理人员的主要职能有三个：①提供信息交流的体系；②促成必要的个人努力；③提出和制定目的。

2. 决策理论学派

决策理论学派是在第二次世界大战之后发展起来的一门新兴的管理学派。随着现代生产和科学技术的高度分化与高度综合，企业的规模越来越大，特别是跨国公司不断地发展，这种企业不仅经济规模庞大，而且管理十分复杂。同时，这些大企业的经营活动范围超越了国界，使企业的外部环境发生了很大的变化，面临着更加动荡不安和难以预料的政治、经济、文化和社会环境。在这种情况下，对企业整体的活动进行统一管理就显得格外重要了。

决策理论学派的主要代表人物是赫伯特·西蒙（Herbert Simon）。西蒙发展了巴纳德的社会系统学派，提出了决策理论，建立了决策理论学派，形成了一门有关决策过程、准则、类型及方法的较完整的理论体系。其理论要点归纳如下。

（1）决策贯穿管理的全过程，决策是管理的核心。西蒙指出，组织中经理人员的重要职能就是作决策。他认为，任何作业开始之前都要先作决策，制订计划就是决策，组织、领导和控制也都离不开决策。

（2）系统阐述了决策原理。西蒙对决策的程序、准则，程序化决策和非程序化决策的异同及其决策技术等作了分析。他提出决策过程包括四个阶段：搜集情况阶段、拟订计划阶段、选定计划阶段、评价计划阶段。这四个阶段中的每一个阶段本身就是一个复杂的决策过程。

（3）在决策标准上，用“令人满意”的准则代替“最优化”准则。以往的管理学家往往把人看成是以“绝对的理性”为指导，按最优化准则行动的理性人。西蒙认为，事实上这是做不到的，应该用“管理人”假设代替“理性人”假设，“管理人”不考虑一切可能的复杂情况，只考虑与问题有关的情况，采用“令人满意”的决策准则，从而可以作出令人满意的决策。

（4）一个组织的决策根据其活动是否反复出现可分为程序化决策和非程序决策。经常性活动的决策应程序化，以降低决策过程的成本，只有非经常性的活动，才需要进行非程序化的决策。

3. 系统管理学派

系统论认为，系统是由相互联系、相互作用的若干要素结合而成的、具有特定功能的有机整体，它不断地同外界进行物质和能量的交换，从而维持一种稳定的状态。系统理论建立以后，西方有些学者把它应用于工商企业的管理，形成系统管理学派。这一学派的主要代表人物是约翰逊、卡斯特和罗森茨韦克。他们认为，系统观点、系统分析和系统管理是既有联系又有区别的三个方面。

（1）系统观点

系统观点认为，整体是主要的，而其各个部分是次要的；系统中许多部分的结合是它们相互联系的条件；系统中的各个部分组成一个不可分割的整体；各个部分围绕着实现整个系统的目标而发挥作用；系统中各个部分的性质和职能由它们在整体中的地位所决定，其行为则受到整体的制约。整体是一种力的系统、结构或综合体，是作为一个单元来行事的；一切都应以整体作为前提条件，然后演变出各个部分之间的相互关系；整体通过新陈代谢而使自己不断地更新，整体保持不变和统一，而其组成部分则不断改变。

（2）系统分析

所谓系统分析就是对一个系统内的基本问题，用逻辑推理、科学分析的方法，在确定条件与不确定条件下，找出各种可行的方案。也就是说，系统分析就是以系统的整体最优为目标，对系统的各个主要方面进行定性和定量的分析，是一个有目的、有步骤的探索性分析过程，以便给决策者提供直接判断和决定最优方案所需要的信息和资料。

（3）系统管理

系统管理特别强调开放性、整体性和层次性观念，认为企业是相对开放的系统，边界是可渗透的，可以有选择地输入和有选择地吸收，不仅要适应环境，还要影响环境。更重要的是，企业应有意识地去改造环境。该理论后来发展成为系统管理学派。

系统管理学派认为，从系统观点来考察和管理企业有助于提高企业的效率与效益。首先，这使得企业管理人员不至于因为只注意一些专门领域的特殊职能，而忽略了企业的总目标，也不至于忽略自己这个企业在更大的系统中的地位和作用。企业的系统管理就是把信息、能源、材料和人员等没有联系的资源，结合成一个达到一定目标的整体系统。按系统观点组织资源的企业，并不会消除企业的各项基本管理职能，但能把企业中的各个子系统和有关部门的关系网络看得更清楚。计划、组织、控制和信息联系等基本职能不是孤立的，而是围绕着系统及其目标发挥作用的。

4. 经验主义学派

经验主义学派又称为“经理主义学派”，以向大企业的经理提供管理企业的当代的经验和科学方法为目标。经验主义学派认为管理学就是研究管理经验，认为通过对管理人员在个别情况下成功的和失败的经验教训的研究，会使人们懂得在将来相应的情况下如何运用有效的方法解决管理问题。因此，这个学派的学者把对管理理论的研究放在对实际管理工作者的管理经验教训的研究上，强调从企业管理的实际经验而不是从一般原理出发来进行研究，强调用比较的方法来研究和概括管理经验。

经验主义学派理论的研究内容主要涉及以下几方面的管理问题。

（1）管理应侧重于实际应用，而不是纯粹理论的研究。管理学如同医学、法律学和工程学一样，是一种应用学科，而不是纯知识的学科。但管理又不是单纯的常识、领导能力或财务技巧的应用，管理的实际应用是以知识和责任为依据的。

（2）管理者的任务是了解本机构的特殊目的和使命，使工作富有活力并使职工有成就。关于本机构对社会的影响与承担社会责任的关系，德鲁克认为，作为企业主要管理者的经理，有两项别人无法替代的职责：第一项职责是创造出一个大于其各组成部分的总和的真正的整体，创造出一个富有活力的整体，把投入其中的各项资源转化为较各项资源的总和更多的东西。第二项特殊职责是在其每一项决定和行动中协调当前的和长期的要求。为此，每一个经理都必须制定目标和措施，并传达给有关的人员，进行组织工作，进行鼓励和联系工作，对工作和成果进行评价，使员工得到成长和发展。

（3）实行目标管理的管理方法。德鲁克理论对管理学的最大贡献是他提出任务（或目标）决定管理，并据此提出目标管理法。德鲁克认为传统管理学派偏于以工作为中心，忽视人的一面，而行为科学又偏于以人为中心，忽视了同工作相结合。目标管理则是结合以工作为中心和以人为中心的管理方法，使职工发现工作的兴趣和价值，从工作中满足其自我实现的需要，同时，企业的目标也因职工的自我实现而实现，这样就把工作和人性统一起来了。目标管理在当今仍是应用最多的管理方法。

5. 管理科学学派

管理科学学派，也称“计量管理学派”“数量学派”。该学派认为，解决复杂系统的管理决策问题，可以用电子计算机作为工具，寻求最佳计划方案，以达到企业的目标。管理科学其实就是管理中的一种数量分析方法，它主要用于解决能以数量表现的管理问题。其作用在于通过管理科学的方法，减少决策中的风险，提高决策的质量，保证投入的资源发挥出最大的经济效益。

管理科学学派的主要特点如下。

（1）力求减少决策的个人艺术成分。管理者或管理团队建立一套决策程序和数学模型，以增加决策的科学性。他们将众多方案中的各种变数或因素加以数量化，利用数学工具建立数量模型研究各变数和因素之间的相互关系，寻求一个用数量表示的最优化答案。决策的过程就是建立和运用数学模型的过程。

（2）各种可行的方案均是以经济效果作为评价的依据，例如成本、总收入和投资利润率等。

（3）广泛地使用电子计算机。现代企业管理中影响某一事务的因素错综复杂，建立模型后，计算任务极为繁重，依靠传统的计算方法获得结果往往需要若干年的时间，致使计算结果无法用于企业管理。电子计算机的出现大大提高了运算的速度，使数学模型应用于企业和组织成为可能。

管理科学学派借助于数学模型和计算机技术研究管理问题，重点研究操作方法和作业方面的管理问题。现在管理科学也有向组织更高层次发展的趋势，但目前完全采用管理科学的定量方法来解决复杂环境下的组织问题还面临着许多实际困难。管理科学学派一般只研究生产的物质过程，注意管理中应用的先进工具和科学方法，但不注意管理中人的作用，这是它的不足之处。

6. 权变理论学派

权变理论认为，在企业管理中要根据企业所处的内外条件随机应变，没有什么一成不变、普遍适用的“最好的”管理理论和方法。该学派是从系统观点来考察问题的，它的理论核心就是通过组织的各子系统内部和各子系统之间的相互联系，以及组织和它所处的环境之间的联系，来确定各种变数的关系类型和结构类型。它强调在管理中要根据组织所处的内外部条件随机应变，针对不同的具体条件寻求不同的最合适的管理模式、方案或方法。

美国学者卢桑斯（F. Luthans）在 1976 年出版的《管理导论：一种权变学》一书中系统地概括了权变管理理论，具体内容如下。

（1）权变理论就是要把环境对管理的作用具体化，并使管理理论与管理实践紧密地联系起来。

（2）环境是自变量，而管理的观念和技术是因变量。在某种环境条件下，就要采用与之适应的某种管理原理、方法和技术。例如，如果在经济衰退时期，企业在供过于求的市场中经营，采用集权的组织结构，就更适合于达到组织目标；如果在经济繁荣时期，在供不应求的市场中经营，那么采用分权的组织结构可能会更好一些。

（3）权变管理理论的核心内容是环境变量与管理变量之间的函数关系——权变关系。环境可分为外部环境和内部环境。外部环境又可以分为两种：一种是由社会、技术、经济、政治和法律等所组成，另一种是由供应者、顾客、竞争者、雇员、股东等所组成。内部环境基本上是正式组织系统，它的各个变量与外部环境各变量之间是相互关联的。

权变理论学派的重点则是通过大量事例的研究和概括，把各种各样的情况归纳为几个基本类型，并给每一类型找出一种模型。所以它强调权变关系是两个或更多可变因数之间的函数关系，权变管理是一种依据环境自变数和管理思想及管理技术因变数之间的函数关系来确定的对当时当地最有效的管理方法。

权变理论要求管理者根据组织的具体条件，及其面临的外部环境，采取相应的组织结构、领导方式和管理方法，灵活地处理各项具体管理业务。这样，就使管理者把精力转移到对现实情况的研究上来，并根据对具体情况的具体分析，提出相应的管理对策，从而有可能使其管理活动更加符合实际情况，更加有效。同时，权变学派首先提出管理的动态性，人们开始意识到管理的职能并不是一成不变的，以往人们对管理行为大多从静态的角度来认识，权变学派使人们对管理的动态性有了新的认识。

2.2.4　管理理论新发展

1. 学习型组织

彼得 · 圣吉（Peter M. Senge）是学习型组织理论的奠基人。他用了近十年的时间对数千家企业进行研究和案例分析，于 1990 年完成其代表作《第五项修炼——学习型组织的艺术与实务》。他指出现代企业所欠缺的就是系统思考的能力。之所以会如此，是因为现代组织分工、负责的方式将组织切割，从而使人们的行动与其时空相距较远。当不需要为自己的行动的结果负责时，人们就不会去修正其行为，也就是无法有效地学习。

《第五项修炼——学习型组织的艺术与实务》提供了一套使传统企业转变成学习型企业的方法，使企业通过学习提升整体运作“群体智力”和持续的创新能力，成为不断创造未来的组织，从而避免了企业“夭折”和“短寿”。

彼得 · 圣吉关于学习型组织的主要思想包括以下内容。

（1）建立共同愿景（building shared vision）：愿景可以凝聚公司上下的意志力，透过组织共识，大家努力的方向一致，个人也乐于奉献，为组织目标奋斗。

（2）团队学习（team learning）：团队智慧应大于个人智慧的平均值，以作出正确的组织决策，透过集体思考和分析，找出个人弱点，强化团队向心力。

（3）改变心智模式（improve mental models）：组织的障碍多来自于个人的旧思维，例如固执己见、本位主义，唯有透过团队学习以及标杆学习才能改变心智模式，有所创新。

（4）自我超越（personal mastery）：个人有意愿投入工作，并在工作中不断提高自我，个人与愿景之间有种“创造性的张力”，是自我超越的来源。

（5）系统思考（system thinking）：应透过资讯搜集掌握事件的全貌，以避免见树不见林，培养综观全局的思考能力，看清楚问题的本质，有助于清楚地了解因果关系。

2. 业务流程再造

业务流程再造强调以业务流程为改造对象和中心，以关心客户的需求和满意度为目标，来对现行的业务流程进行根本的再思考和彻底的再设计，并且利用先进的制导技术、信息技术以及现代化的管理手段，最大限度地实现技术上的功能集成和管理上的职能集成，从而实现企业经营在成本、质量、服务和速度等方面的巨大改善。

1993年哈默与钱皮出版了《再造企业：管理革命的宣言》一书，系统阐述了业务流程再造的思想，提出再造企业的首要任务是业务流程再造，只有建设好业务流程，才能使企业彻底摆脱困境。他们指出，面临着顾客日益挑剔、竞争日益激烈、变化日益频繁这三股力量冲击的当代企业，必须彻底改变传统的工作组织方式，从更好地从满足内部和外部顾客需求出发，将流程涉及的一系列跨职能、跨边界的活动集成和整合起来，即以首尾相连的完整连贯的一体性流程来取代以往的被各部门割裂的、片段黏合式的破碎流程。

业务流程再造的主要作用体现在以下几个方面。

（1）企业贴近市场：企业要达到业务流程再造的好的效果，需要主动地了解市场，并对市场的表现作出相应的改变。在流程再造的同时必须以市场为导向，发掘新的更有效的流程。

（2）减少成本：业务流程再造将全面的质量管理贯穿于整个过程，从市场调研阶段开始就注意成本的投入；企业在改造过程当中剔除无效作业必然节省部分不必要的投入；脱离了传统的管理模式，减少了管理层级，从而降低了成本的投入。

（3）全面提升了产品和服务的质量和水平。通过流程的再造，实现了产品质量和服务质量的全面提升和改进。

3. 核心能力理论

战略管理理论的发展经历了三个阶段：经典战略理论阶段、产业结构分析阶段（波特阶段）和核心能力理论阶段。核心能力理论代表了战略管理理论在20世纪90年代的最新进展，它是由美国学者普拉哈拉德（C. K. Prahalad）和英国学者哈默（G. Hamel）于1990年首次提出的。此后，核心能力理论成为管理理论界的前沿问题之一被广为关注。

尽管对于核心能力的界定有各种不同的说法，但它们无一例外地都认为核心能力是企业获取竞争优势的源泉，是在企业资源积累的发展过程中建立起来的企业特有的能力，是企业最重要的战略资产。

核心能力理论认为，并不是企业所有的资源、知识和能力都能形成持续的竞争优势。区分核心能力和非核心能力主要在于五个方面：①价值性。核心竞争能力必须对用户看重的价值起重要作用。②异质性。一项能力要成为核心能力必须为某公司所独有，没有被当前和潜在的竞争对手所拥有。③不可模仿性。其他企业无法通过学习获得，不易为竞争对手所模仿。④难以替代性。没有战略性等价物。⑤延展性。从公司总体来看，核心竞争能力必须是整个公司业务的基础，能够产生一系列其他产品和服务，能够在创新和多元化战略中实现规模经营。只有当企业资源、知识和技能同时符合上述五项标准时，它们才成为企业的核心能力，并形成企业持续的竞争优势。

企业能力理论发展至今，主要有以下观点。

(1) 企业本质上是一种能力集合体。企业之间的能力差异是企业绩效差异和能否持续发展的根本原因，企业要想提高绩效，必须提高自己的能力。这里的能力是一个广泛的概念，可以是员工的研发能力、技术能力，管理者独立工作能力、与他人合作的能力，也可以是创立商标和专利的能力、建立品牌知名度和美誉度的能力，更包括对资源的发现、整合、调度和优化的能力，以及将技能、资产和动作有机融合的自组织能力。当企业的某些能力使企业获得竞争优势时，这些能力就构成了企业的竞争能力。

(2) 积累、保持和增强能力是企业维持长久竞争优势的关键。企业要想获得持久的竞争优势，就必须准确把握未来市场的发展趋势和技术发展的方向，在建立、强化和发展核心能力方面不懈努力。核心能力的培养和发展，是通过企业各个层次的重组和积累实现的。

(3) 持续学习是企业获得核心能力的最有效途径。企业获得核心能力最根本、最有效的途径就是持续学习，学习是企业得以扩展并创造未来的能量。未来最成功的公司，将是那些基于学习型组织的公司。不管企业是通过自主开发或联合开发的方式获得关键技术和技能，还是通过技术、人才、结盟伙伴和知识产权市场，争取获取那些可形成总的核心竞争能力的单项技能或技术，抑或是将可能形成核心竞争能力的各种技术、技能和专长整合成核心能力，持续学习都在其中扮演了重要的角色。

本章小结

管理是依据事物发展的客观规律，通过计划、组织、领导、控制和创新等职能，综合运用人力资源和其他资源，以有效地实现目标的过程。

古典管理理论代表人物泰罗、法约尔、韦伯从三个不同角度，即车间工人、办公室总经理和组织来解决企业和社会组织的管理问题，为当时的社会解决企业组织中的劳资关系、管理原理和原则、生产效率等方面的问题，提供了管理思想的指导和科学理论方法。行为科学提出要关心人、尊重人的管理原则，它的基本论点是每个人都有自己的需要，需要引起动机，动机决定行为，要研究人的行为规律。其中比较著名的有霍桑试验、需求层次理论、成就动机理论、双因素理论及期望理论等。

在 20 世纪五六十年代以后，现代管理理论发展很快，学派很多，主要包括社会系统学派、决策理论学派、系统管理学派、经验主义学派、管理科学学派和权变理论学派等。

自测题

(一) 单选题

1. 制定目标并确定为达成这些目标所必需的行动，属于管理职能中的（　　）。

A. 计划　　B. 组织　　C. 领导　　D. 控制

2. 在管理者应具备的最基本的技能中，对各层次的管理者都同等重要的是（　　）。

A. 技术技能　　B. 人际技能　　C. 概念技能　　D. 业务技能

3. 管理的五大职能中，计划的前提是（　　）。

A. 决策　　B. 组织　　C. 领导　　D. 控制

4. 在管理者的技能中，对于高层管理者来说要求最多的是（　　）。

A. 技术技能和概念技能　　B. 技术技能和人际技能

C. 人际技能和概念技能　　D. 人际技能

5. 被称为“科学管理之父”的管理学家是（　　）。

A. 法约尔　　B. 韦伯　　C. 泰罗　　D. 巴纳德

6. 人际关系学说的提出者是（　　）。

A. 巴贝奇　　B. 小瓦特　　C. 梅奥　　D. 德鲁克

7. （　　）认为，解决复杂系统的管理决策问题，可以用电子计算机作为工具，寻求最佳计划方案，以达到企业的目标。

A. 经验主义学派　　B. 科学管理学派

C. 决策理论学派　　D. 系统管理学派

8. 管理人员通过一系列基本管理职能来实现组织目标，不属于管理职能范畴的是(　　)。

A. 组织　　B. 控制　　C. 领导　　D. 经营

9. 马斯洛需要层次理论强调最基本的需要是（　　）。

A. 归属需要　　B. 自尊需要　　C. 自我实现需要　　D. 生理需要

10. 保证企业中进行的一切活动符合所制订的计划和所下达的命令，这是管理的(　　)职能。

A. 控制　　B. 组织　　C. 领导　　D. 决策

11. 提出公平理论的是（　　）。

A. 马斯洛　　B. 卢因　　C. 弗鲁姆　　D. 亚当斯

12. 下列关于强化理论的说法正确的是（　　）。

A. 强化理论是美国心理学家马斯洛首先提出的

B. 所谓正强化就是惩罚那些不符合组织目标的行为，以使这些行为削弱直至消失

C. 连续的、固定的正强化能够使每一次强化都起到较大的效果

D. 实施负强化，应以连续负强化为主

（二）简答题

1. 什么是管理？如何理解管理的具体含义？

2. 管理包括哪些职能？它们各自的表现形式是什么？它们的相互关系是怎样的？

3. 何谓需要层次论？该理论对管理者有何启示？

4. 管理者应扮演哪些角色？

5. 管理者应具备哪些基本技能？

6. 管理者应具备哪些方面的素质要求？

(三) 论述题

西方管理理论出现了哪些分支？每个理论分支的内容与特征各是什么？

案例分析

佛山物流是佛山第一家企业，每年以 50% 的速度发展。目前，年营业收入达 1.2 亿元，管理的资产总额达 4.5 亿元，成为佛山物流业的旗帜企业。多年来，佛山物流都锁定食品物流这一块来经营，为多家企事业提供了先进一流的物流一体化服务，积累了丰富的经验。其中最为成功的一个案例，就是为海天调味公司提供的仓储配送业务。佛山物流是海天味业的唯一为其提供物流一体化服务的合作伙伴。海天调味公司的产成品从生产线下来，直接通过大型拖车进入佛山物流仓库。海天公司通过信息系统跟踪货物库存信息、出入库管理、业务过程管理、运输监控，并能自动生成各种数据报表，与海天调味品公司实行实时信息共享，满足了海天调味品公司“安全、及时、准确”的配送要求。确保产品最优流入、保管、流出仓库。通过佛山物流仓储配送服务，海天可以集中发展主业，将精力集中于生产上，增强了企业在该行业中的核心竞争力。通过佛山物流先进的物流信息管理系统，海天调味品公司可以快速、正确、简便地下单，确保配送计划、库存计划等的顺利完成。

佛山物流公司，在产品逐渐趋向无差异化的情形下，最佳做法就是突显服务的差异。物流服务对于物流公司来说至关重要，也是佛山物流安身立命之所在。

2001 年佛山物流通过 ISO 9001 质量管理体系认证，这是对佛山优质服务的一种肯定。优质的管理，优质的服务，优质的服务态度，这是佛山物流公司对客户的承诺。该公司有一套很完整的管理细则和操作规范，并根据每一个客户个性化的要求制定服务方针。有时候因客户原因造成的责任，他们也会主动去解决问题，不会去推卸，不会去找理由。他们不但关注直接客户的服务，而且也关注客户的客户，这对直接客户的业务会起到很关键的作用。也因为这一点，客户都对佛山物流非常满意，他们的业务量也就多了起来。

(资料来源：《物流服务案例》，https：//wenku.baidu.com/view/ac898a186bd97f192279e981.html，2011 年 10 月 17 日)

阅读上述资料，思考下列问题：

1. 佛山物流公司是如何为海天味业提供一体化物流服务的？
2. 佛山物流公司安身立命的法宝是什么？

第 3 章　物流企业战略管理

学习目标

通过本章的学习，使学生了解战略与企业战略的来源及含义，掌握战略环境分析的内容及方法，能够进行战略的选择及实施。

关键概念

战略（strategy）　战略管理（strategy management）　成本领先战略（overall cost leadership）　差异化战略（differentiation/differentiation strategy）　专一化战略（market focus/ focus strategy）

引导案例

联邦快递：特殊“法庭”保证员工快乐工作

1. 特殊“法庭”与 SFA

在联邦快递，“以人为本”有一套严格的制度来保障，其中最具特色的一项是员工特殊“法庭”。原来，在联邦快递，员工如果认为自己权益受到直接领导的侵犯，可越级向上级领导提起“诉讼”，上级领导必须在 7 日内开一个“法庭”公开“审判”，并做出“判决”，以帮员工维权。如果该员工仍然不服，可以向更高一级领导继续上诉，该领导同样必须在 7 日内调查此事并做出处理。在联邦快递，员工还手握一项“重权”，即每年都要给部门经理打分，分数将作为经理们能否获得晋升的重要参考依据。评分结束后，公司会召开专门会议，讨论员工对部门经理提出的建议，得到可行方案后立即加以执行，而且公司每过一个季度都会对这些方案的执行效果进行考核。这一做法在联邦快递被称为“SFA”[survey（调查）、feedback（反馈）、action（执行）]，它有效地保证了员工与管理层之间的顺畅沟通、紧密合作。

2. 5400 万元人民币的培训费

除了在制度上对员工权益加以保障外，联邦快递还投入巨资，加强员工培训。公司规定，公司每年要投入约 5400 万元人民币的培训费用。

2500 美元只是用于员工自发学习。市场在变，客户的需求也在变，如果企业的员工跟不上变化，顾客需求就得不到满足，企业将失去客户、失去利润，甚至失去生存机会，所以企业应当鼓励员工再学习。

将心比心，公司对员工好，员工就会对公司好，这是一个很简单的道理。另外，员工水平提高，客户才会满意，公司才能得到利润，如果利润能转化为对员工的再投资，就会形成一个良性循环。

（资料来源：《特殊“法庭”保证员工快乐工作》，http：//finance. sina. com. cn/g/20051206/0204432120. shtml，2005 年 12 月 6 日）

阅读上述资料，思考下列问题：

1. 联邦快递是如何保证员工快乐工作的？
2. 通过这个案例你得到什么启示？

3.1　物流企业战略管理概述

经济的发展，使得企业对物流的需求越来越大，而物流环境变化的复杂性和快速性，对物流企业提出了更高的要求，物流企业为了实现可持续发展目标，必须制定长远性、全局性的战略。

3.1.1　企业战略

1. 战略的含义

战略产生于战争实践，长期应用于军事领域，本义即军事战略。随着人类社会实践的发展，“战略”一词开始泛化，除用于军事领域外，战略思想开始运用于政治、商业等各个领域。今天，战略的概念正在被广泛应用到企业经营管理的各个层面，经常用到的有企业战略、竞争战略、营销战略、品牌战略、价格战略、成本战略、人才战略等。尽管“战略”一词的应用如此广泛，但因为战略是一个多侧面、多层次、多含义的概念，目前理论界还没有给战略下一个较为一致的、清晰的定义。

彼得·德鲁克在 1954 年 9 月为战略下了一个比较含蓄、范围较小的定义，在这个定义里，战略的核心是明确企业远期目标和中近期目标。1965 年，哈佛大学的安德鲁斯提出了一个较广义的定义：战略是由目标、意志和目的，以及为达到这些目的而制定的主要方针和计划所构成的一种模式，即“战略 = 目的 + 实现手段”。而迈克尔·波特（Michael Porter）在其发表的文章《什么是战略》中指出：战略就是创造一种独特、有利的定位，涉及各种不同的运营活动。战略就是在竞争中作出取舍，其实质就是选择不做哪些事情。所谓战略，就是在企业的各项运营活动之间建立一种配称（配合得当）。

战略是竞争的产物。如麦当劳与肯德基在中国市场的较量、联想并购 IBM 公司 PC 业务等都让我们看到了战略的影子。目前，企业战略的确定与执行，已经成为决定企业竞争成败的关键性要素。因此，可以这样描述战略：战略往往是具有竞争倾向的双方为达到某一目标而采取的计策或行动。大多数组织为达到自己的目标，可以有若干种选择，战略就与决定采取何种计策或行动有关。

人们不断赋予战略新的含义，因此将战略的思想运用于企业管理之中，便产生了企业战略。

2. 企业战略的含义

对于企业战略的含义，不同的学者与企业的经营管理人员的观点也各不相同，按照理论界和企业界多数人的意见，企业战略可以定义为：企业战略是企业在考虑各种资源的情况下，根据企业的目标、目的，制定实现这些目标、目的的方式。本书中，我们认为企业战略是在符合和保证实现企业使命的条件下，在充分利用环境中存在的各种机会和创造新机会的基础上，确定企业同环境的关系，规定企业从事的事业范围、成长方向和竞争对策等，合理地调整企业结构和分配企业的全部资源。从其制定要求来看，企业战略就是用机会和威胁评价现在和未来的环境，用优势和劣势评价企业的现状，进而选择和确定企业的总体、长远目标，制定和抉择实现目标的行动方案。简而言之，企业战略是企业面对激烈变化、严峻挑战的环境，为求得长期生存和不断发展而进行的总体性谋划。

企业战略是确定企业长远发展目标，并指出实现长远目标的策略和途径。企业战略确定的目标，必须与企业的宗旨和使命相吻合。从企业经营管理的角度来看，企业战略是一种思想、一种思维方法，也是一种分析工具和一种较长远和整体的计划规划。一般来讲，制定企业发展战略，需要回答以下几个问题。

（1）企业将来发展的方向是什么？

（2）企业将来需要实现的目标是什么？

（3）企业现在和将来应该从事什么业务？

（4）企业应该采取什么样的策略，于预定的时间内实现设定的目标？

（5）在预定的时间内，企业将变成什么样子？

（6）企业发展中可能存在的主要风险是什么？

（7）这些风险应该如何加以控制？

（8）企业实现目标所需要的战略性资源是什么？

只有回答好了以上几个问题，并且将所有的答案融会贯通，形成一个统一、协调、互相不矛盾的总体方案，才算是一个完整的企业发展战略。

3. 企业战略的特征

（1）全局性和长远性

企业战略是企业发展的蓝图，制约着企业经营管理的一切具体活动。全局性是指企业战略关系到企业的总体发展，应立足于未来，通过对国际、国家的政治、经济、文化及行业等经营环境的深入分析，结合自身资源，站在系统管理的高度，对企业的远景发展轨迹进行全面的规划。

“人无远虑，必有近忧。”长远性是指企业战略应兼顾短期利益，着眼于长期生存和长远发展，确立远景目标，并谋划实现远景目标的发展轨迹及宏观管理的措施和对策。围绕远景目标，企业战略必须经历一个持续、长远的奋斗过程，除根据市场变化进行必要的调整外，制定的战略通常不能随意更改，应具有长效的稳定性。

（2）竞争性和指导性

企业战略的制定和实施注重与竞争对手的对抗，目的是要击败对手，获得竞争优势。

面对竞争，企业战略需要进行内外环境分析，明确自身的资源优势，通过设计适宜的经营模式，形成特色经营，增强企业的对抗性和战斗力，推动企业长远、健康的发展。

企业战略具有指导性。企业战略所规定的是组织整体的长远目标、发展方向和战略重点，这些都是原则性的、概括性的行动纲领。此外，企业战略还必须层层分解，分步骤实施，形成具体的行动计划。

(3) 系统性和层次性

企业战略作为企业和企业管理的一部分，所涉及的因素及相互关系非常复杂，我们不能只把其看成企业的一个子系统来分析和研究。对企业战略的研究要考虑不同层次战略主体、公司层战略、经营层战略和职能层战略。

(4) 动态性和风险性

企业战略一方面是有意识地对企业长期行为的规划，同时也是企业无预先计划地对环境变化的反应的行为方式，它主要反映了企业对环境变化的动态性适应。当外界环境变化时，企业也应进行局部调整，这里主要指创新和变革。

企业战略具有风险性。企业战略是对企业未来的预测和谋划，而未来具有不确定性，因而战略必然带有一定的风险性。这就要求决策者关注环境的变化，并且能根据环境的变化及时调整战略，以提高组织承担风险的能力。

3.1.2　物流企业战略

物流企业战略是指物流企业管理者在对企业外部环境和内部条件分析的基础上，为求得企业生存与发展而进行的长远谋划。它是物流企业战略思想的集中体现，是确定物流企业规划的基础。

1. 物流企业战略的构成要素

物流企业战略的构成要素影响着企业战略分析、选择和实施的全过程。我们把物流企业战略的构成要素概括为经营范围、资源配置、竞争优势和协同作用四个方面。

(1) 经营范围

经营范围是指企业从事物流经营活动的领域，经营范围的变动是有局限性的。它反映出企业与其外部环境相作用的程度，也反映出物流企业计划与外部环境发生作用的要求。物流企业应根据自己的规模、自己的服务和市场来确定自己的经营范围。

(2) 资源配置

资源配置是指企业过去和目前的资源和技能配置的水平和模式。物流企业的基本资源包括人员、资金、物资、设备和信息技术等。资源配置的好坏直接影响物流作业活动的效率。当企业根据外部环境的变化采取战略行动时，一般应对现有的资源配置模式加以或大或小的调整，以使物流作业活动中的资源配置水平与物流战略的要求相适应。

(3) 竞争优势

竞争优势是指通过其资源配置模式与经营范围的决策，在市场上所形成的不同于其他竞争对手的竞争地位。竞争优势既可以来自企业在产品和市场上的地位，也可以来自企业资源的合理配置。竞争优势是相对而言的，随着物流经营的外部环境和内部条件发生的变化，竞争优势也会发生变化，或增强或丧失。因此在物流战略的实施过程中，企业应该随时注意竞争优势的变动趋势。

（4）协同作用

协同作用是指企业从资源配置和经营范围的决策中所能获得的综合效果，通俗地讲，就是追求 1+1>2 的效果。例如，储存和运输这两项物流活动之间，就存在着相互作用、相互依赖的关系。为了降低物流运输费用，就必须充分利用运输能力，实行经济运输，尽可能提高运输的实载率，同时对储存物品进行定量控制，发挥仓储调控作用，这样就能提高企业的时间效益和空间效益。一般来说，物流企业的协同作用可以分为四类，即投资协同作用、作业协同作用、服务协同作用和管理协同作用。

2. 物流企业战略的内容

物流企业战略的基本内容包括战略目标、战略导向、战略优势、战略类型、战略态势以及战略措施和战略步骤等，其中战略导向、战略优势、战略类型、战略态势又称为战略基本要点：物流企业要在战略上形成自己的特色，这也是形成物流企业战略优势的重要前提。

（1）物流企业的战略目标

物流企业战略目标是企业在一定的时期内，为实现其使命所要达到的长期结果。物流企业战略目标主要包括：服务水平目标、物流费用目标、高新技术目标、社会责任目标和经济效益目标等内容。其战略目标应体现出全面性、长期性、纲领性、竞争性、多元性、指导性、激励住、阶段性等特点。

（2）物流企业的战略要点

物流企业战略要点是企业战略形成中涉及的基本方面的设计与选择，重点是将运输即两点（城市、仓库货运站等）之间的货物位移与两端点上的延伸服务（如订货、取货、分拣、包装、仓储、装卸、信息处理、咨询等）紧密地结合为一体，使货物从最初的供应者到最终用户的各个物流环节成为完整的物流链管理系统。在此基本思想指导下，物流企业战略要点主要包括：战略导向、战略优势、战略类型和战略态势。

①战略导向。战略导向是指使物流企业生存、成长与发展的主导方向，物流企业的战略活动领域中的服务、市场、技术、规模、资源、组织、文化等都可能成为其生存、成长与发展的主导方向。物流企业战略导向的确立既明确了企业的前进方向，又可避免竞争与发展中的盲目性。

②战略优势。战略优势是指物流企业能够在战略上形成优于竞争对手的形势、地位和条件。物流企业要在成功的因素上形成差异优势或相对优势，这是取得战略优势比较有效的方法，当然也要注意发掘潜在优势，并关注未来优势的开发。

③战略态势。战略态势是指物流企业的服务能力、营销能力、市场规模在当前的有效方位及沿战略逻辑演变过程的不断演变和推进趋势。它反映了物流企业参与社会物流运作时，在客观上的物资、人力资源方面表现出的竞争实力，以及企业在谋略方面的动态组合和运作状况。

④战略类型。战略类型是指依据不同的标准对物流企业的战略进行划分，以便更深刻地认识企业战略的基本特点，进一步完善企业战略规划方案。

3. 物流企业战略的层次

物流企业的战略层次具有和企业战略相同的层次结构，一般可以划分为网络层战略、公司层战略、业务层战略和职能层战略。

(1) 网络层战略

网络层战略是指两个大的物流企业联盟之间的竞争与合作问题。这些联盟包括技术的联盟、市场的联盟等。联盟中的战略，包括企业如何选择联盟及在联盟里选择什么样的姿态等问题，是企业最高层的战略。

(2) 公司层战略

公司层战略规定物流企业的使命和目标，定义企业的价值；关注全部商业机遇，决定主要的业务范围和发展方向；确定需要获取的资源和形成的能力，在不同业务之间分配资源；确定各种业务之间的配合，保证企业总体的优化；确定公司的组织结构，保证业务层战略符合股东财富最大化的要求。

(3) 业务层战略

业务层战略又叫“竞争战略”或“分公司战略”。它主要研究物流企业产品和服务在市场上的竞争问题，决定一个特定市场的产品如何创造价值，包括决定与竞争对手产品的区分、机器的现代化程度、服务的创新、是否成为技术先导企业、如何向顾客传达信息等。

(4) 职能层战略

职能层战略是物流企业为贯彻、实施和支持公司层战略与业务层战略而在特定职能管理领域内制定的战略，包括人力资源战略、财务战略、信息战略和技术战略等。

3.1.3　物流企业战略管理的重要性及过程

物流企业战略管理是指对物流企业各战略的一种宏观系统的管理，包括对战略的制定、选择、实施等一系列过程的管理，是一种动态性的管理，强调的是对战略的管理过程。

1. 物流企业战略管理的重要性

物流环境的变化给物流企业带来深刻的影响。概括地讲，环境的变化要求物流企业不能仅仅局限于具体的事物性管理工作，而应从战略的角度对企业实施管理，也可以说，环境的变化使得物流企业战略管理越来越重要。具体表现为以下几点：

(1) 物流需求大幅度增加

经济的发展，使得企业乃至整个社会对于物流的需求越来越大。在整个经营环境的变化中最重要的因素就是货主的物流需求不断向高效化、精准化方向发展。这表现为追求在必要的时间配送必要量、必要商品的多频次少量运输或准时化运输这种高水准的物流服务，将逐渐普及并成为物流经营的一种标准。传统的大量生产、大量销售体制下产生的大量输送将会越来越少，进而对物流企业原有的利益格局产生冲击。也就是说，大量运输所产生的利益在物流企业的财务中比例会越来越少，而原来依靠大量运输来支撑收益的企业在经营中变得越来越不稳定。所以，积极制定、推广高服务水平的企业战略是物流企业发展的必然趋势。

（2）物流企业竞争加剧

经营环境中需求方面的因素是对战略形成重要影响的一个因素，另外一个对物流企业战略发挥重大影响的因素就是物流的供给方面，这主要表现在从事物流经营的企业之间的竞争日益激烈。

随着经济全球化以及电子商务的发展，物流服务业越来越无国界限制，物流企业之间的竞争不仅仅是国内物流企业之间的竞争，企业将不得不采用全球战略，这无疑给本来就具竞争性的物流企业带来更深刻的影响。例如，2008 年的北京奥运会，正在成长壮大的北奥、中远物流、中铁物流等中国本土企业虽然也都对奥运物流表现出浓厚的兴趣，但最终还是由于优势不足，不能满足奥运会的要求，而把这块大蛋糕让给了国际知名的大牌企业 UPS。

2. 物流企业战略管理的过程

物流企业要想取得战略管理的成功，必须将战略管理作为一个完整的过程加以管理，忽视其中任何一个阶段都不可能取得战略管理的成功。如果只注重战略的制定，而忽视了战略的实施，那么战略管理就是纸上谈兵。

物流企业战略管理的基本过程主要包括三个阶段：第一阶段是物流企业战略分析，了解企业所处的环境和地位；第二阶段是物流企业战略选择，即对可行战略进行评价和选择；第三阶段是物流企业战略实施，即采取一定的步骤、措施，发挥战略的指导作用，实现预期的战略目标。

物流企业战略管理过程的三个阶段是相互联系、循环反复、不断完善的，因此，物流企业战略管理是一个动态的管理过程。

（1）物流企业战略分析

战略分析是指对企业的战略环境进行分析和评价，并预测这些环境未来发展的趋势，以及这些趋势可能对企业造成的影响。一般来说，物流企业战略分析包括企业外部环境分析和企业内部条件分析两部分。

企业外部环境一般包括政治因素、经济因素、技术因素、社会因素以及企业所处行业中的竞争状况。企业外部环境分析的目的是为了适时地寻找和发现有利于企业发展的机会，以及对企业来说所存在的威胁，以便在制定和选择战略时能够利用外部条件所提供的机会，避开对企业的威胁因素。

企业的内部环境是企业本身所具备的条件，包括经营活动的各个方面。企业内部条件分析的目的是为了发现企业所具备的优势或劣势，以便在制定和实施战略时能扬长避短、发挥优势，从而有效地利用企业自身的各种资源。

（2）物流企业战略选择

战略分析为战略选择提供了坚实的基础，战略选择过程实质上就是战略决策过程。企业可能会制定出多种战略方案，并对每种方案进行鉴别和评价，以选择出适合企业自身的方案。物流企业战略选择应当解决以下两个基本的战略问题：一是企业的经营范围或经营领域，即规定企业从事生产经营活动的行业，明确企业的性质或类型，确定企业以什么样的产品或服务来满足哪类顾客的需求；二是企业在某一特定经营领域的竞争优势，即要确定企业提供的产品或服务，要在什么基础上取得超过竞争对手的优势。

（3）物流企业战略实施

这一阶段包括战略的执行和执行过程中的控制。物流企业的战略方案确定后，必须通过具体化的实际行动，才能实现战略及战略目标。

在战略的具体化和实施过程中，为了使实施中的战略达到预期目的，实现既定的战略目标，必须对战略的实施进行控制。这就是说将反馈回来的实际成效与预定的战略目标进行比较，如二者有显著的偏差，就应当采取有效的措施进行纠正。当由于原来分析不周、判断有误，或是环境发生了预想不到的变化而引起偏差时，可能会重新审视环境，制定新的战略方案，进行新一轮的战略管理过程。

实践表明，战略制定固然重要，战略实施同样重要。一个良好的战略仅仅是战略成功的一部分，如果能保证有效地实施这一战略，企业的战略目标就能够顺利实现。

3.2　物流企业的战略环境分析

物流企业的战略规划是通过对企业所处的外部环境和内部环境的综合分析，找出企业自身的优势与劣势、环境的机会与威胁，进而确定企业的宗旨和目标，选择和实施适当的战略方案，并通过有效的评价和控制保证战略方向的正确性。

3.2.1　物流企业环境的特点

物流企业的内部环境与外部环境虽然对于企业的影响各不相同，如外部环境包括政治、经济、自然环境等，多是企业不可控制的；而内部环境包括企业的资本、制度等，在一定时期内是可控制的。但它们密切联系，通过对照，发现它们具有很多共性。

1. 多变性

物流企业环境中的各种因素是不断变化的，有的变化明显，有的则不明显，比如自然环境、地理环境的变化是较慢的，且不明显，而经济环境、市场环境的变化就是较快的且有显著的趋势。物流企业环境的动态变化给企业带来机遇的同时也会带来困难和威胁。

2. 复杂性

物流企业环境的各种因素是相互联系、相互制约的，它们共同构成了一个复杂的系统，在这个系统中，任何一个因素的变化都会直接或间接地影响其他因素。这种复杂性有时是不可预料的，比如自然灾害，就会使企业无法防范，从而对企业的其他环境因素产生影响。

3. 差异化

不同的物流企业对相同环境的影响可能会产生不同的反应，企业处于不同的行业中，所要面临的环境不尽相同，即使是处于同一行业之中，由于企业自身的条件不同，也会造成相同企业之间的差异性，这种差异性可以看成是一种优势，即企业的个性化。环境的差异性决定了企业经营战略的多样性。

3.2.2 物流企业外部环境分析

物流企业的外部环境包括宏观环境和微观环境。宏观环境也是各类企业都要面对的市场环境，它间接地或潜在地对企业发生作用和影响。行业环境是物流企业微观的外部环境。

1. 物流企业的宏观环境分析

一般来说，宏观环境主要包括四种：政治与法律环境、经济环境、社会环境和技术环境，即 PEST（political、economic、social、technology）。对宏观环境进行分析，目的是确认和评价宏观因素对物流企业战略目标和战略选择的影响。

（1）政治与法律环境

政治与法律环境是指对企业经营具有现存的或潜在作用与影响的政治力量，包括对企业经营活动加以限制或鼓励的法律法规等。国家政策对产业和企业的影响巨大，就产业政策来说，国家确定的重点产业总是处于优先发展的地位，发展空间大；而非重点发展的行业，发展速度则较慢，甚至停滞不前。

从 20 世纪 90 年代起，我国各有关部门针对国内物流行业的发展出台了许多政策支持文件。1999 年，国务院副总理吴邦国指出在我国逐步建立起专业化、社会化、现代化的物流服务网络体系，确定了以现代物流网络为主的方向。但是我国政府还没有制定直接针对物流的法规，与物流密切相关的铁路、民航、邮政等尚未实现有效的整合，各级政府虽然都设有物流相关行业的管理部门，但条块分割、行业封锁、地方保护等现象还比较严重，这都是我国物流企业制定战略的影响因素。企业只有处于一个完善的法律体系中，各方面的利益才能得到保证。

（2）经济环境

经济环境对企业的经济活动有广泛而直接的影响。经济环境包括国民经济的发展速度、国民收入水平、消费水平和趋势、金融状况、经济运行的稳定性和周期性波动等。

经济环境中，首先要关注的是企业所在的国家或地区的宏观经济总体状况，反映宏观经济总体状况的关键指标是国民生产总值增长率。比较高的、健康的国民生产总值增长率表明国民经济良好的运行状态。我国自改革开放以来，国民经济就走上了持续、稳定、高速发展的道路，年均增长 8%以上。国民经济的快速发展，加速了全社会商品、信息和服务的流通，为物流企业的发展提供了广阔的市场空间。

对于从事跨国经营的物流企业来说，还应考虑关税种类及水平、国际贸易的支付方式、东道国政府对于利润的控制、税收制度等经济因素。

（3）社会环境

社会环境包括社会中的文化传统、价值观念、教育水平、人口统计特征等。社会文化是人们在特定的社会环境中形成的习惯、风俗、观念、道德标准等，它的变化一般表现为渐进的甚至是潜移默化的，其核心是价值观念，对物流企业经营有重要的意义。价值观念会影响人们对企业目标、组织活动与组织存在本身的认可与否。人口统计特征包括人口数量、密度、结构分布、地区分布、收入水平、教育程度等，影响着劳动力的供给及市场的需求。

(4) 技术环境

技术往往是决定人类命运和社会进步的关键，技术水平及产业化程度的高低也是衡量一个国家和地区综合力量和发展水平的重要标志。企业的发展离不开技术，没有技术和产品创新，就没有企业的成长和进步。技术因素不仅包括那些革命性的发明创造，也包括与物流企业发展相关的新技术、新工艺、新材料及其发展趋势和应用前景。

技术因素是影响物流企业经营的众多因素中最活跃的因素。条码技术、射频技术、卫星和数据库技术等技术的应用使物流企业在运作方式、观念和竞争格局方面都产生了重大的变化。例如，数据库技术在物流管理中的使用有助于企业完成大部分的交易活动，进行活动控制和获得信息处理决策支持，能够管理包括生产加工、产品配送等各环节的整个综合物流过程。

2. 物流企业的行业环境分析

按照波特竞争战略的结论，一个产业内部的竞争激烈程度以及效益水平受到五种竞争力量的共同影响，分别为潜在进入者的威胁、替代产品或服务的威胁、供应商的讨价还价能力、买方的讨价还价能力、物流产业现有企业间的竞争，如图 3-1 所示。物流企业的行业竞争结构分析可以采用迈克尔·波特教授提出的五种竞争力模型，通过这个模型的分析可以对物流企业的产业竞争环境进行结构性的把握，深入了解行业的竞争过程，找出竞争压力的来源，确定行业内各种竞争力的强度，达到全面认识行业竞争的激烈程度和产业的获利能力的目的。

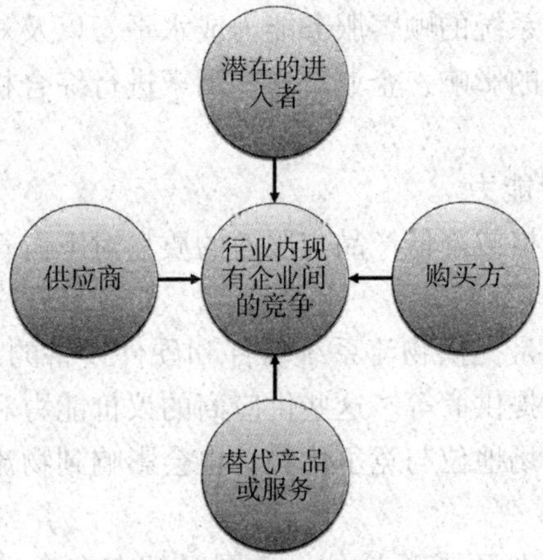

图 3-1　波特五力竞争模型

(1) 潜在进入者的威胁

潜在进入者在给行业带来新的生产能力、新资源的同时，也将瓜分现有的市场，导致与市场上现有的企业发生原材料与市场份额的竞争，最终导致行业中现有企业盈利水平降低，严重的话还有可能危及这些企业的生存。潜在进入者威胁的严重程度取决于进入新领域障碍的大小和市场上现有企业对于进入者的反应情况。

由于我国物流产业正处于起步形成时期，产业集中度还很低，又存在物流需求高速增长的广阔市场前景，物流企业之间的竞争互动关系还不是很明显，竞争主体多样而且混乱，竞争主体之间还没能根据物流流程优化的要求形成合理的分工关系。所以，原有企业不会对新进入者做出较为强烈的反击行为。加之目前我国物流产业来自产品差异的壁垒还不明显，行业进入威胁主要取决于行业进入壁垒的高低。但是也不乏在某些领域和地区，在物流市场规模还比较有限的情况下，由于过多竞争主体的涌入，导致市场的过度竞争现象，造成物流市场的无序、低层次、低水平、无差别竞争。目前，我国物流产业进入壁垒主要包括制度壁垒、规模经济壁垒、技术壁垒、人才壁垒和产品差异壁垒等方面，但是从总体来看，程度比较低。

(2) 替代产品或服务的威胁

替代产品或服务的威胁包括来自本产业之内的企业和来自产业之间的替代，即分属不同产业中的企业生产出了同样可以满足顾客需要的产品。

物流企业行业内的替代产品威胁，即物流产品的功能全部相同或部分相同，但服务方式或运作手段不同，包括产品的更新升级等。国内目前最典型的产品替代威胁则是部分高速公路运输和快递铁路运输产品替代空运产品，从初始的替代短途空运产品发展到目前替代中长途空运产品格局。

总的来说，产业内的替代威胁并非物流企业的主要替代威胁。对于物流企业来说，产业之间的替代威胁主要来自于所要服务的工商企业自营物流服务。物流服务替代品的威胁主要取决于替代品与现有物流服务的相对性价比以及用户使用替代品的欲望或偏好性。

工商企业本身存在着物流服务的自营与外包决策问题，进行这种外购与自营决策时，主要受到物流对企业成功的影响程度、自身物流设施和资金等能力、企业对物流的管理能力、物流系统总成本、物流系统的顾客服务能力或水平，以及对外包物流的利与弊、物流企业服务能力的认识等因素的影响，企业对这些因素进行综合权衡考量，从而对自营与外包物流作出选择。

(3) 供应商的讨价还价能力

供应商可以提高供应价格或降低产品与服务的质量对下游行业进行威胁，从而使下游行业利润下降。

物流企业的供应商主要是提供物流系统软件和硬件设备的厂商，如仓储设备生产商、仓库建筑商、物流信息系统提供商等。这些供应商的议价能力和它们之间的相互关系会影响物流企业的竞争能力、市场地位与竞争优势，也会影响到物流产业的竞争程度与企业之间的竞争关系。

当供应商的实力雄厚或处于垄断地位，并同时拥有多个卖方时，如铁路、民航等部门，物流企业的力量就显得非常弱小，在成本价格上的控制力就很薄弱，从而对企业的竞争力产生不利影响。

(4) 买方的讨价还价能力

购买方可能通过要求降低购买价格、提供高质量的产品和更多的优质服务来影响行业或企业的盈利能力。

物流企业为生产企业、商业企业等货主企业提供物流服务，货主企业就成为物流企业的买方。当货主企业的外包物流业务量在物流企业的业务总量中占较大比重时，往往会在物流服务的价格和质量方面提出苛刻要求。如果物流企业的服务范围较窄，物流设备和业务流程过于专业化，只能为特定的极少数货主企业提供服务，往往会在物流合同谈判中处于不利地位。另外，在激烈的市场竞争条件下，当企业的物流服务不比竞争对手具有明显优势或显著特色时，买方的讨价还价能力也会相应增强。

(5) 行业内现有竞争者之间的竞争程度

行业内现有企业间的竞争是五种竞争力量中最重要的一个。对于大多数行业来说，行业的吸引力或盈利水平主要取决于行业内现有企业的竞争状态。当前，我国第三方物流产业内的企业竞争状态主要有以下几个方面的特点。

①我国物流企业面临较大的竞争压力。第三方物流企业既有来自国外物流企业的强大威胁，又有来自国内正在进行现代化转型的传统物流企业的冲击，也有来自积极进行社会化变革的大型生产与流通企业自营物流体系的竞争。特别是越来越多的国际第三方物流公司的进入，引起我国第三方物流市场结构的变化，导致市场竞争更加激烈。这些新加入者一方面对原有的物流企业形成了较大的竞争压力，另一方面又成为物流市场的重要组成部分，对于开拓市场增加产业需求、促进产业升级改善产业结构、增加竞争动力增强企业竞争优势等具有积极的作用。

②我国第三方物流产业市场集中度低而且竞争混乱无序。目前，我国物流产业内企业数量众多，绝大多数企业规模很小，市场集中度较低。虽然第三方物流行业增长速度较快，但进入和退出壁垒比较低，若干国内企业纷纷涌入，使得产业内生产能力也大幅度提高。企业竞争主体多样而且竞争无序混乱，竞争主体之间还没能够根据物流流程优化的要求形成产业内必要的分工合作关系，产业上下游企业之间和从事不同的物流环节的企业之间的供应链关系还没有理顺，给第三方物流市场的规范与管理带来较大困难。

③我国第三方物流企业竞争领域比较狭窄，竞争范围狭小。我国大多数第三方物流企业还不具备为工商企业提供一体化综合物流服务和供应链管理的能力，还主要提供某些物流环节的基础性物流服务，如运输、仓储等，物流系统规划、物流方案设计、存货管理、订货处理、流通加工、售后服务等增值服务还开展得非常少。此外，由于传统的条块分割管理体制尚未打破，加之物流市场开放速度较慢，使得我国物流市场还存在一定程度的局面垄断现象，影响了全国统一开放的物流市场的形成，也妨碍了物流市场的有效竞争。

④我国物流产业的竞争形式以价格竞争为主，大多数企业还没有形成核心竞争力。由于行业刚刚起步，缺乏公认的物流服务标准，企业之间的经营能力差别不是十分明显，竞争的焦点主要集中在企业规模的大小、服务覆盖地域的广阔程度、服务内容种类的多少，且主要为传统的基础性物流服务的竞争，物流服务无差别竞争占据主流，属于一种粗放式增长为主的竞争格局，并且竞争对手之间模仿相对比较容易，加之某些领域（如公路运输等）和区域内呈现出物流服务供过于求的格局，竞争形式以价格竞争为主，竞争比较激烈。

3.2.3　物流企业内部环境分析

企业战略制定的关键在于适应，这种适应是指企业内部环境与外部环境的相容关系，当企业通过改造内部环境并构建起合理的产品结构、经营结构和资源与能力结构，更好地把握机遇，特别是能够把短期的机会转变为长期的机遇时，这种适应关系就自然地产生了，竞争优势也相应地建立起来了。

物流企业内部环境分析主要包括物流企业资源与能力分析、企业竞争力分析等。

1. 物流企业资源与能力分析

企业资源与能力主要是指企业自身拥有的物资、非物资条件，以及企业创造价值的能力。企业资源分为有形资源、无形资源和人力资源。其中，有形资源主要是指企业的物资和金融资产。企业物资主要包括企业的厂房、设备、土地等固定资产；企业金融资产主要包括企业的筹资和借款。无形资源主要是指企业的知识产权、技术诀窍、企业形象、品牌、专利、商标、交易秘诀、专用知识、商誉和企业文化等。人力资源是指企业所拥有的人员数量和素质，其中人员素质是经过投资开发而形成的存在于企业员工体内的，能够推动企业发展的体力、智力、知识、经验和技能。

企业能力，主要是指企业创造价值的能力。它是企业组织部署或配置利用资源以实现预期目标的技能，其核心是企业对资源的组织管理方式，通常表现为企业获取资源的能力、生产运营能力、技术研发能力、市场营销能力、基本管理能力（包括计划、组织、人力资源管理、领导、控制）、企业文化建设能力等。

企业的资源与能力之间存在着非常紧密的联系，在一些情况下人们很难将二者严格区分开。在正常情况下，企业离散的资源不会独自发挥作用，必须经过协调、组织、管理，才能发挥最大的效能与效率。一般来说，企业能力通常在企业内部形成，而资源则可以在市场上获得，是在能力影响下发挥作用的资产。在实践中，资源与能力之间常常发生紧密的作用。一方面，能力的有效应用依赖于企业资源的储备；另一方面，资源的获得与运用依赖于企业的能力，要想使资源获得一定的预期变化也需要经历一定的时间和付出相应的能力和努力。企业行为与活动结果是企业资源特别是作用于其上的企业能力的产物，所以企业独特、有价值的关键能力与资源是获得优异企业绩效以及形成企业竞争优势的来源。

物流企业的能力主要包括物流服务运营能力、职能管理能力、基本管理能力，以及物流企业战略管理能力、企业文化建设能力等。从另外一种角度来看，物流企业能力又可以分为企业战略选择与决策能力、组织性能力、技术性能力、学习性能力等，也可以分为市场能力、技术能力、组织协调与管理能力、应变创新能力等。第三方物流企业内部资源与能力组成结构状况如表 3-1 所示。第三方物流企业通过与其他企业特别是竞争对手的相关方面进行比较，可以得出该物流企业的资源与能力方面的优势与劣势，这对于第三方物流企业制定有关战略对策具有非常重要的意义。

表 3-1　第三方物流企业内部资源与能力组成结构

企业资源与能力	类别	主要内容
资源	有形资源	设施与设备、资金实力、人员数量、物流业务运作网络
	无形资源	物流技术特别是信息技术、品牌、专利、企业声誉、企业文化和形象、客户资源、社会关系网络（例如与政府机构和其他物流企业等的关系）
	人力资源	员工数量、员工素质、员工知识结构、受教育水平等

续表

企业资源与能力	类别	主要内容
能力	服务运营能力	运输能力、仓储保管、配送、装卸、流通加工、物流产品设计、物流系统规划与咨询能力
	智能管理能力	计划、组织、人力资源管理、领导（激励沟通）、控制
	基本管理能力	物流营销管理、财务管理、技术与研发管理、供应商与客户关系管理、物流运作协调管理能力
	其他能力	物流企业战略管理能力、企业文化建设能力等

2. 物流企业竞争力分析

物流企业竞争力是指在市场经济环境中，物流企业获取、配置资源，形成并保持企业竞争优势，获得稳定超额收益的能力。它是企业面向市场和顾客，合理运用内外部的经营资源，提供市场和顾客所需要的产品和服务，在与竞争对手的角逐中建立起竞争优势的能力。它实际上是一个通过比较而得到的相对的概念，是企业具有的比竞争对手更强的获取、创造、应用知识等方面稀缺资源并获得更好经营业绩的能力。

根据物流企业竞争能力的外观层次，可以将其分为“有形”竞争力和“无形”竞争力。“有形”竞争力表现为由成本、规模、品牌等优势而形成的市场竞争优势，“无形”竞争力是指形成并维持有形竞争力并使其在一定时期内持久存在的企业更为深入的内部能力。只有通过对物流企业竞争力进行科学的评估，才能使其对自身状况有一个正确的了解，并通过与竞争对手比较，寻找出物流企业竞争中存在的优势、劣势，以便更有效地制定相应的战略措施，培养并提高企业的竞争能力。

能够形成物流企业竞争优势的竞争能力主要包括以下几个方面。

（1）物流企业的市场竞争能力或市场实力

物流企业的市场竞争能力或市场实力主要体现为物流服务产品或物流运作的市场竞争力。企业竞争主要集中在市场竞争，市场竞争优势、市场竞争能力是企业竞争力的突出表现，也是竞争力评估的重要方面之一。对其衡量主要采用市场销售额及其增长率、市场占有率及其增长率、市场覆盖率、投资收益率、销售利润率、市场应变能力、行业或区域市场影响率、品牌知名度、服务满意度等指标，以及分析企业物流服务产品相对于竞争对手在技术性能、质量、成本、价格等方面所具有的优越性。

（2）企业技术能力或技术实力，特别是信息技术能力

企业技术能力或技术实力是用于衡量第三方物流企业技术发展状况及其革新，技术改造的投入、水平及产出效率的重要方面，是企业进步的基础与关键条件，常常可能成为企业发展的瓶颈因素。对其衡量主要采用技术装备现状及其更新水平、物流信息系统建设水平、技术人员比重、技术开发经费比重、开发创新能力、技术改造资产比重、专利拥有比例、设备技术领先程度等指标。

（3）财务实力或财务管理能力

财务实力或财务管理能力主要包括企业内部财务控制管理能力和资本运营能力，衡量

指标有反映财务效益状况的净资产收益率，反映资产营运状况的总资产周转率、固定资产周转率、应收账款周转率，偿债能力指标如资产负债率，发展能力指标如资本积累率或增长率、固定资产成新率、近几年利润平均增长率、长期发展能力预测等。

（4）人力资源开发与管理能力

人力资源是物流企业最宝贵的资源，对其开发与管理直接会影响到企业的持续发展繁荣。人力资源开发与管理能力主要包括企业在人才招聘、培训、使用、考核和激励方面的能力，衡量指标包括企业管理人员、技术人员与一般员工的数量比例、文化程度与人员素质结构，员工知识技能培训状况，人事匹配状况，员工工作满意度等。

（5）组织协调与管理能力

物流企业的竞争力很大程度上要依赖于企业在物流运作中对内部组织网络（包括项目、职能部门和分支机构）的管理能力以及与供应商、零售商、最终顾客、竞争对手、政府或其他利益相关团体的关系处理与协调能力。因此，物流组织协调与管理能力的强弱，直接关系到企业竞争优势的发挥。这方面能力的衡量主要采用均衡率、聚合力、信息沟通水平、物流服务的满足率、组织结构合理性或适用性、企业文化建设状况等指标。

（6）战略管理能力

战略管理能力是指企业对外部环境的适应性程度，以及根据外部环境的特征、变化规律来制定企业总体规划的能力，主要包括对外部环境的洞察、预测、响应或适应能力，以及根据环境变化及时有效地规划或调整企业战略发展方向与策略的能力，可以采用市场响应速度、战略规划成功率等指标予以大致衡量。

3.3 物流企业的战略选择

物流企业战略和其他企业的战略类似，是物流企业在未来较长时期内的活动方向，它存在于企业不同的管理层次。对物流企业进行战略管理，可使企业主动塑造自己的未来。随着我国物流企业的不断发展和成熟，这些企业也日益重视自己的竞争战略选择。大多数物流企业很难改变其所处的市场环境，要想成功，就必须去适应市场环境并采取正确的企业战略。对于大型的物流企业来说，可以有多种战略选择。

3.3.1 物流企业战略选择的影响因素

影响企业战略选择的因素主要有以下几个方面。

1. 现行战略的继承性

企业战略的评价分析往往是从对过去战略的回顾、审查现行战略的有效性开始的，它对最后作出战略选择往往有相当大的影响。

2. 企业对外部环境的依赖程度

全局性战略意味着企业在更大的外部环境中的行为，企业必须要面对所有者、供应商、顾客、政府、竞争者及其联盟等外部因素，这些环境因素从外部制约着企业的战略选择。一般来说，对于外界环境的度量基于“客观”的衡量基础上，但客观现象的存在需要决策者主观的理解。因此，处于同一环境的同一企业，不同的决策者来进行战略选择，就可能会有不同的战略方案。

3. 管理者的价值观及对待风险的态度

敢冒风险、对风险持乐观态度的决策者有较大的战略选择余地，最后会选择风险较大、收益也较大的战略方案；反之，会选择较为稳妥的、收益适中或较小的战略方案。

4. 企业内部的人事和权力关系

企业的战略选择更多的是由权力来决定，而并非由理性分析决定。在大多数组织中，权力主要掌握在最高负责人手里，因此在战略选择中，常常是他们说了算。在许多企业里，当企业主要领导人倾向于选择某种战略时，其他决策者就会同意这种选择。同时，还有一种非正式联盟，往往也会对战略选择起决定性的作用。因此战略的选择往往是一个协商的过程，是企业内部各方面人事关系及权力平衡的结果，而并不是一个系统分析的过程。

5. 时间因素

首先，有些战略决策必须在某个时限前作出，在时间紧迫、来不及作全面仔细的评价分析的情况下，决策者往往选择防御性战略。其次，战略选择也有一个时机问题，一个很好的战略如果出台时机不当也会给企业带来麻烦，甚至是灾难性的后果。

3.3.2 物流企业战略的类型

物流企业的战略根据不同的划分标准有不同的类型，按照波特提出的企业竞争战略可以分为成本领先战略（cost leadership strategy）、差异化战略（differentiation strategy）和集中化战略（focus strategy）三种基本竞争战略。同物流企业的类型相匹配，可以划分为综合物流战略，系统化物流战略，柔性物流战略以及差异化、低成本物流战略。

1. 基本竞争战略

波特在《竞争战略》一书中把竞争战略描述为：采取进攻或防守性行动，在产业中建立起进退有据的地位，成功地对付五种竞争力，从而为公司赢得超常的投资收益。为了达到这一目的，各企业可以采取的方法是不同的，其最佳战略是最终反映企业所处的内外部环境的独特产物。波特归纳总结的三种竞争战略即成本领先战略、差异化战略、集中化战略，是企业获得竞争优势的基本途径和手段。这个理论基本可以覆盖或解释其他竞争理论，对物流企业而言，其竞争战略的选择也主要是这三种。三种基本竞争战略中成本领先战略和差异化战略是基本竞争战略的基础，而集中战略是将这两种战略运用在一个特定的细分市场上。

(1) 成本领先战略

成本领先战略是指企业通过有效途径降低成本，是企业的全部成本低于竞争对手的成本，长期以低于竞争对手的价格提供与竞争者相同或类似的产品与服务，从而获得竞争优势的一种战略。实施成本领先战略需要将目标确定在较为集中的客户需求上，向客户集中的地区提供快速优质服务，通过储运资源和库存政策的合理配置，使物流总成本达到最低。物流企业的基本服务能力要受到仓库数目、工作周期、运营速度、安全库存等诸多因素的影响。在满足客户基本需求的前提下，要按照有效库存和系统目标，对整个物流系统进行整合，以求在低成本前提下达到最佳的服务水平。

物流企业采用成本领先战略需要具备以下两个条件。

第一，通过建立一个高效的物流操作平台来分摊管理和信息系统成本。在一个高效的物流操作平台上，当加入一个相同需求的客户时，其对固定成本的影响几乎可以忽略不计，自然具有成本竞争优势。物流操作平台由以下两部分构成：稳定实用的物流信息系统、广泛覆盖业务区域的网络。其中广泛覆盖业务区域的网络是扩大客户的关键，只有扩大了客户群体的规模，才能扩大业务量，而业务量的扩大能有效地分摊物流设备、设施的投资成本以及其他相关费用，从而使企业具有成本领先优势。借助于完善的物流管理信息系统，企业才能提高作业效率，降低作业成本。

第二，通过有效的物流成本核算方法，控制成本支出。按照我国会计制度的规定，第三方物流企业的成本费用项目包括营业税金及附加、经营费用、管理费用三大类，企业应有效地对成本费用进行分析，从而控制物流成本的支出。

采用成本领先战略也存在一定的风险，主要包括以下几个方面。

①降价过度引起利润率降低。

②新加入者可能后来居上。

③丧失对市场变化的敏锐洞察力。

④技术变化降低企业资源的效用。

⑤容易受外部环境的影响。

（2）差异化战略

差异化战略是指企业向客户提供的产品和服务与其他竞争者相比独具特色，通过产品或服务的独特性维持顾客的忠诚，从而使企业建立起独特竞争优势的战略。

最具吸引力的差异化方式是那些竞争对手很难模仿或代价昂贵的方式。差异化战略寻求的是持久的差异化优势，这通常要建立在独特的内部能力和核心能力的基础上。

物流企业作为第三方物流服务提供商，其服务的有效性不仅能降低供应方企业的成本，而且更重要的是通过服务提高了顾客的满意度，而提高顾客满意度是企业取得竞争优势最重要的标志。物流企业差异化战略是指：各个物流企业结合自身的实力和市场的需求，提供与其他物流企业不同的、具有独特性的产品和服务。

顾客需求的差异化和企业资源的差异化是物流企业采用差异化战略的重要依据。

第一，由于企业的顾客具有差异性，不同的顾客具有不同的需求、偏好和财务状况等条件，不同的顾客对物流服务的期望值也各不相同，同一顾客在不同时间或不同的环境状况下也可能会有不同的期望值。物流企业差异化战略在这里表现为：通过各个物流企业提供服务的差异化来使具有不同要求的顾客感到满意。例如，有的物流企业是以提供快速运输服务（如飞机）为专长，以小批量多频次快速运输来满足对商品时效具有特殊关注的客户；有的物流企业以专门提供低成本运输服务为专长，以大批量少频次的低成本运送来满足某些对运输成本比较关注的客户；有些物流企业可提供冷藏运输服务。顾客的需求是物流企业服务的方向，有差异化的顾客就有差异化的需求，有差异化的需求就要提供差异化的服务。

第二，每一个物流企业都会有其独到的竞争优势与竞争资源，同样也不可避免地会有它的短处和限制，这就构成了企业资源的差异化，从而决定了企业竞争力的差异。物流企业要想充分发挥自己的优势就必须综合考虑企业的核心竞争力、竞争对手的状况、技术实力、财务能力和管理能力以及外部环境等因素，只有这样才能做到扬长避短、自我生存与发展。

差异化战略也包含一系列风险，具体如下：

①可能丧失部分客户。如果采用成本领先战略的竞争对手压低产品价格，使其与实行差异化战略的厂家的产品价格差距拉得很大，在这种情况下，用户为了大量节省费用，会放弃取得差异化的厂家所拥有的产品特征、服务或形象，转而选择物美价廉的产品。

②用户所需的产品差异的因素下降。当用户变得越来越老练，对产品的特征和差别体会不明显时，就可能发生忽略差异的情况。

③大量的模仿缩小了感觉得到的差异。特别是当产品发展到成熟期时，拥有技术实力的厂家很容易通过逼真的模仿，减少产品之间的差异。

④过度差异化。

一般来讲，我国由传统储运企业转型而来的物流服务企业和新兴民营物流企业中的多数第三方物流企业适合采用差异化战略。

(3) 集中化战略

集中化战略是指将企业的经营活动集中于某一特定的购买群体或某一地域性市场，通过为这个小市场的购买者提供比竞争对手更好的、更有效率的服务来建立竞争优势的战略。集中化战略将注意力集中于整个市场的一个有限领域，培养自己的一种或几种核心业务能力，为客户提供有限的服务。集中化战略有两种形式：成本集中化战略和差异集中化战略。

集中战略的基础在于一家企业可比业内的其他竞争对手更好、更有效率地服务于某一特定的细分市场。集中化战略的成功需要企业去发现需求非常独特并且专业化，以至于业内一般竞争对手根本未去服务的细分市场，或者找到业内竞争者做得很差的细分市场。在物流业，某些行业的物流具有较为鲜明的特点，一般第三方物流供应商的通用设备和人员配置不容易为其提供优质、高效的物流服务，或较难跨越较高的准入门槛。如化工、石油、液化气等特种商品的物流服务，由于其需要相应的经营资质和经济实力，一般竞争对手较难进入该领域。第三方物流企业应认真分析我国物流市场的需求状况，细分物流市场，从而确定自己在哪一领域采用集中战略来获得竞争优势。

①目前，虽然我国的现实物流需求仍以运输、仓储等传统物流项目为主，但不可否认的是，我国现代物流近几年来发展得非常迅速，服务水平也在不断上升，前几年尚作为潜在物流需求的一些项目已悄然转化为现实物流需求，这一点尤其表现在快递需求以及物流咨询与管理和供应链改善需求等方面。

②商业物流需求的专业化开始显现，各行业的物流需求呈现出不同的特点，存在着不同的侧重点。

③由于目前我国正处于工业化的中期，因此在今后一段时间内，物流需求的重点将是

工业品物流，工业物流需求增长迅速并且呈现出专业化的特征。物流外包的行业主要集中在家电、汽车技配件、电子等行业。

集中化战略主要存在以下风险：

①竞争对手可能会进入企业选定的细分市场，并采取优于企业的更集中化战略。

②狭窄的小市场中，顾客的需求可能会与大市场中一般顾客的需求趋同，此时集中化战略的优势就会被削弱甚至消失。

③企业选择的细分市场很有吸引力，以至于竞争者蜂拥而入，瓜分细分市场的利润。

一般来讲，由传统储运企业转型而来的物流服务企业和新兴民营物流企业中的规模较小的第三方物流企业以及企业内部的物流公司适合采用集中战略。由于这三类企业规模不同、实力不一样、物流服务各具特色，通过对物流市场的细分，都可以在特定领域找准自己的位置，为客户提供专业化的物流服务的同时不断提高自己的竞争力。

2. 与不同物流企业类型匹配的物流战略

与综合型物流企业、功能整合型物流企业、运输代理型物流企业、缝隙型物流企业相对应，物流企业的经营战略可以分为以下四种类型。

（1）综合化物流战略

综合化物流战略也称为“先驱型企业战略”，一般为综合型物流企业所采用，综合型物流企业机能整合程度高，综合服务能力强，资产雄厚，业务范围往往是全国或世界规模，属于业界的先驱。随着货主企业活动的不断扩大，发货、入货范围逐渐延伸到全国或海外市场，如果综合型物流企业能实现物流服务供给中经营资源的共有化，就能达到效益的乘数效应。如建成集商品周转、流通加工、保管为一体的综合设施或实现运输、保管等物流功能的单一化管理等，会极大地降低综合物流企业的服务成本。但先驱型企业组织结构的巨大化存在间接成本增加、费用高昂的风险，必须实施有效的成本控制。如 UPS 是世界上最大的配送公司，1992 年，UPS 公司的收入接近 160 亿美元，其包裹和单证流量约 29 亿件，平均每天向 100 多万的老顾客递送 1100 万件包裹。公司向制造商、批发商、零售商和服务公司提供多种范围的陆路和空运的包裹和单证的递送服务，以及大量的增值服务。我国也有少数巨大综合型物流企业，以中远集团为例，以占全国远洋运力 75%的船队规模和覆盖全球的营销网络，成为我国外贸运输的主力。

（2）系统化物流战略

系统化物流战略通常为功能整合型物流企业所采用。功能整合型物流企业整合度高，但服务范围较窄，往往集中于特定市场，提供特定的物流服务。功能整合型物流企业经营战略的特点是以对象货物为核心，导入系统化的物流，通过改进货物分拣、货物跟踪系统来提供高效、迅速的运输服务，同时从集货到配送等物流活动全部由企业自己承担，通过高度的功能整合来发挥竞争优势。一部分功能整合型物流企业通过再细分市场，突出物流服务的特色来提高效益；也有一部分企业采用多元化市场战略来分散对特定市场依赖的风险，在特定市场成熟以后再寻求新的市场。

无论是细分战略还是多元化战略，对于功能整合型企业来说，功能的内涵和服务质量是这类企业共同的基础和核心，功能的不断弱化和陈旧化将直接动摇企业在特定物流市场上的地位，因此，不断提高功能的整合度，发展系统化物流是这类企业发展的基本战略。

(3) 柔性化物流战略

柔性化物流战略一般为运输代理型物流企业所采用。运输代理型物流企业以综合运用铁路、航空、船舶运输等各种手段，开展货物混载代理业务。代理型企业的最大优点是企业经营具有柔软性，物流企业可以根据货主企业的需求提供最合适的物流服务。第三方物流企业中既有拥有货车、仓库等资产的企业，也有自己不拥有任何物流设施而采取租赁经营的企业。这两种类型的企业物流服务范围都很广，前者逐渐向功能整合型企业发展，而后者成为纯粹的货主物流代理企业。运输代理型物流企业的经营战略主要是向无资产的第三方物流企业发展，由于企业实质上并不拥有整合的物流功能，因而可以灵活、柔软、彻底地实现物流效率。但是其也正因为无资产而可能产生物流服务不稳定，企业应建立并加强有效的运输功能管理体系，这其中最核心的是信息系统的完善以及树立良好、柔软的企业间的关系。

(4) 差异化、低成本物流战略

差异化、低成本物流战略一般为缝隙型物流企业所采用。缝隙型企业通常是以局部市场为对象从事特定物流服务的中小企业，一般功能整合度低，服务范围较窄，只有发挥在特定功能或服务方面的优势，在战略上实现物流服务的差别化和低成本化，才能在市场上占有一定的份额。

由于进入障碍不高，从事单一物流服务的企业实现服务的差别化比较困难，它们只有不断地降低物流费用，实现低价格战略才能生存和发展。缝隙型企业还可以通过为特定顾客层提供附加服务来实现差别化，如提供商品的多频次、小批量的共同配送服务。

3.4　物流企业的战略实施

物流企业战略的制定固然重要，但战略实施同样重要。一个良好的企业战略仅仅是战略成功的一部分，只有保证有效地实施这一战略，企业的战略目标才能够顺利实现。

3.4.1　物流企业战略实施的原则

物流企业的战略在实施过程中，常常会遇到在制定战略时没有估计到或不可能完全估计到的问题，因此在战略实施中，应该遵循以下几项原则。

1. 适度合理性原则

物流企业在制定战略的过程中，要受到信息、决策及认识能力等因素的影响，对未来的预测不可能很准确，所制定的战略也不一定是最优的。而且战略在实施的过程中，由于外部环境与内部环境的变化较大，情况比较复杂，只要主要战略目标基本达到战略预定的目标，我们就认为这一战略的制定和实施是成功的。战略的实施是一个动态变化过程，需要执行人员大量革新创造，没有创新精神，战略的实施就不可能成功。

2. 权变原则

物流企业战略的制定是基于一定条件的假设的，在战略实施中，事情的发展很可能会偏离原先的假设。战略实施的过程本身就是解决问题的过程，一旦企业内外部环境发生重大变化，导致原定的战略不可实现，就需要对此战略进行重大调整，这就是战略实施中的权变问题。权变观念贯穿战略实施的整个过程，权变观念要求识别战略实施中的关键变量，并进行灵敏度分析。当关键变量的变化超出一定的范围时，原定战略就应当进行调整，并准备相应的替代方案，以使企业有足够的应变能力。

3. 统一指挥原则

一般来说，企业的高层管理者要比企业中下层管理人员及一般员工掌握的信息全面，对物流企业战略的各方面要求及相互之间的关系了解得更深刻，对战略意图体会得更透彻，因此战略的实施应当在高层管理者的统一领导、统一指挥下进行。这样，企业的资源分配、组织结构的调整、企业文化的建设、信息的沟通及控制、激励制度的建立等各个方面才能相互协调、平衡，才能使企业为实现战略目标而有效地运行。而且，要求每个部门、每位下属有且仅有一个上级，在上下级之间形成一条清晰的指挥链。

3.4.2　物流企业战略实施的要点

物流企业战略的实施就是要根据企业的发展战略和市场需求对相关的资源进行优化配置，消除制约发展的因素，通过组织安排和管理运作增强企业的竞争优势，从而提高客户服务水平。

1. 确定企业战略经营单位

物流战略经营单位是物流企业值得为其制订一项战略计划的最小单位。它有自己独立的或相对独立的经营业务，如包装、储存或运输等业务，这些关联业务之间有共同的特点和要求，掌握独立或相对独立经营的一定资源，如仓库、运输等基础设施，能主动提高效率和效益。

2. 重视人力资源的开发

人是企业战略实施的主体，也是企业战略实施过程中最具主动性和决定性的因素。在我国目前物流管理专业人才比较匮乏的情况下，重视人力资源的开发是物流企业获得竞争优势和可持续发展的必然要求。

3. 培养优良的企业文化

企业文化对于战略的制定和实施有重要的影响，如果有优良的企业文化加以利用，企业战略的实施就会更加顺畅。如物流企业的根本宗旨是服务，企业要站在客户的立场上，以战略伙伴式的服务意识开展物流服务项目，因此我们要培养企业优良的服务文化。

4. 建立完善的协调控制机制

物流企业在战略实施过程中，离不开企业内部各部门之间的协调和配合，组织效率也取决于企业各种资源的协调配合程度。为确保企业战略实施的成功，必须建立完善的协调控制机制。物流企业可以通过建立工作规范、工作流程和协作标准等形式协调企业内部各部门之间的关系，通过建立目标机制、评价标准和控制要素强化物流企业战略实施过程的控制。

5. 制订计划，落实企业战略

物流企业战略是一个不断循环的完整过程，需要制订详细的实施计划，并根据计划执行的情况，对战略分析过程中选择的战略要素、战略与环境的配合程度、战略的推进方式等进行分析与评价。在此基础上，调整原有的实施计划，制订新一轮的实施计划，保证战略实施过程朝着企业战略目标不断迈进。

3.4.3 物流企业战略的控制

物流企业的战略控制主要是指物流企业战略在实施的过程中，不断地检查为了达到预期目标所进行的各项活动的进展情况，评价实施企业战略后的企业绩效，把它与既定战略目标和绩效目标相比较，发现战略差距，分析产生偏差的原因，纠正偏差，使物流企业战略目标得以实现。

对物流企业战略的实施进行控制的内容主要有以下几点。

1. 设定绩效标准

根据企业战略目标，结合企业的人力、物力、财力及信息等具体条件，确定企业绩效标准，作为战略控制的参照系。

2. 绩效监控与偏差评估

通过一定的测量方式、手段和方法，检测整个物流系统的实际绩效，并将实际绩效与标准绩效相对比，进行偏差分析与评估。

3. 设计并采取纠正偏差的措施

如果实际绩效与绩效目标进行对比，二者的偏差没有超出允许的范围，就不需要采取纠正行动；如果偏差超出允许的范围，则需要设计并采取纠正偏差的措施，以顺应变化的条件，从而保证企业战略的圆满实施。

4. 监控外部环境的关键因素

外部环境的关键因素是物流企业战略赖以生存的基础，这些外部环境关键因素的变化意味着战略前提条件的变动，因此必须给予充分的注意。

5. 激励战略控制的执行主体

激励战略控制的执行主体，以调动其自控制和自评价的积极性，来保证物流企业战略实施的切实有效。

3.4.4 物流企业战略的控制方法

物流企业战略主要有三个基本的控制系统，即战略控制系统、业务控制系统和作业控制系统。战略控制系统是以高层领导为主体，它关注的是与外部环境有关的因素和企业内部的绩效。业务控制系统是企业的主要下属单位，包括战略经营单位和职能部门两个层次，它关注的是企业下属单位在实现构成企业战略的各部分策略及中期计划目标的工作绩效时，是否达到了企业规定的目标。业务控制主要由企业下属单位的负责人进行。作业控制系统是对具体负责作业的工作人员日常活动的控制，它关注的是员工履行规定的职责和完成作业性目标的绩效。作业控制系统由各级主管人员进行。

战略控制过程一般由三个方面组成：一是要确定定性定量的目标，并与产业内优秀的企业相比较，根据目标制定出评价标准；二是要在执行过程中通过信息反馈对实际效果进行控制；三是通过比较，反映出偏差，对偏差采取纠正行为。这三个方面结合在一起形成一个战略控制网络，典型的控制过程如图 3-2 所示。

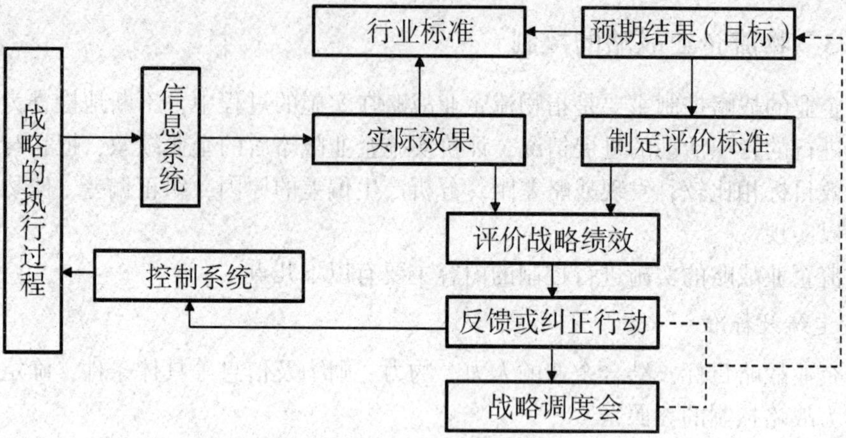

图 3-2　物流企业战略的控制过程

本章小结

物流企业战略是指物流企业管理者在对企业外部环境和内部条件分析的基础上，为求得企业生存与发展而进行的长远谋划。物流企业战略的构成要素概括为经营范围、资源配置、竞争优势和协同作用四个方面。物流企业战略的基本内容包括：战略目标、战略导向、战略优势、战略类型、战略态势以及战略措施和战略步骤等。其中战略导向、战略优势、战略类型、战略态势又称为“战略基本要点”。物流企业战略管理的基本过程主要包括三个阶段：第一阶段是物流企业战略分析，了解企业所处的环境和地位；第二阶段是物流企业战略选择，对可行战略进行评价和选择；第三阶段是物流企业战略实施：采取一定的步骤、措施，发挥战略的指导作用，实现预期的战略目标。

物流企业的战略可以划分为综合物流战略、系统化物流战略，柔性物流战略和差异化、低成本物流战略等。物流企业战略主要有三个基本的控制系统，即战略控制系统、业务控制系统和作业控制系统。

自测题

1. 企业战略有哪些特征？
2. 物流企业战略的构成要素有哪些？
3. 简述物流企业战略的层次结构。
4. 简述物流企业战略管理的含义及重要性。
5. 分析物流企业的外部环境与企业内部环境。
6. 影响物流企业战略选择的因素有哪些？
7. 物流企业战略的实施过程需要遵循哪些原则？
8. 什么样的物流企业战略才算是好的战略？

案例分析

中远集团物流竞争战略

一、中远集团基本情况

中国远洋运输（集团）总公司是以航运和物流为主业的多元化经营的跨国企业集团，在致力于为全球客户提供航运、物流等优质服务的同时，还能够为客户提供船代、货代、船舶工业、码头、贸易、金融、房地产和 IT 等多个行业的服务。作为我国最大的远洋运输企业，中远集团目前拥有和经营着 600 余艘现代化远洋船舶，船队规模跃居世界第二，业务范围遍及全球，在国内外享有较高的声誉。在中远 40 多年的经营实践中，我们深刻地认识到，只有依靠先进的信息化手段对企业进行改革、改造和改组，优化业务流程和组织架构，才能尽快缩短与世界先进航运企业的差距，缩短与世界经济接轨的时间，成功实现中远未来的战略目标，提升核心竞争力和可持续发展能力。

二、竞争战略实施

中远在经营中使用的各种经营手段，基本上都可以最终归结为三种基本竞争战略，即总成本领先战略、差异化战略、目标集聚战略（如表 3-2、图 3-3 所示），或者说都是为了谋求三种基本竞争战略所带来的竞争优势。2000 年 4 月，中远集团开始实施《中远集团 2001～2010 年发展战略》。该战略报告提出中远集团 2001～2010 年发展战略制定的原则是谋求经营范围最佳、资源配置最佳、协同作用最佳和竞争优势最佳等。

表 3-2　中远的基本竞争战略选择

选择		战略优势	
		被顾客察觉的独特性	低成本地位
战略目标	全行业范围	差异化	总成本领先
	仅特定的市场	目标聚集	

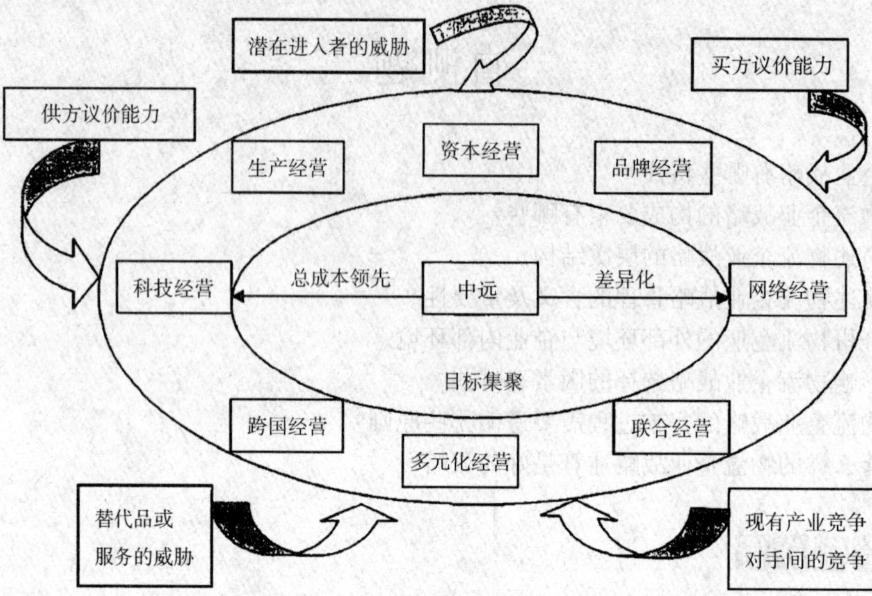

图 3-3 中远集团竞争战略组合

总的来看，中远集团对三种基本竞争战略的应用可以从以下两个方面来体现。

（一）将三种基本竞争战略具体化为多种经营手段

在面临五种基本竞争作用力的竞争下，中远集团以三种基本竞争战略为基础，充分、灵活运用多种经营手段，如生产经营、资本经营、品牌经营、网络经营、联合经营、多元化经营、跨国经营等，着眼于为客户提供全面、快捷、特色、优质的服务，真正实现企业价值的最大化。中远集团推进实施从拥有船向控制船转变、营销一体化、合作联盟、建立跨国公司等具体战略。

（二）三种基本战略的综合使用集中体现在为客户提供“规模定制”服务

“规模定制”服务是一种既着眼于为客户提供个性化服务，又着眼于实现企业自身规模效益的服务模式，其实质是一种综合使用三种基本战略，即目标集聚、差异化优势和总成本领先优势的服务方式。

在提供“规模定制”服务方面，中远集团的战略体现在以下几个方面。

1. 以战略理念转变为先导

根据环境变化，中远集团不断推进战略创新。当前中远集团已经确立了通过巩固航运主业，拓展现代物流业，强化网络建设，使自身从全球承运人向以航运为依托的全球物流经营人转变。

2. 以全球营销为基础

在中国境内，中远集团设有 500 多个专业服务机构；在海外，中远集团的 400 多个业务网点覆盖了世界大部分国家和地区。接下来，在调整优化充实营销网点的基础上，中远通过强化信息网络的建设，实现有形营销网点的网络化、信息化和一体化。

3. 以先进信息科技为支撑

早在数年前，中远集团就通过互联网向全球客户推出了包括网上订舱、中转查询等多项业务的网上服务系统。中远集团联合英国皇家海军航道局和中国国家气象中心研制开发出具有世界领先水平的全球航海智能系统，被誉为远洋船舶的“天眼”。中远远洋船舶、集装箱卡车及其他路运车辆上都装有GPS全球卫星定位系统，可通过总部终端进行全程监测，实时跟踪物流运输动态。

4. 以个性化服务品牌为载体

中远在业界推出了“一站服务”“绿色快航”“电子化服务”等具有鲜明个性特点的服务品牌，以全球客户为对象。近年来，中远独揽了位居世界500强前列的通用汽车公司100%的汽车散件运输合同，并成为美国最大鞋业零售商保伦鞋业的首选物流承运人，还先后中标举世瞩目的中国三峡工程巨型发电组、秦山核电站、连云港核电站等特大型的特种运输项目合同。

(资料来源：程志民：《我国第三方物流企业竞争战略研究》，山西大学硕士学位论文，2006 年)

问题：

1. 中远集团是如何为客户提供“规模定制”服务的？
2. 该案例对你有什么启示？

第4章　物流企业业务管理

学习目标

通过本章的学习，使学生认识供应链的基本概念及构成要素，掌握物流企业及物流企业管理的基本内涵、物流管理的基本活动，了解物流企业类型及物流企业评估。

关键概念

供应链（supply chain）　采购（purchasing）　采购管理（procurement management）　日常采购（procurement）　战略采购（sourcing）

引导案例

沃尔玛的全球供应链管理之痛

沃尔玛本以进货成本低廉而知名，由此产生的利润却被中间环节多出来的成本抵销了，这多少有些让人意想不到。而这反映的正是供应链管理的问题。

曾经读到过一段反映沃尔玛居强势地位的文字：一个在沃尔玛手握10亿美元采购预算的服装采购员说："我当时拿着全美最大个的铅笔。如果没有人按照我们的意思做，一言不合，我就折断手里的铅笔扔到桌上，然后扬长而去。"

但是现在，我们知道的事实是，从2007年初开始，沃尔玛的全球采购中心就开始不断地进行战略调整，调整的理由是"全球采购中心没有体现出价值，其现在的商业模式不可持续"。采购中心总裁兼CEO劳伦斯·杰克逊因此而去职。与这一调整相关的最新消息是，在刚刚过去的10月，全球采购中心裁员约200人，其中50%的人在中国工作。

沃尔玛的全球采购中心总部位于深圳，成立于2001年。当初决定成立全球采购中心的目的是"便于管理公司的直接进口业务和对工厂的直接采购，使沃尔玛的直接进口供应链更好地运作"。

"天天低价"是沃尔玛的金字招牌，而支撑这一金字招牌的便是它的采购部门。沃尔玛对于供应商要求之苛刻、压价之无情声名远扬，不对称的供应链关系已经使很多供应商敬而远之。显然，一个不能使双方都愉快的合作是无法长久的，这或许也是沃尔玛认为其采购中心的商业模式"不可持续"的一个言外所指。

更为重要的是，沃尔玛全球采购中心成立至今，一直没能摆脱对美国国内进口商或各类中间商的依赖，一些产销双方本可以直接见面的业务却凭空地多了些中间环节。据知情人士透露，虽然现在直接接单的工厂比以前多，但占总的比例还是很少，在中国不超过5%。采购中心的这一现状，离当初制定的“使沃尔玛的直接进口供应链更好地运作”的初衷相去甚远。

沃尔玛所反映的是物流管理方面比较有代表性的问题，如何通过有效地物流管理，降低成本，是企业面临的共同问题。或许，香港利丰集团的供应链管理经验可以为沃尔玛的采购中心所借鉴。

利丰拥有世界上最庞大的采购网络，为知名品牌及零售商提供全球供应链管理。利丰不从事生产，它具备为许多类型的零售商寻求许多种类的产品方面的丰富经验。利丰的供应链管理实质上是一种对信息和关系的管理。当接到客户的订单时，利丰所做的事情就是以客户需求为中心，根据产品的特性和交货期进行最佳的资源组合，设计出最适宜的供应链来满足客户的需要。在此过程中，利丰还担当起了确保订单按期执行的协调者和管理者的角色。

实际上，沃尔玛的全球采购中心具备比利丰更加优越的先天条件，因为它专门为沃尔玛超市服务，对需求信息掌握得更加详尽和及时。而且，由于采购量巨大，它很容易获得供应链的主导地位。只要在此基础上做好对信息和关系的管理，那么沃尔玛的采购人员根本就不必大摆其谱，其乐融融之中一笔笔巨额订单就会达成满意的双赢。

（资料来源：张述冠：《沃尔玛的供应链之痛》，https：//wenku. baidu. com/view/20688f44bcd126fff6050b48. html，2014 年 11 月 2 日）

4.1　物流企业作业管理概述

商品价值是在一系列的作业活动（包括采购、制造、加工、配送、销售等）中形成的。企业通过连续的作业活动为消费者创造和提供价值，同时实现自身的价值增值。同样，贯穿供应链的所有物流作业形成了一条联系链上所有企业的作业链，并且对该供应链的价值增值过程产生重要影响。因此，供应链物流管理是以流程为基础的价值增值过程的管理。企业要实现物流作业链的整体最优，就必须站在供应链的角度对物流作业环节进行作业分析和管理。

4.1.1　供应链的概念

20 世纪 50~70 年代，市场产品供不应求，企业更多依靠技术和规模、提高数量获利。20 世纪 80~90 年代，市场产品开始供大于求，企业转而依靠提高质量和服务、提高销量获利。进入 21 世纪，通过以上方式提高销量获利达到了一个极限，企业要想获利，必须要降低成本，其中很重要的一个部分就是降低供应链的成本。

《中华人民共和国国家标准物流术语》（GB/T18354-2001）中是这样定义供应链的：供应链（supply chain）即生产与流通过程中，涉及将产品或服务提供给最终用户的上游与下游企业所形成的网链结构。还有一种概念认为，供应链是通过前馈的信息流和反馈的物料流和信息流执行原材料采购、中间产品及成品生产、成品销售，进而把供应商、制造商、分销商、零售商、最终用户连成一体的功能网链结构模式。

供应链上各企业之间的关系与生物学中的食物链类似。

在“草—兔子—狼—狮子”这样一个简单的食物链中（为便于论述，假设在这一自然环境中只生存这四种生物），如果我们把兔子全部杀掉，那么草就会疯长起来，狼也会因兔子的灭绝而饿死，连最厉害的狮子也会因狼的死亡而慢慢饿死。可见，食物链中的每一种生物之间是相互依存的，破坏食物链中的任何一种生物，势必导致这条食物链失去平衡，最终会破坏人类赖以生存的生态环境。

同样道理，在供应链“企业 A—企业 B—企业 C”中，企业 A 是企业 B 的原材料供应商，企业 C 是企业 B 的产品销售商。如果企业 B 忽视了供应链中各要素的相互依存关系，而过分注重自身的内部发展，产品的生产能力就会不断提高。但如果企业 A 不能及时向企业 B 提供生产的原材料，或者企业 C 的销售能力跟不上企业 B 产品生产能力的发展，那么我们可以得出这样的结论：企业 B 生产力的发展不适应这条供应链的整体效率。

供应链管理是指人们在认识和掌握供应链各环节内在规律和相互联系的基础上，利用管理的计划、组织、指挥、协调、控制和激励职能，对产品生产和流通过程中各个环节所涉及的物流、信息流、资金流、价值流以及业务流进行合理调控，以期达到最佳组合，发挥最大的效益，迅速以最小的成本为客户提供最大的附加值。

4.1.2 供应链的构成要素

一般来说，构成供应链的基本要素有以下几个。

1. 供应商

供应商是指给生产厂家提供原材料或零部件的企业。应避免太多中间环节的供应商，例如二级批发商、经销商、皮包公司（“倒爷”），或亲友所开的公司。

2. 厂家

厂家即产品制造商。产品生产是最重要的环节，负责产品生产、开发和售后服务等。厂家为了长期生存就要实现销售收入的最大化或者市场销售份额最大化。

3. 分销企业

分销企业是指为实现将产品送到经营地理范围每一角落而设的产品流通代理企业。

4. 零售企业

零售企业是指设有商品营业场所、柜台并且不自产商品，直接面向最终消费者的商业零售企业，包括直接从事综合商品销售的百货商场、超级市场、零售商店等。

5. 物流企业

物流企业即上述企业之外专门提供物流服务的企业。物流企业要求至少从事运输（含运输代理、货物快递）或仓储一种经营业务，并能够按照客户物流需求对运输、储存、装卸、包装、流通加工、配送等基本功能进行组织和管理，具有与自身业务相适应的信息管理系统。其中批发、零售、物流业也可以统称为“流通业”。

供应链中相关企业的关系为：供应商为厂商提供原材料及零配件，厂商把商品销售给分销企业，然后分销企业卖给零售企业，最终商品由零售企业再卖给最终用户。物流的过程就是从供应商开始，直到最终用户的过程。供应链就是这样一个整体，它把供应商、生产厂商、分销商、零售商等联系在一条链上，并对之优化，使企业与相关企业形成了一个融会贯通的网络整体。这个整体作为一个系统，相互之间协调合作，将会产生“1+1>2”的规模效应；反之，供应链关系管理不当，则会产生“1+1<2”的不良后果。所以与木桶原理一样，决定供应链竞争力的是供应链中最差的企业。

4.1.3　物流作业环节

物流企业的物流作业环节通常包括运输、仓储、装卸、配送、包装、流通加工与信息处理等作业活动。从供应链的角度来看，供应商主要提供的是采购作业；制造商为了销售商品，主要关注的是营销作业；分销商对商品的运输作业及仓储作业极为重视；零售企业为了更多的销售量，更多关注的是流通加工作业。下面分别加以阐述。

1. 采购作业

采购作业是指从计划下达、采购单生成、采购单执行、到货接收、检验入库、采购发票的收集到采购结算的采购活动的全过程，其目的是通过对采购过程中物流活动的各个环节状态进行严密的跟踪、监督，实现对企业采购活动执行过程的科学管理。

2. 营销作业

营销作业是企业如何发现、创造和交付价值以满足一定目标市场的需求，同时获取利润的行为。营销强调在适当的地点和适当的时间，以适当的价格将适当的商品或服务提供给目标市场，以满足顾客的需要。

3. 运输作业

商品运输作业作为物流的动脉是物质资料包括原材料的物理性移动，是从供应者到使用者的运输、包装、保管、装卸搬运、流通加工、配送以及信息传递的过程，这一活动本身一般并不创造产品价值，只创造附加价值。

4. 仓储作业

仓储作业一般包括收货、存货、取货、发货等环节。仓储管理是物流的中心环节，是连接生产、供应、销售的中转站，对促进生产、提高效率起着重要的辅助作用。仓储管理的核心目标是提高仓库的运作效率。

5. 流通加工作业

流通加工作业是为了提高物流速度和物品的利用率，在物品进入流通领域后，按客户的要求进行的加工活动，即在物品从生产者向消费者流动的过程中，为了促进销售、维护商品质量和提高物流效率，对物品进行一定程度的加工。

4.1.4　供应链管理优化的案例

大规模定制是供应链管理挑战品牌经营的有力手段，这种方法正在被许多产业所采用，以更好地为顾客服务。它在提高服务质量的同时，简化了整个需求判断的过程，并且使人认识到只有提供那些能够反映顾客特定需求的产品才是最好的服务。

计算机行业的巨头 Dell 公司在其供应链上采取了极具创新的方法，为了使自己有别于其他的电脑厂商，Dell 公司设立了免费电话，让顾客能够详尽陈述具体的、个性化的要求，公司随后进行生产并迅速交货。Dell 公司敏锐地洞察到了为个别需求定制产品以及简化物流流程的机遇，并相应地设计了它们的运营系统。

Dell 公司的供应链管理加速了公司的成长，同时其成功的管理方式也为其他电脑厂商树立了榜样。作为 Dell 的竞争者之一，IBM 公司过去倾向于根据库存来生产计算机，由于其制造的产品型号众多，常常发现在有的地区因存储的产品不合适而导致销售时机的丧失。计算机业面临的一个重要问题是技术上的日新月异，这意味着库存会很快过时，造成浪费。为解决这些问题，IBM 和其他众多计算机厂商着力改变其供应链，使之能够实现大规模定制。这也意味着生产的盲目性可以避免，并减少了工业垃圾和制造过程对环境的破坏。

可见，大规模定制能够充分了解、捕捉与满足顾客的真正需求，因为它是根据顾客的实际选择，按订单制造、交货的，没有生产效率的损失，且实现了一对一的直接联系。按订单制造更有把握获利，因为库存与仓容减少，且顾客满意。现在，它正促使某些传统的以大量生产为核心的公司开展大规模定制来满足市场需求，增进与顾客的关系。

一个有效的供应链管理可以通过和其他产品相区别以及促进与顾客之间的良好关系来降低公司的成本，改善与供应商的关系，简化业务流程，使组织集中于其核心能力上。

4.2　物流企业的采购管理

企业在激烈的竞争中取胜很大程度上依赖产品的成本与质量。采购管理作为企业生产经营管理过程的一个基本环节，已经越来越受到物流企业的广泛重视。如何整合需求资源，优化采购渠道？如何从采购的各个环节去降低成本？如何完善采购管理体系？如何提升采购人员的谈判能力？如何选择最佳供应商和采购策略，确保采购工作高质量、高效率及低成本执行，使企业具有最佳的供货状态？如何与供应商保持良好的战略伙伴关系？这些都是本节需要解答的问题。

4.2.1　采购管理

1. 采购和采购管理

采购（purchasing）是指企业在一定的条件下从供应市场获取产品或服务作为企业资源，以保证企业生产及经营活动正常开展的一项企业经营活动。进行采购时，企业可以自由地选择商品，衡量商品的质量、价格、包装、运输、服务等。

在实践过程中，采购可分为日常采购（procurement）和战略采购（sourcing）两部分。

日常采购是采购人员（buyer）根据确定的供应协议和条款，以及企业的物料需求时间计划，以采购订单的形式向供应方发出需求信息，并安排和跟踪整个物流过程，确保物料按时到达企业，以支持企业的正常运营的整个过程。

战略采购是采购人员（commodity manager）根据企业的经营战略需求，制定和执行采购企业的物料规划，通过内部客户需求分析，外部供应市场、竞争对手、供应基础等分析，在标杆比较的基础上设定物料的长短期的采购目标，达成目标所需的采购策略及行动计划，并通过行动的实施寻找到合适的供应资源，以满足企业在成本、质量、时间、技术等方面的综合指标。

战略采购计划的内容包括采用何种采购技术进行采购，与怎样的供应商打交道，和供应商建立何种关系，如何培养与建立对企业具有贡献的供应商群体，日常采购执行与合同如何确立等。

从以上分析可以看出，日常采购就是指采购，而战略采购涉及的是采购管理。

2. 采购管理的类型

（1）生产性采购

生产性采购即对制造企业急需生产的商品进行的采购活动。生产性采购又分为原材料性采购（MRP性物料采购）和零配件的采购（MRO性采购）。原材料性采购是本企业所生产的商品所需的原材料；零配件的采购是为了保障机器能正常生产运作所需要的维修和更换配件。

（2）商贸性采购

商贸性采购即批发企业和零售企业对其销售的商品进行的采购活动。批发商、零售商在采购物品时（如沃尔玛去采购），采购什么商品并不十分重要，重要的是采购的东西必须保证能赚钱，不赚钱就没有必要采购进货。但是对于生产性采购来讲就不行了，这个产品只能用这个原材料，所以生产性采购并不保证每次都赚钱。

（3）一般日常用品性采购

一般日常用品性采购，如办公用品采购、行政采购等。其特点是采购品种繁杂，但是采购金额小。而所采购的物品主要是保障公司的正常行政办公所用。

（4）项目性采购

项目性采购，比如说购买一台设备、盖一个车间等。项目性采购的主要特点是一次性，很少有重复性的采购。

3. 采购管理的目标

采购管理的最终目标是保证企业的物资供应。为了保证物资供应的及时有效性，采购管理就应该做到：在确保适当质量的情况下，能够以适当的价格，在适当的时期，从适当的供应商那里采购到适当数量的物资和服务。

（1）选择合适的供应商

所谓“只有买错没有卖错”。采购中最怕的就是选错供应商。因此，采购管理的工作原则之一，就是如何谨慎地从潜在的供应商中选择合格甚至是优秀的供应商，以建立平等互惠的买卖机会，最终维持长期合作的交易关系。

（2）适当的质量

一般而言，质量以适当可用为原则，因为质量太好，不但购入成本会偏高，甚至造成使用上的浪费；反之，质量太差，将无法达到使用的目的，增加废品率，破坏企业的信誉，如购买制冷量不够的空调机、购买损耗率太高的煤气灶等。

（3）适当的时间

采购的时间不宜太早也不宜太晚。太早则造成堆积存货，增加仓储保管费用；太晚则导致生产销售工作无法进行，最终流失客户。在“零库存”的观念下，适时采购、及时交货是最理想的采购模式。

（4）适当的数量

采购的数量不宜太多或太少，应避免“过犹不及”。因为采购量太大，一旦商品价格降低，将造成成本损失；反过来说，如果采购数量太少，则增加采购批次，提高采购成本，或不利供应商送货，延误生产或销售时机。

（5）适当的价格

价格应该以公平合理为原则，避免购入的成本太高或者太低。如果采购价格过高，就使得商品成本过高，从而丧失商品的竞争能力；反过来，如果采购价格太低，正所谓“一分钱一分货”，供应商将被迫偷工减料，最终影响的是采购企业的利益，呈现“双输”的局面。

4. 采购管理的内容

为了实现以上提出的企业采购目标，企业就必须重视加强企业的采购管理。企业采购管理的主要任务有三个：一是通过采购管理，保证企业所需物资的正常供应；二是通过采购管理，能够从市场上获取支持企业进行物资采购和生产经营决策的相关信息；三是与供应商建立长期友好的关系，建立企业稳定的资源供应基地。采购管理的内容如下：

（1）市场分析

在制订企业的采购计划之前，要对企业的需求以及市场的供给情况进行调查分析。

①企业需求分析。需求分析涉及企业的各个部门、各种材料、设备以及办公用品等方方面面，也就是要弄明白企业需要采购些什么样的物品、采购多少、何时采购等问题。

②市场供给分析。供给分析就是根据企业所缺的商品来调研市场供应的情况，包括资源分布情况、供应商情况、品种质量、商品价格、交通运输状况等。其分析的重点是供应商和品种分析。

（2）采购计划管理

采购计划管理是指对企业的采购计划进行制订和管理，为企业提供及时准确的采购计划和执行路线。

①制订采购计划。一定要根据企业需求的品种情况和供应商的实际供给能力，制订出切实可行的采购订购计划。计划中要包括选择供应商、订货品种、具体的订货策略、运输方式以及具体的实施进度计划等，着重解决何时订货、订哪种货、向谁订、怎样订、怎样运输及怎样支付等一些具体的问题。

②实施采购计划。所谓实施采购计划，就是把上面制订的计划分配落实到人，根据既定的进度实施。具体包括选定合格的供应商、进行商务谈判、签订订货合同、运输货物、到货验收入库、支付货款以及后续处理等。

(3) 采购监控管理

采购监控管理以采购单为源头，对确认订单、发货、到货、检验、入库等采购订单流转的各个环节进行准确的跟踪，以实现全过程管理。通过流程配置，可进行多种采购流程选择，如订单直接入库，或经过到货质检环节后检验入库等，在整个过程中，可以实现对采购存货的计划状态、订单在途状态、到货待检状态等的监控和管理。采购订单可以直接通过电子商务系统发向对应的供应商，进行在线采购。

(4) 采购评价管理

采购评价管理就是在一次采购完成后对这次采购的结果进行评估，以及对一定时期内的采购活动进行总结与评价。这主要包括评定采购活动的效果、总结经验教训、找出问题并提出改进方案等。通过不断地总结和评价，可以发现问题、改进工作流程，从而不断地提高采购管理的水平。

5. 采购管理的成本构成

采购作为物流的第一个环节，其成本的高低对于总成本有着非常重要的影响。因此，采购成本的控制是企业经营管理的重点。商品的采购成本不仅包括购置成本（商品本身的价值），还包括为采购而花费的商品管理成本和储存成本。

采购成本的基本公式为：

采购成本=购置成本+管理成本+储存成本

(1) 购置成本

购置成本指的是采购商品所花费的费用。

购置成本的基本公式为：

购置成本=单价×数量+运输费用+相关税费

从公式中可见，购置成本中最为重要的是商品的买入价格（单价），因而这就涉及了采购批量和采购批次问题。

(2) 管理成本

管理成本是指采购过程中发生的各种费用，如给予采购人员的工资、奖金、补贴等，以及办公费用、差旅费、搜集信息费用、装卸搬运费等。

管理成本的基本公式为：

管理成本=人力成本+办公费用+差旅费+搜集信息费用

管理成本中有一部分与订货次数无关，如采购部门的基本开支等，即人力成本；另一部分与订货次数有关，如差旅费、邮资、电话电报费等，这些费用与进货次数成正比变动。而我们说的采购管理成本重点要控制的就是这些与订货次数有关的成本支出，详细地说，所涉及的工作主要包括：检查存货水平；编制并提出采购申请；对多个供应商进行调查比较，选择最优供应商；填写并且发出采购单；填写、核对收货单；结算资金并付款。

(3) 储存成本

企业持有采购的商品所花费的费用即为储存成本。它主要包括：存货占用的资金及其利息、仓储费用和保险费用（合称“仓库保管费用”）、存货发生残缺腐烂等损失以及其他费用（包括运输费、搬运费等）。

储存成本的基本公式为：

储存成本=存货机会成本+仓库保管费用+存货损失费用+其他费用

与管理成本一样，储存成本也分为可变储存成本和固定储存成本。其中，只有可变储存成本与存货的数量正相关，如存货资金的应计利息、存货的残损和变质损失、存货的保险费用等；固定存储成本包括仓库的折旧费、职工的工资等。

4.2.2 供应商管理

供应商管理是供应链采购管理中一个很重要的问题，它在实现准时化采购中有很重要的作用。

1. 供应商的种类

从符合公司战略的供应商特征来看，供应商可分为交易型、战略型和大额型三类。

（1）交易型供应商是指为数众多，但交易金额较小的供应商。

（2）战略型供应商是指公司战略发展所必需的少数几家供应商。

（3）大额型供应商是指交易数额巨大，但战略意义一般的供应商。

2. 供应商关系

传统企业之间的关系表现为三种：竞争性关系、合同性关系、合作性关系，而且企业之间的竞争多于合作，是非合作性竞争。供应链管理环境下的采购和供应关系是一种战略性合作关系，提倡一种双赢（win-win）机制。从传统的非合作性竞争走向合作性竞争、合作与竞争并存是当今企业关系发展的一个趋势。

（1）传统供应商关系

①买方同时向若干供应商购货，通过供应商之间的竞争获得价格好处，同时也保证供应的连续性。

②买方通过在供应商之间分配采购数量对供应商加以控制。

③买方与供应商保持的是一种短期合同关系。

（2）现代供应商关系

现代供应商关系即双赢关系模式，它是一种合作的关系，这种供需关系最先是在日本企业中采用。它强调在合作的供应商和生产商之间共同分享信息，通过合作和协商协调相互的行为。其主要的工作内容包括：

①制造商对供应商给予协助，帮助供应商降低成本，改进质量，加快产品开发进度。

②通过建立相互信任的关系提高效率，降低交易/管理成本。

③长期的信任合作取代短期的合同。

④畅通的信息交流。

3. 选择供应商的标准

供应商的开发和管理是整个采购体系的核心，其表现也关系到整个采购部门的业绩。而跨国企业对供应商的采购往往是从小批量的采购开始的，所以对供应商的选择就有短期标准和长期标准之分。

（1）短期标准

选择供应商的短期标准上文已经提过，主要有商品质量合适、价格水平低、交货及时和整体服务水平好。在大多数的跨国公司中，供应商选择的基本准则是“Q. C. D. S”原则，即质量（quality）、成本（cost）、交付（delivery）与服务（service）并重的原则。

在这四个原则中，质量因素是最重要的，首先要确认供应商是否建立有一套稳定有效的质量保证体系，然后确认供应商是否具有生产所需特定产品的设备和工艺能力。其次是成本与价格，要运用价值工程的方法对所涉及的产品进行成本分析，并通过双赢的价格谈判实现成本节约。在交付方面，要确定供应商是否拥有足够的生产能力，人力资源是否充足，有没有扩大产能的潜力。最后一点，也是非常重要的一点是供应商的售前、售后服务的记录。

（2）长期标准

选择供应商的长期标准主要在于评估供应商是否能保证长期而稳定的供应，其生产能力是否能配合公司的成长而相对扩展，其产品未来的发展方向能否符合公司的需求，以及是否具有长期合作的意愿等。选择供应商的长期标准主要考虑以下四个方面：

①供应商的机器设备。从供应商机器设备的新旧程度和保养情况就可以看出供应商对商品质量的重视程度，以及内部管理的好坏。如果车间机器设备陈旧，机器上面灰尘油污很多，那么很难想象该企业能生产出合格的产品。

②供应商质量管理体系。采购商在评价供应商是否符合要求时，其中重要的一个环节是看供应商是否采用相应的质量体系，比如说质量与管理是否通过ISO 9000质量体系认证，内部的工作人员是否按照该质量体系不折不扣地完成各项工作，其质量水平是否达到国际公认的ISO 9000所规定的要求。随着绿色物流的兴起，企业越来越注意采用ISO 14000的环境标准，不仅提高了企业形象，还给自己贴上了环保的标签。

③供应商内部组织。供应商内部组织与管理关系到日后供应商供货效率和服务质量。如果供应商组织机构设置混乱，采购的效率与质量就会因此而下降，最终影响的是制造企业的形象。

④供应商的财务状况。供应商的财务状况直接影响其交货和履约的绩效，如果供应商的财务出现问题，周转不灵，就会影响供货，进而影响制造企业的生产，甚至出现停工待料的严重危机。

4. 选择供应商的程序

（1）建立评价小组

企业必须建立一个小组以控制和实施供应商评价，组员来自采购、生产、财务、技术、市场等部门，组员必须有团队合作精神，具有一定的专业技能。

（2）确定全部的供应商名单

经过对市场的仔细分析，可以通过各种公开信息和公开的渠道得到供应商的联系方式。这些渠道包括供应商的主动问询和介绍、专业媒体广告、互联网搜索等方式。

（3）列出评估指标并确定权重

评价供应商的一个主要工作是调查、收集有关供应商的生产运作等各个方面的信息。建议使用统一标准的供应商情况登记表，来管理供应商提供的信息。这些信息应包括：供应商的注册地、注册资金、主要股东结构、生产场地、设备、人员、主要产品、主要客户、生产能力等。

(4) 供应商的评价

评价小组对供应商作出初步的筛选，通过评估其工艺能力、供应的稳定性、资源的可靠性，以及其综合竞争能力，剔除明显不适合进一步合作的供应商后，就能得出一个供应商考察名录。

然后，对供应商进行实地考察，在实地考察中重要的项目有：销售合同评审，要求销售部门对每个合同评估，并确认是否可按时完成；培训管理，对关键岗位人员有完善的培训考核制度，并有详细的记录；设备管理，对设备的维护调整有完善的控制制度，并有完整记录；计量管理，仪器的计量要有完整的传递体系，这是非常重要的；供应商管理，要求建立许可供应商清单，并要有有效的控制程序。

(5) 确定供应商

在报价相同及交货承诺相同的情况下，应首先选择那些企业形象好并有实力的供应商。如果这家供应商曾经给某些品牌企业提供过商品供应，并得到这些品牌企业的认可，则无疑应成为选择时最好的参考，否则就不应选择该家供应商。

4.3　物流企业的营销管理

物流是营销的大动脉，在实践中，所有物流活动都与客户企业的营销目标、方案、市场活动、广告宣传、分销零售、售后服务等息息相关。所以，客户企业的物流战略计划定位应处于整个物流系统的最上端，它规定了客户企业的物流服务定位。而营销系统处于中间层，这个层次具体体现了客户企业物流能力与运作的表现，与顾客有着直接的互动和接触。这一阶段中，物流与营销的关系表现得最为显著和全面，营销强调在适当的地点和适当的时间，以适当的价格将适当的商品或服务提供给目标市场，以满足顾客的需要。营销能否取得满意的效果，能否吸引和满足顾客，在很大程度上受客户企业物流管理能力和决策的制约。物流能力直接影响着企业的销售业绩。客户企业的顾客化增值服务，则是与营销密切联系的个性化服务，它具有差异性和不确定性，因而对客户企业的物流服务要求更高。

4.3.1　物流企业的竞争环境

1. 物流企业竞争环境分析

一个企业的成功与否取决于其所处的外部环境和企业对外部环境的适应能力或企业对其外部环境作出的正确反应能力。外部环境的构成因素主要包括产业政策、客户需求、竞争者、替代产品或服务、行业进入门槛、供应商影响等。

国家相关部门已经明确表示了对物流行业的鼓励政策，但在解决税收、条块分割、地区保护等对第三方物流最关键的问题方面的政策规定仍在酝酿过程中，相关政策的制定还需要一定的时间。

2. 物流企业的需求

(1) 物流企业的内部需求

物流企业的内部需求是指企业内部运作及管理所产生的需求，如信息化需求、物流人才需求、管理创新等。

物流信息系统不仅是供应链的血液循环系统，也是中枢神经系统。物流企业在利益机制的驱动下，应该不断追求降低成本和加快资金周转，将系统论和优化技术用于物流的流程设计和改造，融入新的管理制度之中，把物流信息系统的建设作为固化企业新的流程或新的管理制度贯彻执行的具体手段。

(2) 物流企业的外部需求

物流企业的外部需求是指企业的市场物流需求，是指一定时期内，社会经济活动对生产、流通、消费领域的原材料、成品和产成品、商品以及废旧物品、废旧材料等的配置作用而产生的对物品在空间、时间、作业量和费用方面的要求。它涉及运输、库存、包装、装卸、流通加工以及与之相关的信息需求等物流活动的诸方面。

①生产企业物流需求。这也是通常所说的制造企业为了销售生产出来的商品所需要的物流服务，即把商品运输到分销商、零售商及最终消费者手中。

②商贸企业物流需求，即中间商为了获得商品的差价派生的物流需求。比如零售巨头沃尔玛公司为了商品的及时率而设立了配送中心。

③家庭及个人物流需求，即消费者为了自己的衣食住行所需要的物流服务。目前，牛奶、水果、蔬菜等食品以及书籍、报纸等生活用品已经逐步以配送的方式走进了家庭。另外，B2C 迅速成为了中国人的重要生活消费方式之一。

3. 物流产业的现状及趋势分析

我国物流服务需求主要来自于生产企业和商贸企业，在物流服务上存在自营物流服务和把物流服务外包给第三方物流公司两种形式。我国企业主要采取的是自营物流的方式。2005 年统计数据显示，我国制造企业原材料物流的执行主体中供货商占 56%，需求方占 25%，第三方物流仅占 19%。

随着物流业的发展，越来越多的企业选择了把其物流服务外包给第三方物流企业，以期达到优化产业链的效果。对第三方物流的需求主要来自于外资企业，其次是民营企业和少数国有企业。

企业选择将物流外包出去的主要原因有以下三个。

①物流是该企业的战略核心，但企业自身的物流管理能力很低，因此要寻找物流服务商。

②物流服务商拥有先进的物流设施，可以向该企业提供自营物流无法获得的物流专业化管理。

③通过将物流业务外包，可以使企业专注于其核心业务，从而提高其企业的竞争力。

4.3.2 物流服务的营销定位

1. 营销与物流的关系

营销和物流两种活动关注的侧重点有很大的不同。营销活动主要关注的是怎样在有限的时间内，把生产的商品销售出去。它重点关注的是“把商品卖给谁”，营销活动的终极目标是找准目标市场。一般来说，是先有营销活动，然后才有物流活动。因为物流活动的前提是，在已经有了明确的投递对象的情况下，考虑如何方便、快捷、准确、经济地把商品运输到目的地。所以，物流活动的实质是“怎样运送商品”的问题。

实际营销中，物流企业根据本身具有的明显优势，来进行目标市场选择，选出一个准确的细分市场作为目标市场。通常，在采用目标集聚战略或差异化战略时，物流企业应该把有行业倾向的细分市场或者有业务倾向的细分市场作为自己的目标市场。定位在有行业倾向的细分市场，需要具有该行业稳定的客户群体，也需要具有满足该行业物流服务需求的专门设施和资源。

以我国物流市场为例，“珠三角”“长三角”物流市场成熟度比较高，所以对物流企业的要求比较高，市场竞争激烈。而西部市场则属于进入成长期的市场，在今后一段时间增长幅度会加大，同时因为其成长特性，会对基础物流服务有一定的依赖，并且由于西部地区收入相对较低，因而该市场的进入者必须以实现规模经济、成本领先来取胜。

2. 营销策略

(1) 产品和物流组合策略

产品策略是指与物流企业提供的服务或产品有关的决策。它包括了若干子因素：产品或服务的设计、包装、品牌、组合等。而物流企业作为服务行业，最为注重的是客户的利益，应事事站在客户的角度去考虑提供什么样的服务。物流服务主要是通过物流设施、设备和信息技术去实现商品在时间和空间上的转移以及流通加工上的大功效，尤为要注意的是，不同种类、品种、规格、包装的商品以及产品生命周期的不同阶段，需要提供不同的物流服务。物流组合服务（logistics complex combined services）是指提供由不同物流服务所构成的服务集合，例如采购、运输、仓储、包装、流通加工、装卸搬运、逆向物流以及信息处理等服务功能。物流企业必须依据一定的标准将目标市场进行细分，根据自身的条件来选择一部分客户作为目标市场，为了更好地满足客户的需求来确定适当的物流组合服务策略，使企业在激烈的市场竞争中得以生存并不断发展壮大。

(2) 价格策略

价格策略是指企业如何根据客户的需求与成本提供一种合适的价格来吸引客户。它包括了基本价格、价格的折扣与折让、付款方式等。只要物流企业的价格低于竞争对手，那么企业的市场占有率就高，利润就更大。因而，量入为出就是最好的方法，即一方面降低生产成本；另一方面合理控制物流费用支出，因为物流费用在成本中占有较大比重。实际上很多物流货代企业也是热衷于打价格战的，这对于小的物流企业和货代企业来说较为实用。但是，仍然要注意不要陷入价格战的漩涡，长久的价格战只会最终损害整个物流行业的利益。

（3）分销渠道策略

分销渠道策略是指物流企业如何选择将自己的服务或产品顺利转移给客户的最佳途径。物流服务一般多采用直销的方式，有时也会采用中介机构，常见的有代理、代销、经纪等形式。

（4）促销策略

促销策略是指物流企业利用各种方式与客户实现有效的沟通，向客户介绍自己的产品或服务，以引起客户的兴趣，提高企业知名度的各种措施。它包括了广告、人员推销、营业推广、公关等各种营销沟通方式。但要注意的是促销策略是有时间限制的，在适当的时期提出优惠措施，就能很大程度地招揽业务。而促销策略最为关键的就是"特色"两字。

3. 物流营销的4C以及物流营销的侧重点

为了满足客户需求，需要贯彻4C营销组合策略，即客户需求（consumption）、价格（cost）、便利性（convenience）、沟通（communication），其主要内容包括以下四个方面。

（1）掌握客户需求

物流企业首先要做市场调查，了解、研究、分析客户的需求，而不是先考虑企业能提供什么样的物流服务。现在有许多企业开始大规模兴建自己的物流中心、配送中心等，然而一些较成功的物流企业却不愿意过多地把资金和精力放在物流设施的建设上，它们主要致力于对物流市场的分析和开发，力图做到有的放矢。

（2）客户愿意支付的价格

这就是要求物流企业首先要了解物流需求企业为了满足物流需要而愿意付出多少成本，而不是先给自己的物流服务定价，即向客户要多少钱。因为物流是个服务性的行业，物流企业要价过高，只会使客户流失。因此只有在分析目标客户需求的基础上，为目标客户量体裁衣，实施一套个性化的物流方案才能吸引客户，争取回头客。

（3）客户的便利性

此策略要求物流企业要始终从客户的角度出发，考虑为客户提供物流服务时能给客户带来什么样的效益。客户最为关心的是价格和速度，只有实实在在地为客户考虑，为其带来效益和便利，他们才会接受物流企业提供的服务。

（4）与客户沟通

与客户沟通即以客户为中心，实施营销策略，通过互动、沟通等方式，将物流企业的服务与客户的物流需求进行整合，从而把客户和物流企业双方的利益无形地整合在一起，为用户提供一体化、系统化的物流解决方案，建立有机联系，形成互相需求、利益共享的关系，共同发展。现今社会，物流企业和客户的关系已经不仅仅是短期利益，而更多的是伙伴关系。用在良好的客户服务基础上，物流企业就可以争取到更多的物流市场份额，从而形成一定的物流服务规模，取得规模效益。例如，宝供物流公司就是在为宝洁公司服务中不断改进其服务质量而发展壮大起来的。

4. 物流营销中的客户分类策略与方法

客户细分是指将一个大的消费群体划分成一个一个细分群的动作，同属一个细分群的消费者彼此相似，属于不同细分群的消费者被视为不同的消费群。客户细分的具体步骤如下：

①客户价值排序。按照客户终身价值的大小对客户进行排序。

②客户细分。根据客户的终身价值评价结果划分客户群。

具体方法是将客户的当前价值（购买价值）和潜在价值（除购买价值以外的四种价值形式之和）作为两个维度，每个维度分成高低两档，由此将整个客户群划分为四组。细分的结果用一个矩阵表示，称为客户价值矩阵（customer value matrix），如图 4-1 所示。

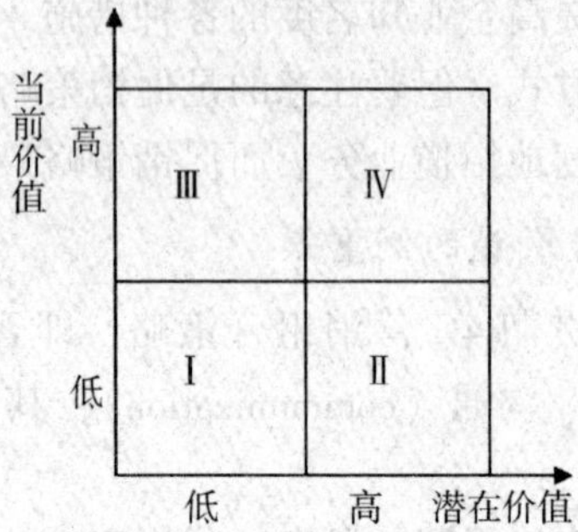

图 4-1　客户价值矩阵

在图 4-1 所示的四类客户中，Ⅳ类客户对公司最有价值，为公司创造的利润最多，称为“白金客户”。Ⅲ类客户对公司的利润次之，也是公司的利润大户，称为“黄金客户”。根据 Pareto 原理，Ⅳ、Ⅲ两类客户在数额上不大，约占 20%，但为公司创造的利润却占公司总利润的 80%，常说的“最有价值的客户”指的就是这两类客户。Ⅱ类客户属于有潜力的客户，未来有可能转化为Ⅲ类或Ⅳ类客户，但就当前来说带给公司的利润很薄，称为“铁质客户”。Ⅰ类客户对公司的价值最小，是公司的微利或无利客户，称为“铅质客户”。Ⅱ、Ⅰ两类客户在数量上占了绝大多数，约占公司客户总数的 80%，但他们为公司创造的利润大约只占公司总利润的 20%。

4.3.3　物流销售的人员营销

1. 市场营销准备

没有妥善的准备，就无法有效地进行如物流服务介绍，以及销售区域规划的工作。在市场营销准备的步骤中，要学会的是：①成为专业市场营销人的基础准备；②市场营销区域的准备；③开发准物流客户的准备。

2. 接近物流客户

好的接近客户的技巧能带来好的开头。这个步骤中，要注意的是：①直接拜访物流客户的技巧；②电话拜访客户的技巧；③销售信函拜访的技巧。

3. 进入市场营销的主题

掌握好的时机，用能够引起物流客户注意以及兴趣的开场白进入销售主题，让销售人员的销售有一个好的开始。这个步骤中，要学会的是：①抓住进入销售主题的时机；②开场白的技巧。

4. 调查询问

调查的技巧能够帮助销售人员掌握客户目前的物流现况，好的询问能够引导销售人员和客户朝正确的方向进行市场营销工作。同时，销售人员通过询问能找到更多的资料，支持销售人员说服客户。在这个步骤中要注意的是：事前调查、确定调查项目、向谁做事实调查、采用何种调查方法、调查重点、开放式询问技巧、闭锁式询问技巧等。

5. 说明和陈述

在这个步骤中，要学会的是：①区分物流产品特性、优点、特殊利益；②将特性转换为利益的技巧；③物流服务建议的陈述及技巧。

6. 物流业务缔结

与客户签约缔结，是市场营销过程中最重要的环节。除了最后的缔结外，还必须专精于销售时每一个市场营销过程的缔结，每一个销售过程的缔结都是最终的缔结的引导。在这个步骤中，要注意以下几个方面：①缔结的原则；②缔结的时机；③缔结的七个技巧，分别是利益汇总法、“T”字法、前提条件法、成本价值法、询问法、“是的”法以及哀兵策略法。

4.4　物流企业的运输管理

商品运输作为物流的动脉是物质资料，包括原材料的物理性移动，是从供应者到使用者的运输、包装、保管、装卸搬运、流通加工、配送以及信息传递的过程，这一活动本身一般并不创造产品价值，只创造附加价值。

4.4.1　运输的概念

运输是指使用某种设备和工具，将物品从一地向另一地运送的物流活动。其中包括集货、分配、搬运、中转、装入、卸下、分散等一系列操作。

运输与搬运的不同之处在于：运输是对物品进行以较长距离的空间移动为主的物流作业；搬运则是在同一场所内进行的物流作业活动。

运输一般分为运输和配送。总的来说，所有物品的移动都是运输，而配送则专指短距离、小批量的运输，因此运输指的是整体。配送则是指其中的一部分，而且配送的侧重点在于一个“配”字，它的主要意义也体现在“配”字上，而“送”是为最终实现资源配置的“配”而服务的。

4.4.2　运输的作用

运输的作用如下：

1. 保值

货物运输有保值作用，也就是说，任何产品从生产出来到最终消费，都必须经过一段时间、一段距离，都要经历运输、保管、包装、装卸搬运等多环节、多次数的货物运输活动。在这个过程中，产品可能会淋雨受潮、水浸、生锈、破损、丢失等。货物运输的使命就是防止上述现象的发生，保证产品从生产者到消费者移动过程中的质量和数量，起到产品的保值增值作用，即保护产品的存在价值，使该产品在到达消费者时其使用价值不变。

2. 节约

搞好运输，能够节约自然资源、人力资源和能源，同时也能够节约费用。例如，集装箱化运输，可以简化商品包装，节省大量包装用纸和木材；实现机械化装卸作业，仓库保管自动化，能节省大量作业人员，大幅度降低人员开支。重视货物运输可节约费用的事例比比皆是。在中国，沃尔玛百分之百地采用公路运输，沃尔玛的连锁商场的物流部门24小时进行工作，无论白天或晚上，都能为卡车及时卸货。另外，沃尔玛的运输车队利用夜间进行从出发地到目的地的运输，从而做到了当日下午进行集货，夜间进行异地运输，翌日上午即可送货上门，保证在15~18个小时内完成整个运输过程，沃尔玛的运输车队以最低的成本高效率地运行。

3. 缩短距离

货物运输可以克服时间间隔和空间间隔，这也是货物运输的实质。现代化的货物运输在缩短时间方面的例证不胜枚举。例如，在各大超市可以买到全国各地的新鲜水果；邮政部门改善了货物运输，使信件运送时间大大缩短，全国快递两天内就到；而美国联邦快递能做到隔天送达亚洲15个城市；日本的配送中心可以做到上午10点前订货，当天送到。这种运输速度，把人们之间的时间距离和空间距离一下子拉得很近。随着货物运输现代化的不断推进，国际运输能力大大加强，极大地促进了国际贸易，缩短了空间距离。

4. 增强企业竞争力，提高服务水平

随着制造业微利时代的到来，作为"第三利润源"的物流显示出其持久的生命力。而物流过程中，物流所支付的直接费用有运输费、储存保管费、包装费、装卸搬运费、流通加工费和物流过程中的损耗等。因为运费在全部物流费用中所占的比重最大，所以是影响物流成本的一项重要因素。

国外的制造企业很早就认识到了货运是企业竞争力的法宝，搞好运输可以实现零库存、零距离和零流动资金占用，是提高服务水平、构筑企业供应链、增强企业核心竞争力的重要途径。在经济全球化、信息全球化和资本全球化的21世纪，企业只有建立现代货物运输结构，才能在激烈的竞争中求得生存和发展。

5. 保护环境

环境问题是当今时代的主题，保护环境、治理污染和公害是世界各国的共同目标。这就对运输提出了更高的要求。例如，我们在城市外围多设几个货物运输中心、流通中心，大型货车不管白天还是晚上就都不用进城了，只利用小货车配送，夜晚的噪音就会减轻；政府重视货物运输，大力建设城市道路、车站、码头，城市的交通阻塞状况就会缓解，空气质量自然也会改善。

6. 创造社会效益

实现装卸搬运作业机械化、自动化，不仅能提高劳动生产率，而且也能解放生产力，把工人从繁重的体力劳动中解放出来，这本身就是对人的尊重，是创造社会效益。例如，日本多年前开始的“宅急便”“宅配便”，国内近年来开展的“宅急送”，都是为消费者服务的新行业，实现了快件运输的安全、快速、高效。

4.4.3　运输的方式

1. 五种基本运输方式

（1）公路运输

公路运输是使用汽车在公路上进行客货运输的一种运输形式。公路运输所使用的设施包括公路、公路车站和行驶在公路上的车辆。公路运输的优点是：公路覆盖面广；运输快速、灵活；可实现门到门运输，快捷精确；包装简单，货损少；运费便宜；投资小，效益高。公路运输特别适合于短距离、小批量运输以及衔接其他运输方式。公路运输的成本相对较高，因为汽车的载重通常较小，而公路建设和维修费等费用较高。公路运输在现代物流作业中起着骨干作用。

（2）铁路运输

铁路运输是我国货物运输的主要方式之一，它与水路干线运输、各种短途运输相衔接，从而形成以铁路运输为主要方式的运输网络。铁路运输是机车牵引车辆在铁路线上进行客货运输的一种运输方式。铁路运输所使用的设施包括铁路、火车机车、车站及其他辅助设施。铁路运输距离远、运量大、安全程度高，适合大宗货物和散装货物的运输。但因线路的限制，铁路运输的灵活性不高，需要与公路运输配合才能实现门到门运输；运输时间长，货损率较高，投资较大。

（3）水路运输

水路运输又称为“船舶运输”，是船舶利用天然航道或人工运河进行客货运输的一种运输方式。其设施主要包括：天然水道（或经过改良的水道）、港口和船舶。水路运输的优点是运输能力巨大，运输成本低，投资省，运输时间长和通用性好。其缺点是受自然条件影响大和运输速度慢。水路一般是运输距离长、运量大、时间性不太强的大宗货物的理想选择，特别适合使用集装箱进行运输以及国际贸易远洋大批量物资的运输。

（4）航空运输

航空运输又称为“飞机运输”，是使用飞机或其他航空器进行运输的一种运输方式。其主要设施为：航空港、飞行器和航空设施。航空运输的主要优势在于高速直达运输；不受地面条件限制，能够深入到内陆地区；安全性高；节约包装、保险、利息等费用。但货运成本高，载重量有限，受天气条件影响大，难以实现门到门服务。航空运输通常用于国际运输及高附加值和易腐货物等特殊货物的运输。

（5）管道运输

管道运输是一种新型的运输方式，它是随着石油的生产而发展起来的一种特殊货运方式，其设施仅包括管道线路和管道两端的气泵站，货物直接在管道内进行运输。管道运输的优点是可以每天 24 小时营运；可靠性非常高；货物无须包装；能耗小，成本低。管道运输最明显的缺点是灵活性差，运输品种单一，固定投资大。因而，管道运输适合于单向、定点、量大的流体状且连续不断的货物（如石油、油气和煤浆等）的运输。另外，在管道中利用容器包装运送固态货物（如粮食、砂石和邮件等）也具有良好的发展前景。

2. 五种运输方式的比较

物流企业在实施运输作业时，首要考虑的因素是运输成本。运输成本的构成要素如下：

（1）固定成本

固定成本（又称“固定费用”）相对于变动成本，是指成本总额在一定时期和一定业务量范围内，不受业务量增减变动影响而能保持不变的成本。固定成本包括停车场、车辆、信息系统、办公用房等。

（2）可变成本

可变成本是随产出水平的变化而变化的成本，如原料、劳动、燃料成本。变动成本是与每一次运送直接相关的运送费用，包括劳动成本、燃料费用、保养费、保险费等，通常按有关政策规定及市场变化状况来确定。对于物流企业而言，运输费用至少要弥补变动成本。

（3）联合成本

联合成本是与可分成本相对立的成本，是指在未分离前的联产品生产过程中发生的，应由所有联产品共同负担的成本。如当承运人运输货物从甲地到乙地时，就要考虑从乙地返回甲地时的运输联合成本，因为即使是空车也必须返回。因此这种联合成本要么由最初的货物托运人承担，要么找一位有回程货的托运人以得到补偿。

（4）公共成本

公共成本既不属于承运人，也不属于托运人，而是属于社会大众，如道路养护费、路桥费或管理部门收取的费用等。公共成本通常是按照装运数量分摊给托运人。

综上所述，现代运输的方式主要有公路运输、铁路运输、水路运输、航空运输和管道运输。五种方式的成本结构比较如表 4-1 所示。

表 4-1　五种运输方式成本结构的比较

运输方式	固定成本	可变成本
公路运输	高	适中
铁路运输	高	低
水路运输	适中	低
航空运输	低	高
管道运输	最高	最低

由表 4-1 可知，五种运输方式中固定成本最高的是管道运输，因为它要花费巨资铺设管道；相比之下，固定成本最低的是航空运输，因为它仅仅需要建设机场及购买飞机。而各种运输方式中可变成本花费最多的是航空运输，原因是其后续投入的燃料和维修费用较大，最少的是管道运输。

日常生活中，由于时间和金钱的要求不同，需要从运营特征来比较五种运输方式，从而在不同条件下取舍不同的运输方式。五种运输方式的运营特征如表 4-2 所示。该表按照五种运输方式的运营特征的优劣情况来进行评价，采用的是打分法，分数为 1~5，分值越高，表示效果越好。

表 4-2　五种运输方式的运营特征的得分比较

运营特征	公路运输	铁路运输	水路运输	航空运输	管道运输
运价	2	3	5	1	4
速度	2	3	4	5	5
可靠性	2	3	4	5	1
能力	3	2	1	4	5

4.4.4　物流运输管理

物流系统中运输部门的主要职责如下：

1. 承运人选择

不同的运输方式和运作类型会有各自的特点和优劣。比如说，空运速度最快，但是运费昂贵，且运输批量不大；而水运运费低廉并且运输量大，但是速度缓慢。运输管理者必须对这些运输方式和运作类型进行分析，从而选择出恰当的方式和运作类型，然后在初步圈定的运输方式和运作类型内选出合适的承运人。承运人的运输成本一般要受多种因素的影响，这包括：运距、运量、物品密度、空间利用率、物品搬运的难易程度、物品运输的责任以及市场因素等。

例如，客户要求将一批水果从南方运往北方，企业根据货物的性质（易腐）初步确定空运或用冷藏车公路直达运输，再参照运输成本、运输时间要求、市场行情等因素，确定用冷藏车公路运输，据此选择有条件的运输单位作为承运人。

承运人的选择主要根据承运人的服务质量、信誉、设备状况、收费等指标，此外还要考虑承运人货运过程中处理破损的经验、处理索赔的程序、运输时间的可靠度、有无货物跟踪服务、上门取货和配送服务的质量等。

2. 费率分析和确定

运输费率是指在两地间运输某种具体产品时的每单位运输里程或每单位运输重量的运价。具体运输方式的运输费率取决于商品种类、重量、运输距离、服务水平和其他选择性要求。如较坚固的商品费率比易碎商品的费率低，低密度商品单位质量费率比高密度商品高，远距离运输的费率比近距离的低，或货主对服务水平的要求增加了额外费用。例如，3 天送达比 5 天送达费率高。

不同的运输公司有着不一样的费率。不同行业、同一行业不同公司可能使用不同类型的费率形式，这取决于提供的服务类型、费用的分配、为达到特定的目标而采取的定价策略类型（如为了占领市场份额而不是大规模地获利）。

3. 费率谈判

对于任何既定的托运货物来说，运输部门都有责任在服务要求一致的前提下获得尽可能低的费率。铁路、航空、汽车、管道、包裹邮寄、国内速递、货运代理人等，各种运输方式所流行的运输价格，都是运输部门设法收集起来作参考的对象。现在，承托双方的运输洽谈往往都以流行的费率为起点，而有效谈判的关键，则是双方寻求达成“平手”协议，即承运人与托运人都是合同的“赢家”，以此来分享增加运量的收益。

在商务谈判及合同的确定过程中，物流企业可以帮助客户选择合适的运输路线、运输工具，对货物的包装、装卸、配载等方面提出建议，以客户满意为目标，注重提高运作水平，以较低的成本为客户提供更好的服务。

4. 单证

物流企业在运输作业中需要使用一些单证，它们是货物承运人、托运人和收货人之间的重要凭证，涉及托运人和收货人的信息、运费的计算、货物的数量和品种等，是支付运费、货物运输、收货、赔偿的重要法律证据。物流企业运输作业中使用到的单证主要有：提单、运费清单和货运清单。

（1）提单

提单（bill of lading）是购买运输服务所使用的基本单证，由承运人开出。它对所装运的物品和数量起着收据和证明文件的作用。在货物发生丢失、损坏或延误的情况下，提单又是索赔的最基本证据。另外，提单上所指定的人是物品唯一真实的受领人。

（2）运费清单

运费清单（freight of bill）是承运人收取其所提供运输服务费用的一种明细方式。运费可以是预付的，也可以是到达后再付的，一切取决于承、托双方事先的协商。

（3）货运清单

货运清单（shipping manifest）是当一辆运输工具装运多票货物时，能列明每票货的停靠站点、收货人、提单、重量以及每票货物的清点数。其作用是通过提供一份单独的文件，用于明确总货载中的具体内容，而无须检查个别的提单。对于一站到底的托运货物来说，货运清单的作用与提单基本相同。

5. 线路选择

通常运输方式和线路选择与承运人的选择是一同作出的。例如，铁路、航空、水运等都有固定的运输线路。有些客户可能会对运输方式和运输线路的选择提出要求，但运输方式和运输线路的选择常常涉及货物的起运时间、到达时间、各种费用、交通状况等复杂的因素，如有的城市规定大型货车只能按规定的时间和路线行驶，客户对此类信息并不完全掌握，物流企业应当遵循以下原则为客户选择合适的运输方式和运输路线。

（1）最短路程

当运输费用是以吨·公里来计算时，运输线路的长短就直接关系到运输费用的高低，关系着物流公司的经济效益，物流公司理所当然地要选择使用路程最短的运输线路。另外，当客户对运输时间要求很严，力求快捷时，物流公司除了考虑直达运输外，最经常选择的运输路线就是最短路程线路。

（2）最小费用最大运力

这里所说的运力就是指运输网络运输货物的能力。在物流公司的实际运作中，选择运输路线时，不仅会考虑所用的运输网络的最大运力问题，还会力求运费最小化。

6. 货物追踪和速遣

托运方将货物交给承运人之后，还需要监督和跟踪货物在运输中的情况，以确保货物安全、及时、准确、完好无损地送达客户或指定的地点。如果一旦发现货物没有及时到达指定地点，就必须与承运人取得联系以确定货物的状况，并尽快采取相应措施。货物追踪服务一般由承运人负责提供。随着地理信息系统（GIS）和全球卫星定位系统（GPS）的应用，一些货运公司建立了计算机系统对货物运输进行实时监控，运输工具在运输途中的状况如当前位置、行进路线等信息都尽在掌握。如中外运敦豪（DHL）就设立了货物追踪系统，让客户可以实时查询其货件。

速遣常常用于海运，速遣费（dispatch money）表示由于装卸所用的时间比允许的少，而由船东向租船人、发货人或收货人按事先约定的费率支付的款项。这意味着鼓励更快的卸货，以利于船只的利用率。

7. 人力资源管理

物流运输作业中实际起作用的是人，技术再先进也是通过人力来完成的。司机是物流运输公司的主体，尊重员工，与员工建立利益共享的伙伴关系，最大限度地挖掘员工的创造潜力，让每一位员工充分实现个人的价值，在各项工作中达到卓越的境界，这样才能真正使物流运输企业站在较高的起点上，实现跨越式发展。沃尔玛总裁兼首席执行官大卫·格拉斯说：“是我们的员工创造了沃尔玛的价值体系。”

8. 防止运输索赔

在货物运输过程中，由于出现不可抗力的因素，如地震、洪水、飓风等，造成运输工具的损坏和货物的灭失，或者一些人为因素，导致货物丢失或损坏。为尽量减少损失，物流企业应当做好预先防范工作。在运输合同中列明货物的价值，明确应当承担的责任，向保险公司投保，采用防震、防潮等运输包装，对货物装运过程进行适当的监督，尽量避免责任界定不清的情况发生。制定有效的应急处理预案，在一旦发生紧急情况时立即启用，将造成的损失降到最低。

例如，海上货物运输经常发生货损货差，由租轮所运货物货损货差的索赔，一般情况下，利用租船合同比利用提单有利。例如，索赔时效按提单引用的《海牙规则》仅为 1 年，而期租船可达 10 年，程租船也可达 6 年之久。加上有租金余额或运费在手，可从中扣除货物索赔款额。但在特殊的情况下，如索赔金额太大，又无租金余额或运费等在手可供扣款时，则由保险公司出面，按提单索赔较好。货物保险人可要求船东提供现金担保或提供银行、保险协会的担保，如遭拒绝，尚可向卸船港法院起诉，申请扣船。

4.5　物流企业的仓储管理

仓储管理是物流的中心环节，是连接生产、供应、销售的中转站，对促进生产、提高效率起着重要的辅助作用。仓储管理的核心目标是提高仓库的运作效率。因此，物流企业采用的是现代化的技术手段和科学的管理方法来管理仓储，以实现降低企业物流成本的目的。

4.5.1　仓库

仓储就是在指定的场所储存物品的行为，是“仓”和“储”的统一。“仓”即仓库，为存放、保管、储存物品的建筑物和场地的总称，可以是房屋建筑、洞穴、大型容器或特定的场地等，具有存放和保护物品的功能。“储”即储存、储备，表示收存以备使用，具有收存、保管、交付使用的意思。仓库作为物流服务的据点，在物流作业中发挥着重要的作用，它不仅具有储存、保管等传统功能，而且还具有拣选、配送、检验、分类、加工、包装等功能。

仓储是产品生产、流通过程中因订单前置或市场预测前置而使产品、物品暂时存放。它是集中反映工厂物资活动状况的综合场所，同时，围绕着仓储实体活动，清晰准确的报表、单据账目、会计部门核算的准确信息也同时进行着，因此仓储是物流、信息流、单证流的合一。

1. 仓库的分类

按保管货物的特性，仓库可分为以下几类：

①原料仓库：原料仓库是用来储存生产所用的原材料，这类仓库一般比较大。

②产品仓库：产品仓库的作用是存放已经完成的产品，但这些产品还没有进入流通领域，这种仓库一般附属于产品生产工厂。

③冷藏仓库：冷藏仓库是用来储藏那些需要进行冷藏储存的货物，多是农副产品、药品等对于储存温度有要求的物品。

④恒温仓库：恒温仓库和冷藏仓库一样也是用来储存对于储藏温度有要求的产品，如高级精密仪器及设备、文物等仓库。

⑤危险品仓库：危险品仓库从字面上就比较容易理解，它是用于储存危险品的，由于危险品可能对人体以及环境造成危害，因此在此类物品的储存方面一般会有特定的要求。例如许多化学用品就是危险品，它们的储存都有专门的条例。

⑥水面仓库：像圆木、竹排等能够在水面上漂浮的物品，它们可以储存在水面。

2. 仓库设备

（1）常规设备

①叉车。叉车是指能够对货物进行升降和搬运的车辆，适用于对托盘的装卸作业。叉车操作灵活，机动性强，转弯半径小，成本低，使用广泛。

②输送机。输送机根据用途和所处理货物形状的不同分为不同种类。输送机的特点是可以连续不断地向一个方向输送散料和重量不大的单件物品，搬动中不需停机，搬运成本低，效率高。

③起重机。起重机是一种能将货物吊起并在一定范围内作水平移动的机械，适用于装卸和搬运体积大、重量级的货物。起重机按其结构可分为悬臂式起重机、龙门起重机、集装箱起重机、汽车起重机（汽车吊）等。

④堆垛机。堆垛机是立体仓库中最重要的起重运输设备，是代表立体仓库特征的标志。其主要用途是在高层货架仓库的巷道内沿轨道运行，将位于巷道口的货物存入货格；或者相反，取出货格内的货物运送到巷道口，完成出入库作业。堆垛机可分为有轨巷道堆垛起重机和无轨巷道堆垛起重机两类，常与立体高层货架仓库配合使用。

（2）半自动化设备

①自动导引车。这是一种能自动行驶到指定位置的无轨搬运车辆，称为“AGVS”。它利用图像、信息技术、计算机技术实现自动运行，可用于搬运货物，具备连接存取货物和其他运输、搬运设备的能力，同时具有无人操作的特点。

②自动分拣系统。这是二战后在大中型配送中心广泛采用的一种自动化作业系统，该系统由控制装置、分类装置、输送装置及分道口等几部分组成，能连续大批量地分拣货物，速度快，差错率低，作业时基本实现无人化。但对商品包装要求高，业务量小的情况，自动分拣系统不划算。目前，比较常用的分拣控制技术是扫描识别技术。

③机器人。仓库中使用的机器人主要用于商品的分类作业，并将货物放到指定的位置上，或将指定位置上的货物放到输送机上，除了有速度和准确性外，还具有一定的人工智能。在仓储的高噪声、低温、有毒气体等环境中，也可用机器人代替人工作业。

④条形码技术。条形码技术作为一种成熟的信息处理技术，由于具有信息采集速度快、信息量大、可靠性高等优点，已广泛应用于自动控制、质量跟踪、交通运输、图书文献等领域。在仓储中条形码也得到了广泛的应用，货物的入库、保管、分类、拣选等作业都通过商品条形码的识别来完成。

（3）自动化设备

自动化分拣系统的出入库、库内搬运作业全部实现由计算机控制的机电一体化，即自动化。该系统由储存货架（高层货架）、存取设置（堆垛机）、输入输出系统和控制系统四个部分组成，能大量储存、自动存取，减少人力成本，提高储存效率。该系统通过计算机网络与企业的生产、商品销售过程紧密相连，对客户的订货需求作出快速有效的反应。自动化分拣设备主要应用于机场、卷烟厂及烟草仓储物流和邮政分拣系统的所有输送系统。

4.5.2　库存管理

仓储作业一般包括收货、存货、取货、发货等环节，而这些环节都离不开库存管理。库存管理（inventory management）是对制造业或服务业生产、经营全过程的各种物品、产成品以及其他资源进行管理和控制，使其储备保持在经济合理的水平上。库存管理是使用控制库存的方法，得到更高的盈利的商业手段。在美国，有些企业库存周期只有 8 天，但有些中国企业的库存周期长达 51 天。库存水平和库存周转量直接影响物流成本的高低和企业经济效益的好坏。库存量过少，会影响到企业经营活动的顺利进行，还可能失去市场机会；库存量过多，不仅会挤占企业的流动资金，增加商品保管费用的支出，而且还会加大市场风险。因此，必须采用科学的方法管理和控制库存，在满足生产经营活动的前提下，将库存数量控制在最低水平上，以达到降低物流成本，实现企业经济效益的目的。

1. 库存的分类

（1）制造业中库存的分类

①原材料是指企业通过采购或其他方式取得的用于制造产品并构成产品实体的物品，以及取得的供生产耗用但不构成产品实体的辅助材料、修理用备件、燃料及外购半成品等。

②在产品是指正在生产各阶段进行加工或装配的尚未制造完工的产品。

③自制半成品是指已经经过一定的生产过程，并已经验收合格、交付半成品仓库保管，但仍需进一步加工的中间产品。

④产成品是指完成全部生产过程，经检验合格可供销售的产品。

⑤低值易耗品是指由于价值低、易损耗等原因而不能作为固定资产处理的各种劳动资料。

⑥包装物是指为包装企业产品而储备和在销售过程中周转使用的各种成形的包装容器。

⑦委托加工材料是指企业因技术和经济原因而委托外单位代为加工的各种材料。

（2）商品流通企业中库存的主要类别

在商品流通企业中，库存的主要类别则为商品、材料物资、低值易耗品、包装物等。其中，商品是指企业以销售为目的而购入的各类物品，如库存商品、受托代销商品、加工商品、出租商品和分期付款发出的商品等。

2. 库存管理的目的和方法

（1）库存管理的根本目的

库存管理是连接销售活动和生产活动的调节阀，在物流系统中也是重要枢纽。库存管理的目的是在满足顾客服务要求的前提下，通过对企业的库存水平进行控制，力求尽可能降低库存水平，提高物流系统的效率，以增强企业的竞争力。在企业经营过程的各个环节间存在库存，在采购、生产、销售的不断循环过程中，库存可以调节各个环节之间由于供求品种及数量的不一致而发生的变化，把生产和销售等企业经营的各个环节连接起来，起润滑剂的作用。所谓世界级制造的两个关键考核指标（KPI）就是客户满意度以及库存周转率，而库存周转率实际上就是库存管理的根本目的所在。

（2）库存管理的方法

①ABC 管理法。ABC 管理法又叫 ABC 分析法，就是以某类库存物资品种数占物资品种数的百分数和该类物资金额占库存物资总金额的百分数大小为标准，将库存物资分为 A、B、C 三类，进行分级管理。

ABC 管理法的基本原理：对企业库存（物料、在制品、产成品）按其重要程度、价值高低、资金占用或消耗数量等进行分类和排序，一般 A 类物资数目占全部库存物资的 10%左右，而其金额占总金额的 70%左右；B 类物资数目占全部库存物资的 20%左右，而其金额占总金额的 20%左右；C 类物资数目占全部库存物资的 70%左右，而其金额占总金额的 10%左右。其表示方法如表 4-3 所示。

表 4-3　不同类型库存的管理策略

库存类型	特点（按货币占用）	管理方法
A	品种数约占库存总数的15%，成本占70%~80%	进行重点管理。现场管理要更加严格，应放在更安全的地方；为了保持库存记录的准确，要经常进行检查和盘点；预测时更加仔细
B	品种数约占库存总数的30%，成本占15%~25%	进行次重点管理。现场管理不必投入比A类更多的精力，库存检查和盘点周期可以比A类要长一些
C	成本也许只占总成本的5%，但品种数量或许是库存总数的55%	只进行一般管理。现场管理可以更粗放一些，但是由于品种多，差错出现的可能性也比较大，因此必须定期进行库存检查和盘点，周期可以比B类长一些

②定量订货法。所谓定量订货法，就是预先确定一个订货点和订货批量，随时检查库存，当库存量下降到规定的订货点时就立即提出订货，订货批量采用经济订货批量。其运行原理为：当库存量下降到订货点时，即按预先确定的订购量 Q 发出订货单，经过交纳周期（订货至到货间隔时间）T，库存量继续下降，到达安全库存量 S 时，收到订货 Q，库存水平上升。

该方法主要靠控制订货点和订货批量 Q 两个参数来控制订货，达到既最好地满足库存需求，又能使总费用最低的目的。

其一，经济订货批量。经济订货批量模型，又称“整批间隔进货模型”（EOQ 模型），英文为“economic order quantity”，是目前大多数企业最常采用的货物定购方式。该模型适用于整批间隔进货、不允许缺货的存储问题，即某种物资单位时间的需求量为 D，存储量以单位时间消耗数量 D 的速度逐渐下降，经过时间 T 后，存储量下降到零，此时开始订货并随即到货，库存量由零上升为最高库存量 Q，然后开始下一个存储周期，形成多周期存储模型。

经济订货批量的基本公式为：

$$Q = \sqrt{2DK/C} = \sqrt{2DK/PF}$$

式中：Q 为经济订货批量；K 为每次订货费用；D 为一定时期内物资的总需求量；C 为单位储存成本。其中 $C=PF$，P 为单价，F 为一定时期内的保管费率。

例：某企业原材料 A 的年需求量为 1200 单位，单价为 10 元/单位，年保管费率为 20%，每次订货成本为 300 元，则该原材料的经济订货批量为：

$$Q = \sqrt{2DK/PF} = \sqrt{1200 \times 300/(10 \times 20\%)} = 600 \text{（单位）}$$

EOQ 概念适用于物品成批地，或通过采购或通过制造而得到补充，它不是连续地生产出来的；销售或使用的速率是均匀的，而且同该物品的正常生产速率相比是低的，使得显著数量的库存由此产生。

EOQ 概念并不适用于为库存而生产的一切物品。例如，在一家精炼厂或一条装配线上，生产是连续的而且不存在这样的批量；在一家订货生产工厂里，大多数工作是按客户订货的批量生产的。工具寿命有限、货架寿命短、原料的经济使用和其他约束压倒了 EOQ 技法的应用。尽管如此，这一概念在工业界仍有广泛的应用，因为大多数生产不是连续式的，而是从一个库存取出一批一批的物料进行加工，然后送交另一库存。

其二，订货点法。所谓订货点法，是指库存量下降到一定水平（订货点）时，按固定的订货数量进行订货的方式。该方法的关键在于计算出订货点的储备量，对于某种物品来说，当订货点和订货量确定后，就可以实现库存的自动管理。

订货点的计算公式为：

$$订货点=平均日需求量\times平均订货周期+安全量$$

使用订货点法管理简便，订货时间和订货量不受人为因素的影响，可以保证库存管理的准确性，并且方便按照经济订货批量订货，节约成本。因而订货点法的适用范围是：单价比较便宜，而且不便于少量订货的物品，如螺栓、螺母，需求预测比较困难的物品，品种数量多、库存管理事务量大的物品，消费量计算复杂的物品，通用性强、需求总量比较稳定的物品等。

③定期订货法。定期订货法是按预先确定的订货时间间隔按期进行订货，以补充库存的一种库存控制方法。其决策思路是：每隔一个固定的时间周期检查库存项目的储备量，根据盘点结果与预定的目标库存水平的差额确定每次订购批量。这里假设需求为随机变化，因此，每次盘点时的储备量都是不相等的，为达到目标库存水平 Q_0 而需要补充的数量也随着变化。这类系统的决策变量应是：订货周期 T、目标库存水平 Q_0。

订货周期的确定：订货周期一般根据经验确定，主要考虑制订生产计划的周期时间，常取月或季度作为库存检查周期，但也可以借用经济订货批量的计算公式确定使库存成本最有利的订货周期。

订货周期的计算公式为：

$$订货周期=1/订货次数=Q/D$$

式中：Q 为经济订货批量；D 为一定时期内物资的总需求量。

目标库存水平的确定：目标库存水平是订货期与提前期时间内货物需求量的总和。它包括两部分：一部分是订货周期和提前期内的平均需求量，另一部分是根据服务水平保证供货概率的保险储备量。

目标库存水平的计算公式为：

$$Q_0=(T+L)r+ZS_2$$

式中：T 为订货周期，L 为订货提前期，r 为平均日需求量，Z 为服务水平保证的供货概率（查正态分布表对应的 t 值），S 是订货期加提前期内的需求变动的标准差。若给出需求的日变动标准差为 S_O，则 $S_2=S_O\sqrt{T+L}$。

例：某货品的需求率服从正态分布，其日均需求量为 200 件，标准差为 25 件，订购的提前期为 5 天，要求的服务水平为 95%，每次订购成本为 450 元，年保管费率为 20%，货品单价为 1 元，企业全年工作 250 天，本次盘存量为 500 件，经济订货周期为 24 天。计算目标库存水平与本次订购批量。

$(T+L)$ 期内的平均需求量 $=(24+5)\times200=5800$（件）

$(T+L)$ 期内的需求变动标准差 = 135（件）

目标库存水平：$Q_0 = 5800 + 1.96 \times 135 = 6065$（件）

订购批量：$Q = 6065 - 500 = 5565$（件）

从上可见，定量订货法主要用于管理 C 类物资。C 类物资包括：单品种物资，价钱便宜、订货量大的物资，需求量变动大以及难以预测需求的物资，数量很多、管理很费手续的物资，各方面都需要、共通性高、需求量比较稳定的物资。定期订货法主要用于 A 类物资，即那些数量少却价值高、利润高，因而需要特别精细管理的物资的订货。

4.6　物流企业的流通加工管理

流通加工是为了提高物流速度和物品的利用率，在物品进入流通领域后，按客户的要求进行的加工活动，即在物品从生产者向消费者流动的过程中，为了促进销售、维护商品质量和提高物流效率，对物品进行一定程度的加工。流通加工通过改变或完善流通商品的形态来实现“桥梁和纽带”的作用，因此流通加工是流通中的一种特殊形式。随着经济的增长、国民收入的增多，消费者的需求出现多样化，促使在流通领域开展流通加工。目前，在世界许多国家和地区的物流中心或仓库经营中都大量存在流通加工业务，在日本、美国等物流发达国家则更为普遍。

4.6.1　流通加工的概念

《中华人民共和国国家标准物流术语》中流通加工指的是物品在生产地到使用地的过程中，根据需要施加包装、分割、计量、分拣、刷标志、拴标签、组装等简单作业的总称。流通加工不同于生产加工，它是生产加工在流通领域中的延伸。流通加工与生产加工的不同之处有以下几点。

1. 加工对象不同

流通加工的对象是进入流通领域的商品，具有商品的属性。流通加工的对象是商品，但生产加工的对象不是最终产品，而是原材料、零配件或半成品。

2. 加工程度不同

流通加工大多是简单加工，而不是复杂加工。一般来讲，如果必须进行复杂加工才能形成人们所需的商品，那么，这种复杂加工应该专设生产加工过程。生产过程理应完成大部分加工活动，流通加工则是对生产加工的一种辅助及补充。特别需要指出的是，流通加工绝不是对生产加工的替代。

3. 加工目的不同

生产加工的目的在于创造价值及使用价值；而流通加工的目的则在于完善其使用价值，并且提高其价值。

4. 加工单位不同

流通加工由商业或物资流通企业完成，而生产加工则由生产企业完成。

4.6.2 流通加工的类型

根据不同的目的，流通加工具有不同的类型。

1. 为适应多样化需要的流通加工

制造企业生产的都是大批量、规模化的商品，自然不能完全满足用户的要求。这样，为了满足用户对产品多样化的需要，同时又要保证高效率的大生产，可将生产出来的单一化、标准化的商品进行多样化的改制加工。例如，将木材改制成枕木、板材、方材等的加工，钢材卷板的舒展、剪切加工，平板玻璃按需要规格的开片加工。

2. 为弥补生产领域加工不足的流通加工

由于受到各种因素的限制，许多商品在生产领域的加工只能到一定程度，而不能完全实现终极的加工。例如钢铁和木材在生产领域只能完成标准化生产，进一步的下料、切裁、处理等的加工则由流通加工完成。

3. 为提高加工效率的流通加工

流通加工通过集中加工的形式，解决了单个企业加工效率不高的弊病。它以一家流通加工企业的集中加工代替了若干家制造企业的初级加工，促使生产水平有一定的提高。

4. 为方便消费、省力的流通加工

这是指根据下游生产的需要将商品加工成生产直接可用的状态。例如，将木材制成可直接投入使用的各种型材；将钢材根据需要定尺、定型，按要求下料；将水泥制成混凝土拌合料，使用时只需稍加搅拌即可使用等。

5. 为保护商品所进行的流通加工

为了保护商品的使用价值，延长商品在生产和使用期间的寿命，防止商品在运输、储存、装卸搬运、包装等过程中遭受损失，可以采取稳固、改装、保鲜、冷冻、涂油等方式。例如，肉禽类的保鲜、保质的冷冻加工、防腐加工等，丝、麻、棉等织品的防虫、防霉加工等。

6. 为促进销售的流通加工

消费者有着不同的偏好，因而要求通过流通加工来促进销售。例如，将过大包装或散装物分装成适合批量销售的小包装的分装加工，将蔬菜、肉类洗净切块以满足消费者的要求等。

7. 为提高物流效率、降低物流损失的流通加工

有些商品本身的形态导致了物流操作的困难性，因此需要进行适当的流通加工加以改进，从而提高物流效率，降低物流损失。例如，自行车在消费地区的装配加工，造纸用的木材磨成木屑的流通加工，输送的石油气进行液化加工。

8. 为衔接不同运输方式、使物流更加合理的流通加工

制造企业由于生产大批量的商品，所以运输方式一般为船舶、火车等大运量运输工具。而流通加工一般设置在消费地，主要利用汽车和其他小型车辆来配送。例如，散装水

泥中转仓库把散装水泥装袋、将大规模散装水泥转化为小规模散装水泥的流通加工，就衔接了水泥厂大批量运输和工地小批量装运的需要。

9. 为实施配送进行的流通加工

配送是指在经济合理区域范围内，根据客户要求，对物品进行拣选、加工、包装、分割、组配等作业，并按时送达指定地点的物流活动。配送中心为了实现配送活动、满足客户的需要而对物资进行加工。例如，混凝土搅拌车可以根据客户的要求，把沙子、水泥、石子、水等各种不同材料按比例要求装入可旋转的罐中。在配送路途中，汽车边行驶边搅拌，到达施工现场后，混凝土已经均匀搅拌好，可以直接投入使用。

10. 生产—流通一体化的流通加工

依靠制造企业和流通企业的联合，或者制造企业涉足流通，或者流通企业涉足制造，形成的对生产与流通加工进行合理分工、合理规划、合理组织，统筹进行生产与流通加工的安排，这就是生产—流通一体化的流通加工形式。这种形式可以促成产品结构及产业结构的调整，充分发挥企业集团的经济技术优势，是目前流通加工领域的新形式。

4.6.3 流通加工的成本构成

流通加工成本的主要构成内容包括以下四方面。

1. 流通加工设备费用

流通加工设备费用即为了流通加工购置的设备费用。流通加工设备因流通加工形式的不同而不同，如剪板加工需要剪板机、木材加工需要电锯等。购置这些设备需支出的费用，以流通加工费的形式转移到被加工的产品中去。

2. 流通加工材料的费用

流通加工材料的费用，即在流通加工过程中，投入到加工过程中的一些材料消耗的费用。

3. 流通加工劳务费用

在流通加工过程中从事加工活动的管理人员、工人及有关人员的工资、奖金等费用的总和，即为流通加工劳务费用。

4. 流通加工其他费用

除上述费用之外，在流通加工中耗用的电力、水力、燃料、油料以及车间费用等，也要计入流通加工成本中去。

4.6.4 流通加工的合理化

流通加工合理化就是实现流通加工的最优配置，不仅要规避各种不合理的现象发生，使流通加工有存在的价值，而且要做到最优的选择。

流通加工是在流通领域进行的对生产的辅助性加工，从某种意义上来说，它不仅是生产过程的延续，也是生产本身或生产工艺在流通领域的延续。这个延续，有可能会出现正、反两方面的效应：一方面通过有效弥补产品的各种不足起到促进销售、提高效益的正面效应，另一方面也可能由于各种不合理的流通加工使其出现负面效应。

1. 不合理的流通加工

(1) 流通加工地点设置不合理

流通加工地点的设置布局状况是否合理是整个流通加工是否有效的重要因素。一般而言，为衔接单品种大批量生产与多样化需求的流通加工，加工地设置在需求地区，以实现大批量的干线运输与多品种末端配送的物流优势。

如果将流通加工地设置在生产地区，其不合理之处在于以下几方面：

①长距离运输的货物都是大批量、少品种的货物，多样化需求要求的产品多品种、小批量由产地向需求地的长距离运输会出现不合理。

②在生产地增加了一个加工环节，同时增加了近距离运输、装卸、储存等一系列物流活动，这都会额外增加成本。

所以，在这种情况下，不如由原生产单位在消费地完成这种加工而无须设置专门的流通加工环节，所以流通加工地点应该设在消费地而不是生产地。

另外，即使在生产地或需求地设置流通加工点的布局符合上述情况，但在小范围内选址不正确，也会出现地点设置不合理的问题。如，选址周围道路设施落后，交通不便；投资过高（如地价过高），环境条件不适宜（如扰民）等。

(2) 流通加工方式选择不恰当

流通加工方式包括流通加工对象、流通加工工艺、流通加工技术以及流通加工程度等。流通加工方式的确定实质上是流通加工与生产加工的合理分工问题。

流通加工不是对生产加工的代替，而是一种补充和完善，流通加工实质是简单加工。所以，在一般情况下，若工艺复杂、技术装备要求较高，或加工可以由生产过程延续或轻易解决，都不宜再设置流通加工，尤其不宜与生产企业争夺技术要求较高、效益较高的最终生产环节。如果流通加工方式选择不当，就会出现与生产企业竞争的现象，导致物流企业与生产企业两败俱伤。

(3) 流通加工作用不大，形成多余环节

有的流通环节过于简单，或对生产者及消费者作用都不大，有时甚至因为流通加工的盲目性，不仅不能解决品种、规格、质量、包装等问题，反而增加了中间环节，也是流通加工不合理的表现形式。

(4) 流通加工成本过高，效益不好

流通加工之所以有生命力，重要原因之一是投入少而产出多，因而有效地起着补充和完善的作用。如果流通加工成本过高，则不能实现以较低投入达到较高使用价值的目的。这时，除了一些必需的或由政策强制要求之外，都应看成是不合理现象。

2. 流通加工的合理化

实现流通加工合理化主要考虑以下几方面。

一是流通加工的地点选择十分重要，否则将会影响其作用的发挥。为了更好地衔接大批量生产与多样化、小批量消费，最好将流通地点设置于消费地区，但是现在我国大多流通企业所采用的是围绕于生产企业周边，无法发挥支线运输小批量分散配送的优势，增加了运输的难度，也无法发挥生产企业干线运输大批量标准化生产的优势。同时应优化流通企业的网络化布局，结合产品特性和消费需求，形成有效的服务覆盖体系，提高响应速度。正确的选址能实现流通加工有效衔接干线运输与支线运输，促进两种运输形式的合理化。

二是一体化集成作业。流通加工是物流作业中的一环，不能与其他作业形式相脱离，而应重视采用一体化集成作业，即加工和配送相结合，加工和配套相结合，加工和合理商流相结合，无须设置独立的流通加工中间环节，应使流通加工与中转流通巧妙地结合在一起，以提高作业效率，降低作业成本。例如，在配送中心的物流作业中就应按照具体的客户要求，将流通加工置于分货、拣货、配货中，合理地选择作业形式，同时还要考虑到运输形式和消费者的配套设施，特别是水泥、木材等产品的流通加工。进行一体化集成作业时要从整个物流系统的整体角度出发，制定适当可行的作业形式，最后形成“储运—流通加工—配送”的一体化作业。

三是发展绿色流通加工。节约能源、节约设备、节约人力、节约耗费是流通加工合理化重要的考虑因素，也是目前我国设置流通加工，考虑其合理化的较普遍形式。绿色流通加工是绿色物流的三个子范畴（绿色运输、绿色包装、绿色流通加工）之一，流通加工具有较强的生产性，合理地选择流通加工形式可以有效地促进环境保护。进行绿色流通加工的途径主要有以下两个：①变消费者分散加工为专业集中加工，以规模作业方式提高资源利用效率，减少环境污染，如餐饮服务业对食品的集中加工，减少了家庭分散烹调所消耗的能源，减少了废弃物和空气污染。②集中处理消费品加工中产生的边角废料，以减少消费者分散加工所造成的废弃物污染，如流通部门对蔬菜的集中加工减少了居民分散垃圾丢放及相应的环境治理问题。

对于流通加工合理化的最终判断，是看其是否能实现社会的和企业本身的两个效益，以及是否取得了最优效益。对流通加工企业而言，与一般生产企业的一个重要不同之处是，流通加工企业更应树立社会效益第一的观念，只有在以补充完善为己任的前提下，才有生存的价值。如果只是追求企业的微观效益，不适当地进行加工，甚至与生产企业争利，这就有违于流通加工的初衷，甚至其本身已经不属于流通加工范畴了。

4.6.5　流通加工的案例

对商品进行流通加工，从而改变生产功能，可促进销售，提高收益。通过流通加工环节能够完善商品的使用功能，提高商品的附加价值，也能够使商品更好地满足顾客的需要和个性化的需求。下面我们通过几个例子来看看流通加工的益处。

1. 对水产品的流通加工

水产品的流通加工主要是对其进行保鲜。保鲜不仅能保证食品的安全，还能在营养、色泽、口感和风味等方面得到保证。为满足消费者的需求，把水产品多余的部分去掉（如鱼的内脏、龙虾的腿等），并进行低温冷冻加工。

2. 对畜产品的流通加工

（1）对肉进行分级

例如，对猪肉的分级：一等肉，臀腿部、背腰部；二等肉，肩颈部；三等肉，腹肋部与前后肘子；等外肉，前颈部及修正下来的腹肋部。按此分类达到优质优价的目的。

(2) 对肉的冷却与保鲜

将肉进行大规模的冷藏和保鲜，以保证肉的较长时间的储藏。

(3) 对冷却肉的分割包装

将肉进行不同等级不同重量的分割包装，其主要的包装形式有真空包装、充气包装和托盘包装。

(4) 对肉进行切碎、斩拌和搅拌

根据市场和消费者的不同需求，对肉进行初步加工。

3. 对果蔬类产品的流通加工

果蔬的成分、形态各异，水果、蔬菜的抗压性能也各不相同，果蔬的流通加工要有针对性地选择工艺及设备。首先要将刚采摘的果蔬在运输、储存和加工前，冷却到预定温度，从而使果蔬不会腐烂。然后才能将果蔬保鲜和储藏，例如利用高压保鲜可使葡萄在5℃下保存5个月，草莓在8℃下保存30天；利用臭氧对极易腐烂的荔枝进行保鲜。对果蔬的包装可以保护果蔬在运输、销售、储藏过程中不被碰伤，减少病害的传播与蔓延，保持品质和增加美观，提高商品价值，并且还可以对果蔬洗净、切割、过磅、分份并包装，加工成净菜，或按照不同的风味进行配菜组装，加工成原料菜等。

4. 对服装的流通加工

对于服装的流通加工包括制作价签、挂价签、安装防盗识别器、成新叠装、套装、上衣架、烫熨加工等。

5. 对袋装、散装食品、日用品、化妆品的流通加工

对于袋装、散装食品、日用品、化妆品这类商品的流通加工可以进行拆封、大包装换小包装、散装改小包装、运输包装改销售包装和礼品包装等。

6. 对家电的流通加工

对于家电用品的流通加工可以进行拆封、组装加工、贴标签、安装、合理布局等。流通加工不仅能够提高物流系统的效率，对于生产的标准化和计划化，对于提高销售效率、提高商品价值、促进销售也将越来越重要。

本章小结

供应链是通过前馈的信息流和反馈的物料流和信息流执行原材料采购、中间产品及成品生产、成品销售，进而把供应商、制造商、分销高、零售商、最终用户连成一体的功能网链结构模式。

采购是计划下达、采购单生成、采购单执行、到货接收、检验入库、采购发票的收集到采购结算的采购活动的全过程。采购管理是对采购过程中物流活动的各个环节状态进行严密的跟踪、监督，实现对企业采购活动执行过程的科学管理。运输是指使用某种设备和工具，将物品从一地向另一地运送的物流活动。其中包括集货、分配、搬运、中转、装

入、卸下、分散等一系列操作。商品运输作业是物流的动脉。仓储就是在指定的场所储存物品的行为，是“仓”和“储”的统一。仓储管理是物流的中心环节，是连接生产、供应、销售的中转站，对促进生产、提高效率起着重要的辅助作用。仓储管理的核心目标是提高仓库的运作效率。流通加工是为了提高物流速度和物品的利用率，在物品进入流通领域后，按客户的要求进行的加工活动，即在物品从生产者向消费者流动的过程中，为了促进销售、维护商品质量和提高物流效率，对物品进行一定程度的加工。流通加工是物流的增值环节。

自测题

1. 什么是供应链管理？供应链的构成要素有哪些？
2. 什么是采购管理？采购管理的目标及内容有哪些？
3. 什么是供应商？如何选择供应商？
4. 物流销售的人员营销有哪些？
5. 公路、铁路、水路、航空以及管道运输各有何特点？
6. 什么是库存管理？库存管理的方法有哪些？
7. 举一个流通加工的案例。

案例分析

高效供应链管理创造 ZARA 极速神话

ZARA，一个来自西班牙的服装品牌，一个让潮流追随者流连忘返的品牌服装零售连锁店。在 ZARA 的背后，是西班牙排名第一、全球排名第三的服装零售商 Inditex。作为 Inditex 公司 9 个品牌中最出名的旗舰品牌，创立于 1975 年的 ZARA 以数量只占集团 1/3 的专卖店，贡献了 70%的销售额。

ZARA 以快速反应著称于流行服饰业界，其成功与创新的模式成为业界标杆，堪称“时装行业中的 Dell”。它不断创造服装业奇迹的秘诀就是敢于打破所有零售规则，而其背后是“快时尚”理念引导下的快速供应链管理。

1. 潮流的快速跟随者

分布于全球 50 多个国家的 3000 多家 ZARA 门店，设计的总后方只有一个——位于西班牙北部加里西亚的 Arteixo，这里是 ZARA 唯一的集中设计中心和产品生产中心。

在产品设计方面，ZARA 很少完全依靠自己设计和研发，更多的是从其他时装品牌的发布会上寻找灵感。根据服装行业的传统，高档品牌时装每年都会在销售季节提前 6 个月左右发布时装信息。这些时装公司会在巴黎、米兰、佛罗伦萨、纽约等世界时尚中心来发布其新款服装，而 ZARA 的设计师们则是最积极的“观众”。

这些信息被迅速反馈到总部后，马上会有专业的时装设计师团队分类别、款式及风格进行改版设计，重新组合成 ZARA 全新的产品主题系列。ZARA 总部有一个 260 人的专业团队，由设计专家、市场专家和采购专家组成，共同探讨将来可能流行的服装款式、花色、面料等，并讨论大致的成本和零售价格等问题，形成初步的一致意见。

在设计师绘出服装草样并完善后，这个团队还会根据草样进一步讨论确定批量、价格等问题，决定是否投产。开放的团队、频繁的沟通、保证马上付诸实施，这使得ZARA的设计除了拥有低成本和流行元素外，更具备了6个月的时尚信息“提前量”。也正是在这里，ZARA能够在仅仅两个星期的时间内使一件女装、衬衫或外套从制图板走上货架，比行业平均时间的1/4还短。

2. 极速生产配送

ZARA的采购环节也非常有特色。在布匹采购方面，ZARA主要购买原坯布（未染色的织布），根据需要进行染色后再生产。这不仅可以迅速应对市场上花色变换的潮流，还可以有效降低原材料库存成本并防止缺货的风险。为防止对某家供应商的依赖，同时也鼓励供应商快速地反应，ZARA剩余的原材料供应来自于公司附近的260家供应商，每家供应商的份额最多不超过4%。

当服装进入生产阶段，ZARA的做法则和世界上流行的外包模式大相径庭，它不仅拥有自己的纺织厂及服装加工厂，并且在欧洲一些主要地区建立了独立的物流运输企业。由ZARA投资控股的14家工厂联结成一个超大型的自动化配销仓库，完全自制自销。虽然生产成本比外包生产提高了15%~20%，但高效率的作业管理使生产速度得到提升，并减少了存货带来的滞压成本。因此，除了有效消除掉这部分可见的成本外，生产企业基本上还可以维持10%的稳定利润。

接下来，配送环节至关重要。为加快物流速度，ZARA总部设有双车道高速公路直通各配送中心。通常订单收到后8个小时内货物就可以被运走，每周给各专卖店配货两次。

3. 店长权利“最大化”

ZARA每一家门店的店长手中都有一台PDA。与餐馆的服务员手里那个连接后厨的PDA不同，ZARA店长们手中的这台PDA是和西班牙总部直接联系。通过这台特别定制的联网的PDA，他们可以直接向总部下订单，而总部可以直接掌握每一间门店的销售情况，同时门店店长也可以和总部产品经理及时沟通。

ZARA要求各专卖店每天必须定时把销售情况发回总部，并且每周要根据当前库存和近两周内的销售预期向总部发两次补货申请。这些信息的准确性是对专卖店管理人员的重点考核内容。

在ZARA专卖店里，另外一个看似简单却功能强大的机器就是平时大卖场中常见的POS机。在进行结算的同时，POS机收集了最及时、最全面的当日销售数据。所有门店每天晚上必须将各种销售数据和报表直接传给西班牙总部。

总部收到各专卖店的销售、库存和订单等信息后，综合分析各种产品是畅销还是滞销，如果滞销则取消原定生产计划。由于在当季销售前ZARA只生产下个季度出货量的15%左右，这样ZARA在一个销售季节结束后最多只有不超过18%的服装不太符合消费者口味，而行业平均水平为35%。

4. 神奇的标准化

支持ZARA高速运转的是其高度标准化的IT数据管理系统。

首先是对时尚信息的标准化。在时尚信息的搜集和汇总完成之后，ZARA 调控中心的办公人员们通过对这些时尚信息的萃取、分类、归档，将它们以标准化的格式录入总部的数据库之中。正是在这种数据标准化存储的数据库的帮助下，ZARA 的设计人员才得以高效地获取并理解来自全球范围的时尚信息，进而把它们糅合为新的时尚设计。

其次是生产过程的标准化。在 ZARA 服装生产的过程中，每件衣物在进行裁剪之后，都会有其相应的条形码与之相匹配，并伴随着这些配套的布料，一直经历缝合、装箱、分拣、配送和销售的全过程。这说明在 ZARA 的这些环节中，对衣物的识别都使用着统一的标准。因此，在整个供应链的运作过程中，关于同一款式服装的信息之间绝对不会存在任何的不匹配现象，从而保证了信息传递的流畅，进而确保了供应链的快速响应。

对于数据进行标准化处理从而疏通流程，在当今大小企业中已经屡见不鲜。数据标准化的重要性也已经得到了共识。但是，如果说 ZARA 在生产过程中的数据标准化通过一定的努力还可以模仿的话，那么 ZARA 对服装的美学信息、时尚信息、款式信息是如何进行标准化，进而促进设计的，对业界人士来说至今仍然是个谜。

（资料来源：《高效供应链管理创造 ZARA 极速神话》，http：//do. chinabyte. com/285/11077785. shtml，2009 年 12 月 25 日）

问题：

1. 从物流管理方面来看，ZARA 是如何获得成功的？

2. 如果你是一位物流主管，你会如何推动公司物流取得成功？

第5章　物流企业组织管理

学习目标

通过本章的学习，使学生了解物流企业组织文化的基本内容，掌握物流企业组织工作与组织结构设计。

关键概念

组织管理（organizational management）　组织文化（corporate culture or organizational culture）　组织结构（organizational structure）　集权（centralization）　授权（authorization）

引导案例

列维·斯特劳斯文化案例分析：组织文化与组织生命周期

列维公司在实际管理中采用了高度分权模式，并将授权问题与员工工作绩效紧密相连。这一举措在公司员工较少的创业阶段，具有决定性意义。高度参与公司管理和灵活自由的工作方式让员工的工作积极性得到了很大的提高，保证了公司的整体工作效率。但是当公司规模扩大时，它的弊端也就日益明显起来。员工之间不易协调，公司缺少宏观调控，员工各自为战，严重影响了工作效率。这也直接导致列维公司的产品进入零售环节的节奏过慢，失去市场先入优势。这一组织文化特点在公司发展的不同阶段起到不同的作用。如果公司墨守成规，组织文化不发生变革，必将影响公司的发展。

伦理道德准则具有较好的社会意义，更有利于公司的内部团结。在公司规模较小时，员工思想容易被统一，道德准则容易实现。但当公司规模日益扩大时，在员工方面会严重束缚其个性的发展，使组织缺少必要的活力；在外部合作伙伴方面，将会失去公司的最佳资源配置途径，影响公司产品的市场竞争力，为公司的困境埋下伏笔。伦理道德准则对于大公司而言，应具有宽松的实施条件，这样才能既保证伦理道德的有效实施，改善社会生活环境，又不致于让员工和合作伙伴去刻意追求，失去活力。

总之，列维公司鲜明的组织文化来源于其创业阶段。在公司规模较小时，它促进了公司的发展。但当公司壮大以后，管理者仍然抓住不放，不求变革，从而使组织文化与企业发展不相适应，严重阻碍了公司的发展。如果列维公司能及时调整组织文化中不相适应的部分，发挥组织文化中优秀的部分，一定能够使组织进一步向前发展。

通过对本案例的分析，我们可以发现组织文化应与组织发展步调相适应，公司发展的不同阶段应有不同的组织文化来适应。二者的有效配合将会极大地促进公司发展，但如果其不相适应，则会阻碍公司的发展和壮大。因此，组织文化不应是一成不变的，应随组织生命周期作出适当变革。

（资料来源：《企业文化案例分析：组织文化与组织生命周期》，http：//www.chinatat.com/qiyewenhuashi/359/sh1602227267.shtml，2016 年 2 月 22 日）

5.1　物流企业的组织文化

每个人都有着区别于他人的某些特征，这就是人的个性。物流组织也具有自己的各种构成要素，把这些要素有机地整合起来除了要有一定的正式组织和非正式组织以及“硬性”的规章制度之外，还要有一种“软件”的协调和凝合剂，它以无形的“软约束”力量构成组织有效运行的内驱力。这种力量就是被称为“管理之魂”的组织文化。

5.1.1　什么是组织文化

组织文化就是组织在长期的实践活动中所形成的并且为组织成员普遍认可和遵循的具有本组织特色的价值观念、基本信念、行为规范和思维模式等的总和。其核心是共同的价值观。

英国文化人类学家爱德华·泰勒（Edward Teller）在 1871 年出版的《原始文化》一书中第一次把文化作为一个中心概念来使用，并系统表述为：文化是一个复杂的总体，包括知识、信仰、艺术、道德、法律、风俗，以及人类在社会里所获得的一切能力与习惯。

文化是各个成员之间长期相互作用而积淀下来的共同价值、规范、态度和信念等的总和。一旦某项文化融入某个组织，便和组织相互作用逐渐形成组织中的全体成员所特有的凝聚力、行为准则和价值观等，指导着他们的行为和价值取向。

组织文化的定义包含了两层内容：一是组织文化是一种对组织的感知，因而同一组织中的不同背景、不同层次的个人会用相类似的语句来进行描述；二是组织文化是描述性的，组织文化并非是成员对组织的评价，它所关注的是员工对组织的感知和理解，与员工的喜恶并无关系。

5.1.2　组织文化的本质特征

组织文化作为一种独特的文化，具有以下基本特征。

1. “内”与“外”的有机结合

组织文化所包含的各种精神因素、信念、道德、心理、智能因素等，是作为一种内质存在于组织员工之中，成为指导员工行为、形成组织行动的基础，是一种无形的存在而又表现出本质的内涵。组织文化的外表表现为员工行为，厂风厂规、产品形象、服务等是其内质的载体，使内在与外表形成有机结合。

2. “软”与“硬”的有机结合

组织文化是组织特定的环境中，由职工间的共同利益繁衍出共同的价值观，形成了一套行为规范，指导、暗示、驱动员工去做或者不做什么事，它是依靠潜移默化来影响、控制、规范人们的行为，是非强制性的“软管理”。同时，在组织长期的运作中，又把道德、精神与科学技术相结合，形成组织的规章制度，以约束、规范员工有秩序的行动，这又构成了有形的带强制性的“硬管理”。

3. 稳定与发展相对统一

组织文化是随着组织的产生而产生的，并随着组织的发展而不断充实。它具有相对的稳定性，能长期地对组织的运转及员工的行为产生影响，例如松下幸之助的经营哲学并未因他的退休而被公司废弃。但组织文化在社会环境中会由于环境的变化而得到发展。好的组织文化有助于组织适应外部环境的变革，改变不适宜的组织文化。重新设计和塑造健康的组织文化的过程就是组织适应外部环境、改变员工价值观念的过程。

4. 融合和继承相对统一

每一个组织都是在特定的文化背景之下形成的，必然会接受和继承这个国家和民族的文化传统和价值体系。但是，组织文化在发展过程中，也必须注意吸收其他组织的优秀文化，融合世界上最新的文明成果，不断地充实和发展自我。也正是这种融合继承性使得组织文化能够更加适应时代要求，并且形成历史性与时代性相对统一的组织文化。

5.1.3 组织文化的内容

1982 年 7 月，哈佛大学的特伦斯 · E · 迪尔（Terence E. Deal）教授和麦金斯咨询公司顾问阿伦 · A · 肯尼迪（Allan A. Kennedy）出版了《公司文化——公司生活的礼节和仪式》一书，提出企业文化的构成要素的五个方面，具体如下：

（1）企业环境。企业环境是形成企业文化的最重要的因素，包括竞争者、顾客、政府等综合因素而成的环境。

（2）价值观。价值观是组织的基本思想和信念，构成了企业文化的核心。

（3）英雄人物。这是那些体现企业文化的人物，他们把企业的价值观人格化且本身成为组织成员效法的楷模。

（4）典礼和仪式。这是组织有系统、有计划地处理日常事务，向职工们表明他们所期望的行为模式，表达企业的组织文化，为员工提供组织所赞扬的范例。

（5）文化网络。文化网络是企业的价值观念、英雄事迹等信息的传递渠道，是体现企业价值观和英雄人物传奇故事的“运载工具”。

一般情况下，组织文化的内容大致可分为四个层次，即物质层、行为层、制度层和精神层，如图 5-1 所示。

1. 物质层

物质文化是组织文化的表层部分，是形成制度层和精神层的条件。它是指由企业职工创造的产品和各种物质设施等所构成的实物文化，是能够看得见摸得着的文化形态。它主要指企业形象，如组织标志、标准色、标准字、产品品牌设计、建筑（厂房、雕塑、纪念

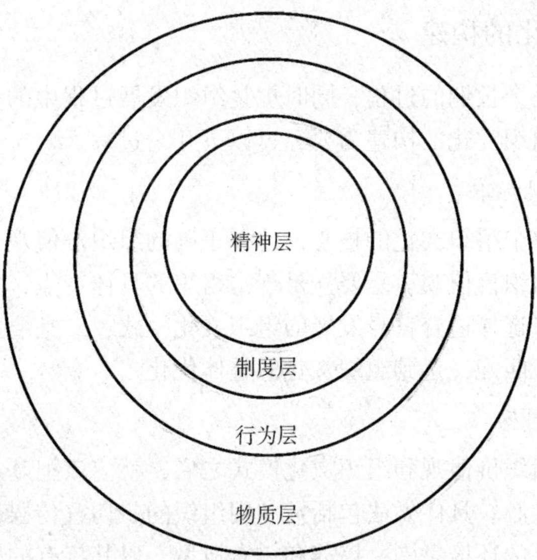

图 5-1　组织文化构成示意图

碑）风格、厂服、厂歌、厂徽、厂旗、产品（包括包装）款式等。

物质文化是企业和员工的理想、价值观、精神面貌的具体反映，是现代企业在社会上的外在形象的具体写照，是社会对企业进行总体评价的起点。

2. 行为层

行为文化是指企业员工在生产经营、学习娱乐中产生的活动文化，包括企业经营、教育宣传、人际关系的活动、文娱体育活动中产生的文化现象。

3. 制度层

制度文化介于深层理念和具体实物文化之间，是组织文化的中间层次，包括各种规章制度、行为规范、领导风格、职工修养、人际关系等。这些内容都以成文或不成文的规定为组织所有的员工接受和奉行。

每一个组织都有自己的制度文化，没有规矩不成方圆。成文的制度使组织进入良性运行机制。而那些不成文的行为规范、传统习惯、领导风格等，在某种程度上比成文的规定所起的作用还大。制度文化主要包括工作制度、责任制度、特殊制度和组织风俗等四个方面，这些都是组织精神、价值观和组织目标的动态反映。

4. 精神层

精神文化是组织文化的深层，所以又称“深层文化”或“观念文化”，是指组织的生产经营活动过程中领导和职工共同信守的组织精神、组织道德、价值观念、组织目标和行为准则等。它是组织文化的核心内容，是形成物质文化和制度文化的基础，是衡量一个组织是否形成自己的文化的标志和标准。精神文化包括五个方面：经营哲学、组织最高目标、组织精神、风气和道德。

以上四个层次浑然一体，不可分割，共同构成了完整的组织文化。因此，建设组织文化，必须以这些内容为重点。

5.1.4 组织文化的构建

组织文化的构建是个长期的过程，同时也是组织发展过程中的一项艰巨、细致的系统工程。从途径来讲，组织文化的构建需要经过以下几个过程。

1. 选择组织价值观标准

组织的价值观是整个组织文化的核心，选择正确的组织价值观是构建良好组织文化的首要战略问题。选择组织价值观一是要立足于本组织的具体特点，根据组织的目的、环境要求和组织性质等特点选择适合自身发展的组织文化模式；二是要把握住组织价值观与组织文化各要素间的相互匹配，达到组织文化的整体优化。

2. 强化员工的认同感

在选择并确立了组织价值观和组织文化模式之后，就应该把基本认可的方案通过一定的强化方法使其深入人心。具体做法包括：利用组织的一切宣传媒体，宣传组织文化的内容和精要，以创造浓厚的环境氛围；培养和树立典型，以其特有的感召力和影响力为组织成员提供可以效仿的具体榜样；加强相关培训教育，有目的的培训和教育，能够使组织成员系统地接受组织的价值观并强化员工的认同感。

3. 提炼定格

组织价值观的形成不是一蹴而就的，必须经过分析、归纳和提炼方能定格。组织文化的内容提出后，经过员工的初步认同实践，将意见反馈回来并加以剖析和评价，详细分析和比较实践结果与规划方案的差距。在系统分析的基础上，进行综合化的整理、归纳、总结和反思，去除那些落后或不适宜的内容与形式，保留积极进步的形式和内容，把经过科学论证和实践检验的组织精神、组织价值观、组织伦理与行为规范，予以条理化、完善化、格式化，再经过必要的伦理加工和文字处理，用精练的语言表述出来。

4. 巩固落实

要巩固落实已提炼定格的组织文化。首先，要建立必要的制度保障。在组织文化演变为全体员工的行为之前，要使每一位员工在一开始就能自觉主动地按照组织文化和组织精神的标准去行动比较困难，即使在组织文化业已成熟的组织中，个别成员背离组织宗旨的行为也是经常发生的，因此，建立某种奖优罚劣的规章制度十分必要。其次，领导者在塑造组织文化的过程中起着决定性的作用，应起到率先垂范的作用。领导者必须更新观念并能带领组织成员为建设优秀组织文化而共同努力。

5. 在发展中不断丰富和完善

任何一种组织文化都是特定历史的产物，当组织的内外条件发生变化时，组织必须不失时机地丰富、完善和发展组织文化。这既是一个不断淘汰旧文化和不断生成新文化的过程，也是一个认识与实践不断深化的过程。组织文化由此经过不断的循环往复以达更高的层次。

组织文化的塑造是一项复杂的系统工程，必须按照以上提到的塑造途径整体规划，分步实施，循序渐进地逐步推进。同时组织文化的塑造成功还必须要有组织领导者的支持和相关配套措施的落实。领导者是组织文化建设的提倡者，组织文化建设的前提是领导者的高度重视。只有在领导者重视和理解组织文化建设的重大意义的基础上，才能获得员工的理解和配合，才能切实地把组织文化塑造工作深入推行下去。为了贯彻组织文化，应设立专门的职能部门，如企业文化中心等专门负责组织文化建设工作的进行。在确立了目标组织文化之后，应根据计划将财务、人员配置、考核、待遇、激励和约束机制等完善地建立起来，形成整套完整的优良组织文化，从而最终完成组织从现存文化向目标文化的过渡。

【案例 5-1】

华中师范大学的圣兵爱心社

华中师范大学圣兵爱心社是由校友冯圣兵于 1998 年 12 月创建的，是主要为品学兼优、家庭经济条件困难的高中生提供帮助和支持的学生社团组织。圣兵爱心社在发展历程中形成了独特的圣兵文化，吸引了更多的华师学子加入了这个爱心组织。

1. 物质层文化——社团形象

企业在树立企业形象时，往往采用 CIS 形象识别系统。其主要思想是，企业运用一整套视觉设计规范，将企业理念与特色予以视觉化、规格化，以塑造具体、生动的企业形象，以便于公众更容易、更直观地了解、接受企业的产品及其文化理念。借鉴企业形象识别系统，圣兵爱心社在成立之初，就有了自己的社标和旗帜。在平时宣传活动的海报、板报中，必须画上统一的社标，使同学看到社标就想起爱心社。所有在社社员开展活动时统一佩戴蓝色的社牌。大型活动中，社员需要穿统一的红色社服。红色、黄色和蓝色，成为爱心社的标志性颜色：红色象征着爱心，黄色象征着温暖，蓝色象征着理性，这些都表达出了圣兵人“激情与理性并存，梦想与实践同行”的哲学，同时也体现了社团的性质和宗旨。

2. 制度层文化——章程制度

圣兵爱心社在几年的发展历程中，不断总结经验教训，坚持从社团的实际情况出发，从校园管理的实际情况出发，建立健全各项规章制度，主要包括社团的章程、社团管理制度（理事会管理制度、各部管理细则、例会制度、奖惩制度、财务制度）、监督反馈制度等，从而在社团内部形成一套完整的管理监督机制，使社团的管理逐步从“人治”到“法治”，避免因为社员的更替流动而造成文化流失。

爱心社的章程制度，都来自社团发展的实践，是社团发展的规律和经验教训的结晶，不仅约束社员的言行，更重要的是指导、激励、鞭策社员更规范地开展活动并逐步提高社员的思想素质。同时，吸取一些社团监督不足的教训，专门设立监事理事，负责社团章程制度的执行和全社监督机制的完善，形成了完善的自我管理机制。

3. 精神层文化——社团哲学

这层文化是圣兵文化的核心与灵魂，主要包括以下几个方面。

(1) 社团宗旨——济困助学，服务社会。社团宗旨是社团的指导思想，是社团活动的准则。“济困助学”主要定位于帮助贫困高中学生，而不是像其他爱心社团，既帮助失学贫困学生，也帮助孤寡老人，还帮助白血病人，几乎所有的爱心活动都开展，但最后往往什么也没有做好。这种选择主要定位于社团的专业化和特色化，一方面是因为华中师范大学的师范特色，社团发展能与校园文化相互融合，与社员的专业知识相结合；另一方面，公益组织必须面向社会，通过专业化特色化的发展形成品牌，让更多的人关注和参与进来。

(2) 社团目标——全国一流。作为一个学生性质的公益组织，资金来源主要靠社员利用课余时间勤工俭学来筹集显然是不够的，对贫困学生的资助也是很有限的。为了把爱心事业"做大、做强、做规范"，社团提出"建设全国一流社团"的目标，并根据实际情况把目标细化。各个部门根据社团目标也提炼出自己的目标，比如宣传部"追求卓越"的部训，以及外联部的"服务同学，商家得利，社团进步，社会发展"的理念。

(3) 社团精神——"圣兵"精神。虽然创社人已经离开社团，但他"难中济贫，自强不息"的精神却成为社团的一笔精神财富。在这种精神的感召下，几批老社员使社团从刚成立时的默默无闻发展到了今天的颇具影响力。冯圣兵的个人行为向社团组织行为的转化过程中，也形成了社团的精神——"坦诚坚韧，博爱无私"。"坦诚坚韧"，是社团成员的精神集中提炼，"博爱无私"是对社团成员思想境界的引导。这种精神既是对冯圣兵个人精神的继承，也是对百年华师精神"忠诚博雅，朴实刚毅"的发扬。

(4) 社训——造就他人，实现自我。社团是一个公益爱心组织，在强调无私奉献的同时，也必须让社员在这里能够有所收获。这种收获不是金钱，不是名誉，而是一种精神、一种思想、一群志同道合的朋友、一种充实坦然的生活。社团专门设立一名常务副社长负责社员的思想能力培养工作，通过培训、交流、总结等各种方式来落实社训。社团的意义不仅仅在于帮助了多少贫困学生，更重要的是培育了很多有爱心、有责任感的大学生。

(5) 社团氛围——"圣兵"氛围。社团发展的道路是很艰辛的，每一个社员都把这里当作自己的一个家，大家在日常的工作合作中培养了一种"没有血缘关系的亲情"，同甘共苦，患难与共，相濡以沫。退社的社员，按各个年级组成社友会，不管是工作的还是读研的，都能通过网络论坛和校友录继续与社团保持联系，并给社团提供信息、资金等各种资源，也对社团的发展进行监督。

(6) 社团定位——立足校园，面向社会。目前高校中有很多爱心社团都是通过募捐的方式来筹集资金开展活动，但这种定位忽略了大学生作为消费群体经济能力极其有限。因此，结合具体实际情况，爱心社把社团定位于"立足校园，面向社会"，在筹集资金上主要是和一些商家合作，并提出"管企业一样管社团，用生意来带动公益"的理念，通过扎扎实实的努力打出品牌，吸引更多的企业和社会力量来参与到爱心活动中。

(7) 社团特色——"圣兵"学堂。作为一个学生性质的公益社团，学生特色成为其与很多社会上的NGO组织的区别。社团一直很重视学习，提出"做一个优秀的大学生，做一个合格的圣兵人"的口号。一是"大学习"观——"随人随事随时随地"，引导大家在交流中、在工作中学习，鼓励大家把专业知识和工作结合起来学以致用，比如各种师范专业和心理学、社会学、教育学、新闻学、经济学、人力资源管理等知识都可以运用于社团的工作实践。二是"大学生"观——"学会珍惜生命，学会如何生存，学会如何生活"，通过定期进行交流培训，来提高大家的管理能力和人际交往能力。爱心社成为圣兵人自我学习、自我提高的第二课堂。

4. 对"圣兵"发展的几点建议

(1) 尊重和继承社团原有的文化，保持社团的稳定有序。社团越往后发展，越要继承原有文化的精髓，保持特色，坚持本色。社团的定位、社团的理念、社团的精神，这些不能动摇的东西必须通过良好的机制来传承。

（2）进一步完善社团创新机制。在继承社团历史的基础上，既要知道社团的定位，也要清楚为什么这么定位。学会与时俱进，从社团的内外环境变化中科学决策，并逐步完善社团的创新机制，提高整个社团的创新力。比如充分发挥退社社员的力量，让其作为社团进一步发展的智囊；加强和其他兄弟社团之间的交流，学习经验吸取教训；提供与非社员的同学之间的沟通平台，让更多的人关注和参与爱心社。

（3）加大宣传，打造“圣兵”品牌。圣兵爱心社在华师乃至武汉市都小有名气，但是爱心事业需要发挥更大的社会效应才能持续地发展。目前，要结合网络化的趋势，开拓网络宣传的新途径。另外，要发动退社社员在各自的岗位上宣传爱心社，关注和参与周围的爱心公益事业，从而为社会做出更多的贡献。

（4）建设学习型社团。作为学生社团，要克服自身的一些局限，比如管理能力有限，就必须通过不断的学习来提高理事会的决策能力。在社团内部，要通过制度与言传身教形成良好的学习机制，比如新社员入社的培训、大型活动前的动员、新老社员的交流、活动的总结等。

（资料来源：百度百科“圣兵爱心社”词条，https：//baike. baidu. com/item/圣兵爱心社/7783103，2018年7月11日）

5.2　物流企业的组织工作

5.2.1　组织管理工作的含义

1. 组织的定义

组织（organizing）是管理的又一职能。计划的实施要靠他人的合作，组织正是从人类对合作的需要而产生的。人类发展的历史已经证明：人总是要参加组织的，而组织也一直是为了能实现人类的目标而存在的。

“组织”一词也具有两种词性。作为名词来使用时，组织是指按照一定的目的、任务和正式结构建立起来的社会实体，如企业单位、政府机关、学校、医院等；作为动词来使用时，就是指管理的一项基本职能，即组织工作。

如果说一个人就能完成某项工作，那么就不需要组织。而如果一件事情一个人无法完成而需要多个人共同完成的时候，就需要合理安排这些人的分工，如何分工与合作，这就是组织工作。组织工作的结果就是形成一个分工合理、团结一致的组织。

2. 组织工作的基本内容

从组织管理工作来看，设计、建立并保持一种适宜的组织结构并使其合理运转，基本上就是管理人员的组织管理工作的内容。具体地说，组织职能的内容包括以下四个方面。

（1）根据计划所定的目标，列出达到目标所必须进行的工作和活动，并设置相应的部门和人员来分别负责这些工作和活动。

(2) 制定各部门和人员的权力和责任范围，以及组织内人员之间的权责关系，明确各项工作之间的上下左右协调关系。

(3) 制定一系列保证组织良好运转的制度，使组织发挥出最大的组织效能。

(4) 推进组织的协调与变革。根据组织内外部要素的变化，适时地调整组织结构和人员。

5.2.2 组织管理工作的作用

由于人类受到生理的、心理的和社会的种种限制，为了达到某种目的就必须进行合作，而合作之所以能有更高的效率、能更有效地实现某种目标，在多数情况下就是组织工作执行得当的缘故。

不难发现，在每项管理业务中，都要做大量的组织工作，组织工作的优劣在很大程度上决定着这些管理活动的成败。例如，实际生活中，既有“三个臭皮匠顶得上一个诸葛亮”的现象，也有“三个和尚没水吃”的状况。因此，组织工作是管理活动的根本职能，是其他一切管理活动的保证和依托。

【案例 5-2】

如何解决“三个和尚没水吃”的难题

有一句老话，叫“一个和尚挑水吃，两个和尚抬水吃，三个和尚没水吃”。如今，这三个观点过时了，现在的观点是“一个和尚没水吃，三个和尚水多得吃不完”。

有三个庙，这三个庙离河都比较远，怎么解决吃水问题呢?

第一个庙，和尚挑水路比较长，一天挑了一缸就累了，不干了。于是三个和尚商量，咱们来个接力赛吧，每人挑一段路。第一个和尚从河边挑到半路停下来休息，第二个和尚继续挑，又转给第三个和尚，挑到缸里灌进去，空桶回来再接着挑，大家都不累，水很快就挑满了。这是协作的办法，也叫“机制创新”。

第二个庙，老和尚把三个徒弟都叫来，说我们立下了新的庙规，要引进竞争机制。三个和尚都去挑水，谁挑得多，晚上吃饭加一道菜；谁水挑得少，吃白饭，没菜。三个和尚拼命去挑，一会儿水就挑满了。这个办法叫“管理创新”。

第三个庙，三个小和尚商量，天天挑水太累，咱们想想办法，山上有竹子，把竹子砍下来连在一起，竹子中心是空的，然后买了一个辘轳。第一个和尚把一桶水摇上去，第二个和尚专管倒水，第三个和尚在地上休息。三个人轮流换班，一会儿水就灌满了。这叫“技术创新”。

由三个和尚没水喝，到三个和尚通过不同的办法达到共同的目的，关键在于不局限于固有的思维，发扬了团结协作、良性竞争、开拓创新的精神。

组织职能的基本作用可以概括为以下三个方面。

1. 通过组织管理工作可以形成整体的合力

一个人对于整体而言，力量是渺小的，只有把人们组织起来，互相协作，才能把每个人的力量汇集起米，发挥集体力量的优势。组织工作就是通过各种形式把个人力量汇集成一个整体的力量，进而借助集体的力量人们才能在复杂的环境之中实现个人的价值，集体也才能有效地发挥个人的力量实现集体的目标。

2. 通过组织管理工作可以使个体和整体的能力得以提升

当个体汇集成整体之后，个体的能力和整体的能力就会发生变化。整体能力有可能等于组成整体的个体能力的简单相加，也可能大于或小于个体能力之和。组织工作的作用就在于使整体的能力大于组成整体的各个个体能力之和，即使“整体大于部分之和”，这既是对个体能力的超越，也是对整体能力的超越。组织职能的产生是人类为了克服个人能力的限制而有意识集体协作的结果。例如：如果一个人无法推动一块巨石，而当两人或多人合力就能推动这块巨石时，他们就会认识到两人或多人的力量大于个人的力量，他们之间就会建立起一种协作关系。将这种关系固定下来，就形成了组织职能。

3. 实现组织目标的重要保证

要创建一个组织，就是要在适当的时候把适当的人放到适当的位置上，也就是把组织活动的各个要素、各个环节，从时间上、空间上组合成纵横交错的关系网，使每一个成员都能职责分明地工作，为实现组织的目标提供重要保障，这就是组织工作。因此，可以这样讲，组织职能就是确保“事有人做，人有事做，事得其人，人得其事”，以保证组织目标的实现。

5.2.3　组织工作的基本程序

虽然各个组织所处的环境、采用的技术、制定的战略、发展的规模不同，所需的职务和部门及其相互关系也不同。但任何组织在进行机构和结构的设计时都有一些共同的基本程序，如图 5-2 所示。

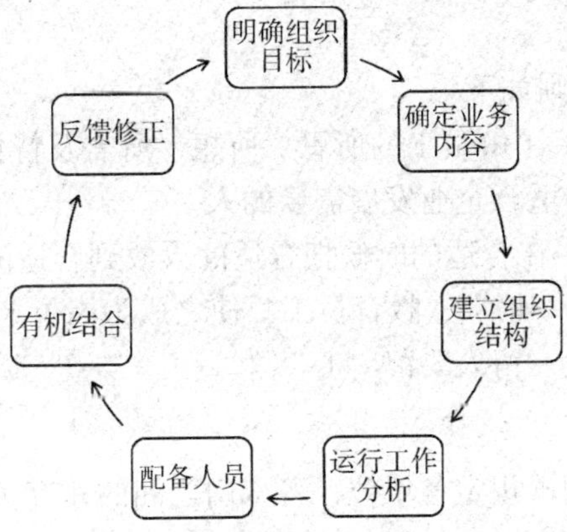

图 5-2　组织结构设计基本程序示意图

1. 明确组织目标

组织目标是进行组织设计的基本出发点。任何组织都是实现其特定目标的工具，如果没有目标，组织就失去了存在的意义。因此，组织工作首要的任务就是要明确在计划工作中提出目标。

2. 确定业务内容

确定业务内容也就是分解组织目标，即依据组织目标的要求，确定为完成组织目标所必须进行的业务管理工作的内容，明确各类活动的范围界限和大概工作量，进行业务活动的总体设计，使总体业务活动程序优化。比如，一个企业提出生产总目标后，为了实现这一目标（总任务），就必然细化出采购、技术研发、销售、人员配备、后勤保障等不同的业务。

3. 建立组织结构

依据组织规模、内外环境、技术特点、业务量的大小，借鉴同类其他组织设计的经验教训，研究应采取什么样的管理组织形式，需要设计哪些单位和部门，并根据业务的性质、业务量的大小把性质相同或相近的管理业务工作划归适当的单位和部门负责，建立层次化、部门化的组织结构。比如，一个企业可以设置生产部、技术研发部、供销部（负责采购和销售业务）、人事后勤部（负责后勤和人事工作）等不同的部门。

4. 进行工作分析

工作分析就是分析工作，是指收集、分析和记录与工作相关的信息的过程，目的是了解工作的性质、内容和方法，以及确定从事这项工作所需要的条件和任职资格。在我国，工作分析在许多企业都叫作职务分析或岗位分析。

依据组织目标的要求，进行工作分析，以规定各单位、各部门及其责任者对其管理业务工作应负的责任以及考核工作绩效的标准；依据搞好业务工作的实际需要，赋予各单位、各部门及其责任者相应的权力；建立各种管理规范和运行制度。

5. 配备人员

配备人员即依据工作分析提出的任职条件和资格，挑选、配备人员，并明确其职务、职权和职责。

人力资源管理的5P 原则如下：

识人（preception）——了解员工的所思、所想、所需及特长能力。

选人（pick）——选择适合企业发展需要的人。

用人（placement）——在合适的时候把合适的人放到合适的位置上。

育人（professional）——培训、教育员工，使之成为岗位上的专家。

留人（preservation）——留人要留“心”。

6. 进行有机组合

进行有机组合即通过明确规定各单位、各部门之间的相互关系，以及它们之间信息沟通、协调控制的原则、方法和手段，把各组织单元上下左右有机地组合起来，建立一个能够即时沟通协调、高效运作的管理组织系统。

7. 不断反馈、修正

在组织运行过程中，根据出现的新问题、新情况，对原有组织结构适时进行修正，使其不断完善。

以上 1~3 项工作属于组织（结构）设计，4~5 工作属于人力资源管理，6~7 两项工作属于组织变革。

5.2.4　非正式组织

非正式组织是未经正式筹划而由人们在交往中自发形成的一种关于个人与社会的关系网络，这种关系网络并非由法定的权力机构所建立，也不是出于权力机构的要求，而是在人们彼此交往的联系中自发形成的。比如知青会、校友会、钓鱼协会、桥牌协会都属于非正式组织。一般而言，非正式组织可以存在于任何一种群体之中，只要群体中的成员对这种组织形式有一定的需求。

非正式组织没有正式组织机构，一般也不具备自觉的共同目标，它产生于与工作有关的联系，并由此形成一定的看法、习惯和准则，它是代表一定利益的团体。

非正式组织具有以下基本特征：

1. 自发性

非正式组织中共同的个人行动虽然有时也能达成某种共同的结果，但人们并不是本着有意识的共同目的参与活动的，他们只是由于自然的人际交往（例如以某种共同利益、观点和爱好为基础）而自发地产生交互行为，由此形成一种未经刻意安排的组织状态。

2. 内聚性

非正式组织虽然没有严格的规章制度来约束其成员的行为，但它通过成员的团队意识、团队固有的规范和压力以及非正式领导者的说明和影响作用而将人们团结在一起，并产生很强的凝聚力。

3. 不稳定性

由于非正式组织是自发产生、自由结合而成的，因此呈现出不稳定性，它可以随着人员的变动或新的人际关系的出现而发生改变，从而使其结构表现出动态的特征。

5.3　物流企业的组织结构

设置组织结构需要选择适当的组织结构形式，因为不同的组织有不同的特点。物流企业的组织结构的基本类型一般是：直线制、职能制、直线职能制、事业部制、矩阵制等。

下面以企业为例介绍几种基本的组织结构形式。

5.3.1　直线制组织结构

1. 基本特点

直线制组织结构是最早、最简单的一种组织结构形式。它最初产生于手工业作坊中，当时老板和工场主都是实行“个人管理”，对生产、技术、销售、财务等各项事务都亲自处理。它的特点是：组织中各种职务按垂直系统直线排列，各级主管人员对所属下级拥有直接的一切职权，组织中每一个下属只能向一个直接上级报告。直线制组织结构形式如图 5-3 所示。

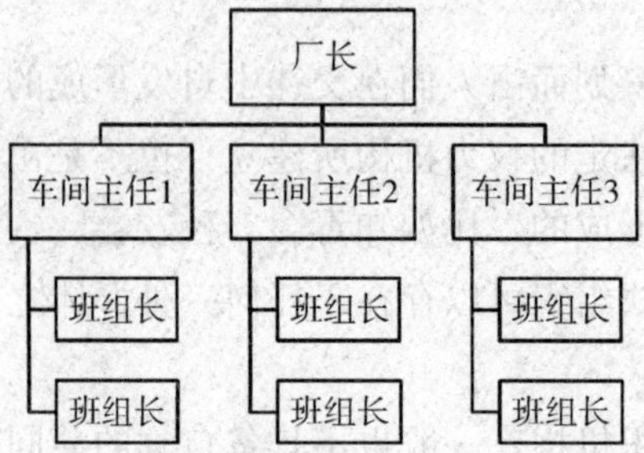

图 5-3　直线制组织结构示意图

2. 优缺点

直线制组织结构的优点在于结构比较简单，权力集中，责任分明，命令统一，联系简捷。其缺点是缺乏弹性，容易导致专制，不利于组织总体管理水平的提高。另外，所有的管理职能都集中由一人承担，往往由于个人的知识及能力有限而感到难于应付，顾此失彼，可能会发生较多失误。

3. 适用范围

直线制组织结构形式一般只适用于生产规模较小、产品单一、管理简单、业务性质单纯，没有必要按职能实行专业化管理的小型组织或者是现场的作业管理。

5.3.2　职能制组织结构

1. 基本特点

职能制组织结构的主要特点是：按照专业分工设置相应的职能部门，实行专业分工管理，各职能部门在自己的业务范围内都有权向下级下达命令和指示，即下级除了要服从直接上级行政领导的指挥以外，还要接受上级各职能部门的指挥。职能制组织结构形式如图 5-4 所示。

2. 优缺点

职能制组织结构的优点在于它可以在很大程度上实现职能专业化的优越性。例如，将同类专家归在一起可以产生规模经济，减少人员和设备的重复配置，以及通过给员工们提供与同行们“说同一种语言”的机会而使他们感到舒适和满足。

职能制组织结构的明显缺点在于：违背了组织设计的统一指挥原则，容易导致多头领导，不利于明确各级管理者和职能机构的职责权限，易造成管理混乱。

3. 适用范围

职能制组织结构形式适用于任务复杂的社会管理组织以及生产技术复杂、各项管理工作需要具有专门知识的组织。实际上，实际生活中没有纯粹的职能制组织结构。

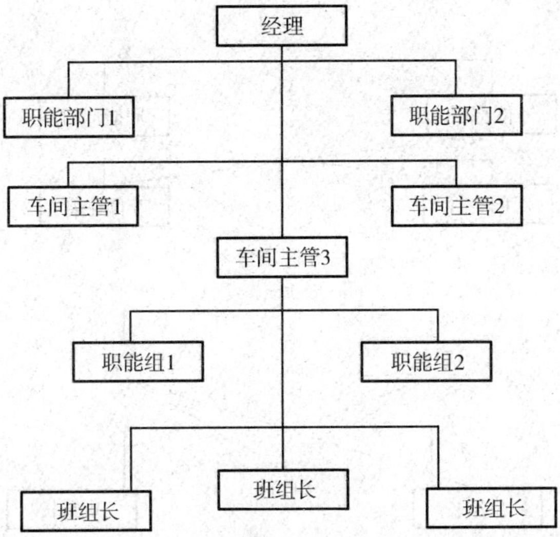

图 5-4　职能制组织结构示意图

5.3.3　直线职能制

1. 基本特点

从名称上就可以看出这是一种综合直线制和职能制两种类型的组织特点而形成的组织结构形式。其特点在于将组织中的管理人员划分为两类：一类是直线指挥人员，他们拥有对下级实行指挥和命令的权力，并对该组织的工作负全部责任；另一类就是职能管理人员，他们是直接指挥人员的参谋，只能对下级机构进行业务指导，而不能直接进行指挥和命令。

它把直线指挥的统一化思想和职能分工的专业化思想相结合，在组织中设置纵向的直线指挥系统和横向的职能参谋系统。它与直线制的区别就在于设置了职能机构；与职能制的区别在于，职能机构只是作为直线管理者的参谋和助手，它们不具有对下面直接进行指挥的权力。直线职能制组织结构形式如图 5-5 所示。

2. 优缺点

直线职能制组织形式保持了直线制和职能制的优点：一方面，各级行政负责人有相应的职能机构作为助手（即参谋），以发挥其专业管理的优点；另一方面，每个管理机构内又保持了集中统一指挥。

但是，直线职能制组织形式的专业分工必然会带来协作配合难题。由于各个职能部门分管不同业务，观察和处理问题的角度不同，彼此之间往往会产生这样或那样的矛盾，如果相互配合不好，就会妨碍管理工作的顺利进行。同时，职能机构对下级虽不能直接指挥，却可以在业务范围内对下级单位提出工作部署和要求，如果各部门提出的要求不能协调一致，就会使下级单位无所适从，妨碍下级机构中心工作的执行，仍然可能形成“上面千条线，下面一根针”的多头指挥现象。

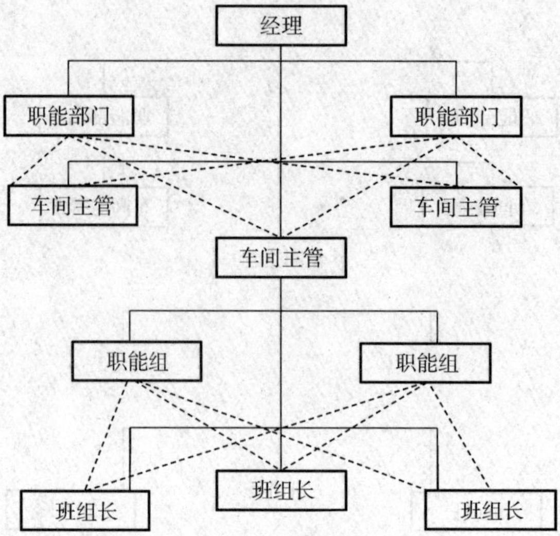

——实线表示直接领导关系（领导权力）

……虚线表示业务指导关系（职能权力）

图 5-5　直线职能制组织结构示意图

3. 适用范围

直线职能制是目前大中型企业和各级组织采用较多的结构之一，尤其适合产品品种比较简单、工艺比较稳定、市场销售情况比较容易掌握的企业。

5.3.4　事业部制

1. 基本特点

20 世纪 20 年代，事业部制组织结构由美国通用汽车公司首创。事业部是这种企业的第二级机构，是以产品、地区或客户为依据，由相关的职能部门组合而成的相对独立的单位。其特点在于，每个事业部都有自己的产品和市场，按照“统一政策，分散经营”的原则，实行分权化管理，各事业部独立核算，自负盈亏，彼此之间的经济往来要遵循等价交换原则，这种组织结构的形式可以从图 5-6 略见一斑。

2. 优缺点

事业部制结构有利于发挥各事业部的积极性、主动性，事业部制结构也使总部人员摆脱了关注日常运营具体事务的负担，使他们能专心致力于长远的战略规划。与职能型结构不同，分部形式也是培养高级经理人员的有力手段。各分部经理们在运营其自治单位的过程中也就获得了非常广泛的经验，而个人责任感和独立性给他们提供了品尝经营一个完整企业的酸甜苦辣的充分机会。所以，一个具有 15 个事业部的大型组织，也就有 15 位分部经理在发挥利用着高层经理所必需的多方面才能和全局视野。

事业部制结构的主要缺陷是活动和资源出现重复配置。例如，每一个分部都可能有一个市场营销部门，而在不采用自治分部的场合，组织的所有市场营销活动都集中地进行，其成本远比分部化以后的总花费低得多。因此，事业部制结构的职能重复配置就导致了组

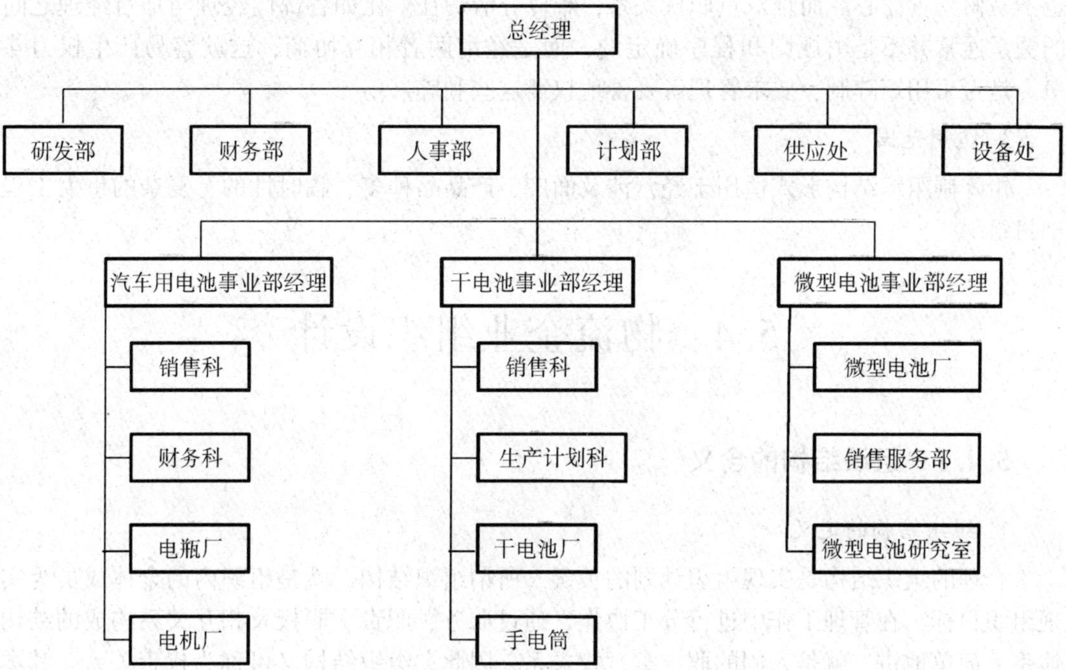

图 5-6　事业部制组织结构示意图

织总成本的上升和效率的下降。另外，各事业部之间容易产生不良竞争，总公司协调任务加重。再者，容易出现过度分权，削弱公司整体领导力；或者分权不足，影响事业部的经营自主性。

3. 适用范围

事业部制主要适用于规模大、产品（或服务）种类繁多或分支机构分布区域广的现代大型企业。

5.3.5　矩阵制

1. 基本特点

矩阵制组织结构又叫规划—目标结构，它由纵横两套管理系统叠加在一起组成一个矩阵。矩阵制创造了双重指挥链，利用职能部门化来获得专业化经济，但在这些职能部门之上，配置了一些对组织中的具体产品、项目和规划负责的经理人员。

2. 优缺点

由这种矩阵关系形成的总体结构，可以兼有职能部门化和产品部门化的优点，而避免了它们各自的缺点。矩阵制的优点在于：它能促进一系列复杂而独立的项目取得协调，同时又保留将职能专家组合在一起所具有的经济性；专业人员和专业设备随用随调，机动灵活，不仅使资源保持了较高的利用率，也提高了组织的灵活性和应变能力；各种专业人员通过共同完成一项工作培养了他们的合作精神和全局观念，且容易互相激发，取得创新性成果。

矩阵制的主要缺点在于它容易造成混乱，员工工作位置不稳定，容易产生临时观念，也不易树立责任心。而且双重职权关系，难以分清责任。比如各部门经理与项目经理之间的关系通常并不是由规则和程序确定的，而是经由两者相互协商，这就容易产生权力斗争。是否采用矩阵制，要求管理者妥善地权衡这些利弊。

3. 适用范围

矩阵制组织结构形式适用于经营涉及面广、产品品种多、临时性的、复杂的重大工程项目组织。

5.4 物流企业组织设计

5.4.1 组织结构的含义

1. 组织结构的定义

合理的组织结构是实现组织计划的关键。所谓组织结构，就是组织内的全体成员为实现组织目标，在管理工作中进行分工协作，通过职务、职责、职权及相互关系构成的结构体系。简单地讲，就是人们的职、责、权关系，因此，组织结构又可称为权责关系，其本质上则是组织成员间的分工协作关系。

2. 组织结构的内容

组织结构具体包括以下内容。

(1) 横向结构

横向结构包括职能结构和部门结构。职能结构说的是组织有多少项业务以及各业务之间的关系，而部门结构说的是组织有多少个部门以及各部门之间的关系。

一个企业可能有很多项业务，因此可能有很多个部门，有时一个部门承担一项业务，也可能承担多项业务。因此，业务的数量和部门的数量不一定是相等的。例如，一个企业有采购、销售、生产、技术、后勤、人事等不同的业务，为此，该企业设置了生产部（负责生产业务）、技术部（负责技术业务）、经销部（负责采购和销售业务）、财务部（承担财务管理职能）、人事部（承担人事管理职能）、后勤部（负责后勤业务）等业务和职能部门，它们的工作任务都是为实现企业的总体目标服务，但各部门的权责关系却不同。

(2) 纵向结构

纵向结构包括层次结构和职权结构。层次结构是指管理层次的构成，职权结构是指各层次、各部门在权力和责任方面的分工及相互关系。以前例，该企业纵向形成了总经理（1人）、副总经理（3人）、部门经理（6人）、科室主任（若干）四个管理层次，不同层次具有不同的权限和职责。

5.4.2 组织结构设计的概念和任务

1. 组织结构设计的概念

组织结构设计也就是设计组织结构，是指对一个组织结构进行规划、构造、创新或再造，以便从组织结构上确保组织目标的有效实现。

由于组织结构包括横向和纵向两个方面，因此，组织结构设计的实质是对组织人员进行横向和纵向分工。

2. 组织结构设计的任务

组织结构设计的任务是设计清晰的组织结构，规划和设计组织中各部门的职能和职权，并编制职务说明书。

（1）组织结构图

组织结构图作为组织的框架体系，决定着组织的形状，通过结构图就能知道组织有多少个部门、多少个岗位，它反映出来的是管理人员横纵向分工关系。以图 5-7 为例，方框表示各种管理职务或相应的部门、岗位，连线表示相互之间的关系以及各种管理职务或部门、岗位在组织结构中的地位。例如，三个副总经理必须服从总经理的指挥并向总经理汇报工作，同时他们又直接领导着下辖的 2 个或 3 个部门经理的工作。

（2）职务说明书

职务说明书要求简单明确地指出该岗位的工作内容、职责与权力，与其他部门和职务的关系，承担该职务的员工必备的基本素质、知识背景、工作经验、能力等条件。目前，在我国的许多组织中，还在沿袭老的做法和称呼——岗位职责——这实际上只是职务说明书的一部分。

不难发现，组织结构图只能显示组织有多少个部门和岗位，不能明确显示各个部门和岗位的职责、职权以及相互关系，而通过职务说明书，就能知道各部门、各岗位的职责及相互之间的关系。

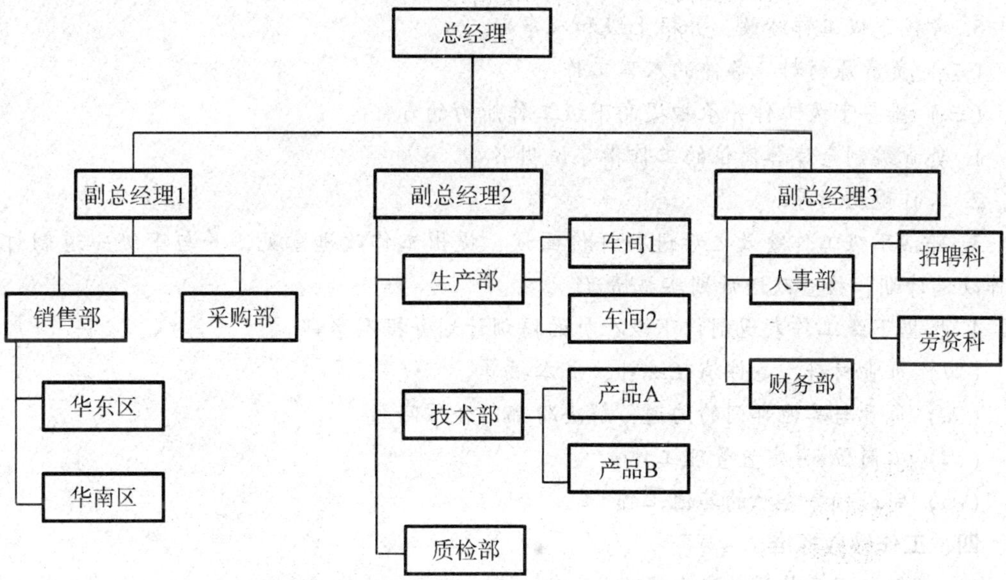

图 5-7　组织结构示意图

【案例 5-3】

XX 公司仓库主管职务说明书

一、岗位标识信息

岗位名称：仓库主管

隶属部门：制造部

岗位编码：123

直接上级：制造部经理

工资等级：9

直接下级：仓库管理员、运输工

可轮换岗位：无

二、岗位工作概述

负责原材料库、备件库的日常管理工作，负责材料库、备件库的消耗统计、成本核算，负责材料库、备件库入库发票的统计，负责库存积压材料、过期材料的报警，努力降低仓储成本，负责库房与各职能部门的协调工作，负责库存物资的安全。

三、工作职责与任务

（一）负责仓库的管理工作

1. 制定库存物资的管理方法。

2. 负责 5S 工作效果。

3. 负有防火防盗的责任。

4. 及时将库存积压和过期原材料的情况向制造部经理汇报。

5. 考核下级工作绩效，并报上级和人事部。

（二）负责原材料、备件的入库工作

（三）指导下级工作并承担提高下级工作能力的责任

1. 负责编制仓库各岗位的工作指导说明书。

2. 工作现场指导。

3. 评估下级工作绩效之后进行评价面谈，提出工作改进意见，并与下级一道制订其工作改进计划，检查改进计划实施情况。

4. 根据下级工作表现制订下级人员的培训计划并报人事部。

（四）负责材料、备件消耗统计、成本核算

（五）负责与其他部门的沟通，解决跨部门合作问题

（六）本岗位 5S 定置管理工作

（七）完成领导委派的其他工作

四、工作绩效标准

（一）保证库存物资的安全

（二）完成成本控制任务

（三）对异常情况的汇报要及时、准确

（四）5S 定置管理符合要求

五、岗位工作关系

（一）内部关系

1. 所受监督：在工作计划、整体绩效、特殊任务、重大问题等方面，接受制造部经理的指示和监督。

2. 所施监督：在向部门内部人员下达工作任务和绩效改进计划实施等方面，对保管员、运输工实施监督。

3. 合作关系：提供物资数据，各种物资进、出库方面与公司各部门进行合作与沟通。

（二）外部关系

一般情况本岗位不直接与公司外部机构或人员发生工作联系。

六、岗位工作权限

（一）对部门内部人员的任免建议权

（二）对下级工作绩效的考核权

（三）对部门日常业务活动的支配指导权

（四）对工作改进具有建议权

七、岗位工作时间

在公司制度规定的正常班时间内工作，有时需要加班加点。

八、岗位工作环境

在操作现场工作，在库区会接触到刺激性的酸、碱等气体。

九、知识及教育水平要求

（一）仓库管理知识

（二）计算机基础知识、办公软件知识

（三）化工材料知识

十、岗位技能要求

（一）具有良好的领导沟通技能

（二）能熟练运用办公软件

（三）熟悉各种化工材料的性能

（四）能熟练使用灭火器

十一、工作经验要求

大学专科以上学历，具备3年以上相关工作经验。

十二、其他素质要求

（一）任职者需具有健康的体魄、充沛的精力

（二）强烈的责任心，工作细致耐心

（三）无特殊性别与年龄要求

5.4.3　组织结构设计的基本原则

组织结构设计，是指对一个组织的组织机构进行规划、构造、创新或再造，以便从组织的结构上确保组织目标的有效实现，也就是说，管理人员在设立或变革一个组织的结构时，他们就是在进行组织结构设计工作。为了能设计出适合组织实际的高效的组织结构，

组织结构设计应遵循一些基本的原则，这些原则也是组织工作必须遵循的原则。

1. 目标可行原则

目标可行原则，也就是说，组织结构的设计必须有助于组织目标的实现。

从根本上讲，组织结构是一种实现目标的工具，所以必须先于组织结构的开发而系统地提出一套目标。规定各项目标，会使组织机构有一种明确的方向感，以便指导工作的实施和促进全面管理的过程；如果没有明确的目标，不仅会使组织机构的工作盲目无序，而且也将丧失组织机构存在的理由。

2. 因事设职与因职用人相结合的原则

组织设计的根本目的是为了保证组织目标的实现，是使目标活动的每项内容都落实到具体的岗位和部门，即“事事有人做”。因此，在组织设计中，逻辑性地要求首先考虑工作的特点和需要，要求因事设职，因职用人，而非相反。因事设职，指的是根据业务（事情）的需要设置相应的职位，确保“事有人做”；而因职用人指的是根据职位的需要配备适当的人（数量和质量），确保“事得其人”。必须说明，这样做并不意味着组织设计中可以忽视人的因素，忽视人的特点和人的能力。

现代管理理论认为：企业应该是因事设职、因职用人，也就是根据任务的需要来安排岗位，并且根据岗位的需要安排合适的人员从事这项工作——也就是先找事，再找人来做。

但在现实生活中，许多组织都是先引进人员，再给他安排职位给他找事做，所以经常出现人比事多、事却没人做的现象。

3. 分工合理原则

劳动分工，即并非一个人完成全部工作，而是将工作划分为若干步骤，由一个人单独完成其中的一个步骤。在组织内部合理分工，一是要根据业务的需要来分工，确保事事有人做（不留下空当，不出现重叠），人人有事做（避免“人浮于事”），即不留有空当，也不出现重叠。如果组织中出现了空当和重叠，即有些事情没人去干，有些事情争着去做，那么，就会给想干事的人制造了麻烦，给不想干事的人提供了借口。二是要根据工作能力来分工，保证“有能力的人有机会去做他们能胜任的工作”——工作与能力相适应，确保“人得其事”。三是分工不可过细，要精简高效。虽然分工有许多优点，可以带来经济性，但过细的分工也可能带来某些负面影响，产生非经济性。因为过细的劳动分工会使工作变得高度重复、枯燥、单调，导致职工产生厌烦和不满情绪，甚至会造成缺勤、离职和工作质量下降等消极后果。四是分工不分家，要通过制度来确保分工的同时还有协作。总之，分工必须合理，以是否有利于组织目标的实现为原则。

【案例 5-4】

到底找谁

有一个在医院里实习的牙科医生，由于是第一次给病人拔牙，所以非常紧张。当他用镊子刚把一颗龋齿拔下来时，不料手一哆嗦，没有夹住，牙齿便掉进了病人的喉咙里。“先生，非常抱歉。”这个牙科医生说，“你的病已不在我的职责范围内，你去找一下喉科医生吧。”当这个病人捂着嘴巴来到耳鼻喉科室时，他的牙已被其咽下肚了。喉科医生给他做了检查。“非常抱歉。”医生说，“你的病已不在我的职责范围内，你应该去找胃病医生。”胃病专家用 X 光为病人检查后，说：“非常抱歉，牙齿已经到你的肠子里了，你应该去找肠病专家。”肠病专家同样做了 X 光检查后，说：“非常抱歉，牙齿已不在肠子里，它肯定到了更深的地方了，你应该去找肛门科专家。”最后，病人趴在肛门科医生的检查台上，医生用内窥镜检查了一番，然后吃惊地叫道：“啊，天啊！你这里长了颗牙齿，赶紧去找牙科医生！”

很明显，这是各科室之间的协调机制不健全的必然结果。的确，细化企业部门并没有错，但若只知道设立很多的部门，而没有有效的协调机制，就会出现相互推卸责任的现象。

这是一个企业特别是大企业最容易出现的致命弱点。

(资料来源：《拔牙的遭遇》，http：//www.people.com.cn/GB/shenghuo/1090/2217384.html，2003 年 11 月 28 日)

4. 统一指挥原则

统一指挥原则就是要求每位下属应该有一个并且仅有一个上级，要求在上下级之间形成一条清晰的指挥链。除了位于组织金字塔顶部的最高行政指挥外，组织中的所有其他成员在工作中都会收到来自上级行政部门或负责人的命令，根据上级的指令开始或结束、进行或调整、修正或废止自己的工作。但是，一个下属如果同时接受两个上司的指导，而这些上司的指示并不总是保持一致的话，那么他的工作就会混乱。如果两位上司的命令相互矛盾，下属便会感到无所适从，这时，下属无论依照谁的指令行事，都有可能受到另一位上司的指责。当然，如果下属足够聪明，且有足够的胆略的话，他还可利用一位上司的命令去影响另一位上司的指示，而不采取任何执行行动。这显然会给整个组织带来危害，这种现象是组织设计中应注意避免的。

【案例 5-5】

护士长的烦恼

10 月的某一天，产科护士长王娜给医院的院长戴博士打来电话，要求立即作出一项新的人事安排。从王娜的急切声音中，院长感觉到一定发生了什么事，因此要她立即到办公室来。5 分钟后，王娜递给了院长一封辞职信。“戴院长，我再也干不下去了。”她开始申诉：“我在产科当护士长已经四个月了，我简直干不下去了。我有两个上司，每个人都有不同的要求，都要求优先处理。要知道，我只是一个凡人。我已经尽最大的努力适应这种工作，但现在看来这是不可能的。我给你举个例子。这只是一件平平常常的事，可是像这样的事情，每天都在发生。”

“昨天早上 7：45，我来到办公室就发现桌上留了张纸条，是张萍（医院的主任护士）给我的。她告诉我，她上午 10 点钟需要一份床位利用情况报告，供她下午向院务会作汇报。这样一份报告至少要花一个半小时才能写出来。半小时以后，乔丽斯（王娜的直接主管、基层护士监督员）走进来质问我，为什么我的两位护士不在班上。我告诉她，雷医生（外科主任）从我这儿要走了她们两位，说是急诊外科手术正缺人手，需要借用一下。我告诉她，我也反对过，但雷医生坚持说只能这么办。你猜，乔说什么？她叫我立即让这些护士回到产科部。她还说，一小时以后，她会回来检查我是否把这事办好了！我跟您说，这样的事情每天都发生好几次。一家医院这样运作还能正常工作吗?"

（资料来源：《管理学案例分析》，https：//zhidao. baidu. com/question/239395401776502844. html，2018 年 7 月 11 日）

5. 权责对等原则

组织中的每个部门和部门中的每个人员都有责任按照工作目标的要求保质保量地完成工作任务，同时组织也必须委之以自主完成任务所必需的权力。职权与职责要对等。在管理组织中，为了从事一定的活动，都需要利用一定的人、财、物等资源。因此，在组织设计中，要规定相应的取得和利用人力、物力、财力以及信息等工作条件的权力。从各级管理机构到各级管理人员，都应该具有责任和权限，并使两者最佳结合从而形成约束力量。

责任是核心，组织中各个部门、每个管理人员都应对自己所从事的业务活动、所作出的决策，以及对组织目标、对本单位的利益负责。权限是前提，有多大的责任，就应该有多大的权限，权责必须对等。

有效的管理组织中必须是责权相互制衡。有责无权，责任就难以落实；责任大于权限，则大部分责任就会难以实现；有权无责，就会滥用职权；权限大于责任，则多余的权限就会节外生枝。因此，必须实现责权的对等和统一。

【案例 5-6】

为什么“有些事抢着干，有些事没人干”

传统的部门和岗位职责都是“一个人、一张纸、一支笔”，自己写自己的，能想起多少条就写多少条，甚至有的条款是另一条款的一部分或说明，这必然使职权规定不充分。例如，生产部的职责可能有 30 条，实际起草时可能只想起 15 条。假如 A 部门实际规定了 m 条职责，B 部门实际规定了 n 条职责。如果某一天有一件与 A、B 部门职责相关的事需要马上办理，但这件事在 A、B 部门的职责内都没有明确规定，则干与不干就取决于两个部门负责人的主动性、责任心和事情的性质了。如果这件事是“好事”，则都抢着干，否则都不干。

可见，职责规定不充分即“工作流程规定不明确，工作接口关系不清晰”是“扯皮”和“有些事抢着干，有些事没人干”的主要原因，因此，解决问题的关键是建立健全各项管理制度，将职权规定充分。但是，再完善的管理规定也不可能做到 100%，因此要减少“扯皮”现象还需要企业文化作保障——当没有制度规定的时候，需要的是主动性、积极性、责任心和团队精神。

（资料来源：《为什么有些事抢着干，有些事没人干》，http：//www. docin. com/p-1511987640. html，2016 年 3 月 30 日）

6. 精简效能原则

组织机构必须坚持精简效能原则。要精简一切可有可无的机构，剔除多余的或不能胜任工作的人员，以精简的机构、精练的人员，进行低成本、高效能的运转。机构臃肿、层次重叠、人浮于事、冗员众多是现代组织常见的毛病。这必然造成相互推诿、相互扯皮、不讲实际、脱离群众、高高在上，从而大大降低了组织的效能。坚持精简效能原则，就是要对组织机构能取消的取消，能合并的合并，能代替的代替，通过职能转变、机构消肿以及人员精简来提高组织效率。

7. 有效管理幅度原则

管理幅度也称“管理跨度”“管理宽度”，指一名领导者直接领导的下属人员的数目。

需要引起我们注意的是“直接”这个词的含义，那些间接的被领导者不应被归入管理幅度的范畴。例如，某公司总经理下设三个部门，每个部门设有部门经理一人，每个部门有员工 15 人。那么，该公司总经理的管理幅度是 3 个人，而部门经理的管理幅度是 15 人。

管理幅度并不是越大越好。事实上，由于领导者受时间和精力等方面因素的限制，往往不能够直接指挥组织各方面的活动。如果管理幅度过大，超出领导者的能力，就会造成组织管理的混乱；而管理幅度过小，则会造成管理费用高，资源浪费。因而需要确定一个适宜的管理幅度。

影响管理幅度的因素很多，例如管理层次、管理者与下属的素质及能力、工作内容与性质、工作条件、工作环境等。

（1）管理层次。管理层次亦称“组织层次”，是组织内部纵向管理系统所划分的等级数，是指从组织最高管理层到基层工作人员之间职位等级的数目。管理幅度与管理层次成反比关系，在组织规模一定的情况下，管理幅度越宽，组织层次越少；反之，管理幅度越窄，组织层次越多。

（2）上下级双方的素质和能力。上下级双方的素质越高、能力越强，越有利于管理，因此管理幅度可以越大。

（3）工作内容和性质。一般来讲，工作越复杂、越困难、越具有战略性，管理幅度越小；工作越简单、越重复、越相似，管理幅度越大。

（4）计划的完善程度。计划越完善、越详尽周到，管理幅度就越大，反之相反。

（5）工作条件。条件越好，也就是管理越规范，相互沟通、联络越方便，管理幅度就越大。

（6）工作环境。环境变化越快、越不稳定，管理幅度越小；相反，环境越稳定，管理幅度越大。

5.4.4　集权、分权和授权

1. 集权与分权的概念

组织内制定战略、经营决策、调配资源、采取行动解决问题及命令指挥、考核奖惩等管理权是启动和维系组织运行的基本力量，这些权力在组织不同管理层次之间集中与分散的程度制约着组织的运作状态，也影响着组织内上下级之间的关系。显然，上述权力都是与管理职位相连的制度权力，而制度权的实质是决策权，即决定做什么、怎样做与由谁来做的权力。

一般认为，集权是指组织的决策权较多地由高层管理者集中掌握，体现的是上级的重要性；而分权则是指决策权较多地分散于组织的中低层管理者，由其来掌握与运用，体现的是下级的重要性。

2. 集权与分权的优缺点

(1) 集权的优缺点

集权的优点主要体现在：适度集权，有利于实现组织的统一指挥和控制，维护组织政策的统一性。一般组织规模较小时，宜采用集权方式。

由于集权有利于保证组织政策的统一性，并能促进组织的各个层次行动一致，能迅速地贯彻执行已经作出的决策以提高组织运作效果，因而组织中往往自发地存在着集权的倾向。那些个人能力较强，在组织由小到大的发展过程中或组织处于困境时力挽狂澜、做出过较大贡献的高层主管往往会在实际上强化集权程度。尤其是那些有强烈的权力偏好，希望他人和下属绝对服从的领导者，在缺乏内外监督机制、不需要对决策后果承担责任的环境中，更会有意识地将集权制度化。

然而，现代社会组织规模大型化、组织活动多样化和外部环境复杂多变的特点也使高度集权的弊端日益暴露。首先，高度集权有可能从正确性和及时性两个方面损害决策的质量。在高度集权的组织中，日常运作中发生的大小问题都要层层上报请示，由高层主管决策后再采取行动。一方面，信息传递中的扭曲可能使高层主管对问题的了解偏离实际，影响决策的正确性；同时，事无巨细都由高层拍板，其考虑重大问题的时间和精力都被占用，决策失误的可能性增加，而一旦失误，集权所具有的统一性、效率性都只会迅速地扩大损失。另一方面，上传下达的过多环节会耽误时间而加重损失或因情况已变化而贻误战机。其次，组织的决策、管理权限过度集中会极大地压制组织成员的工作热情和创造性。基层管理者习惯于机械被动地执行命令，缺少发表意见和参与决策的机会，会损害其积极性、主动性，从而降低了组织的活力。最后，组织内各个部门和中下层管理职位权限很少，缺乏自我调整的能力，也削弱了整个组织对环境变化的应变能力，这一切都会对组织的持续发展产生极大的危害。

(2) 分权的优缺点

尽管存在集权，但组织中也总是存在着分权的倾向，尤其是当组织规模扩大、组织内的单位增多、现场作业活动分散之时，中、下层主管会有很强的分权要求，希望获得更多自主决策和自治的权力。于是，适度分权，可以减轻高层管理者的决策负担，提高决策质量；提高组织对环境的应变能力，调动下属的积极性。

然而，决策权力的分散也受到两个限制：一是有可能破坏组织政策的统一性，带来组织活动失控的危险。如果各层次、各部门从局部利益出发制定规则、措施，尤其是在某些原则问题上自定规矩，必然引起某种混乱，最终损害组织的整体利益。二是基层管理人员所具备的素质和能力。基层管理者具有能够正确、有效运用决策权的能力时，分权才能取得好效果，否则经常发生一些大大小小的失误只会反过来给上级主管添麻烦，影响组织目标的实现。

3. 分权的标志

分权的标志即衡量集权与分权程度的标准。集权与分权是同时存在的两种倾向，是一个相对的概念，走向极端的绝对集权与绝对分权就只剩下了个体，组织不复存在。不同组织之间，只有集权与分权程度的差别。一般认为，衡量组织分权程度的标准有以下几个。

（1）决策的频度

决策的频度也就是决策的数量。一般来讲，如果组织中较低层次上的管理者所作的决策数量越多，则意味着组织的分权程度越高。比如 A 企业的车间主任每天作 20 项决策，B 企业的车间主任每天作 10 项决策，则我们可以认为 A 企业的分权程度高于 B 企业。

（2）决策的幅度

决策的幅度也就是决策的范围。一般来讲，如果组织中较低层次上的管理者所作的决策范围越广，涉及的职能越多，则意味着分权程度越高。比如 A 企业的生产部经理能在员工的聘用、奖惩以及设备的采购等方面拥有决策权，而 B 企业的生产部经理却不拥有人事方面的决策权，则我们可以认为 A 企业的分权程度高于 B 企业。

（3）决策的重要性

如果组织中较低层次的管理者所作的决策越重要，则意味着组织的分权程度越高。如果 A 公司的部门经理有权决定给每个员工配备一台计算机，而 B 公司的部门经理只有权决定给每个员工配备一张办公桌，则由于计算机的重要性大于办公桌，所以 A 公司的分权程度要比 B 公司高。

（4）决策的影响面

较低层次的管理者所作的决策影响面越大、影响越长远、涉及的费用越大，则意味着组织的分权程度越高。比如，由于药品的质量问题会对组织和社会有很大的影响，所以制药厂对质检部门的分权程度要比家具厂对质检部门的要大。如果发现质量问题，则制药厂的质检部门有权要求立即停止该药的生产、销售，甚至可以要求重新研发；而家具厂的质检部门则只能提出改进生产措施或对部分不达标准的产品降价销售的建议。

（5）决策的审批手续

决策的审批手续即对决策的控制程度。如果较低层次的管理者作决策时需要办理的审批手续越简单，也就是高层次对较低层次决策的控制程度（即低层次向高层次“事先请示、事后报告”的次数）越少，则意味着分权程度越高。如果外资企业在 A 市申请注册只要盖 1 个图章，而在 B 市申请注册要盖 148 个图章，则 A 市的政府机关分权程度要高于 B 市的分权程度。

一句话：越能体现下属重要性的做法意味着分权程度越高。

4. 影响分权和集权程度的因素

影响分权和集权程度的因素有以下几个。

（1）组织规模的大小

组织规模小时，由于管理者处理的事务相对较少，组织较适合集权；如果组织规模增大，由于管理事务的增加，就需要管理者适当分权，进一步增大组织的分权程度有利于提高组织的有效性。

（2）政策的统一性

保持政策的统一方向。集权比分权有利。如果组织中政策统一，则集权程度高可以提高组织的有效性；如果组织中各部门政策差别较大，则应提高组织的分权程度。如我国实行“一国两制”的策略，就是基于港澳地区与内地政策的差别性，在港澳特别行政区的分权程度要高于内地省市。

(3) 员工的基本素质

如果组织中员工基本素质低，则组织倾向于集权程度高，如劳动密集型企业与高新技术企业相比，则劳动密集型企业更适合于高度集权。

(4) 组织的可控性

可控性主要指经营环境条件和业务活动性质。如果组织的可控程度高，意味着经营环境稳定，业务活动较为程序化，则组织倾向于集权程度高；如果环境变化快，业务活动灵活，则对分权要求较多。一般情况下，生产部门位置相对集中，可控性好，集权程度高；销售部门地理位置比较分散，可控性差，所以一般分权程度高。

(5) 领导者个性

领导者个性表现为自信、好强、独裁时，更多地表现出集权管理。如果领导者认为分权更有效，则更多地表现出分权管理。

(6) 组织的历史

如果组织是由小到大发展而来的，一般倾向于集权程度高；如果组织是由合并或兼并而来，则一般倾向于分权程度高。

5. 分权与授权

组织的权力的分散可以通过两种途径来实现：组织设计时的权力分配即（制度）分权与主管人员在工作中的授权。因此，（制度）分权与授权的结果是相同的，都是使较低层次的管理人员行使较多的决策权，即实现权力的分散化。

通常情况下，我们所说的“分权”指的就是“制度分权”，只不过为了简化而将“制度”两字省去。

所谓制度分权，指的是在组织结构设计时或在组织变革过程中，按照工作任务的要求将一定的决策权限划分到相应的管理职位中，由规章制度正式确认的、相对稳定的分权方式。而授权则是指主管人员在实际工作中为调动下属的积极性和提高工作效率将属于本职位的部分职权委让给向其直接报告工作的下属或某些职能部门，使他们在一定的监督之下自主解决问题，处理业务。

授权并不表示上级将权力无限制下放，也不表示授权之后上级就把一切工作都交给别人了。相反，授权是指上级管理者依据任务或组织目标的需要委授给下属一定的权力，使下属在一定的监督之下享有一定的自主权和行动权。在授权过程中，授权者对被授权者还有指挥权和监督权，被授权者对授权者负有报告工作以及完成任务的责任。

分权和授权的区别主要体现在以下三个方面。

(1) 分权具有必然性，授权具有随机性。分权是在工作分析时，根据岗位工作的需要规定给该岗位的必要的职责和权限，不论是谁，只要在这个岗位上，就拥有这一权限；而授权则要根据实际工作的需要和下属的工作能力来决定是否授权，一般是管理者觉得精力有限而下属能力又能够承担时才会授权。

(2) 分权具有相对稳定性，授权具有灵活性。分权针对的是岗位，是预先从制度上明确规定了的属于某岗位的权力，不能随便调整；授权针对的是某项工作和人，是活动过程中把一部分原本属于管理者的权力因某项工作的需要临时或长期委任给某个下属，可以随时调整。

(3) 分权是一项组织工作的原则，授权则是一项领导艺术。分权是在组织设计时对管理人员的一种纵向分工，是一项制度，一旦规定就必须严格执行；而授权主要在于调动下属的才干和积极性，可以灵活把握。

进行工作分析时不可能把每个岗位所需的权限规定得非常清楚，因为无法完全预料这些岗位可能发生的变化，因此，制度分权有时不能完全保证某个岗位完成工作的权限需要，这时，就需要各层次管理者在工作中授权来补充。所以，授权是对分权的必要补充。

本章小结

组织文化大致可分为精神层、行为层、制度层和物质层四个层次，其核心是共同价值观。组织工作就是根据组织目标和计划的需要设置部门、岗位，为每个岗位配备人员，明确部门与岗位的职责、职权和相互之间的关系。其基本程序为：制定组织目标，确定业务内容，建立组织结构，进行工作分析，配备人员，进行有机组合，不断反馈、修正。组织结构本质上是组织成员间的分工协作关系。

组织结构设计的实质是对组织人员进行横向和纵向分工。其任务主要是提供组织结构图和编制职务说明书。组织结构设计应遵循目标可行、因事设职与因职用人相结合、分工合理、统一指挥、权责对等、精简效能、有效管理幅度等基本原则。

管理幅度也称“管理跨度”“管理宽度”，指一名领导者直接领导的下属人员的数目。影响管理幅度的因素主要有管理层次、管理者与下属的素质及能力、工作内容与性质、计划的完善程度、工作条件、工作环境等。

集权是指组织的决策权较多地由高层管理者集中掌握，而分权则是指决策权较多地分散于组织的中低层管理者由其来掌握与运用。授权则是指主管人员将属于本职位的部分职权委让给向其直接报告工作的下属或某些职能部门。

自测题

(一) 单选题

1. 组织结构实际上就是组织中的（　　）。

A. 分工协作关系　　B. 部门之间的职权关系

C. 上下级之间的权力关系　　D. 权利的关系

2. 用组织理论去分析腐败现象，可以得出的结论是（　　）。

A. 权力和责任总是一致的　　B. 没有责任的权力将产生腐败

C. 责任比权力更为重要　　D. 集权比分权更为重要

3. 某企业总经理下设 2 个副总经理，每个副总经理下设 3 个部门经理，每个部门有 6 名员工，则该总经理和每个副总经理的管理幅度分别是（　　）。

A. 2 人和 3 人　　B. 5 人和 6 人　　C. 11 人和 9 人　　D. 5 人和 6 人

4. 某企业老板碍于情面，录用了一位制造专业毕业的政府官员的儿子，可该公司并不需要这种专业的人才，但公司老板还是为小伙子安排了公司办公室副主任一职。这一做法主要违背了（　　）。

A. 分工合理原则　　B. 统一指挥原则　　C. 精简效能原则　　D. 因职用人原则

5. 组织结构设计的基本出发点是（　　）。

A. 组织目标　　B. 工作分析　　C. 配备人员　　D. 设置岗位

6. 上级把权力或职权委任给中、下层管理人员的组织过程是（　　）。

A. 制度分权　　B. 劳动分工　　C. 管理幅度　　D. 授权

7. 下图显示的酒店餐饮部组织结构主要违背了（　　）。

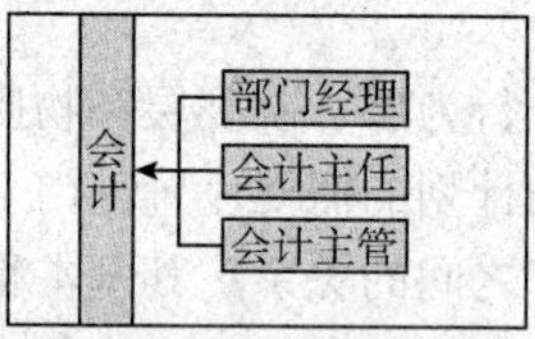

A. 分工合理原则　　B. 统一指挥原则　　C. 精简效能原则　　D. 因职用人原则

8. 某总经理把产品销售的责任委派给一位市场经营的副总经理，由其负责所有地区的经销办事处，但同时总经理又要求各地区经销办事处的经理们直接向总会计师汇报每天的销售数字，而总会计师也可以直接向各经销办事处经理们下指令。总经理的这种做法违背了（　　）。

A. 分工合理原则　　B. 统一指挥原则

C. 精简效能原则　　D. 因职用人原则

9. 在组织规模一定时，管理幅度与管理层次（　　）。

A. 没有什么必然联系　　B. 直接成正比关系

C. 有明显的间接联系　　D. 直接成反比关系

10. 下列（　　）组织最适宜采用矩阵式组织结构。

A. 医院　　B. 学校　　C. 电视剧制作中心　　D. 汽车制造厂

（二）多选题

1. 公司总经理发现公司中存在许多小团体，以下态度中，可取的有（　　）。

A. 立即宣布这些小团体为非法，予以取缔

B. 正视小团体的客观存在

C. 只要小团体的存在不影响公司的正常运行，可以对其不闻不问

D. 深入调查，积极引导，不断规范

2. 组织结构设计的主要任务有（　　）。

A. 提供组织结构图　　B. 配备人员

C. 进行工作分析　　D. 编制职务说明书

3. 非正式组织具有的积极作用是（ ）。

A. 可以满足职工的需要　　B. 增强团队精神

C. 促进组织成员的成长　　D. 维护正式组织的正常秩序

4. 非正式组织具有的特征是（ ）。

A. 自发性　　B. 内聚性　　C. 不稳定性　　D. 合法性

5. 非正式组织的消极作用主要体现在（ ）。

A. 可能与正式组织产生冲突　　B. 可能束缚组织成员的发展

C. 可能影响组织的变革　　D. 可能会取代正式组织

6. 以下属于组织结构设计应遵循的原则有（ ）。

A. 目标可行原则　　B. 分工合理原则

C. 权责对等原则　　D. 统一指挥原则

7. 与传统的金字塔式的组织结构相比，扁平化的组织结构具有的特点是（ ）。

A. 管理层次减少，管理幅度增加

B. 管理层次增加，管理幅度减少

C. 更多的授权

D. 自动化办公程度提高，信息传递速度加快

8. 以下体现分权的做法有（ ）。

A. 王总授权秘书小吴处理办公室临时业务

B. 在职权范围内，王经理可以直接作决策而不用向总经理汇报

C. 除了一些涉及公司发展方向的战略决策外，王总一般不对下属所作的决策进行干预

D. 各业务部门虽有自主权，但部门经理在作决定之前应先请示副总，严禁先斩后奏

9. 以下说法不正确的有（ ）。

A. 管理幅度就是一个领导者所领导的下级人员的数目

B. 一般来说，管理者能力的大小不影响管理幅度的大小

C. 计划越模糊，给基层自由度越大，上级的管理幅度也就越大

D. 组织最高管理者个人权欲的大小影响组织集权或分权的程度

10. 影响集权与分权的主要因素有（ ）。

A. 组织的规模　　B. 职责或决策的重要性

D. 下级管理人员的素质　　C. 组织文化

（三）问答题

1. 什么是组织工作？简述组织工作的基本程序。

2. 什么是管理幅度？影响管理幅度的主要因素有哪些？它们如何影响管理幅度？

3. 古典管理学家认为最高管理层的管理幅度不应超过 4~8 人。但在罗马天主教廷，有 750 个主教和 200 个其他人员向教皇直接报告工作。怎样把这个事实与管理幅度的概念一致起来？

4. 什么是授权？简述授权与分权的异同与联系。

5. 什么是分权和集权？影响分权与集权程度的因素有哪些？

（四）讨论题

1. 尽管皇帝身边的太监其身份、地位很低，但文武大臣对其却毕恭毕敬；尽管秘书并没有多大的权限，但年薪 10 万的部门经理会对年薪只有 3 万的董事长秘书小心谨慎；市长会用格外隆重的规格招待省长秘书。以上这些现象说明了什么？有什么解决办法？

2. A 创办的公司从小到大已经发展了 40 多年，最近几个月，公司的利润大幅下滑，成本急剧上升，生产率也在下降。A 认为，公司目前的管理组织在很多方面都不灵活，不能对市场和其他条件变化作出有效的反应。因此，A 又开始怀念公司创办初期那种小巧、精干的组织形式。A 认为，目前做任何事情自己都不能直接找当事人，而要通过一层层的参谋人员和直线经理，这种组织机构形式太大、太复杂了。请问：该公司是否应该改变目前的组织结构形式？理由是什么？

3. 刘局长在某局工作近 20 年，3 年前他当了局里的一把手之后，适逢上级要求该局进行机构改革。刘局长认为，过去的工作全靠同事们的支持，应该给他们安排、提拔，才能调动他们的积极性，同时也有利于化解局里的矛盾。于是，他多方努力，通过增设各种内设机构和助理职位，以求尽可能多地安排人员，缓解人事安排方面的压力。谁知事与愿违，由于机构臃肿、人浮于事，造成互相扯皮、效率低下，局里的工作也遭到挫折。上级领导批评刘局长搞“上有政策，下有对策”。刘局长辩解说，他是依据管理的例外原则，根据本单位的实际情况进行机构改革。请回答：刘局长违反了哪些组织设计的基本原则？应该怎样正确理解权力运用过程中的例外原则？

第6章　物流企业的人力资源管理

学习目标

通过本章的学习，使学生了解人力资源管理的特点及其规律，掌握人力资源管理的基本内容，掌握招聘、绩效评估、薪酬管理等方面的基本方法，能够进行有效的激励和沟通。

关键概念

人力资源（human resource，HR）　人力资源规划（human resource planning，HRP）　培训（cultivate，train，training）　沟通（communication）　激励（motivate）

引导案例

小C的不满

小C现在一个大型的工程公司质量职能部门工作，该工程公司主要从事石油化工行业的基建建设，至成立20年来，该工程公司已经建成了数十项大型石油化工装置，完成投资金额达数百亿元，建成的工程质量良好，其中有数项工程曾经获得国家、省部和市级优质工程，在工程建设行业以质量优良、技术实力强大名噪一时，业务应接不暇，可谓如日中天。小C大学毕业至今已有5年，所学专业也是工程建设行业急需的热门专业，小C自来到这个公司就被分配在质量职能部门，直接在施工一线现场监督检查项目工程的施工质量。小C在工作中坚持原则，一丝不苟，对工程质量铁面无私，曾经及时发现和制止了几次重大质量事故的发生，工作业绩突出，受到公司多次奖励，经过5年的现场摸爬跌打，小C对工程质量的控制已经轻车熟路，可以说是一个工程质量控制专家，这在公司里人人知道。

面对小C所取得的成绩，公司领导也曾和小C谈过话，意思是只要小C好好工作，公司会考虑提拔他任质量部门下的一个部门主管，小C自此觉得更有奔头了。前些日子，公司因为发展需要，重新对部门进行了设置并对新部门的组织结构进行了调整，这其中会有一些部门的主管退休和岗位的对调，部门主管曾就此事事先向小C透过风，意思是此次调整时，他将向公司领导推荐小C出任他主管的质量部门下的一个部门主管。小C听了之后，心里大为高兴，更加努力工作，同时也觉得自己的付出终于有了回报。可是人事通知下达后，令小 C 大为失望，人事认命通知的名单中并没有小 C 的名字，小 C 像被当头浇了一盆凉水，愣在当场。当质量部门主管知道人事认命通知名单中没有小 C 的名字后，也觉得非常意外，因为在他推荐小 C 时，公司领导似乎已经答应了他的推荐，让小 C 出任质量部门下的一个部门主管，在其手下工作。现在完全不是那么一回事，质量部门的主管也感觉有点上了公司领导的当。可是，他又不敢向公司领导发火，说公司领导不讲信用。现在他觉得自己也有点不讲信用，因为他失信于小 C，关键的是现在的人选也令他自己不满意，小 C 也知道当前的人选是个什么样的人。这人原来是公司一个领导的司机，对于质量工作如何做，他整个是一窍不通。这工作如何对小 C 做呢？主管颇为头疼，小 C 肯定是非常失望的。

小 C 在这件事过去后，不久也就平静了，也许有些事件主管也无能为力。但小 C 发现别的部门也有类似的事件，这就使小 C 不能不考虑公司现在的用人机制了。现在公司做大做强了，公司领导觉得用谁都可以，只要听话就行。面对这种现状，小 C 已经下定决心，那就是他该有点准备了。

（资料来源：《HRM 案例分析》，http：//www. doc88. com/p－7042824151113. html，2017 年 4 月 26 日）

问题：

1. 公司的问题出在哪方面？

2. 小 C 所遇到的事件会对公司发展有哪些方面的影响？

6.1 物流人力资源规划

竞争优势来源于组织文化和潜能，而这一点则来源于你如何管理员工。作为物流企业能够创造出来的最重要的竞争优势，需要高层管理者尽可能地吸收、培养并保持最佳员工队伍。人力资源管理是一种管理员工关系的战略方法，它强调开发员工的潜能对获得持续竞争优势至关重要。人力资源管理包括人力资源规划、员工培训、招聘、绩效管理、薪酬管理等。

6.1.1 物流企业人力资源规划定义与功能

1. 物流企业人力资源规划的定义

物流企业人力资源规划是物流企业对未来人员的需求和供给之间可能差异的分析，或是物流企业对人力需求与供给作出估计，也就是通过科学预测、分析企业在变化环境中人力资源的供给和需求情况，制定政策和措施以确保自身在需要的时间和需要的岗位上获得各种需要的人才，并使企业和个人得到长期持续的发展和利益。

物流企业人力资源规划的概念包括以下四层含义。

（1）物流企业人力资源规划的制定必须依据物流企业的发展战略、目标。

（2）物流企业人力资源规划要适应物流企业内外部环境的变化。

（3）制定必要的人力资源政策和措施是人力资源规划的主要工作。

（4）物流企业人力资源规划的目的是使物流企业人力资源供需平衡，保证组织长期持续发展和员工个人利益的实现。

物流企业人力资源规划的内容与一般企业人力资源规划的内容相同，一般包括岗位职务规划、人员补充规划、教育培训规划、人力分配规划等。

（1）岗位职务规划主要解决物流企业岗位设计、人员定编定岗问题。物流企业要依据物流企业的近、中、远期需求状况确立相应的组织机构、岗位职务标准，进行定员定编。

（2）人员补充规划就是使岗位职务空缺能从数量上和质量上得到合理的补充与调整。人员补充规划要具体指出各级员工所需要的资历、培训、年龄等需求因素。

（3）教育培训规划是依据企业发展的需要，通过各种教育培训途径，为物流企业培养当前和未来所需要的合格员工。龙兴集团制定了完备的人才发展战略，通过企业内训与外训相结合的方法，组织高层参加EMBA培训，中层参加国家物流师培训，从而加速管理人员的培养、选拔工作，倡导鼓励创新、容忍失败的领导作风，推行老员工带新员工、岗位轮换的培养形式，建立广纳群贤、人尽其才的用人机制。同时加大培训经费的投放，有计划、有重点地安排好企业决策层、中高层管理人员、项目经理、专业技术人员、业务系统管理人员的岗位培训和继续教育等，形成了学习型组织的雏形。

（4）人力分配规划是依据企业各级组织机构、岗位职务的专业分工来配置所需的人员，包括基层职位分配、管理职位调配及工作需求调动等内容。

物流企业人力资源规划的分类如下：

按期限分：物流企业人力资源规划可分为长期（5年以上）、短期（1年及以内），以及介于两者的中期计划。

按内容分：物流企业人力资源规划可分为战略发展规划、组织人事规划、制度建设规划、员工开发规划。

2. 物流企业人力资源规划的功能

物流企业人力资源规划的功能主要表现在以下几个方面：

（1）物流企业经营发展的基本前提。企业的生存和发展与人力的结构密切相关。在静态条件下，人力资源的规划并非必要。因为静态意味着它的生产经营领域不变、所采用的技术不变、组织的规模不变，也就意味着人力资源的数量、质量和结构均不发生变化。显然这是不可能的。对于一个动态的企业来说，人力资源的需求和供给的平衡就不可能自动实现，因此就要分析供求的差异，并采取适当的手段调整差异。由此可见，预测供求差异和调整差异，就是人力资源规划的基本职能，是企业经营管理的基本前提。

（2）物流企业决策管理的重要依据。在大型和管理机构复杂的企业中，人力资源规划的作用特别重要。无论是确定员工的需求量、供给量，还是岗位设计、人员以及任务的调整，不通过一定的计划显然都是难以实现的。人力资源规划是企业管理的重要依据，它会为企业的录用、晋升、培训、人员调整以及人工成本的控制等活动，提供准确的信息和依据，为物流企业员工晋升、录用、调整等决策服务。

（3）物流企业人力成本的控制手段。人力资源规划对预测中、长期的人力成本有重要的作用。人力成本中最大的支出是工资，而工资总额在很大程度上取决于企业中的人员分布状况。人员分布状况指的是企业中的人员在不同职务、不同级别上的状况。当一个企业年轻的时候，低职务的人多，人工成本相对便宜，随着时间的推移，人员的职务等级水平上升，工资的成本也就增加。如果再考虑物价上升的因素，人力成本就可能超过所能承担的能力。在没有人力规划的情况下，未来的人工成本是未知的，难免会发生成本上升、效益下降的现象。在预测未来企业发展的条件下，应有计划地逐步调整人员的分布状况，把人力成本控制在合理的支付范围内，因此人力资源规划是十分重要的控制手段之一。

（4）物流企业人事决策的参考依据。人力资源规划的方案往往是人事决策的基础，例如采取什么样的晋升政策、制定什么样的报酬分配政策等。人事政策对管理的影响是非常大的，而且持续的时间长，调整起来也困难。为了避免人事决策失误，信息的准确性是至关重要的。例如，一个企业在未来某一时间缺乏某类有经验的员工，而这种经验的增减又不可能在短时间内实现。那么如何处理这一问题呢？如果从外部招聘，有可能招聘到不合适的人员，或者成本高，而且也不可能在短时间内适应工作。如果企业自己招聘或调整，就需要提前进行培训，同时还要考虑培训过程中人员可能流失等问题。显然，在没有确切信息的情况下，决策是难以客观的，而且可能根本考虑不到这些方面的问题。

6.1.2 物流企业人力资源规划的程序

1. 制订人力资源计划的原则

（1）充分考虑内部、外部环境的变化

人力资源计划只有充分地考虑内、外环境的变化，才能适应需要，真正做到为企业发展目标服务。内部变化主要指销售的变化、开发的变化，或者说企业发展战略的变化，还有物流企业员工的流动变化等；外部变化指社会销售市场的变化、政府有关人力资源政策的变化、人才市场的变化等。为了更好地适应这些变化，在人力资源计划中应该对可能出现的情况作出预测和风险防范，最好能有面对风险的应对策略。

（2）确保企业的人力资源保障

企业的人力资源保障问题是人力资源计划中应解决的核心问题。它包括人员的流入预测、人员的流出预测、人员的内部流动预测、社会人力资源供给状况分析、人员流动的损益分析等。只有有效地保证了对企业的人力资源供给，才可能去进行更深层次的人力资源管理与开发。

（3）使企业和员工都得到长期的利益

人力资源计划不仅是面向企业的计划，也是面向员工的计划。企业的发展和员工的发展是互相依托、互相促进的关系。如果只考虑企业的发展需要，而忽视了员工的发展，则会有损企业发展目标的达成。优秀的人力资源计划，一定是能够使企业和员工达到长期利益的计划，一定是能够使企业和员工共同发展的计划。

2. 物流企业人力资源规划的步骤

人力资源规划的程序即人力资源规划的过程，一般可分为以下几个步骤：收集有关信息资料、人力资源需求预测、人力资源供给预测、确定人力资源净需求、编制人力资源规划、实施人力资源规划、人力资源规划评估、人力资源规划反馈与修正。

（1）收集有关信息资料

人力资源规划的信息包括组织内部信息和组织外部环境信息。

组织内部信息主要包括企业的战略计划、战术计划、行动方案、本企业各部门的计划、人力资源现状等。

组织外部环境信息主要包括宏观经济形势和行业经济形势、技术的发展情况、行业的竞争性、劳动力市场、人口和社会发展趋势、政府的有关政策等。

（2）人力资源需求预测

人力资源需求预测包括短期预测、长期预测、总量预测和各个岗位需求预测。

人力资源需求预测的典型步骤如下：

①现实人力资源需求预测。

②未来人力资源需求预测。

③未来人力资源流失情况预测。

④得出人力资源需求预测结果。

（3）人力资源供给预测

人力资源供给预测包括组织内部供给预测和外部供给预测。

人力资源供给预测的典型步骤如下：

①内部人力资源供给预测。

②外部人力资源供给预测。

③将组织内部人力资源供给预测数据和组织外部人力资源供给预测数据汇总，得出组织人力资源供给总数据。

（4）确定人力资源净需求

在对员工未来的需求与供给预测的基础上，将本组织人力资源需求的预测数与在同期内组织本身可供给的人力资源预测数进行对比分析，从比较分析中可测算出各类人员的净需求数。这里所说的“净需求”既包括人员数量，又包括人员的质量、结构，即既要确定“需要多少人”，又要确定“需要什么人”，数量和质量要对应起来。这样就可以有针对性地进行招聘或培训，就为组织制定有关人力资源的政策和措施提供了依据。

（5）编制人力资源规划

根据组织战略目标及本组织员工的净需求量，编制人力资源规划，包括总体规划和各项业务计划。同时要注意总体规划和各项业务计划及各项业务计划之间的衔接和平衡，提出调整供给和需求的具体政策和措施。一个典型的人力资源规划应包括：规划的时间段、规划达到的目标、情景分析、具体内容、制定者、制定时间。

①规划的时间段。确定规划时间的长短，要具体列出从何时开始，到何时结束。若是长期的人力资源规划，可以长达5年以上；若是短期的人力资源规划，如年度人力资源规划，则为1年。

②规划达到的目标。确定达到的目标要与组织的目标紧密联系起来，最好有具体的数据，同时要简明扼要。

③情景分析。目前情景分析：主要是在收集信息的基础上，分析组织目前人力资源的供需状况，进一步指出制订该计划的依据。未来情景分析：在收集信息的基础上，在计划

的时间段内，预测组织未来的人力资源供需状况，进一步指出制订该计划的依据。

④具体内容。这是人力资源规划的核心部分，主要包括项目内容、执行时间、负责人、检查人、检查日期、预算等几个方面。

其中，规划制订者可以是一个人，也可以是一个部门。规划制订时间主要指该规划正式确定的日期。

（6）实施人力资源规划

人力资源规划的实施，是人力资源规划的实际操作过程，要注意协调好各部门、各环节之间的关系，在实施过程中需要注意以下几点：

①必须要有专人负责既定方案的实施，要赋予负责人拥有保证人力资源规划方案实现的权利和资源。

②要确保不折不扣地按规划执行。

③在实施前要做好准备。

④实施时要全力以赴。

⑤要有关于实施进展状况的定期报告，以确保规划能够与环境、组织的目标保持一致。

（7）人力资源规划评估

在实施人力资源规划的同时，要进行定期与不定期的评估。这主要从以下三个方面进行：

①是否忠实地执行了本规划。

②人力资源规划本身是否合理。

③将实施的结果与人力资源规划进行比较，通过发现规划与现实之间的差距来指导以后的人力资源规划活动。

（8）人力资源规划的反馈与修正

对人力资源规划实施后的反馈与修正是人力资源规划过程中不可缺少的步骤。评估结果出来后，应进行及时的反馈，进而对原规划的内容进行适时的修正，使其更符合实际，更好地促进组织目标的实现。

6.2 物流企业员工的招聘

6.2.1 物流企业员工招聘的定义

物流企业员工招聘在物流人力资源管理工作中具有重要的意义。招聘工作直接关系到企业人力资源的形成，有效的招聘工作不仅可以提高员工素质，改善人员结构，也可以为组织注入新的管理思想，为组织增添新的活力，甚至可能给企业带来技术、管理上的重大革新。招聘是企业整个人力资源管理活动的基础，有效的招聘工作能为以后的培训、考评、工资福利、劳动关系等管理活动打好基础。因此，物流企业员工招聘是人力资源管理的基础性工作。

物流企业人员招聘是指组织根据企业人力资源管理规划和工作分析的要求，从组织内部和外部吸收人力资源的过程。员工招聘包括员工招募、甄选和聘用等内容。

6.2.2　物流企业员工招聘的程序

1. 员工招聘原则

（1）因事择人原则。所谓因事择人，就是员工的选聘应以实际工作的需要和岗位的空缺情况为出发点，根据岗位对任职者的资格要求选用人员。

（2）公开、公平、公正原则。公开就是要公示招聘信息、招聘方法，这样既可以将招聘工作置于公开监督之下，防止以权谋私、假公济私的现象，又能吸引大量应聘者。公平公正就是确保招聘制度给予合格应征者平等的获选机会。

（3）竞争择优原则。竞争择优原则是指在员工招聘中引入竞争机制，在对应聘者的思想素质、道德品质、业务能力等方面进行全面考察的基础上，按照考查的成绩择优选拔录用员工。

（4）效率优先原则。效率优先原则就是用尽可能低的招聘成本录用到合适的最佳人选。

2. 员工招聘程序

（1）制订招聘计划和策略

招聘计划是组织根据发展目标和岗位需求对某一阶段招聘工作所作的安排，包括招聘目标、信息发布的时间与渠道、招聘员工的类型及数量、甄选方案及时间安排等方面。

具体来讲，员工招聘计划包括以下内容：

①招聘的岗位、要求及其所需人员数量。

②招聘信息的发布。

③招聘对象。

④招聘方法。

⑤招聘预算。

⑥招聘时间安排。

（2）发布招聘信息及搜寻候选人信息

组织要将招聘信息通过多种渠道向社会发布，向社会公众告知用人计划和要求，确保有更多符合要求的人员前来应聘。

企业可以通过以下方式搜寻候选人信息：①应聘者自已所填的求职表，内容包括性别、年龄、学历、专业、工作经历及业绩等；②推荐材料，即有关组织或个人就某人向本单位写的推荐材料；③调查材料，指对某些岗位人员的招聘，还需要亲自到应聘人员工作或学习过的单位或向其接触过的有关人员进行调查，以掌握第一手材料。

（3）甄选

甄选的过程一般包括对所有应聘者的情况进行初步的审查、知识与心理素质测试、面试，以确定最终的录用者。

（4）录用

人员录用过程一般可分为试用合同的签订、新员工的安置、岗前培训、试用、正式录用等几个阶段。

试用就是企业对新上岗员工的尝试性使用，这是对员工的能力与潜力、个人品质与心理素质的进一步考核。

员工的正式录用是指试用期满后，对于表现良好、符合组织要求的新员工，使其成为组织正式成员的过程。一般由用人部门根据新员工在使用期间的具体表现对其进行考核，作出鉴定，并提交人力资源管理部门。人力资源管理部门对考核合格的员工正式录用，并代表组织与员工签订正式录用合同，正式明确双方的责任、义务和权力。

正式录用合同一般应包括以下内容：当事人的姓名、性别、住址和法定社会身份，签订劳动合同的法律依据，劳动合同期限，工作内容，劳动保护和劳动条件，劳动报酬，劳动纪律，变更和解除劳动合同的条件与程序，违反劳动合同的责任与处置等。

（5）招聘工作评价

招聘评估主要是指对招聘的结果、招聘的成本和招聘的方法等方面进行评估。一般在一次招聘工作结束之后，要对整个评估工作做一个总结和评价，目的是进一步提高下次招聘工作的效率。

对招聘工作的评价一般应从以下两方面进行：一是对招聘工作的效率评价，二是对录用人员的评估。

6.2.3 员工招聘渠道

1. 外部招聘

外部招聘的渠道大致有：人才交流中心和人才招聘会、传统媒体广告、网上招聘、校园招聘、人才猎取和员工推荐等。

外部招聘的优点：来源广泛，选择空间大，特别是在组织初创和快速发展时期，更需要从外部大量招聘各类员工；可以避免“近亲繁殖”，能给组织带来新鲜空气和活力，有利于组织创新和管理革新。此外，由于外部人员是新近加入组织，与其他人没有历史上的个人恩怨关系，从而在工作中可以很少顾忌复杂的人情关系；可以要求应聘者有一定的学历和工作经验，因而可节省在培训方面所耗费的时间和费用。

外部招聘的缺点：难以准确判断应聘者的实际工作能力，容易造成对内部员工的打击，费用高。

（1）人才交流中心和人才招聘会

我国很多城市都设有专门的人才交流服务机构，这些机构常年为企事业用人单位提供服务。它们一般建有人才资料库，用人单位可以很方便地在资料库中查询条件基本相符的人才资料。通过人才交流中心选择人员，有针对性强、费用低廉等优点。

人才交流中心或其他人才交流服务机构每年都要举办多场人才招聘会，用人单位的招聘者和应聘者可以直接进行接洽和交流。招聘会的最大特点是应聘者集中，用人单位的选择余地较大，费用也比较合理，而且还可以起到很好的企业宣传作用。

（2）传统媒体广告

通过报纸杂志、广播电视等媒体进行广告宣传，向公众传达招聘信息，覆盖面广、速度快。相比而言，在报纸、电视中刊登招聘广告费用较大，但容易醒目地体现组织形象；很多广播电台都开辟有人才交流节目，播出招聘广告的费用较少，但效果也比报纸、电视广告差一些。

招聘广告应该包含以下内容：

①组织的基本情况。

②招聘的职位、数量和基本条件。

③招聘的范围。

④薪资与待遇。

⑤报名的时间、地点、方式以及所需的材料等。

媒体广告招聘的优点是：信息传播范围广、速度快，应聘人员数量大、层次丰富，组织的选择余地大，组织可以招聘到素质较高的员工。

媒体广告招聘的缺点是：招聘时间较长，广告费用较高，要花费较多的时间进行筛选。

（3）网上招聘

网上招聘是一种新兴的招聘方式。它具有费用低、覆盖面广、时间周期长、联系快捷方便等优点。用人单位可以将招聘广告张贴在自己的网站上，或者张贴在某些网站上，也可以在一些专门的招聘网站上发布信息。

网络招聘由于信息传播范围广、速度快、成本低，供需双方选择余地大，且不受时间、空间的限制，因而被广泛采用。当然它也存在一定的缺点，比如容易鱼目混珠，筛选手续繁杂，以及对高级人才的招聘较为困难等。

（4）校园招聘

学校是人才高度集中的地方，是组织获取人力资源的重要源泉。对于大专院校应届毕业生招聘，可以选择在校园直接进行。校园招聘包括在学校举办的毕业生招聘会、招聘张贴、招聘讲座和毕业生分配办公室推荐等。

学校招聘的优势：组织可以在校园中招聘到大量的高素质人才；大学毕业生虽然经验较为欠缺，但是具备巨大的发展潜力；由于大学生思想较为活跃，可以给组织带来一些新的管理理念和新的技术，有利于组织的长远发展。

学校招聘的不足：学校毕业生普遍缺少实际经验，组织需要用较长的时间对其进行培训；新招聘的大学毕业生无法满足组织即时的用人需要，要经过一段较长的相互适应期；招聘所费时间较多，成本也相对较高；在大学中招聘的员工到岗率较低，而且经过一段时间后，离职率较高。

（5）人才猎取

一般认为，“猎头”是一种专门为雇主“猎取”高级人才和尖端人才的职业中介机构。

（6）员工推荐

由企业员工推荐人选，是组织招聘的重要形式。

2. 内部招聘

内部招聘就是将招聘信息公布给物流企业内部员工，员工自己可以来参加应聘。

内部招聘的优点：选任时间较为充裕，了解全面，能做到用其所长、避其所短。内部员工对组织情况较为熟悉，了解与适应工作的过程会大大缩短，他们上任后能很快进入角色。内部提升给每个人带来希望，有利于鼓舞士气，提高工作热情，调动员工的积极性，激发他们的上进心。

内部招聘的缺点：容易造成“近亲繁殖”；老员工有老的思维定式，不利于创新，而创新是组织发展的动力；容易在组织内部形成错综复杂的关系网，任人唯亲，拉帮结派，给公平、合理、科学的管理带来困难；内部备选对象范围狭窄。

6.2.4 新员工招聘的具体流程

（1）HR 在经过总部批准的年度招聘计划的指导下，按时进行计划内的人员招聘工作。

（2）人员的离职或因其他原因出现职位空缺，由相关团队的负责人提前提出，并拟定岗位职责和资格条件。由 HR 执行并告之总部执行人员补充的工作。

（3）拟定招聘广告。由所聘岗位的团队负责人编写招聘广告，经 HR 审核。

（4）批准。招聘计划报批后，将最终确定的招聘广告发布并备案。

（5）评估现有招聘渠道的有效性，根据岗位的要求在相关媒体上发布招聘信息。

（6）HR 人员负责发掘新的免费的招聘广告发布渠道。

（7）将招聘信息挂在机构的网站上。

（8）发布期随时监控招聘进展情况，检查渠道是否合适。

（9）收到应聘者的各项资料即进行初步审核，审阅其学历、经验是否符合所需，并初步淘汰资格不合格者，之后将材料转交用人部门进一步审核，通过书面材料淘汰一部分不合格的应聘者。

（10）根据需要对应聘者进行电话面试并做相关的记录，再淘汰一部分应聘者。

（11）组织面试小组成员。

（12）对应聘者进行笔试筛选及第一轮面试。

（13）如果是外地应聘者，第一轮面试可通过电话完成。

（14）安排候选人的行程及后勤工作，进行第二轮的面试。

（15）通知被录用的应聘者。

（16）与用人团队的负责人共同确定新员工的基本薪资。

（17）对被淘汰的应聘者寄发婉拒信。

（18）通知新聘员工入职，与之签订聘用合同。

（19）将其他优良人选资料保存在人力资源库。

6.3　员工培训

6.3.1　物流企业员工培训的定义与内容

1. 企业员工培训的定义

企业员工培训是指一定物流企业为开展业务及培育人才的需要，采用各种方式对员工进行有目的、有计划的培养和训练的管理活动，其目标是使员工不断地更新知识，开拓技能，改进员工的动机、态度和行为，使其适应新的要求，更好地胜任现职工作或担负更高级别的职务，从而促进组织效率的提高和组织目标的实现。

2. 物流企业培训内容与分类

（1）培训的层次与内容

组织是培训的主体，企业培训对象包括组织的全部员工，由于员工担任的职位不同，因此培训方向具有多样化的特征。一般来说，培训的层次主要划分为三大类：一是决策层人才，二是管理层人才，三是操作层人才。

培训是指组织为了实现组织自身和工作人员个人的发展目标，有计划地对全体工作人员进行训练，使之提高与工作相关的知识、技艺、能力以及态度等素质，以适应并胜任职位工作。其主要内容大体上可分为知识培训、技能培训和心理素质培训三种。

①知识培训：这是员工获取持续提高和发展的基础，员工只有具备一定的基础及专业知识，才能为其在各个领域的进一步发展提供坚实的支撑。

②技能培训：知识只有转化成技能，才能真正产生价值。我们常说的“知识就是力量”，就是这个道理。“科技是第一生产力”，只有当科技转化成生产力的时候，它才能成为第一生产力。员工的工作技能是企业生产高质量的产品和产生最佳效益、获得发展的根本源泉。因而，技能培训也是企业培训中的重点环节。

③素质培训：员工具备了扎实的理论知识和过硬的业务技能，但如果没有正确的价值观、积极的工作态度和良好的思维习惯，那么，他们给企业带来的很可能不是财富，而是损失。而高素质的员工，即使暂时在知识和技能方面存在不足，但他们会为实现目标主动、有效地去学习和提升自我，从而最终成为企业所需的人才。此类培训是企业必须持之以恒进行的核心重点。

（2）培训分类

培训可分为以下几类：

①岗前培训：新员工到职培训、调职员工岗前培训。

②在职培训：员工已经在岗位上工作一段时间，即工作过程中为获得相应知识和技能所进行的培养。

③专题培训：针对员工某一方面技能、知识或理念进行的培养。

6.3.2　培训流程

（1）各部门填写年度培训计划交与管理部审核，审核通过后可向总经理提交年度培训计划表，总经理签批后即可组织执行培训工作。

（2）临时安排的培训计划，相应部门应填写培训申请表，交管理部，管理部将在初审后上报至总经理进行审批，总经理审批通过后方可由管理部组织实施培训工作。

（3）岗前培训。新员工到职培训：由人力资源部负责，内容为物流企业简介、员工手册、人事管理规章的讲解；企业文化知识的培训；工作要求、工作程序、工作职责的说明；请业务部门进行业务技能培训。调职员工岗前培训：培训的方式及培训内容由调入部门决定。

（4）在职培训。在职培训的目的主要在于提高员工的工作效率，以更好地协调物流企业的运作及发展。培训的内容和方式均由部门决定。

（5）专题培训。物流企业根据发展需要或者部门根据岗位需要，组织部分或全部员工进行某一主题的培训工作。

（6）培训后考核。培训后的考核由培训部门自行决定，一般包括培训教师评核、经理评核及员工自评等。

（7）培训结束，由培训教师填写培训记录，连同考核表、培训教材、签到表和培训评语一起交与管理部存档。

（8）培训中如有涉及物流企业机密的内容，受训员工应严格遵守保密原则。如有泄漏，物流企业将根据具体情况给予罚款、记过或辞退处罚。

6.3.3　物流企业员工培训的方法

企业培训的效果在很大程度上取决于培训方法的选择，当前，企业培训的方法有很多种，不同的培训方法具有不同的特点，其自身也是各有优劣。要选择合适有效的培训方法，需要考虑到培训的目的、培训的内容、培训对象的自身特点及企业具备的培训资源等因素。常见的包括讲授法、工作轮换法、工作指导法或教练/实习法、研讨法、视听技术法、案例研究法、角色扮演法等方法。

1. 讲授法

讲授法属于传统模式的培训方式，是指培训师通过语言表达，系统地向受训者传授知识，期望这些受训者能记住其中的重要观念与特定知识。

（1）讲授法的要求：培训师应具有丰富的知识和经验；讲授要有系统性，条理清晰，重点、难点突出；讲授时语言清晰，生动准确；必要时运用板书；应尽量配备必要的多媒体设备，以加强培训的效果；讲授完应留有适当的时间让培训师与学员进行沟通，用问答方式获取学员对讲授内容的反馈。

（2）讲授法的优点：运用方便，可以同时对许多人进行培训，经济高效，有利于学员系统地接受新知识；容易掌握和控制学习的进度，有利于加深理解难度大的内容。

（3）讲授法的缺点：学习效果易受培训师讲授水平的影响；由于主要是单向性的信息传递，缺乏教师和学员之间必要的交流和反馈，学过的知识不易被巩固，故常被运用于一些理念性知识的培训。

2. 工作轮换法

工作轮换法是一种在职培训的方法，是指让受训者在预定的时期内变换工作岗位，使其获得不同岗位的工作经验，一般主要用于新进入员工培训。现在很多企业采用工作轮换法则是为培养新进入企业的年轻管理人员或有管理潜力的未来管理人员。

（1）工作轮换法的要求：在为员工安排工作轮换时，要考虑培训对象的个人能力以及他的需要、兴趣、态度和职业偏爱，从而选择与其相适的工作；工作轮换的时间长短取决于培训对象的学习能力和学习效果，而不是机械地规定某一时间。

（2）工作轮换法的优点：工作轮换能丰富培训对象的工作经历；工作轮换能识别培训对象的长处和短处，企业能通过工作轮换了解培训对象的专长和兴趣爱好，从而更好地开发员工的所长；工作轮换能增进培训对象对各部门管理工作的了解，扩展员工的知识面，对受训对象以后完成跨部门、合作性的任务打下基础。

（3）工作轮换法的缺点：如果员工在每个轮换的工作岗位上停留时间太短，刚所学的知识不精；由于此方法鼓励“通才化”，适合于一般直线管理人员的培训，而不适用于职能管理人员。

3. 工作指导法或教练/实习法

工作指导法或教练/实习法是由一位有经验的技术能手或直接主管人员在工作岗位上对受训者进行培训，如果是单个的一对一的现场个别培训则为企业常用的师徒培训。负责指导的教练的任务是教给受训者如何做，提出如何做好的建议，并对受训者进行鼓励。

这种方法一定要有详细、完整的教学计划，但应注意培训的要点：第一，关键工作环节的要求；第二，做好工作的原则和技巧；第三，需避免、防止的问题和错误。这种方法应用广泛，可用于基层生产工人。

（1）工作指导法或教练/实习法的要求：培训前要准备好所有的用具，搁置整齐；让每个受训者都能看清示范物；教练一边示范操作一边讲解动作或操作要领；示范完毕，让每个受训者反复模仿实习；对每个受训者的试做给予立即的反馈。

（2）工作指导法或教练/实习法的优点：通常能在培训者与培训对象之间形成良好的关系，有助于工作的开展；一旦师父调动、提升，或退休、辞职，企业能有训练有素的员工顶上。

（3）工作指导法或教练/实习法的缺点：不容易挑选到合格的教练或师父，有些师父担心“带会徒弟饿死师父”而不愿意倾尽全力，所以应挑选具有较强沟通能力、监督和指导能力以及宽广胸怀的教练。

4. 研讨法

按照费用与操作的复杂程度，研讨法又可分成一般研讨会与小组讨论法两种方式。一般研讨会多以专题演讲为主，中途或会后允许学员与演讲者进行交流沟通，一般费用较高。而小组讨论法则费用较低。研讨法培训的目的是为了提高能力，培养意识，交流信息，产生新知。研讨法比较适宜于管理人员的训练或用于解决某些有一定难度的管理问题。

（1）研讨法的要求：每次讨论要建立明确的目标，并让每一位参与者了解这些目标；要使受训人员对讨论的问题发生内在的兴趣，并启发他们积极思考。

（2）研讨法的优点：强调学员的积极参与，鼓励学员积极思考，主动提出问题，表达个人的感受，有助于激发学习兴趣；讨论过程中，教师与学员间、学员与学员间的信息可以多向传递，知识和经验可以相互交流、启发，取长补短，有利于学员发现自己的不足，开阔思路，加深对知识的理解，促进能力的提高。据研究，这种方法对提高受训者的责任感或改变工作态度特别有效。

（3）研讨法的缺点：运用时对培训指导教师的要求较高；讨论课题选择得好坏将直接影响培训的效果，受训人员自身的水平也会影响培训的效果；不利于受训人员系统地掌握知识和技能。

5. 视听技术法

视听技术法就是利用现代视听技术（如投影仪、录像、电视、电影、电脑等工具）对员工进行培训。

（1）视听技术法的要求：播放前要清楚地说明培训的目的；依讲课的主题选择合适的视听教材；以播映内容来发表各人的感想或以“如何应用在工作上”来讨论，最好能边看边讨论，以增加理解；讨论后培训师必须做重点总结或将如何应用在工作上的具体方法告诉受训人员。

（2）视听技术法的优点：由于视听培训是运用视觉和听觉的感知方式，直观鲜明，所以比讲授或讨论给人更深的印象；教材生动形象且给学员以真实感，比较容易引起受训人员的关注和兴趣；视听教材可反复使用，从而能更好地适应受训人员的个别差异和不同水平的要求。

（3）视听技术法的缺点：视听设备和教材的成本较高，内容易过时；选择合适的视听教材不太容易；学员处于消极的地位，反馈和实践较差，一般可作为培训的辅助手段。

6. 案例研究法

案例研究法是指为参加培训的学员提供员工或组织如何处理棘手问题的书面描述，让学员分析和评价案例，提出解决问题的建议和方案的培训方法。案例研究法为美国哈佛管理学院所推出，目前广泛应用于企业管理人员（特别是中层管理人员）培训。目的是训练他们的决策能力，帮助他们学习如何在紧急状况下处理各类事件。

（1）案例研究法的要求：案例研究法通常是向培训对象提供一则描述完整的经营问题或组织问题的案例，案例应具有真实性，不能随意捏造。案例要和培训内容相一致，培训对象则组成小组来完成对案例的分析，作出判断，提出解决问题的方法。随后，在集体讨论中发表自己小组的看法，同时听取别人的意见。讨论结束后，公布讨论结果，并由教员再对培训对象进行引导分析，直至达成共识。

（2）案例研究法的优点：学员参与性强，变学员被动接受为主动参与；将学员解决问题能力的提高融入到知识传授中，有利于使学员参与企业实际问题的解决；教学方式生动具体，直观易学；容易使学员养成积极参与和向他人学习的习惯。

（3）案例研究法的缺点：案例的准备需时较长，且对培训师和学员的要求都比较高；

案例的来源往往不能满足培训的需要。

7. 角色扮演法

角色扮演法是指在一个模拟的工作环境中，指定参加者扮演某种角色，借助角色的演练来理解角色的内容，模拟性地处理工作事务，从而提高处理各种问题的能力。这种方法比较适用于训练态度仪容和言谈举止等人际关系技能，比如询问、电话应对、销售技术、业务会谈等基本技能的学习和提高。角色扮演主要适用于新员工、岗位轮换和职位晋升的员工，其目的是使此类员工尽快适应新岗位和新环境。

（1）角色扮演法的要求：教师要为角色扮演准备好材料以及一些必要的场景工具，确保每一事项均能代表培训计划中所教导的行为；为了激励演练者的士气，在演出开始前及结束之后，全体学员应鼓掌表示感谢；演出结束，教员应针对各演示者存在的问题进行分析和评论。角色扮演法应和讲授法、研讨法结合使用，才能产生更好的效果。

（2）角色扮演法的优点：学员参与性强，学员与教员之间的互动交流充分，可以提高学员培训的积极性；特定的模拟环境和主题有利于增强培训的效果；通过扮演和观察其他学员的行为，学员可以学习各种交流技能；通过模拟后的指导，学员可以及时认识自身存在的问题并进行改正。

（3）角色扮演法的缺点：角色扮演法效果的好坏主要取决于培训教师的水平；扮演中的问题分析限于个人，不具有普遍性；容易影响学员的态度，而不影响其行为。

6.4　物流企业绩效评估

6.4.1　物流企业绩效评估的定义与类型

1. 绩效评估

绩效评估（performance appraisal），又称“绩效考评”“绩效评价”“员工考核”，是一种正式的员工评估制度，也是人力资源开发与管理中一项重要的基础性工作，旨在通过科学的方法、原理来评定和测量员工在职务上的工作行为和工作效果。

绩效评估是一种正式的员工评估制度，它是通过系统的方法、原理来评定和测量员工在职务上的工作行为和工作成果。绩效评估是企业管理者与员工之间的一项管理沟通活动。

绩效评估的结果可以直接影响到薪酬调整、奖金发放及职务升降等诸多员工的切身利益。

绩效评估的目的：在组织中绩效评估有多个目的，管理人员把绩效评估结果用于一般的人力资源决策，比如人员晋升、调职、解聘等，都要以绩效评估结果为基础。绩效评估结果还可用于确定培训和开发需求，可以确认员工当前不适应工作要求的能力或技能，以什么方法弥补。它还可以用来作为人员招聘与员工开发计划有效性的标准：新聘员工干得好坏，一看绩效评估结果就清楚了。同样，培训与员工职业生涯开发计划的有效性如何，也可以通过考察这些项目的参与者的绩效情况来作出评价。绩效评估还可以为员工提供反馈，让他们了解组织如何看待他们的绩效。另外，组织的奖酬分配一般也以绩效评估结果为基础，根据绩效评估的结果来决定谁会获得晋升工资或其他报酬。

2. 绩效评估的作用

绩效评估的作用是为决策提供了重要的参考依据，为组织发展提供了重要支持，为员工提供了一面有益的“镜子”，为确定员工的工作报酬提供依据，为员工潜能的评价以及相关人事调整提供了依据。

3. 绩效评估的类型

（1）效果主导型。考评的内容以考评结果为主，效果主导型着眼于“干出了什么”，重点在结果而不是行为。由于它考评的是工作业绩而不是工作效率，所以标准容易制定，并且容易操作。目标管理考评办法就是该类考评。它具有短期性和表现性的缺点，对具体生产操作的员工较适合，但对事务性人员不适合。

（2）品质主导型。考核的内容以考评员工在工作中表现出来的品质为主，着眼于“他怎么干”。由于其考评内容是员工的忠诚、可靠、主动、有创新、有自信、有协助精神等，所以很难具体掌握，操作性与效度较差。它适合于对员工工作潜力、工作精神及沟通能力的考评。

（3）行为主导型。考核的内容以考评员工的工作行为为主，着眼于“如何干”“干什么”，重在工作过程。考评的标准容易确定，操作性强，适合于管理性、事务性工作的考评。

6.4.2　绩效评估流程与执行者

1. 绩效评估流程

物流企业进行绩效评估一般要遵循一定的流程，当评估不是很熟练时，一般建议遵循流程，当熟练掌握以后可以适当地调整流程和组合。

（1）制订考核计划

①明确考核的目的和对象。

②选择考核内容和方法。

③确定考核时间。

（2）进行技术准备

绩效考核是一项技术性很强的工作。其技术准备主要包括确定考核标准、选择或设计考核方法以及培训考核人员。

（3）选拔考核人员

在选择考核人员时，应考虑两个方面的因素：第一，通过培训，可以使考核人员掌握考核理念、考核目的和考核原则；第二，进行考核的员工应熟悉考核标准，掌握考核方法，克服常见偏差。通常考核人选和被选拔者需要统一的培训。

（4）收集资料信息

收集资料信息首先要建立一套与考核指标体系有关的制度服务，其次为考评过程中所需信息做准备，最后为以后评价打基础。

（5）作出分析评价

被培训后的考核人员，利用考核标准、指标体系等工具，遵循考核计划，结合收集到的公正、客观的资料，对被考评对象进行分析和评价。

2. 考评执行者

考评的具体执行者一般可以包括直接上级考评、同级同事考评、被考评者本人考评、直属下级考评、外界专家或顾问考评，这些人员可以部分或者全部参与考评。具体人员的选择还要考虑考评的办法、被选者对于考评的熟悉程度，但是上级和本人是必然要参与的考评者。

6.4.3 绩效考评典型模式

物流企业绩效考评可以总结为以下几种典型模式。

1. “德能勤绩”式

“德能勤绩”等方面的考核具有非常悠久的历史，曾一度被国有企业和事业单位在年终考评中普遍采用，目前仍然有不少企业在沿用这种方式。

“德能勤绩”式的本质特征是：业绩方面考核指标相对“德”“能”“勤”方面比较少；大多情况下考核指标的核心要素并不齐备，没有评价标准，更谈不上设定绩效目标。

本书借用“德能勤绩”的概念，就是因为这类考核实质是没有“明确定义、准确衡量、评价有效”的关键业绩考核指标。

“德能勤绩”式除了上述典型特征外，往往还具备如下特点：

（1）很多企业是初始尝试绩效管理，绩效管理的重点往往放在绩效考核上。

（2）没有部门考核的概念，对部门负责人的考核等同于对部门的考核，没有部门考核与部门负责人考核的明确区分。

（3）考核内容更像是对工作要求的说明，这些内容一般来源于物流企业倡导的价值观、规章制度、岗位职责等。

2. “检查评比”式

国内目前绩效管理实践中“检查评比”式还是比较常见的，采用这种绩效管理模式的物流企业通常情况下基础管理水平相对较高，物流企业决策领导对绩效管理工作比较重视，绩效管理已经进行了初步的探索实践，已经积累了一些经验教训。但对绩效管理的认识在某些方面还存在问题，绩效管理的公平目标、激励作用不能充分发挥，绩效管理战略导向作用不能得到实现。

“检查评比”式的典型特征是：按岗位职责和工作流程详细列出工作要求及标准，考核项目众多，单项指标所占权重很小；评价标准多为扣分项，很少有加分项；考核项目众多，考核信息来源是个重要问题，除非个别定量指标外，绝大多数考核指标信息来自抽查；在多数情况下，物流企业组成考察组，对下属单位逐一进行监督检查，颇有检查评比的味道，不能体现对关键业绩方面的考核。

“检查评比”式考核对提高工作效率和质量是有很大作用的，通过定期不定期的检查考核，员工会感受到压力，自然会在工作要求及标准方面尽力按照物流企业的要求去做，对提高业务能力和管理水平有其积极意义。

这种模式的考核有两个重大缺陷：一是绩效考核结果没有效度，也就是说考核结果好的不一定就是对组织贡献最大的，绩效水平低的不一定考核结果差，这样自然制约着公平目标和激励作用的实现。二是由于考核项目众多，缺乏重点，实现不了绩效管理的导向作用，员工会感到没有发展目标和方向，缺乏成就感。

3. “共同参与”式

在绩效管理实践中，“共同参与”式绩效管理在国有企业和事业单位中比较常见，这些组织的显著特征是崇尚团队精神，企业变革动力不足，企业领导往往从稳定发展角度看问题，不愿冒太大风险。“共同参与”式绩效管理有三个显著特征：一是绩效考核指标比较宽泛，缺少定量硬性指标，这给考核者留出很大余地；二是崇尚360度考核，上级、下级、平级和自我都要进行评价，而且自我评价往往占有比较大的权重；三是绩效考核结果与薪酬发放联系不紧密，绩效考核工作不会得到大家的极力抵制。

“共同参与”式绩效管理对提高工作质量和团队精神的养成是有积极作用的，可以维系组织稳定的协作关系，约束个人的不良行为，督促个人完成各自任务以便团队整体工作的完成。它在以绩效提升为主要目标、团队协作为主要特征的组织中是适用的。但这种绩效管理有其适用范围，如果采用不当会带来严重的负面效果，主要表现在以下几个方面。

第一，大部分考核指标不需要过多的考核信息，一般被考核者根据自己的印象就能打分，考核随意性较大，人情风现象严重，容易出现“有意识的误差”和“无意识的误差”。

第二，在自我评价占有太大的分量的情况下，由人的本性决定，在涉及个人利益关系的情况下，个人对自己的评价不可能公正客观，“吃亏”的往往是“实在”人。

第三，这种评价一般与薪酬联系不太紧密，薪酬的激励作用有限。

第四，表面是和谐的氛围，实则是对创新能力的扼杀，这对创新要求高的组织是非常致命的。往往最终结果是，最有思想、最有潜力的员工要么被迫离开组织，要么被组织同化不再富有创造力。

4. “自我管理”式

“自我管理”式是世界一流企业推崇的管理方式，这种管理理念的基础是对人性的假设坚持Y理论：认为员工视工作如休息、娱乐一般自然；如果员工对某些工作作出承诺，他们会进行自我指导和自我控制，以完成任务；一般而言，每个人不仅能够承担责任，而且会主动寻求承担责任；绝大多数人都具备作出正确决策的能力，而不仅仅是管理者才具备这一能力。

“自我管理”式的显著特征是：通过制定激励性的目标，让员工们为目标的达成负责；上级赋予下属足够的权利，一般很少干预下属的工作；很少进行过程控制考核，大都注重最终结果；崇尚“能者多劳”的思想，充分重视对人的激励作用，绩效考核结果除了与薪酬挂钩外，还决定着员工岗位的升迁或降职。

“自我管理”式绩效管理激励效应较强，能充分调动人的主动积极性，能激发有关人员尽最大努力去达到目标，对提高物流企业效益是有好处的。但采用这种模式时应注意适用条件，如果适用条件不具备，可能会发生严重的问题和后果，不能保证个人目标和组织目标的实现。“自我管理”式绩效管理有如下特点：

第一，“自我管理”推崇的是 Y 理论人性假设，在中国社会目前的发展水平情况下，如果缺乏有效监督检查，期望员工通过自我管理来实现个人目标有时是不现实的。因为有的员工自制能力差，不能有效约束自己，如果不实行严格管理将不能达成其个人目标。

第二，“自我管理”式绩效管理缺乏过程控制环节，对目标达成情况不能及时监控，不能及时发现隐患和危险，等发现问题时可能已经太迟，没有挽回余地了，因此可能会给组织带来较大损失。

第三，绩效辅导实施环节工作比较薄弱，上级领导往往不能及时对被考核者进行绩效辅导，也不能及时给予下属资源上的支持，因此绩效管理提升空间有限。

第四，考核者通常小集体意识严重，不能站在物流企业全局角度看问题，被考核者绩效目标与组织目标往往不一致，不能保证物流企业战略发展目标的实现。

6.5　薪酬管理

6.5.1　薪酬管理概述

1. 薪酬

(1) 薪酬的定义

薪酬是指员工向其所在单位提供所需要的劳动而获得的各种形式的补偿，是单位支付给员工的劳动报酬。

薪酬包括经济性薪酬和非经济性薪酬两大类。经济性薪酬分为直接经济性薪酬和间接经济性薪酬。直接经济性薪酬是单位按照一定的标准以货币形式向员工支付的薪酬。间接经济性薪酬不直接以货币形式发放给员工，但通常可以给员工带来生活上的便利，减少员工额外开支或者免除员工后顾之忧。非经济性薪酬是指无法用货币等手段来衡量，但会给员工带来心理愉悦效用的一些因素。

(2) 薪酬的分类

①货币性薪酬：包括直接货币薪酬、间接货币薪酬和其他的货币薪酬。其中直接货币薪酬包括工资、福利、奖金、奖品、津贴等；间接货币薪酬包括养老保险、医疗保险、失业保险、工伤及生育保险、住房公积金、餐饮等；其他货币性薪酬包括有薪假期、休假日、病事假等。

②非货币性薪酬：包括工作、社会和其他方面。其中工作方面包括工作成就，工作有挑战感、责任感等的优越感觉；社会方面包括社会地位、个人成长、实现个人价值等；其他方面包括友谊关怀、舒适的工作环境、弹性工作时间等。

(3) 薪酬支付依据

研究薪酬的首要问题是为什么向员工支付薪酬？应该依据什么向员工支付薪酬？关于这些问题的研究有很多理论，比如薪酬决定理论、薪酬差别理论、薪酬分配理论等，这些理论对上述问题或多或少都有阐述。依据什么给员工定薪是个实践性命题，每个企业都要作出选择。

薪酬支付依据是指单位依据什么向员工支付薪酬。薪酬支付依据有以下几个方面：员工从事的岗位，员工从事的职务，员工具备的技能、能力、资历，员工的工作业绩等。

①依据岗位付薪酬。依据岗位价值付薪酬是大多数物流企业采用的方式，岗位价值体现在岗位责任、岗位贡献、知识技能等方面。

②依据职务付薪酬。依据职务付薪酬是依据岗位付薪酬的简化，依据职务付薪酬不能体现同一职务不同岗位的差别。职务和岗位的区别在于：岗位不仅体现层级还要体现工作性质，如财务部部长、市场经理等；而职务一般只表达出层级，不能体现工作性质因素，如科长、部长、主管等。

③依据技能（能力）付薪酬。依据技能付薪酬和依据能力付薪酬在理论概念上是有区别的，技能是能力的一个组成要素。在企业薪酬实践中，一般对工人习惯以技能付薪酬，而对管理人员习惯以能力付薪酬。

④依据业绩付薪酬。依据个人、部门、组织的绩效进行付薪酬。

⑤依据市场付薪酬。依据市场价值的多少进行付薪酬。

（4）薪酬作用

薪酬在促进社会、经济发展过程中起到非常重要的作用，薪酬是平衡社会发展、促进社会和谐、实现社会文明的重要元素。其作用主要体现在以下几个方面：

①薪酬具有维持和保障作用。劳动是价值创造的源泉，员工通过脑力或体力劳动的支出，为组织创造了价值，组织给员工支付报酬作为回报。那么员工为什么会为组织工作呢？因为获得这些回报对员工来说很重要。首先，员工必须购买必要的生活资料以维持生活的需要，比如衣食住行等方面的支出。其次，为了满足技术进步以及生产发展的需要，员工需要不断提高自己的技能以免被组织淘汰，这样在学习、培训、进修等方面的支出是不可缺少的。最后，员工为了满足自身需求，在娱乐、社交等方面也会有支出。从经典理论来讲，以上几个方面都是维持生产所必需的。除此之外，维持再生产所必需的在子女养育等方面的支出也越来越大。

从以上分析可以看出，薪酬对于员工是很有必要的，对员工而言意味着保障；薪酬对于组织而言也是必要的，因为这是维持劳动力生产和再生产的需要。

②薪酬具有激励作用。从绩效管理模型可以看出，绩效管理获得良性循环，以下三个环节是非常重要的：一是目标管理环节，二是绩效考核环节，三是激励控制环节。

在激励控制环节，通过适当激励使个人满意，产生激励效应，从而提高个人和组织的效率，这是绩效管理的目标之一，而薪酬在这个方面起着决定性的作用，如图 6-1 所示。

③薪酬具有优化劳动力资源配置功能。薪酬具有劳动力资源的配置功能，不同区域、不同行业、不同职业的薪酬不一样，劳动力供给和需求的矛盾在劳动力价格形成过程中起着非常重要的作用。

当某一地区劳动力供不应求时，会导致这一地区薪酬水平的增加，薪酬的增加会吸引其他地区劳动力向紧缺的区域流动，这样会增加这一地区劳动力的供给，将薪酬维持在适

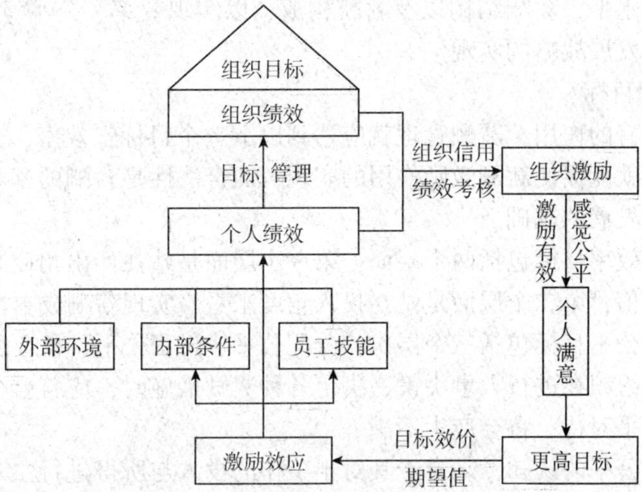

图 6-1　激励过程

当的水平。

当某一行业劳动力供不应求时，会导致这一行业薪酬水平的增加，薪酬的增加会吸引其他行业劳动力向紧缺的行业流动，这样会增加这一行业劳动力的供给，将薪酬维持在适当的水平。

当某一职业劳动力供不应求时，会导致这一职业薪酬水平的增加，薪酬的增加会吸引其他职业劳动者或新就业劳动者向紧缺职业流动，这样会增加这一职业劳动力的供给，最终将薪酬维持在适当的水平上。

当然上述流动过程并不是自然而然实现的，会受到很多因素的制约。劳动力跨区域流动会受到地域限制和生活习惯、生存成本的制约，跨行业流动受到行业政策、行业经验的制约，跨职业人才流动受到知识技能、职业经验的制约。

2. 薪酬管理

(1) 薪酬管理的定义

薪酬管理是在组织发展战略指导下，对员工薪酬支付原则、薪酬策略、薪酬水平、薪酬结构、薪酬构成进行确定、分配和调整的动态管理过程。

薪酬管理要为实现薪酬管理目标服务，薪酬管理目标是基于人力资源战略设立的，而人力资源战略服从于企业发展战略。

薪酬管理包括薪酬体系设计、薪酬日常管理两个方面。

薪酬体系设计主要是薪酬水平设计、薪酬结构设计和薪酬构成设计；薪酬日常管理是由薪酬预算、薪酬支付、薪酬调整组成的循环，这个循环可以称为薪酬成本管理循环。

薪酬设计是薪酬管理最基础的工作，如果薪酬水平、薪酬结构、薪酬构成等方面有问题，企业薪酬管理不可能取得预定目标。

薪酬预算、薪酬支付、薪酬调整工作是薪酬管理的重点工作，应切实加强薪酬日常管理工作，以便实现薪酬管理的目标。

薪酬体系建立起来后，应密切关注薪酬日常管理中存在的问题，及时调整物流企业薪酬策略，调整薪酬水平、薪酬结构以及薪酬构成，以实现效率、公平、合法的薪酬目标，从而保证物流企业发展战略的实现。

（2）薪酬管理目标

薪酬要发挥应有的作用，薪酬管理就应达到以下三个目标：效率、公平、合法。达到效率和公平目标，就能促使薪酬激励作用的实现；而合法性是薪酬的基本要求，因为合法是物流企业存在和发展的基础。

①效率目标。效率目标包括两个层面：第一个层面是站在产出角度来看，薪酬能给组织绩效带来最大价值；第二个层面是站在投入角度来看，实现薪酬成本控制。

②公平目标。公平目标包括三个层次：分配公平、过程公平、机会公平。

分配公平是指组织在进行人事决策、决定各种奖励措施时，应符合公平的要求。如果员工认为受到不公平对待，将会产生不满。

员工对于分配公平的认知，来自于其对于工作的投入与所得进行主观比较而定，在这个过程中还会与过去的工作经验、同事、同行、朋友等进行对比。分配公平分为自我公平、内部公平和外部公平三个方面。自我公平，即员工获得的薪酬应与其付出成正比；内部公平，即同一企业中，不同职务的员工获得的薪酬应正比于其各自对企业做出的贡献；外部公平，即同一行业、同一地区或同等规模的不同企业中类似职务的薪酬应基本相同。

过程公平是指在决定任何奖惩决策时，组织所依据的决策标准或方法符合公正性原则，程序公平一致，标准明确，过程公开等。

机会公平指组织赋予所有员工同样的发展机会，包括组织在决策前与员工互相沟通，组织决策时考虑员工的意见，主管考虑员工的立场，建立员工申诉机制等。

③合法目标。合法目标是企业薪酬管理的最基本前提，要求企业实施的薪酬制度符合国家、省区的法律法规、政策条例要求，如不能违反最低工资制度、法定保险福利、薪酬指导线制度等的要求规定。

6.5.2　薪酬管理基本工资制度

在企业薪酬管理实践中，根据薪酬支付依据的不同，有岗位工资、职务工资、技能工资、绩效工资、工龄工资、薪级工资等薪酬构成元素。通常企业选择一个或两个为主要形式，其他为辅助形式。选择并确定工资制度形式是很关键的，这体现着物流企业的价值导向。

1. 岗位工资制和职务工资制

（1）岗位工资制

岗位工资制是依据任职者在组织中的岗位确定工资等级和工资标准的一种工资制度。

岗位工资制基于这样两个假设：第一，岗位任职要求刚好与任职者的能力素质相匹配，如果员工能力超过岗位要求，意味着人才的浪费；如果员工能力不能完全满足岗位要求，则意味着任职者不能胜任岗位工作，无法及时、保质保量地完成岗位工作。第二，相同岗位获得相同的工资，即岗位等级相同、应发工资相等。

岗位工资制的理念是：不同的岗位将创造不同的价值，因此不同的岗位将给予不同的工资报酬；同时企业应该将合适的人放在合适的岗位上，使人的能力素质与岗位要求相匹配，对于超过岗位任职要求的能力不给予额外报酬；岗位工资制鼓励员工通过岗位晋升来获得更多的报酬。

（2）职务工资制

职务工资制是简化了的岗位工资制。职务和岗位的区别在于：岗位不仅表达出层级还表达出工作性质，比如人力资源主管、财务部部长等就是岗位；而职务仅仅表达出层级，比如主管、经理，以及科长、处长等。职务工资制在国有企业、事业单位以及政府机构得到了广泛的应用。

职务工资制只区分等级，事实上和岗位工资具有本质的不同。岗位工资体现不同岗位的差别，岗位价值综合反映了岗位层级、岗位工作性质等多方面因素，是市场导向的工资制度；而职务工资仅仅体现层级，是典型的等级制工资制度。职务工资制的特点与岗位工资制的优缺点近似，但相对于岗位工资制，职务工资制最大的特点是：根据职务级别定薪酬，某些人可能没有从事什么岗位工作，但只要到了那个级别就可以享受相应的工资待遇，这是对内部公平的最大挑战。

2. 技能工资制和能力工资制

与岗位工资制、职务工资制不同，技能工资制和能力工资制是基于员工的能力，它不是根据岗位价值的大小来确定员工的报酬，而是根据员工具备的与工作有关的技能和能力的高低来确定其报酬水平。

（1）技能工资制

技能工资制根据员工所具备的技能而向员工支付工资，技能等级不同，薪酬支付标准也不同。

技能通常包括三类：深度技能、广度技能和垂直技能。深度技能指从事岗位工作有关的知识和技能，深度技能表现在能力的纵向结构上，它强调员工在某项能力上不断提高，鼓励员工成为专家。广度技能指从事相关岗位工作有关的知识和技能，广度技能表现在能力的横向结构上，它提倡员工掌握更多的技能，鼓励员工成为通才。垂直技能指的是员工进行自我管理，掌握与工作有关的计划、领导、团队合作等技能，垂直技能鼓励员工成为更高层次的管理者。

（2）能力工资制

能力工资制根据员工所具备的能力向员工支付工资，员工能力不同，薪酬支付标准也不同。

在人力资源开发与管理中，能力多指一种胜任力和胜任特征，是员工具备的能够达成某种特定绩效或者是表现出某种有利于绩效达成的行为能力。

根据“能力冰山模型”，个人绩效行为能力由知识、技能、自我认知、品质和动机五大要素构成。知识是指个人在某一特定领域拥有的事实型与经验型信息；技能是指结构化地运用知识完成某项具体工作的能力，即对某一特定领域所需技术与知识的掌握情况；自我认知是个人关于自己的身份、人格以及个人价值的自我感知；品质是指个性、身体特征对环境和各种信息所表现出来的持续而稳定的行为特征；动机是指在一个特定领域自然而持续的想法和偏好（如成就、亲和力、影响力）。它们将驱动、引导和决定一个人的外在行动。

其中，知识和技能是“水面以上部分”，是外在表现，是容易了解与测量的部分，相对而言也比较容易通过培训来改变和发展；而自我认知、品质和动机是“水面以下部分”，是内在的、难以测量的部分，它们不太容易通过外界的影响而得到改变，但却对人员的行为与表现起着关键性的作用。

（3）技能工资制和能力工资制的特点

技能工资制和能力工资制的理念是：“你有多大能力，就有多大的舞台。”技能工资制和能力工资制真正体现“以人为本”的理念，给予员工足够的发展空间和舞台，如果员工技能或能力大大超过目前岗位工作要求，将给员工提供更高岗位工作机会，如果没有更高层次岗位空缺，也将给予超出岗位要求的技能以额外报酬。

3. 绩效工资制

绩效工资制是以个人业绩为付酬依据的薪酬制度，绩效工资制的核心在于建立公平合理的绩效评估系统。绩效工资制可以应用在任何领域，适用范围很广，在销售、生产等领域更是得到大家认可，计件工资制、提成工资制也都是绩效工资制。

绩效工资制的优点如下：

（1）有利于个人和组织绩效的提升。绩效工资制的采用需要对绩效进行评价，给予员工一定的压力和动力，同时需要上级主管对下属不断进行绩效辅导和资源支持，因此会促进个人绩效和组织绩效的提升。

（2）实现薪酬内部公平和效率目标。因为根据绩效付薪酬，有助于打破大锅饭、平均主义思想，鼓励多劳多得，因而可实现薪酬的内部公平以及提高效率这两个目标。

（3）人工成本低。一方面，虽然对业绩优异者给予较高报酬会给物流企业带来一定程度人工成本的增加，但事实上，优秀员工报酬增加是以给物流企业带来价值为前提的，员工获得高报酬的同时物流企业也获得了更多的利益；另一方面，物流企业给予业绩低下者较低薪酬或淘汰业绩低下者，会大大降低工资成本。

绩效工资制的缺点如下：

（1）短视行为。由于绩效工资与员工本期绩效相关，易造成员工只关注当期绩效产生短视行为，可能为了短期利益的提高而忽略组织长远的利益。

（2）员工忠诚度不足。如果绩效工资所占比例过大，固定工资太少或者没有，由于保健因素的缺乏，容易使员工产生不满意。另外，这种工资制度不可避免会有员工被淘汰，员工流动率比较高。这两方面都会影响员工的忠诚度，影响组织的凝聚力。

4. 组合工资制度

在企业薪酬管理实践中，除了以岗位工资、技能工资、绩效工资中的一个为主要元素外，很多情况下是以两个元素为主，以充分发挥各种工资制度的优点。常见的组合工资制度有岗位技能工资制和岗位绩效工资制。

（1）岗位技能工资制

岗位技能工资制是以按劳分配为原则，以劳动技能、劳动责任、劳动强度和劳动条件等基本劳动要素为基础，以岗位工资和技能工资为主要内容的企业基本工资制度。技能工资主要与劳动技能要素相对应，确定依据是岗位、职务对劳动技能的要求以及雇员个人所具备的劳动技能水平。技术工人、管理人员和专业技术人员的技能工资可分为初、中、高三大工资类别，每类又可分为不同的档次和等级。岗位工资与劳动责任、劳动强度、劳动条件三要素相对应，它的确定是依据三项劳动要素评价的总分数，划分几类岗位工资的标准，并设置相应档次。一般采取一岗多薪的方式，视劳动要素的不同，同一岗位的工资有所差别。

我国大多数企业在进行岗位技能工资制度改革中，除设置技能和岗位两个主要单元外，一般还加入工龄工资、效益工资和各种津贴等。

（2）岗位绩效工资制

岗位绩效工资制得到广泛应用是因为在当前市场竞争中，为了激励员工，将员工业绩与收入联系起来是很多企业采取的办法。除了在企业中得到广泛应用之外，很多事业单位也采取岗位绩效工资制度。

事业单位的岗位绩效工资由岗位工资、工龄工资、绩效工资和津贴补贴四部分构成。

事业单位员工可分为专业技术人员、管理人员、技术工人、普通工人四个序列。

专业技术人员岗位工资根据本人现聘用的专业技术岗位（通俗地讲就是获得了职称并且被聘用）来执行相应的岗位工资标准，管理人员按本人现聘用的岗位（任命的职务）来执行相应的岗位工资标准，技术工人按本人现聘用的岗位（技术等级或职务）来执行相应的岗位工资标准，普通工人执行普通岗位工资标准。

工龄工资是根据任职者工龄、任本岗位年限以及岗位等级来确定，其实质是对岗位工资进行修正，对经验丰富者给予更多报酬，保护老员工的切身利益，鼓励员工长期稳定地为企业工作。

绩效工资一般是上级主管部门核定绩效工资总量，由各单位自主制定绩效工资分配方案，可以采取灵活多样的分配形式和办法。

6.5.3　薪酬管理体系设计

1. 薪酬体系设计理念

薪酬管理包括薪酬体系设计、薪酬日常管理两个方面，薪酬体系设计是建立薪酬制度的基础工作。3PM 是以岗位因素、个人因素、业绩因素以及人力资源市场价格为依据进行分配的薪酬体系，3PM 薪酬模型如图 6-2 所示。3PM 薪酬模型坚持以岗位付酬理念，以岗位付酬更能体现内部公平，同时具有便于考核、控制人工成本等优点。

3PM 薪酬模型在坚持以岗位付薪酬为主的前提下，考虑任职者个人因素，个人技能因素、资历因素以及其他特殊差别因素将对薪酬带来一定的影响。3PM 薪酬模型强调员工收入与组织绩效、部门绩效、个人绩效紧密联系，最大限度发挥薪酬的激励作用，同时使员工与组织休戚与共。3PM 薪酬模型强调员工收入要随人力资源市场行情因素及时调整，使物流企业薪酬水平保持一定的竞争力。

2. 薪酬体系设计原则

3PM 薪酬体系设计应该坚持以下基本原则。

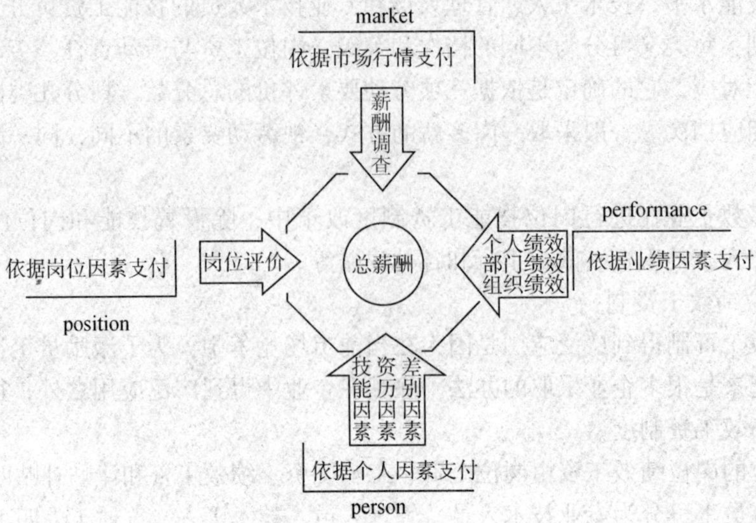

图 6-2　薪酬设计理念

（1）战略导向原则

企业的薪酬不仅仅是一种制度，更是一种机制，应该将薪酬体系构建与企业发展战略有机结合起来，使薪酬在实现企业发展战略方面发挥重要作用。在薪酬设计中，应驱动和鞭策那些有利于企业发展战略实现的因素得到成长和提高，使不利于企业发展战略实现的因素得到有效的遏制、消退和淘汰。薪酬的上述作用是通过制定恰当的薪酬策略来实现的，薪酬策略包括薪酬水平策略、薪酬结构策略、薪酬构成策略、薪酬支付策略、薪酬调整策略等几个方面。

某国有经贸物流企业主营招标代理业务和外贸进出口业务，其作为行业系统内最大的招标物流企业，系统内招标业务占有非常大的比重，同时政府采购招标、工程招标业务近年也获得了一定的发展。物流企业招标业务获得快速发展得益于近年来部门承包制的有效推行：业务收入的40%归部门支配，除去必要的招待费、办公费用外，大部分收入以工资、奖金形式分配到每位部门员工。这样的方式对部门员工尤其是骨干员工的激励效果非常明显，但这种分配机制也带来了一定的负面影响，具体如下：

首先，物流企业另外一个重要业务外贸进出口业务一直没有发展起来。物流企业招标业务基础好，员工收入高，项目风险也相对较小，由此导致大部分员工不愿意从事外贸进出口业务，因而这方面的业务一直没有发展起来。

其次，随着物流企业业务规模的扩大，在一些重大招标代理业务中面临着给物流企业品牌、资质等带来影响和损失的风险，但物流企业对项目运作缺乏有效控制手段，为了部门利益违规操作，打政策擦边球的现象时有发生。

最后，目前薪酬分配方式对物流企业员工培养不力，各部门都不乐意接收培养新员工，这对物流企业的长远发展带来严重影响。

正是因为上述问题的存在，物流企业决策领导意识到要通过薪酬变革和加强绩效管理改变目前这种状况，以便实现物流企业招标代理业务和外贸业务同步发展的战略。在新形势下，必须改变已经实行多年的，曾给物流企业发展带来重大作用的体现承包思想的薪酬分配和激励方式。

（2）相对公平原则

公平包括三个层次，即机会公平、分配公平、结果公平。

机会公平是最高层次的公平，机会公平的实现受到企业管理水平以及整个社会发展水平的影响，员工能够获得同样的机会是一种理想状态，因此在薪酬决策过程中要适度考虑机会公平。组织在决策前应该与员工互相沟通，在涉及员工切身利益问题的决策时应该考虑员工的意见，主管应该考虑员工的立场，应该建立员工申诉机制等。

薪酬制度本身的设计就是为了实现过程公平，应该保证制度得到切实有效执行，保证制度的权威性和严肃性，因此在薪酬设计和薪酬分配过程中要体现过程公平。

分配公平包括三个层面：自我公平、内部公平和外部公平。自我公平是员工对自己付出与获得报酬的满意感觉，人的本性决定人往往是不知足的，因此相对于自我公平，企业应该追求的是相对公平；内部公平和外部公平是薪酬设计应该注意的问题，因为只有实现内部公平和外部公平，才不会导致员工不满意。

结果公平是所有企业最应关注的问题，同时企业不能忽视过程公平问题，因为过程不公平会对结果公平带来影响，如果只关注过程公平而忽视结果公平，那过程公平是没有意义的。事实上，很多企业实行的薪酬保密制度是与过程公平原则相违背的，但这有其存在的道理，因为只有在保证结果公平的前提下过程公平才有意义，结果不公平而追求过程公平没有意义。

需要指出的是，公平是种感觉和认知，不同的人对其他人和自己有不同的认知。从某种角度来看，员工认为不公平是正常现象，如果大家都认为公平，往往意味着绝对的不公平，因此企业追求的应该是相对公平。

（3）激励有效原则

我们知道在绩效管理模型中，激励效应、技能因素、外部环境、内部条件是影响绩效的四个因素。在这四个因素中，只有激励因素是最具主动性、积极性的因素，因此只有实现激励效应，个人绩效和组织绩效才能得以提升。激励有效原则主要体现在激励内容和激励方式要符合个体实际情况，以下几个方面应该得到企业管理者的重视。

①一方面在我国目前发展阶段下，绩效工资、奖金等报酬具有比较强的激励作用，因此在激励内容上，应该详细分析划定固定收入与浮动收入的比例关系，在固定收入满足员工生活基本需要的环境下，应加大绩效工资、奖金等激励薪酬的比重；另一方面在重视物质激励作用的同时，不能忽视精神激励的重要作用。

②在激励方式上，首先应该加强激励的及时性，很多企业奖金全部采用年终发放的形式，太长延迟发放时间往往使绩效考核信息数据存在偏差。如果奖金分配过程中缺乏透明度，将导致员工不会将工作努力与奖金多少建立直接联系，这样大大降低了奖金的激励作用。其次，要恰当使用正激励和负激励。在我国目前阶段，员工还没有非常高的成熟度，有些员工自我管理、自我控制能力不足，只有正激励没有负激励的模式不能保证任务目标的完成，而只有负激励没有正激励会引起员工严重不满。因此应平衡使用正激励和负激励，做得好的员工应该得到及时奖励，存在不足的地方应及时指出来并给予适度的鞭策。

③企业在进行薪酬设计时要充分考虑薪酬激励作用的投入产出关系，因为薪酬激励是有成本的，成本就是人力资源额外的投入，产出就是物流企业效益的增加。应该对为物流企业创造更多价值的环节给予更多的激励，对不能为物流企业创造更多价值的环节给予较少的激励。

注意这里谈到的价值指的是增量价值，我们不能说业务部门与人力资源等职能部门相比创造了更多的价值，因为没有人力资源等职能环节，整个价值创造过程就不会实现。因此，不能说谁比谁的价值更大，缺少哪个部门都不行，物流企业是个有机的整体。但是我们可以说，业务部门可以创造更多的价值，而职能部门创造的价值基本是稳定的。因此，我们在进行薪酬设计的时候，要考虑部门的工作性质，给予职能部门员工的固定收入高于业务部门员工，而业务部门员工激励性质的收入要大于职能部门员工。

④激励效应发生作用首先要解决内部公平问题，真正解决内部公平问题要根据员工的能力和贡献大小适当拉开差距，让贡献大的获得较多的报酬，以充分调动他们的积极性。不同的岗位价值不一样，同一岗位不同任职者能力也有差别，因此员工贡献不可能一样大。如果贡献大者与贡献小者获得同样报酬，表面来看似乎是平等的，事实上是不公平的。因此，薪酬设计时要将员工收入根据岗位因素、个人因素、业绩因素等方面适当拉开差距。

⑤一方面，企业在进行薪酬设计时，要将不同层级员工间的收入适当拉开差距，调动员工的积极性和工作热情，让员工看到奋斗的目标和方向；另一方面，这个差距也不能过于悬殊，过于悬殊的薪酬政策容易导致员工内部不公平，影响员工的积极性，影响上下级之间的工作关系，拉开上下级之间的距离，不利于团队氛围的形成。

（4）外部竞争原则

高薪收入对优秀人才具有不可替代的吸引力，因此若要保留和吸引优秀人才，企业薪酬水平应该具有一定的竞争力。企业在进行薪酬设计时必须考虑区域薪酬水平、同行业薪酬水平以及竞争对手的薪酬水平，同时结合企业的市场地位、人力资源储备以及物流企业盈利情况综合确定薪酬水平。在薪酬设计时，我们应考虑以下几个方面：

①劳动力市场供求状况是进行薪酬设计时必须考虑的因素。目前，我国人力资源市场的主要特征是：新毕业大学生、基层管理人员、普通专业技术人员供给充足，人力资源总量供大于求；而中高层管理人员、中高级专业技术人员还比较缺乏，尤其行业高级管理人员、高水平的专业技术人员更是供不应求；技术工人，尤其是高水平技术工人也比较缺乏；普通操作工人供求存在着严重的结构失衡，某些地区某个时间段供过于求，而其他地区某个时段可能供不应求。

对人力资源市场供应比较充足、对工作经验要求不高的岗位，不宜一开始就提供太高的薪酬。应该提供一个适度竞争力的薪酬，或者不低于市场平均水平的薪酬，根据业绩表现淘汰不合格者，同时为业绩优秀者留出足够的晋级空间。很多企业薪酬比较稳定，同一岗位员工薪酬均保持在较高水平，这样的企业对新招聘员工往往也给予较高的薪酬。如果随着员工能力提高而不能给予薪酬晋级激励，往往会造成员工不满意，导致优秀员工离职，这样的现象在国有企业中经常存在。

对于中高层管理岗位、中高级专业技术人员，应根据人力资源市场价格，提供具有竞争力的薪酬。对于企业发展所需的战略性、关键性人才，薪酬水平应在市场上具有一定的竞争力，以便保留和吸引这些人才。

②物流企业行业地位、人力资源储备以及物流企业财务状况都应是企业薪酬设计时必须要考虑的因素。

如果物流企业在行业内具有重要的地位，员工以在该物流企业工作为荣，那么一般情况下不必采取市场领先薪酬策略，因为员工在这里工作除了获得经济性薪酬外，其他非经济性薪酬也是非常重要的，比如社会地位、培训发展机会等。如果物流企业在行业内不是处于领先地位，那么薪酬就不能低于行业平均水平，否则就存在着人员流失的危险。

物流企业人力资源储备比较充足，说明物流企业整体薪酬水平（经济性薪酬和非经济性薪酬）是令员工比较满意的，因此在薪酬设计时薪酬水平就不应再进行大幅度提高；反之，如果物流企业处于快速发展阶段，人力资源储备严重不足，应该及时调整薪酬策略，使员工薪酬水平保持一定的竞争力。

如果物流企业盈利情况较好，为股东创造了更多价值，可以适度提高员工收入水平，以实现股东、管理者和员工的多赢局面。如果物流企业盈利情况比较差甚至是亏损，员工尤其是中高层管理者的薪酬应该受到一定影响。

（5）经济性原则

薪酬设计必须充分考虑企业自身的发展特点以及支付能力，平衡股东和员工利益的关系，平衡企业的短期和长期发展。薪酬设计要进行人工成本测算，将人工成本控制在一个合理范围内，以下几个方向应该得到管理者的重视。

①吸引人才不能完全依靠高薪政策。很多企业为了吸引和保留优秀人才，不惜一切代价提高薪酬标准，其实这是不可取的。吸引人才的方式有很多，除了优厚的薪酬外，良好的工作条件、和谐的人际关系、施展本领的舞台和空间等都是非常重要的因素。如果一味提高薪酬标准而在其他方面仍存在较大欠缺，高薪不仅不会带来预期的效果，可能还会带来严重的负面影响。首先这大大增加了企业人工成本；其次可能会引起企业内部不公平，给其他员工的积极性带来严重影响。

②进行薪酬设计时要进行人工成本测算，详细分析人力资源投入产出关系。如果高薪吸引了优秀的人才，但发挥不了作用，创造不出预期的绩效，这样高薪就失去了意义。

③对于资本密集型企业，人工成本在总成本中的比重较小，应该将注意力集中在提高员工的士气和绩效上，不必过分计较支付水平的高低。

④对于劳动密集型企业，人工成本在总成本中的比重较大，因此需要详细进行外部市场薪酬调查分析，给员工支付合适的薪酬水平，薪酬水平与行业薪酬水平要基本一致。

⑤对于知识密集型企业，一般情况下人工成本占总成本的比重较大，但对这类企业而言高素质的人才是企业发展不可缺少的，因此薪酬水平应该在行业内具有一定的竞争力。

另外，应仔细研究物流企业产品或服务价值创造过程，分析各个环节所创造的价值，给予员工合适的薪酬水平，平衡股东、管理者和员工的利益。

（6）合法原则

薪酬设计要遵守国家法律、法规和政策规定，这是薪酬设计最基本的要求。特别是有关国家强制性规定，企业在薪酬设计中是不能违反的，比如最低工资制度、加班加点工资支付问题、员工养老保险等福利问题，企业必须要遵守。

3. 薪酬构成

3PM 薪酬体系由保健因素薪酬、短期激励薪酬和长期激励薪酬构成。保健因素薪酬包括固定工资、津贴补贴和福利，短期激励薪酬包括绩效工资和奖金，长期激励薪酬是期权激励。而基本工资和绩效工资共同组成了岗位工资。

4. 制定薪酬策略

（1）薪酬策略的含义

薪酬策略是指将企业战略和目标、文化、外部环境有机地结合从而制定的对薪酬管理的指导原则。薪酬策略对薪酬制度的设计与实施提供了指导思想。确定薪酬策略是企业薪酬设计的基础，薪酬策略要在以下几个方面作出说明。

①物流企业倡导的分配理念，确定基本工资制度。

②对员工本性以及需求的认识，对员工总体价值贡献的认识，对物流企业核心价值创造环节以及管理人员、技术人员、销售人员等在物流企业的地位和作用的认识。

③与同行业比较，我们的薪酬应该在什么水平。

④收入分配政策，如何认识不同岗位之间、相同岗位不同任职者之间的薪酬差距，如何认识物流企业的薪酬水平，以及员工收入与员工个人、组织业绩的关系等各个方面。

⑤如何看待员工薪酬调整问题。

（2）制定薪酬策略时需要考虑的因素

①企业发展战略及发展阶段因素。在薪酬设计时必须充分考虑企业的发展战略，这与战略导向原则是一致的。如果物流企业实行的是差异化战略，对于关键岗位实行竞争力薪酬是必要的；如果企业实行的是成本领先战略，过高竞争力的薪酬是没必要的。企业薪酬设计必须结合物流企业发展战略来进行，事实上将物流企业发展战略进行分解得到人力资源战略及实施举措的这个过程中，薪酬理念及薪酬策略都将得到反映。

设计薪酬还必须结合企业自身的发展阶段，不同的阶段对薪酬策略的要求是不一样的。比如创立初期企业薪酬政策重点关注的是易操作性，成长期企业更关注激励性，而成熟期企业更关注公平性。

②企业文化因素。企业文化是长期的历史积淀，是集体无意识的表现，在制定薪酬策略时要考虑企业核心价值观因素，薪酬水平、薪酬结构、薪酬构成等设计都应体现物流企业的企业文化特征。对于平均主义的企业文化，薪酬构成中固定收入应该占有绝大部分比重，绩效工资和奖金等浮动薪酬应该占有较小的比重，薪酬公平性应更关注内部公平，尽量减少薪酬差距；而对于业绩导向的企业文化，薪酬构成中固定收入应该占有较小的比重，绩效工资和奖金等浮动薪酬应该占有较大的比重，薪酬结构更应关注外部竞争性，内部薪酬应尽量拉开差距，体现多劳多得的思想。

③内部条件因素。企业制定薪酬策略的时候，要受到企业盈利状况及财务状况的制约，应该使股东、管理层和员工形成多赢的局面。如果企业盈利状况很好，财务现金流充足，应当实行竞争力薪酬，适当拉开内部员工收入差距；如果企业盈利状况较差，财务现金流紧张，那么就不应该实行过高的薪酬水平，同时内部员工收入差距也不宜过大，以保

持员工思想稳定。

5. 薪酬结构策略

（1）岗位和个人薪酬空间

对于岗位和个人薪酬水平空间问题，不同的物流企业有不同的理解，一岗一薪、一岗多薪、宽带薪酬就是不同的薪酬策略。对于实行一岗一薪制的物流企业而言，认为只要岗位相同就应该获得相同的报酬，不考虑个人能力、资历的差别；一岗多薪制在坚持以岗定酬的同时，考虑个人能力、资历的差别因素，因此更注重内部公平性；而宽带薪酬则给员工足够的晋升空间，因此更关注激励作用。

选择什么样的薪酬策略取决于物流企业的企业文化、行业特性、岗位特征等多种因素。一般情况下，应该给员工一定的薪酬晋升空间，但也不宜太大，大幅度薪酬的晋升还是需要依靠岗位晋升来解决。

①一岗一薪制是指组织中每个岗位只对应一个具体的薪酬标准，也就是对应确定的工资等级，同岗完全同酬，同一岗位任职者不存在薪酬差别。一岗一薪制简单易行，好操作，无论是谁，只要在某个岗位就获得该岗位的报酬。例如，某物流企业审计主管、发行主管岗位工资都是 4300 元，无论是新招聘者还是在该岗位任职七八年的老员工。一岗一薪制不能反映员工能力、员工资历因素，绩效考核优秀者也不能及时给予加薪激励，因此在公平和效率两个方面都不能很好地达到薪酬目标。一岗一薪制的另一个缺点是不能进行薪酬的调整，尤其是薪酬的个体调整问题。

一岗一薪制要求人岗匹配，适用于标准化程度高、技术较为单一、工作产出结果统一、岗位比较稳定的岗位或企业，比如生产线上的工人等。

②一岗多薪制克服了一岗一薪制的缺点，将岗位薪酬标准设定为一个范围，通常是岗位工资分别对应几个等级。如图 6-3 所示，岗位分成 3 级，但工资等级可有 1~4 级，对应工资标准为 3720~4440 元。

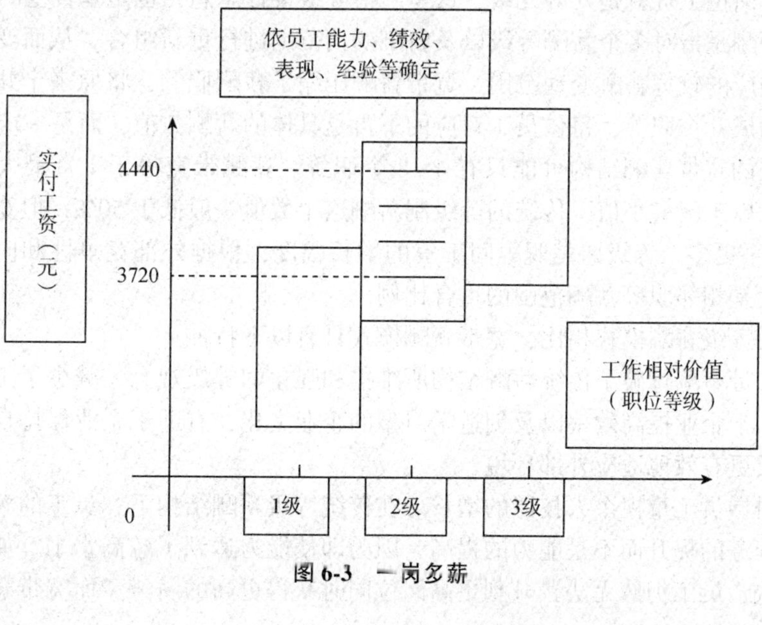

图 6-3　一岗多薪

需要注意的是，员工岗位晋升意味着职位等级（职等）的晋升，而员工工资等级的晋升不以岗位晋升为前提。

一岗多薪制可以考虑员工能力、员工资历、员工业绩等多种因素，在薪酬激励作用和公平目标方面都强于一岗一薪制。一岗多薪制的操作比一岗一薪制复杂，这对企业管理水平提出了较高要求。一岗多薪制的特点如下：

一是一岗多薪制能使同一岗位不同任职者的工资有所差别，可以实现同岗不同薪。对能力高、资历深的员工给予更高工资等级，给予能力稍差员工较低工资等级，在某种程度上更能体现内部公平。员工工资等级有晋升空间，这在某种程度上会带来激励效应。

二是一岗多薪制岗位工资等级可以根据能力确定，这样可以鼓励大家提高能力；可以根据资历确定，增加员工忠诚度，同时也更加公平；还可以根据业绩确定，激励大家提高业绩，促进组织目标的实现。

在企业进行薪酬变革或初始设计薪酬体系的时候，如何给员工定级是比较复杂的事情，企业薪酬管理实践中有三种主要方法：第一种方法是根据员工能力定级。实际上这也是比较困难的工作，在企业操作中往往以职称、工龄、任职时间等资历因素替代。第二种方法是根据员工资历定级。第三种方法是套改。所谓套改就是考虑任职者原来的薪酬水平以及任职者资历等有关因素并将其转换到新工资体系中来。

三是在日常的薪酬管理中，一岗多薪制可以进行薪酬整体调整和个体调整。个体薪酬调整可以根据员工的资历进行，如任职年限、工龄、职称等因素；也可以根据绩效考核结果进行，考核结果优秀者可以晋级，考核不合格者降级。

四是一岗多薪制比一岗一薪制更能体现任职者能力、资历、业绩等因素，对于大多数能力素质要求高、工作内容比较丰富的岗位更适合。

一岗一薪制和一岗多薪制从本质上都是把每个员工根据岗位层级以及岗位价值划分为不同职等，再根据岗位任职能力、资历、业绩等因素划分为不同的工资等级，因此对应某个任职者而言岗位工资就是几等几级，这是严格等级设计思想，也是垂直型的薪酬形式。

③宽带薪酬是指对多个薪酬等级以及薪酬变动范围进行重新组合，从而变成相对较少的职等以及相应的较宽薪酬变动范围。宽带薪酬压缩了薪酬职等，将原来十几甚至几十个薪酬职等压缩成几个职等，每位员工对应的不再是具体的薪酬数值，而是一定的范围。

一种典型的宽带薪酬结构可能只有 4~8 个职等。薪酬带宽等于工资最大值减去工资最小值的差除以工资最小值，传统的等级制薪酬这个数值一般低于 50%，但宽带薪酬可以达到 200%甚至更多。等级差是职等间工资的增长幅度，根据外部竞争性和内部一致性来确定。重叠度是相邻职等薪酬范围的重合比例。

与传统的等级薪酬模式相比，宽带薪酬模式具有以下特征：

第一，宽带薪酬打破了传统薪酬结构所维护和强化的等级观念，减少了工作之间的等级差别，有利于企业提高效率以及创造学习型的企业文化，有助于企业保持自身组织结构的灵活性以及更有效地适应外部环境。

第二，引导员工重视个人技能的增长。在传统等级薪酬结构下，员工的薪酬增长往往取决于个人职务的提升而不是能力的提高，因为即使能力达到了较高水平，如果企业中没有岗位的空缺，员工仍然无法晋升到更高岗位同时获得更高的薪酬。而宽带薪酬打破了原来只有岗位晋升才能大幅度加薪的办法，给予员工较大的薪酬空间，有利于员工技能的不断增长。

第三，适合组织结构扁平化发展趋势。宽带薪酬制度淡化了等级的观念，有利于组织成员之间开展团队合作，提高企业效率，适应了现代企业扁平化发展趋势的需要。

第四，宽带薪酬制度以市场为导向，要求企业管理者有较高的管理水平和责任感，否则宽带薪酬会带来员工定薪的随意性，会引起内部不公，同时增加企业人工成本。

（2）薪酬内部差距问题

薪酬内部差距问题本质是内部一致性问题，主要依靠岗位评价来解决，薪酬内部差距应该考虑企业规模、企业文化、企业效益、行业市场薪酬水平等多种因素。

一般来讲，企业规模越大，最高薪酬和平均薪酬相比倍数越大，企业规模越小，企业最高薪酬和平均薪酬相比倍数应小一些；盛行平均主义企业文化的企业中薪酬差距小，盛行业绩导向企业文化的企业中薪酬差距大；物流企业效益好，其薪酬差距大，物流企业效益不好，其薪酬差距小。

企业内部薪酬差距还应考虑行业市场薪酬水平因素。某些行业员工收入差距大，比如金融、房地产等行业；某些行业员工收入差距小，比如商业企业、餐饮企业等。这是因为一方面，不同行业低职位员工收入差距不应过大，因为这些岗位具有普遍性、替代性的特点，比如司机、会计等岗位；另一方面，不同行业高职位员工收入差别很大，这是由于人才供给不足以及对技能要求不同决定的，如建筑工程师的收入一般高于机械工程师的收入水平，那么建筑行业薪酬差距一般比机械行业、普通服务行业的大就不足为怪了。

6. 薪酬水平策略

薪酬水平问题是外部竞争性问题，企业通常是通过外部薪酬调查来解决薪酬外部竞争性问题的。考虑到当地市场薪酬水平以及竞争对手薪酬水平决定物流企业的薪酬水平，企业可采取的薪酬策略主要有市场领先策略、市场跟随策略、成本导向策略和混合薪酬策略。

市场领先策略是指薪酬水平与同行业的竞争对手相比处于领先地位，往往适用于以下情况：市场处于扩张期，有很多的市场机会和成长空间，对高素质人才需求迫切；企业自身处于高速成长期，企业薪酬支付能力比较强；企业在同行业的市场中处于领导地位等。

市场跟随策略是指薪酬水平在同行业的竞争对手中处于前列，但不是最有竞争力的，往往适用于以下情况：一是企业建立或找准了自己的标杆企业，企业的经营与管理模式都向标杆企业看齐，同样薪酬水平与标杆企业也差不多；二是企业在行业内处于绝对领导地位，企业可以给员工提供更多的发展机会，因此实行市场跟随策略就能吸引和保留优秀的人才。

成本导向策略是指企业在制定薪酬水平时不考虑市场和竞争对手的薪酬水平，只考虑尽可能地节约企业生产、经营和管理的成本，这种企业的薪酬水平一般比较低。采用这种薪酬水平的企业在发展战略上一般实行的是成本领先战略。

混合薪酬策略是指针对不同的部门、不同的岗位序列、不同的岗位层级，采用不同的薪酬策略。通常情况下对于企业核心与关键性人才和岗位采用市场领先薪酬策略，而对一般的人才、普通的岗位采用其他薪酬策略。

7. 薪酬构成策略

固定工资、绩效工资、奖金和津贴补贴可以划分为两类：固定部分薪酬（固定工资和津贴补贴）和浮动部分薪酬（绩效工资和奖金）。在一个企业中，固定部分薪酬占主体还是浮动部分薪酬占主体是薪酬设计中很关键的问题，企业经常采用的薪酬构成策略有弹性薪酬模式、稳定薪酬模式和折中薪酬模式。

（1）弹性薪酬模式

薪酬主要根据员工绩效决定，薪酬固定部分如基本工资、津贴补贴、保险、福利等所占比例较小，浮动部分薪酬如绩效工资、奖金等所占比例较大。弹性薪酬通常采取计件或提成工资制，是激励效应比较强的薪酬方式，但采用这种方式，员工缺乏职业安全感，员工流动性比较大；员工的主动性、积极性比较高，但员工忠诚度一般较低，且员工往往具有较大的压力。

（2）稳定薪酬模式

薪酬主要取决于工龄与企业的经营状况，而与个人的绩效关联不大，员工收入相对稳定。薪酬固定部分如基本工资、津贴补贴、保险、福利等所占比例很大，浮动部分薪酬如绩效工资、奖金等所占比例很小。采用稳定薪酬模式，员工有较强的安全感，但激励性差，企业的人工成本一般较高，适合于稳定经营的企业；员工的忠诚度一般较高，但员工的主动性、积极性不是很高，且员工基本不会感觉到工作压力。

（3）折中薪酬模式

弹性薪酬模式和稳定薪酬模式是比较极端的情况，一般情况下企业会采取折中薪酬模式。折中薪酬模式下，薪酬主要取决于任职者岗位以及绩效状况，与团队和个人的绩效有一定关联，员工大部分收入相对稳定。薪酬固定部分与浮动部分比例比较适中。折中薪酬模式兼顾了弹性薪酬与稳定薪酬的优点，员工具有一定的压力，工作主动性和积极性能得到促进，员工的忠诚度也比较高。

本章小结

物流企业人力资源规划是企业通过科学地预测、分析企业在变化环境中人力资源的供给和需求情况，制定政策和措施，以确保企业在人才需要的时间和需要的岗位上获得各种适宜的人才，并使企业和个人得到长期持续的发展和利益。

物流企业人员招聘指根据企业人力资源管理规划和工作分析的要求，从组织内部和外部吸收人力资源的过程。员工招聘包括员工招募、甄选和聘用等内容。

物流企业培训是指物流企业为开展业务及培育人才的需要，采用各种方式对员工进行有目的、有计划的培养和训练的管理活动。其主要内容大体上可分为知识培训、技能培训和心理素质培训三种。企业培训的方法有很多种，常见的包括讲授法、工作轮换法、研讨法、视听技术法、角色扮演法等。

绩效评估是一种正式的员工评估制度，它是通过系统的方法、原理来评定和测量员工在职务上的工作行为和工作成果。绩效评估的结果可以直接影响到薪酬调整、奖金发放及职务升降等。

薪酬是指员工向其所在单位提供所需要的劳动而获得的各种形式的补偿，是单位支付给员工的劳动报酬。

自测题

1. 什么是人力资源管理？
2. 招聘的渠道与流程如何？
3. 培训的分类有哪些？
4. 薪酬设计的理念是什么？
5. 如何建立有效的员工激励？
6. 如何进行物流企业员工有效沟通？

案例分析

东京迪士尼乐园员工培训

目前，世界上有 6 个很大的迪士尼乐园，美国的佛州和加州的迪士尼乐园营业都有一段历史，并创造了很好的业绩。不过全世界开得最成功的、生意最好的，却是日本东京迪士尼。美国加州迪士尼营业了 25 年，有 2 亿人参观；东京迪士尼，最高纪录是一年有 1700 万人参观。那么东京迪士尼是如何吸引回头客的呢？

到东京迪士尼去游玩，人们不太可能碰到迪士尼的经理，门口卖票和剪票的也许只会碰到一次，碰到最多的是清洁工。东京迪士尼对清洁员工非常重视，将更多的训练和教育集中在他们的身上。

1. 从扫地的员工培训起

在东京迪士尼扫地的员工，有些是暑假打工的学生，虽然他们只扫 2 个月时间，但是培训他们扫地要花 3 天时间。

(1) 学扫地

第一天上午要培训如何扫地。扫地有三种扫把，一种是用来扒树叶的，一种是用来刮纸屑的，一种是用来掸灰尘的。这三种扫把的形状不一样。怎样扫树叶，才不会让树叶飞起来？怎样刮纸屑，才能把纸屑刮得很好？怎样掸灰，才不会让灰尘飘起来？这些看似简单的动作却都要严格培训。而且扫地时还另有规定：开门时、关门时、中午吃饭时、距离客人 15 米以内等情况下都不能扫。这些规范都要认真学习，严格遵守。

(2) 学照相

第一天下午学照相。十几台世界最先进的数码相机摆在一起，各种不同的品牌，每台都要学，因为客人会叫员工帮忙照相，可能会带世界上最新的照相机来这里度蜜月、旅行。如果员工不会照相，不知道这是什么东西，就不能照顾好顾客，所以学照相要学一个下午。

(3) 学包尿布

第二天上午学怎么给小孩子包尿布。孩子的妈妈可能会叫员工帮忙抱一下小孩，但如果员工不会抱小孩，动作不规范，不但不能给顾客帮忙，反而增添顾客的麻烦。抱小孩的正确动作是：右手要扶住臀部，左手要托住背，左手食指要顶住颈椎，以防闪了小孩的腰，或弄伤颈椎。不但要会抱小孩，还要会给小孩换尿布。给小孩换尿布时要注意方向和姿势，应该把手摆在底下，尿布折成十字形，最后在尿布上面别上别针。这些事项都要认真培训，严格规范。

(4) 学辨识方向

第二天下午学辨识方向。有人要上洗手间——右前方，约 50 米，第三号景点东，那个红色的房子；有人要喝可乐——左前方，约 150 米，第七号景点东，那个灰色的房子；有人要买邮票——前面约 20 米，第十一号景点，那个蓝条相间的房子……顾客会问各种各样的问题，所以每一名员工要把整个迪士尼的地图都熟记在脑子里，对迪士尼的每一个方向和位置都要非常明确。

训练 3 天后，发给员工 3 把扫把，开始扫地。如果在迪士尼里面碰到这类员工，人们会觉得很舒服，下次会再来迪士尼，也就是所谓的引客回头。这就是所谓的员工面对顾客。

2. 会计人员也要直接面对顾客

有一种员工是不太接触客户的，那就是会计人员。迪士尼规定：会计人员在前两三个月中，每天早上上班时，要站在大门口，对所有进来的客人鞠躬、道谢。因为顾客是员工的“衣食父母”，员工的薪水是顾客掏出来的。感受到什么是客户后，再回到会计室中去做会计工作。迪士尼这样做，就是为了让会计人员充分了解客户。

3. 其他重视顾客、重视员工的规定

(1) 怎样与小孩讲话

迪士尼的客人中有很多小孩，这些小孩要跟大人讲话。迪士尼的员工碰到小孩在问话，统统都要蹲下，蹲下后员工的眼睛跟小孩的眼睛要保持一个高度，不要让小孩子抬着头去跟员工讲话。因为那个是未来的顾客，将来都会再回来的，所以要特别重视。

(2) 怎样送货

迪士尼乐园里面有喝不完的可乐，吃不完的汉堡，享受不完的三明治，买不完的糖果，但从来看不到送货的人员。因为迪士尼规定在客人游玩的地区是不准送货的，送货统统在围墙外面。迪士尼的地下像一个隧道网一样，一切食物、饮料统统在围墙的外面进入地道，在地道中搬运，然后再用电梯送上来，所以客人永远有吃不完的东西。由此可以看出，迪士尼高度重视客户，所以客人会源源不断地去迪士尼。去迪士尼玩 10 次，大概都看不到经理，但是只要去 1 次，就看得到他的员工在做什么。这就是说，顾客站在最上面，员工去面对客户，经理人站在员工的底下来支持员工，员工比经理重要，客户比员工又更重要，这个观念人们应该建立起来。

（资料来源：《东京迪士尼乐园员工培训案例》，http：//www.docin.com/p-1763431967.html，2016 年 10 月 22 日）

问题：

1. 请说一说迪士尼员工的培训对企业而言有哪些积极影响。

2. 员工培训的高额费用是否值得？请说说你的想法。

第7章 物流企业资本运营管理

学习目标

通过本章的学习，使学生了解资本运营的本质、原则和任务；了解筹资的渠道及方式，掌握筹资决策分析的方法；明确投资管理的任务和原则，掌握投资决策的分析方法；理解财务分析评价指标的含义及其意义。

关键概念

筹资（toraise money to raise funds） 投资（investment） 物流成本（logistics cost） 年金（annuity） 复利（compound interest）

引导案例

中远物流的财务精细化管理

作为中国物流百强榜首企业和“2006年度最佳第三方物流公司”，中远物流在精益管理方面一直在努力做着探索和尝试，力争有效整合资源，控制成本，优化流程，以提高核心竞争力并最终实现利润最大化。尤其是财务工作上，中远物流抓住重组、合资的契机，走出了一条颇具特色的精益管理之路。

在这个过程中，中远物流财务管理工作紧紧围绕实现公司效益目标，建立精益化财务管理的长效机制，充分发挥财务管理在公司经营和管理链条中的运营作用，初步建成了满足第三方物流业务和其他业务发展需要、适应境内境外双重监管体系要求的会计核算体系和财务管理体系，为中远物流持续、稳健、快速发展起到了切实的保障作用。

1. 加强成本管理，强化预算控制

精益管理的基本理念是利润来源于降低成本的不断追求之中，成本是利润决定因素中企业最能直接控制的要素。中远物流财务管理工作始终重视成本管理，结合全面预算管理工作的实施，主要从以下几方面抓好成本的控制工作。

一是加强成本构成要素的分析控制。2005年公司下发了《中远物流有限公司经济活动分析管理办法》，要求系统内部各级公司实行月度经济活动分析，并统一规定了经济活动分析的内容、结构，特别是就其成本构成要素进行明细分类，要求逐项进行纵向、横向比较分析。

二是借用“外脑”，对物流业的成本明细进行重新划分界定。组织财务人员参加交通会计协会、上海海运学院的物流成本定义课题小组。结合企业实际划分标准，采纳专家意见，对物流成本类会计科目进行了重新设定，并逐一明确定义制定了《物流业务成本管理办法》，下发全系统统一执行。

三是进一步强化预算的刚性控制机制。根据集团总公司关于提高预算编制质量、加强预算控制的要求，参考集团总公司制定的预算编制考核细则，在系统内建立了财务预算考核指标体系，并纳入企管奖励考核的范畴，强调预算编制的协同性和执行上的刚性原则。

四是在条件成熟的重点物流项目中推进全面预算管理。2005 年制定了中远物流实施全面预算管理的三年推进方案，根据计划，已在条件成熟的物流项目中推进了全面预算的试点工作，从业务流程各环节对物流项目预算进行掌控，有效控制了项目成本的过快增长，促进了项目管理向精细化方向发展，在一定程度上也降低了物流项目的经营风险。

2. 统一制度规范，优化流程再造

精益化管理贯彻持续改进的理念。减少成本、彻底排除浪费之后的流程再造工程，始终是中远物流建立精益化管理长效机制的主线。流程优化再造是一个系统工程，财务部将其分步实施。

一是规范全系统财务制度体系。财务部启动了财务制度建设的整体部署，通过制定有效的执行、监督机制，不断修改、完善、汇编各种财务管理制度，并在全系统内贯彻落实等措施提升了整个公司的财务管理水平。修订和完善了《中远物流有限公司会计核算办法》，并制定了一系列的配套制度，初步制定了第三方物流业务会计核算制度和财务管理制度。

二是规范会计核算流程体系。物流业务的快速发展对核算体系提出了更新、更高的要求。2005 年公司针对会计核算体系推出了系统性的修订工作，为满足现代物流业务的需要，重新调整了科目设置。在全系统推广业务流程、财务流程再造工程，结合 SAP 的上线工作，汇集全系统的业务、商务、财务精英，优化完善了 51 个业务流程，使得业务分界的划分更加明确，从流程上为正确编制分部报表起到了保障作用；同时使各业务分部的核算做到了标准统一、科目统一，提高了系统公司各业务分部核算的准确性和各区域公司间业务分部数据的可比性。

3. 结合 TMT 计划实施，持续推进精益管理

中远物流在 2005 年 8 月启动了全面强化物流业务管理的 TMT 计划。TMT 计划的目的是实现物流业务从粗放管理向精细管理转变，从规模型发展向规模效益型发展转变，全面提升以技术、管理、人才培训为核心的整体竞争力，最终实现物流业务的全面、协调和可持续发展。中远物流财务工作结合 TMT 计划实施，持续推进精益管理。

一是通过 TMT 计划的实施，对财务、商务以及具体业务人员进行了相关财务知识培训，如 ABC 成本法、预算、项目收益成本核算、投资评估等内容。培养全员的全面预算观念、成本控制观念以及精益化管理的观念，初步实施全面预算绩效考核体系。

二是配合 TMT 计划的实施，持续不断地加强精益化管理工作，逐步建立和完善了物流业务、商务、财务三位一体的运营控制体系，促进物流财务管理的规范化、标准化和专业化。

（资料来源：《中远物流的财务精益化管理》，http：//www. wangxiao. cn/wl/3375156 1998. html，2014 年 4 月 15 日）

7.1　物流企业的资金和成本管理

资金是现代物流企业进行生产经营活动的必要条件。物流一直被称为企业的第三利润源泉，不少企业都通过控制和降低各种物流成本以获取更大利润。

7.1.1　资金时间价值的概念

资金时间价值，是指一定量的货币资金在不同时点上的价值量的差额，其实质就是资金周转使用后的增值额。在商品经济中，有这样一种现象，即现在的 1 元钱和 1 年后的 1 元钱其经济价值不相等，或者说其经济效用不同。现在的 1 元钱，比 1 年后的 1 元钱经济价值要大一些，即使不存在通货膨胀也是如此。为什么会这样呢？例如，将现在的 1 元钱存入银行，1 年后可得到 1.10 元（假设存款利率为 10%）。这 1 元钱经过 1 年时间的投资增加了 0.10 元，这就是货币的时间价值。

货币投入生产经营过程后，其数额随着时间的持续不断增长，这是一种客观的经济现象。物流企业资金循环和周转的起点是投入货币资金，企业用它来购买所需的资源，然后生产出新的产品，产品出售时得到的货币量大于最初投入的货币量。资金的循环和周转以及因此实现的货币增值，需要或多或少的时间。每完成一次循环，货币就增加一定数额，周转的次数越多，增值额也越大。因此，随着时间的延续，货币总量在循环和周转中按几何级数增长，使得货币具有时间价值。

资金的时间价值有两种表现形式：一种是绝对数，即利息；另一种是相对数，即利率。在不考虑通货膨胀和风险报酬的情况下，通常以银行利率为基准。资金的时间价值一般可理解为企业利润率的最低界限。

7.1.2　资金时间价值的计算

资金时间价值的大小取决于资金数量的多少、占用时间的长短、收益率的高低等因素。按利息部分是否计息，资金时间价值的计算又分为单利和复利两种。按确定的可比基准日不同，又分为现值、终值和年金三种。

1. 单利计算法

通常单利的计算法是只对本金计算利息，而对本金在借贷期产生的利息不计算利息。其计算公式为：

$$F = P(1 + i \times n)$$

式中，F——n 年后的本利和；

P——本金（现值）；

i——利率（收益率）；

n——计算期限。

单利计算方式既不符合国际惯例，也不符合实际借贷情况，所以，一般多使用复利计算。复利计算不仅计算利息，也要计算利息的利息。

2. 复利的终值和现值

(1) 复利终值

复利终值是指现在一定数量的本金（现值），按复利计算在将来某一特定时间的本利和。复利终值的计算公式为：

$$F = P(1+i)^n$$

式中，F——复利终值；

P——本金；

i——利率；

n——期数。

例如，某人将 10000 元投资于一项事业，年报酬率为 6%，经过 1 年时间的期末金额为：

$$\begin{aligned} F &= P + Pi \\ &= P(1+i) \\ &= 10000(1+6\%) \\ &= 10600(\text{元}) \end{aligned}$$

若此人并不提走现金，将 10600 元继续投资于该事业，则第二年的本利和为：

$$\begin{aligned} F &= [P(1+i)](1+i) \\ &= P(1+i)^2 \\ &= 10000(1+6\%)^2 \\ &= 11236(\text{元}) \end{aligned}$$

同理第三年的期末金额为：

$$\begin{aligned} F &= P(1+i)^3 \\ &= 10000(1+6\%)^3 \\ &= 11910(\text{元}) \end{aligned}$$

(2) 复利现值

复利现值是指未来一定时间的特定资金按复利计算的现在价值，或者说是将来某一时间特定的本利和所需要的现值（本金）。现值的计算公式为：

$$P = \frac{F}{(1+i)^n} = F(1+i)^{-n}$$

公式中的 $(1+i)^{-n}$ 是利率为 i、期数为 n 的复利现值系数，一般记为 $(P/F, i, n)$，可通过查“复利现值系数表”得到。

例如，某人拟在 5 年后获得本利和 10000 元，假设投资报酬率为 10%，他现在应投入多少元？

$$\begin{aligned} P &= F(P/F, i, n) \\ &= 10000 \times (P/F, 10\%, 5) \\ &= 1000 \times 0.621 \\ &= 6210(\text{元}) \end{aligned}$$

答案是某人应投入 6210 元。

3. 年金终值和年金现值

年金是指等额、定期的系列收支，即每隔一定相同时期（1 年、半年、1 季度、1 月等）收入或支出相等金额的款项。年金按其每次收付发生的时点不同，可分为普通年金、即付年金、递延年金和永续年金等几种。

（1）普通年金

普通年金是指从第一期起，在一定时期内每期期末等额发生的系列收付款项，又称“后付年金”。

①普通年金终值的计算（已知年金 A，求年金终值 F）。在复利计息情况下，每期期末发生（收入或支出）相等金额的款项，全部折算为最后一期期末的终值之和，即为复利年金终值。其计算公式为：

$$F = A\frac{(1+i)^{n}-1}{i}$$

式中，F—— 年金终值；

A—— 年金；

i—— 利率；

n ——期数。

其中，$\frac{(1+i)^{n}-1}{i}$称为“年金终值系数”，可通过“年金终值系数表”查得，年金终值系数一般记为（$F/A, i, n$）。

②普通年金现值的计算（已知年金 A，求年金现值 P）。在复利计息的情况下，每期期末发生（收入或支出）相等金额的款项，全部折算为第一期期初的现值之和即为复利年金现值。其计算公式为：

$$P = A\frac{1-(1+i)^{-n}}{i}$$

式中，P—— 年金现值；

A—— 年金；

i—— 利率；

n—— 期数。

其中，$\frac{1-(1+i)^{-n}}{i}$为“年金现值系数”，可通过“年金现值系数表”查得，年金现值系数一般记为（$P/A, i, n$）。

③年终偿债基金的计算（已知年金终值 F，求年金 A）。偿债基金是指为了在约定的未来某一时点清偿某笔债务或积累一定数额的资金而必须分次等额形成的存款准备金。偿债基金的计算实际上是年金终值的逆运算。其计算公式为：

$$A = F\frac{i}{(1+i)^{n}-1}$$

式中，$\frac{i}{(1+i)^{n}-1}$为“偿债基金系数”，可通过查阅“偿债基金系数表”得到，一般记为

$(A/F, i, n)$。

④年资本回收额的计算（已知年金现值 P，求年金 A）。资本回收额是指在给定的年限内等额回收初始投入资本或清偿所欠债务的价值指标。年资本回收额的计算是年金现值的逆运算。其计算公式为：

$$A = P\frac{i}{1-(1+i)^{-n}}$$

式中，$\frac{i}{1-(1+i)^{-n}}$ 为“资本回收数数”，可通过查阅“资本回收系数表”得到，一般记为 $(A/P, i, n)$

（2）即付年金

即付年金是指从第一期起，在一定时期内每期期初等额收付的系列款项，又称“先付年金”。它与普通年金的区别仅在于付款时间的不同。

①即付年金终值的计算。即付年金终值是指其最后一期期末时的本利和，是各期收付款项的复利终值之和。其计算公式为：

$$F = A\frac{(1+i)^{n}-1}{i}\times(1+i) = A\left[\frac{(1+i)^{n+1}-1}{i}-1\right]$$

式中，$\frac{(1+i)^{n+1}-1}{i}-1$ 为“即付年金终值系数”，它是在普通年金终值系数的基础上，期数加 1，系数减 1 所得的结果，可通过查阅“年金终值系数表”得到 $(n+1)$ 期的值，然后减去 1 便可得到对应的即付年金终值系数值。“即付年金终值系数”一般记为 $[(F/A, i, n+1)-1]$。

②即付年金现值的计算。即付年金现值的计算公式为：

$$F = A\frac{1-(1+i)^{-n}}{i}\times(1+i) = A\left[\frac{1-(1+i)^{-(n-1)}}{i}+1\right]$$

式中，$\frac{1-(1+i)^{-(n-1)}}{i}+1$ 为“即付年金现值系数”，它是在普通年金系数的基础上，期数减 1，系数加 1 所得的结果，可通过查阅“年金现值系数表”得到 $(n-1)$ 期的值，然后加 1 便可得出对应的即付年金现值系数值。“即付年金现值系数”一般记为 $[(P/A, i, n-1)+1]$。

（3）递延年金

递延年金是指每一次收付款发生时间与第一期无关，而是隔若干期（假设为 s 期，$s \geqslant 1$）后才开始发生的系列等额收付款项。它是普通年金的特殊形式，凡不是从第一期开始的年金都是递延年金。递延年金的现值计算公式为：

$$P = A\left[\frac{1-(1+i)^{-n}}{i}-\frac{1-(1+i)^{-s}}{i}\right] = A\left[\left(\frac{P}{A}, i, n\right)-\left(\frac{P}{A}, i, s\right)\right] \quad \text{(a)}$$

或
$$P = A\frac{1-(1+i)^{-(n-s)}}{i}(1+i)^{-s} = A\left[\left(\frac{P}{A}, i, n-s\right).\left(\frac{P}{F}, i, s\right)\right] \quad \text{(b)}$$

（a）式是先计算出日期的普通年金现值，然后减去前 s 期的普通年金现值；（b）式是先将此递延年金视为 $(n-s)$ 期普通年金，求出在 $(n-s)$ 的现值，然后再折算为递延年金的现值。

（4）永续年金

永续年金是指无限期等额收付的特种年金，可视为普通年金的特殊形式，即期限趋于无穷的普通年金。存本取息可视为永续年金的例子。

由于永续年金持续期无限，没有终止的时间，因此没有终值，只有现值。通过普通年金现值计算可推导出永续年金现值的计算公式为：

$$P = A \cdot \sum_{i=1}^{\infty} \frac{1}{(1+i)^{t}} = \frac{A}{i}$$

7.1.3　资金成本及其计算

1. 资金成本的概念

资金成本是企业财务管理中一个十分重要的概念。资金成本，通常是指资金使用者为筹措和占用资金而支付的各种筹资费用和各种形式的使用费，是将盈利的一部分支付给资金所有者，体现着资金使用者和所有者之间的利益分配关系。

资金成本是资金所有权和使用权分离的产物。在市场经济条件下，资金所有者不会无偿地把资金借给使用者，资金使用者要付给其所有者一定的报酬或代价。对资金所有者来说，一旦将资金借出或出让其使用权，就等于失去了获取盈利的机会和条件。对于资金使用者来说，因为资金是生产经营的要素，一旦将它投入生产经营过程，与其他生产经营要素结合形成资金运动，就会带来资金的增值。因此，资金使用者要将一部分盈利作为资金的使用报酬分配给资金所有者。资金成本的本质属性属于剩余价值的范畴，如利息、股息等，是资金所有者凭借资金所有权参与企业利益分配的形式。

2. 资金成本的作用

资金成本是企业筹措和使用资金应付的报酬和代价，其作用主要表现在以下两个方面。

（1）资金成本的选择。资金成本是选择资金来源进行筹资决策的依据，在多渠道筹集资金来源的前提下，要求企业以尽可能低的代价筹集资金。因为资金成本是企业使用资金获取利润的最低界限，所以它成为进行筹资决策、选择筹资方式、拟订筹资方案的依据。

（2）资金成本评价。资金成本是评价投资项目可行性、确定投资项目取舍的依据。以投资报酬率与资金成本率比较，如果项目的投资报酬率大于资金成本率，则该项目基本可取；反之，则不可取。资金成本是评价企业综合经济效益的重要经济指标。

3. 资金成本的计算

从形式上区分，资金成本有总成本和单位成本两种形式。资金总成本是指为筹措并占用一定数量的资金而付出的全部代价，包括取得成本和占用成本。资金单位成本是指每筹集 1 元资金而支付的成本。

按照资金成本的习性（性态）可以把资金成本分为固定成本和变动成本两部分。资金的取得成本如股票、债券、注册费和代理发行的手续费等，一般来说与筹资总额（相关范围内）无直接的比例关系，可称之为“固定成本”。而资金的占用成本，如利息、股息等，则与资金的占用量成比例关系，故称之为“变动成本”。

资金成本经常用资金的成本率计算，资金成本率是指筹集和占用资金所负担的成本与筹资数额的比值。其计算公式一般表示为：

$$资金成本率 = \frac{资金占用成本}{筹措总额 - 筹措成本}$$

（1）不同资金来源的资金成本率

首先假设，R 为利率，T 为所得税率，V 为资金占用成本，F 为筹资总额，E 为资金固定成本，C 为资金成本率。

①银行借款。银行借款的资金成本率可用贷款利率表示。此种筹资方式基本上没有筹资成本，而且利息费用计入财务费用，并在缴纳所得税前扣除。所以，银行借款的资金成本率可用如下公式计算：

$$C=R\ (1-T)$$

②应付债券。应付债券的资金成本计算方法与银行借款类似，只是发行债券需支付一定的发行费用。其资金成本率的计算公式为：

$$C = \frac{V}{F - E} \times (1 - T)$$

③优先股票。企业发行优先股票，需定期支付股息，但股息在税后利润中列支，不会减少企业应上缴的所得税。因此，优先股票资金成本率的计算公式为：

$$C = \frac{V}{F - E}$$

④普通股票。普通股票资金成本率的计算方法类似于优先股票，但普通股票的股利是不固定的，一般是逐年增长的。如果假设其股利增长率为 C'（常数），则普通股的资金成本率的计算公式为：

$$C = \frac{V}{F - E} + C'$$

⑤所有者投资。由国家及其他所有者投入物流企业的资本金以及企业的盈余公积金和未分配利润，企业也不能无偿使用，也需要计算资金成本。投资者之所以愿意将资金投入企业和把未分配利润再投资，是因为投资者想获取投资报酬。这部分投资报酬可以视为所有者的机会成本，其机会成本率就是投资者在资金市场再投资可得到的报酬率，也就是所有者投资的资金成本率。

⑥其他流动负债的资金成本率。其他流动负债主要包括商业信用、企业应计未付费用和其他应付款项等。有些流动负债是企业在合理占用期内可以无偿占用的，如应缴税金、应付利润等；有些是一定的现金折扣，如应付账款，如果企业不享受现金折扣，其资金成本就是放弃折扣的机会成本，其资金成本率就是折扣率；如果是商业汇票贴现，其贴现率也就是应付票据的资金成本率。

（2）企业加权平均资金成本的计算

加权平均资金成本是指分别以各种资金成本为基础，以各种资金占全部资金的比重为权数计算出来的综合成本。其计算公式为：

$$C = \sum_{i=1}^{n} D_i C_i$$

式中，C ——加权平均资金成本；

D_i ——某项资金占全部资本的比重；

C_i ——某项资金的资金成本。

通过加权平均资金成本的测算，可帮助企业决策，选择合理的筹资方式，，从而尽可能提高企业的资金使用效益。

7.1.4　物流成本管理

物流成本是指物品在空间位移（含静止）过程中所耗费的各种劳动和物化劳动的货币表现。具体地说，它是产品在实物劳动过程，如包装、运输、存储、装卸搬运、流通加工等各个活动中所支出的人力、财力和物力的总和。

物流是企业成本的重要的产生点，解决物流的问题主要是通过物流管理和物流的一系列活动降低成本。加强对物流费用的管理，对降低物流成本、提高物流活动的经济效益具有非常重要的意义。

1. 物流成本的特征

加强物流成本管理，首先必须明确在当今企业活动中物流成本的主要问题及特征。具体来看，物流成本管理的主要问题及特征如下：

（1）在企业财务会计制度中，物流还没有单独的项目，一般所有成本都列在“费用”一栏中，难以对企业发生的各种物流费用作出明确、全面的计算与分析。

（2）在通常的企业财务决算表中，物流费核算的仅是支付出去的物流费，对于企业内部间接的物流成本则与企业其他经营费用统一计算。因此，企业难以正确把握实际的企业物流成本。

（3）物流成本的计算范围各个企业均不相同，企业间无法就物流成本进行比较分析，也不存在行业和平均物流成本。由于缺少相互比较的基础，也就无法真正衡量各企业相对的物流绩效。从销售方面来看，物流成本并没有区分多余服务和标准服务的不同，如很多企业将促销费用都算在物流成本中。

（4）物流成本中，有不少是物流部门无法控制的，如保管费中就包括了由于过多进货或过多生产而造成积压的库存费用，以及紧急运输等例外发货的费用，从而增加了物流成本管理的难度。

（5）物流成本之间存在效益背反（trade-off）规律和物流成本削减的乘法效应。物流的各项活动（运输、保管、搬运、包装、流通加工）之间存在“效益背反现象”，如减少库存据点并尽量减少库存，势必使库存补充变得频繁，必然增加运输次数等，这是物流领域中内部矛盾的反映和表现。因为各种费用相互关联，必须考虑整体的最佳成本。

此外，在物流费用上的 1 分钱的节省，能够比 1 分钱的销售收入的增加对组织利润的影响更大。假定销售额为 100 亿元，物流成本为 10 亿元，如果物流成本下降 1 亿元，就可到 1 亿元的收益。现在假定物流成本占销售总额的 1%，如果物流成本下降 1 亿元，销售金额将增加 100 亿元，所以物流费用的节约比销售收入的增加有更大的杠杆作用。

2. 传统物流成本与现代物流成本

传统物流成本主要只包括了企业对外支付的物流费，如支付的运输费、向仓库支付的商品保管费、包装材料的购买费、装卸费等，是企业易于计算和掌握的一小部分费用。现代物流成本不仅包含企业对外的物流费用，而且还包含企业内部发生的物流费用，这些费用分散统计于制造成本和一般管理费及销售额的费用项目当中。例如，企业内与物流中心相关的人员费、设备折旧费、流通过程中的基础设施投资、商品在库维持等一系列费用，在企业内部发生而难以明确划分和单独计算，这些费用也是降低企业成本的重点。

因此，对于企业来讲，要降低物流成本必须以企业整体成本为对象。同时，在努力降低物流成本时还应当注意不能因为降低物流成本而影响对用户的物流服务质量。

3. 物流成本的计算

（1）物流成本计算的目的

从企业经营的总体来看，物流成本计算要满足以下几个方面的要求：了解成本的变化情况或与其他公司、其他行业进行比较，制订物流活动计划以及进行调控和评估，指出应由销售部门或生产部门负责的物流活动，为各个层次的经营管理者提供物流管理所需的成本资料，为编制物流预算以及预算控制提供所需的资料。

（2）物流成本的计算标准

物流成本是客观存在的，企业各自为政、各行其是，就会使计算出的结果没有科学性，而难成为企业决策的依据。如果在计算范围和计算方法上存在着很大的差异，得出的数据就难以进行比较对照，缺乏可比性。而且由于受物流概念范围不同的影响以及企业财务账目中提取物流成本或物流成本汇总方法不明确等原因，也有可能造成只计算了部分物流成本，而非如实反映企业物流成本全貌的状况。这给物流成本计算和成本管理带来了很大的困难。随着物流成本管理必要性的提高，企业出现了统一物流计算标准的要求。

（3）物流成本的分类

在计算物流成本时，必须对其进行科学的分类。

①按物流范围划分的物流费用计算标准。按物流范围可将物流费用分为供应物流费、企业内部物流费、销售物流费、回收物流费和废弃物物流费五种类型。

②按支付形式划分的物流费用计算标准。以财务会计中发生的费用为基础，将物流成本分为本企业支付的物流费和其他企业支付的物流费。本企业支付的物流费又可分为企业本身的物流费和委托物流费，其中企业本身的物流费又分为材料费、人工费、公益费、维护费、一般经费、特别经费。

③按物流的功能划分的物流费用计算标准。它大体可分为物品流通费、信息流通费和物流管理费三大类。

4. 物流成本管理

物流成本管理不是管理物流成本，而是通过成本去管理物流。两者的区别在于：前者只重视物流成本的计算，把计算成本本身当作目的，这样虽然掌握了成本，却不知如何利用成本；后者则是把成本作为一种管理手段来对待。可以说物流成本管理就是以成本为手段的物流管理。

对企业来讲，要实施现代化的物流管理，首要的是全面、正确地把握包括企业内外发生的所有物流成本在内的企业整体物流成本，包括从流通全过程的角度来降低物流成本，通过实现供应链管理来降低物流成本，通过提高对客户的物流服务来降低物流成本，借助现代信息系统的构筑降低物流成本，通过效率化的配送降低物流成本，利用第三方物流降低物流成本。

5. 物流成本控制

（1）物流成本控制的类型

物流成本控制包括绝对物流成本控制法和相对物流成本控制法。

绝对物流成本控制法是把成本支出控制在一个绝对金额以内的成本控制方法。绝对物流成本控制从节约各种费用支出、杜绝浪费的角度进行物流成本控制，要求把营运生产过程发生的一切费用支出划入成本控制范围。标准成本法和预算成本法是绝对物流成本控制的主要方法。

相对物流成本控制法是通过成本与产值、利润、质量和服务等的对比分析，寻求在一定制约因素下取得最优经济效益的一种控制方法。绝对物流成本控制与相对物流成本控制的比较如表 7-1 所示。

表 7-1　绝对物流成本控制与相对物流成本控制比较

比较项目	绝对物流成本控制	相对物流成本控制
控制对象	成本支出	成本与其他因素的关系
控制目的	降低成本	提高经济效益
控制方法	成本与成本指标之间的比较	成本与非成本指标之间的比较
控制时间	主要在成本发生时或发生后	主要在成本发生前
控制性质	属实施性成本控制	属决策性成本控制

通过绝对物流成本控制降低物流成本的对策为缩短物流通路，增加由工厂直接发送，削减仓库据点；减少运输次数，提高装载效率，设定最低订货量限额，实施计划运输；推进共同运输；加强库存管理，适当配置库存量；物流作业机械化、集装箱化、托盘化，确立物流信息系统的合理化。

通过相对物流成本控制降低物流成本的对策为必须将物流成本明确化，并设置恰当的计算基准，但更重要的是明确计算物流成本的目的，找出最适合目的的计算方式。物流成本要在销售和生产之后进行计算，有些成本是物流部门无法管理的。也就是说，物流成本之中包含着物流部门能够管理和无法管理的两种成本。

同样，物流预算是在生产计划和销售计划的基础上作出的，生产、销售出了问题，一般会直接使物流的预算和实际出现差异。当预算出现差异时，应能指明是物流的责任，还是生产或销售的责任。

应该指出的是，过去企业只是把目光局限在如何掌握物流成本上，掌握物流成本确实非常重要，但今后应当把重点转移到如何运用物流成本上来。应当利用物流成本资源促进销售，争取客户。为确保收益，必要时可以考虑加大物流成本，争取销售目标的实现。应该说现在已经进入了物流活动可以产生收益的时代。

(2) 物流成本控制的具体方法

众所周知，对物流成本进行控制，首要的是能准确判断和计算企业现有物流成本的情况。从目的上讲，把握物流成本现状，能正确把握物流成本的大小，并从时间序列上看清物流成本的发展趋势，以便与其他企业进行横向比较；能借助于对物流成本的现状分析，评价企业物流绩效，规划物流活动，并从供应链管理的角度对物流活动的全过程进行控制；能给企业高层管理者提供企业内全程管理的依据，并充分认识物流管理在企业活动中的作用，有利于将一些不合理的物流活动从生产或销售部门分离出来；能正确评价企业物流部门或物流分公司对企业的贡献度，有利于企业在不断改善物流系统的同时控制相应的费用。

一般来讲，对物流成本的控制方法大致有三种，即按支付形态的物流成本控制、按工作功能的物流成本控制以及按适用范围的物流成本控制。

7.2 物流企业的筹资管理

资金是物流企业进行生产经营活动的必要条件。企业筹资是指企业作为筹资主体根据其生产经营、对外投资和调整资本结构等需要，通过筹资渠道和金融市场，运用筹资方式，积极有效地筹措和集中资金的活动。筹集资金是企业资金运动的起点，是决定资金运动规模和生产经营发展程度的重要环节。通过一定的筹资渠道，采用一定的筹资方式，组织资金的供应，保证企业生产经营活动的需要，是物流企业财物管理的一项重要内容。

7.2.1 筹资管理的目标

1. 企业筹资的目的

企业进行资金筹措的基本目的是为了自身的生存和发展，通常受一定动机的驱使，主要有业务拓展性动机、偿债性动机和混合性动机。

企业筹集资金总的要求是要分析评价影响筹资的各种因素，讲究筹措的综合效果。主要包括确定资金需要量、控制资金投放时间、选择资金来源渠道、确定合理资金结构等。

2. 筹资管理的目标

筹资管理的目标是在满足生产经营需要的情况下，不断降低资金成本和财务风险。现代物流企业为了保证物流服务活动的正常进行或扩大经营服务范围、拓展物流功能，必须具有一定数量的资金。企业的资金可以通过多种渠道，用多种方式来筹集。而不同来源的资金，其可使用时间的长短、附加条款的限制和资金成本的大小都不相同。这就要求物流企业在筹资时不仅需要从数量上满足物流活动的需要，而且要考虑到各种筹资方式给企业带来的资金成本的高低，以及财务风险的大小，以便选择最佳的筹资方式，实现资本运营的整体目标。

7.2.2　筹资管理的原则

物流企业在经营活动中所筹措使用的资金都是有代价的，都需要支付一定的利息、租金等报酬。物流企业必须从其盈利中补偿这些报酬。物流企业筹资决策时必须遵循如下原则。

1. 科学预测，及时供应

运用科学的方法正确预测资金需要量是物流企业进行筹资工作的前提。根据预测结果可确定物流企业需要筹措多少资金和什么时候需要资金，以满足物流企业的经营需要。既要做到及时足额供应资金，又要做到防止资金过剩，造成资金积压。

2. 合理选择，降低成本

物流企业可以选择的筹资方式有很多，并且不同筹资方式的资金成本也不相同。因此，资金成本的高低便成为物流企业筹资决策首先考虑的重要因素。同时，不同筹资方式的约束条件、风险程度也不同，物流企业应根据不同的筹资方式和不同的资金需要合理作出选择，以便取得最佳的筹资效益。

3. 测算效益，明确方向

物流企业筹资的目的是为了投资项目，若资金投向不够合理，收益太低，尽管筹资的资金成本比较低，也难以取得满意的资金效益。所以，物流企业筹资时必须明确资金的投向并测算投资收益。

4. 合理负债，避免风险

负债经营就是通过合理地举债来发展企业，物流企业应该正确掌握资本与负债的比例，善于利用负债经营的积极作用，避免可能产生的财务风险。把负债经营作为财务杠杆，既有利于筹资，又能提高资金的使用效益。

7.2.3　筹资渠道

筹资渠道是指企业筹措资金的方向与通道，体现资金的来源与流量。目前，我国企业的筹资渠道主要有以下几种。

1. 国家财政资金

国家对企业的直接投资历来是我国国有企业，特别是国有独资企业的主要资金来源。国家财政资金具有广阔的来源和稳固的基础，它在国有企业的各种资金来源中占有重要的地位。对原有国有大中型企业进行股份制改造后，国家财政投入的资金即形成国家股。从产权关系来看，国家财政资金属于国家投入的资金，产权归国家所有。

国家财政资金进入物流企业有两种方式：一是国家以所有者的身份直接向企业投入资金，这部分资金在企业中形成国家的所有者权益。二是通过银行以贷款的方式向物流企业投资，形成企业负债。国家财政资金具有贷款利率优惠、可使用期限较长等优点。但国家贷款的申请程序复杂，并且规定了资金用途。

2. 银行信贷资金

银行信贷资金是指各商业银行借贷给企业使用的资金，它是我国目前各类企业最为重要的资金来源。我国银行分为商业性银行和政策性银行。商业银行是以盈利为目的、从事信贷投放的金融机构，它主要为企业提供各种商业借款。政策性银行主要为特定企业提供政策性借款。

3. 其他金融机构资金

其他金融机构包括保险公司、证券公司、金融资产管理公司、信托投资公司、财务公司和金融租赁公司等。其他金融机构也可以为企业提供一定的资金来源。它们所提供的各种金融服务既包括信贷资金投放，也包括物资的融通，还包括为企业承销证券等金融服务。

4. 其他企业资金

其他企业在生产经营过程中往往有部分暂时或长期闲置的资金，可在企业之间相互融通。随着企业横向联合和企业集团的发展，企业之间资金联合和资金融通得到了广泛而深入的发展。从其他企业通过联营、入股、发行债券及商业信用等方式获得的资金既有长期的、稳定的资金联合，又有短期的、临时的资金融通。企业间融资是一条具有很大潜力的筹资渠道。

5. 企业自留资金

企业自留资金是指企业内部形成的资金，主要包括企业提取盈余公积金和未分配的利润等。企业自留资金的特征是，企业不需要通过一定的方式筹集，而是直接由企业内部自动形成。

6. 居民个人资金

居民个人资金是指企业职工和城乡居民个人闲置的资金。随着我国经济的发展、居民收入的增长以及金融市场的不断发展和完善，居民个人资金已成为企业不可忽视的一项资金来源。居民个人资金可用于对企业的投资，形成民间资金来源渠道。

7. 国外资金

利用外资也是企业筹资的一条重要渠道。从具体形式上说，有向国外银行或国际金融机构借款，向境外发行股票和债券、租赁、信贷、补偿贸易，与外商合资经营和合作经营等。

7.2.4 筹资方式

筹资渠道是指从哪里取得资金，而筹资方式则是如何取得资金，两者紧密联系。筹资方式不单纯是一个方法问题，除受到国家财政体制和金融体制的制约外，还受到企业筹资的外部环境和内部环境等多种因素的影响。目前，常用的筹资方式主要有以下几种。

1. 吸引直接投资

直接投资是指物流企业在物流活动过程中，投资者或发起人直接投入企业的资金，这部分资金一经投入，便构成企业的资本金。吸引直接投资则是企业以协议形式吸引国家、其他企业、个人和外商等主体直接向物流企业投入资金，这种筹资方式是非股份制企业筹集权益资本的重要方式。

吸引直接投资的形式有吸引国家投资和吸引联营投资。吸引国家投资，主要是吸引国家以贷款形式对国有物流企业的投资。企业筹措国家贷款资金主要是根据国家产业政策和投资政策及物流业发展的投资需要，向国家有关部门申请、获取国家财政贷款资金。

吸引联营投资是对国内联营企业而言的。联营企业在组建时，可按规定吸收参与联营的企业和个人的投资，形成联营企业的自有资本。其具体组织形式可分为松散型和紧密型两种。松散型联营企业通常由联营各方共同组成管理委员会作为协调机构，一般不具有法人资格，也不吸收联营各方投入自有资本。紧密型联营企业在组建时以吸引联营各方投资来筹措自有资本，但必须签订合同或协议。

2. 发行股票

股票是股份制企业筹集自有资本而发行的有价证券，是股东按其所持股份享有权利和承担义务的书面凭证，它代表持股人对股份公司的所有权。股票的发行，应明确发行目的，确认发行条件，选择发行方式，履行发行程序，降低发行成本。股票的主要类型是优先股和普通股。

(1) 优先股是企业为筹集资金而发行的一种混合型证券，兼有股票和债券的双重属性，在企业盈利和剩余财产分配上享有优先权。优先股具有如下特点：第一，优先股的股息率是事先约定而且是固定的，不随企业经营状况的变化而波动，并且公司对优先股的付息在普通股付息之前。第二，当公司破产清算时，优先股的索取权位于债券持有者之后和普通股之前。第三，优先股持有者不能参与公司的经营管理，且由于其股息是固定的，当公司经营景气时，不能像普通股那样获取高额利润。第四，与普通股一样列入权益资本，股息用税后净值发放，不享受免税优惠。第五，优先股发行费率和资金成本一般比普通股低。

(2) 普通股的基本特征包括：第一，风险性。股票一经购买就不能退还本金，而且购买者能否获得预期收益，完全取决于公司的经营状况。第二，流动性。尽管股票持有者不能退股，但可以将其转让或作为抵押品。正是股票的流动性，促使社会资金的有效配置和高效利用。第三，决策性。普通股票的持有者有权参加股东大会，参与公司的经营管理决策。第四，股票交易价格和股票面值的不一致性。这种不一致性给企业带来巨大压力，迫使其提高经济效益的同时，也产生了社会公众的资本选择行为。

3. 发行债券

发行债券是指企业按照法定程序发行，约定在一定期限内还本付息的债权凭证，它代表债券持有者与企业的一种债务关系。企业发行债券一般不涉及企业资产所有权、经营权，企业债权人对企业的资产和所有权没有控制权。企业债券的基本特征如下：

(1) 期限性。各种公众债券在发行时都要明确规定归还期限和条件。

(2) 偿还性。企业债券到期必须还本付息。不同的公司债券有不同的偿还级别，如果公司破产清算，则按优先级别先后偿还。

(3) 风险性。企业经营总有风险，如果公司经营不稳定，风险较大，其债券的可靠性就较低，受损失的可能性也较大。

(4) 利息率。发行债券要事先规定好利息率，通常债券的利息率固定，与企业经营效果无关，无论经营如何都要按时、按固定利息率向债权人支付利息。

4. 银行贷款

银行贷款是指按一定的利率，在一定的期限内，把货币资金提供给需要者的一种经营活动。银行贷款筹资是指企业通过向银行借款以筹集所需要的资金。贷款利率的大小随贷款对象、用途、期限的不同而不同，并且随着金融市场借贷资本的供求关系的变动而变动。企业向银行贷款，必须提出申请并提供详尽的可行性研究报告及财务报表，获准后在银行设立账户，用于贷款的取得、归还和结存核算。

5. 租赁筹资

租赁是指一种以一定费用借贷实物的经济行为，即企业依照契约规定通过向资产所有者定期支付一定量的费用，从而长期获得某项资产使用权的行为。现代租赁按其形态主要分为两大类，即融资性租赁和经营性租赁。融资性租赁是指承租方通过签订租赁合同获得资产的使用权，然后在资产的经济寿命期内按期支付租金。融资租赁是一种典型的企业资金来源，属于完全转让租赁。经营性租赁是不完全转让租赁。它的租赁期较短，出租方负责资产的保养与维修，费用按合同规定的支付方式由承租方负担。由于出租资产本身的经济寿命大于租赁合同的持续时间，因此，出租方在一次租赁期内获得的租金收入不能完全补偿购买该资产的投资。

6. 商业信用

商业信用是指企业之间的赊销赊购行为。它是企业在资金紧张的情况下，为保证生产经营活动的连续进行，采取延期支付购货款和预收销货款而获得短期资金的一种方式。采用这种方式，企业必须具有良好的商业信誉。同时，国家也应该加强引导和管理，避免引发企业间的三角债务。

7.2.5　物流企业筹资决策

筹资决策是指物流企业对各种筹资方式的资金代价进行比较分析，使物流企业资金达到最优结构的过程。其核心是在多渠道、多种筹资方式条件下，力求筹集到资金成本最低的资金。

1. 负债和所有者权益的比例决策

负债和所有者权益的比例决策，实际上就是确定负债和所有者权益的比例关系，分析物流企业是否合理利用了财务杠杆的作用。其决策指标主要有以下几个。

（1）负债比例

负债比例是指物流企业负债与全部资金的比率，用以表明物流企业负债占全部资金的比重。其计算公式为：

$$负债比率=\frac{流动负债+长期负债}{全部资金总额}\times 100\%$$

负债比率过高，表明物流企业资金实力较弱，财务风险较大；负债比率过低，表明物流企业不善发挥财务杠杆的作用。

(2) 所有者权益比率

所有者权益比率是指物流企业的所有者权益与全部资金的比率，用以表明物流企业所有者权益占全部资金的比重。其计算公式为：

$$\text{所有者权益比率} = \frac{\text{实收资本} + \text{资本公积} + \text{盈余公积} + \text{未分配利润}}{\text{全部资金总额}} \times 100\%$$

(3) 所有者权益资金收益率

从企业资金来源性质看，企业全部资金来源可分为所有者权益和负债。负债所筹集的资金一般需支付利息。当负债的利息率低于期望投资收益率时，利用负债资金就能给企业带来更多的盈利。因此，在期望投资收益率大于负债利息率的情况下，企业可适当提高负债资金的比重，以促使企业所有者权益收益率增大。其计算公式如下：

所有者权益资金收益率=期望投资收益率+（负债资金+所有者权益资金）×（期望投资收益率−负债利息率）

2. 资金成本分析

资金成本是物流企业为筹措和使用一定量的资金而支付的各种费用，包括筹资费用和使用费用。资金成本是企业选择资金来源、拟订筹资方案、进行筹资决策的主要依据。由于采用不同的筹资形式获取的资金成本不同，为便于比较，通常采用资金成本率这一相对指标来衡量资金成本的大小。其计算公式为：

$$\text{资金成本率} = \frac{\text{使用费用}}{\text{筹资总额} - \text{筹资费用}} \times 100\%$$

在不考虑资金时间价值的情况下，各种筹资形式资金成本的具体计算公式如下：

(1) 发行债券的资金成本

$$\text{债券成本率} = \frac{\text{债券面值总额} \times \text{票面利率} \times (1 - \text{物流企业适用的所得税税率})}{\text{按发行价确定的筹资总额} - \text{筹资费用}} \times 100\%$$

(2) 银行借款的资金成本

$$\text{借款成本率} = \frac{\text{长期借款总额} \times \text{借款年利率} \times (1 - \text{物流企业适用的所得税税率})}{\text{长期借款总额} - \text{筹资费用}} \times 100\%$$

(3) 发行优先股的资金成本

$$\text{优先股成本率} = \frac{\text{优先股面值总额} \times \text{年股利率}}{\text{优先股市价总值} - \text{发行费用}} \times 100\%$$

(4) 发行普通股的资金成本

当各年股利相同时：

$$\text{普通股成本率} = \frac{\text{普通股面值总额} \times \text{年固定股利率}}{\text{普通股市值总价} - \text{发行费用}} \times 100\%$$

当股利每年以固定比率 G 增长时：

$$\text{普通股成本率} = \frac{\text{普通股面值总额} \times \text{年的股利率}}{\text{普通股市值总价} - \text{发行费用}} \times 100\% + G$$

(5) 留存收益的资金成本

留存收益是由公司税后净利润形成的。从表面上看，公司使用留存收益似乎没有什么成本，其实不然，留存收益资本成本是一种机会成本。留存收益属于股东对企业追加的投资，股东放弃一定的现金股利，意味着将来获得更多的股利，即要求与直接购买同一公司股票的股东取得同样的收益，也就是说公司留存收益的报酬率至少等于股东将股利进行再投资所能获得的收益率。因此，企业使用这部分资金的最低成本应该与普通股资本成本相同，唯一的差别就是留存收益没有筹资费用。

3. 综合资金成本分析

物流企业在进行筹资决策时，通常会综合运用多种筹资方式形成不同的筹资方案，并通过计算各个筹资方案的综合资金成本对其进行评价选择。综合资金成本计算公式为：

$$\text{综合资金成本} = \sum_{j=1}^{n}(\text{第}\,j\,\text{种来源的资金成本} \times \text{第}\,j\,\text{种资金来源占全部资金来源的比重})$$

综合资金成本是物流企业全部长期投资组合后的总成本，它反映了物流企业资金成本的总体水平。

4. 筹资风险评估

（1）筹资风险的表现形式

物流企业的筹资风险是由企业筹资决策而带来的风险，又称“财务风险”。企业筹资渠道可分为两大类：一类是所有者投资，另一类是借入资金。前者的筹资风险表现为其使用效益的不确定，后者的筹资风险则在于企业能否及时足额地还本付息。此外，上述两大筹资渠道的结构比例若不合理，也会影响到资金成本的高低和资金使用效果的好坏，影响到借入资金的偿还和投资报酬期望的实现。因此，筹资风险具体有自有资金的风险、借入资金的风险和筹资结构风险三种表现形式。

（2）筹资风险的成因

①筹资方式选择不当。不同的筹资方式在不同的时间会有各自的优点与弊端，如果选择不恰当，就会增加企业的额外费用，减少企业的应得利益，影响企业的资金周转而形成财务风险。

②负债规模过大，资本结构不当。企业负债规模（总额）越大，利息费用支出越多，由于收益降低而导致丧失偿付能力或破产的可能性也就增大。负债在资金总额中所占比重越高，资产负债率越高，导致企业的财务杠杆系数增大，股东收益变化的幅度也随之增加，财务杠杆利益越大，伴随其产生的财务风险也就越大。

③负债期限结构不当。这一方面是指短期负债和长期负债的比例结构安排，另一方面是指取得资金和偿还负债的时间安排。若长短期债务比例不合理，还款期限过于集中，就会使企业在债务到期日还债压力过大，资金周转不灵，从而影响企业的正常生产经营活动。

④负债的利息率高。在同样负债规模的条件下，负债的利息率越高，企业所负担的利息费用支出就越多，企业破产的风险也就越大。同时，因为在息税前利润一定的条件下，负债的利息率越高，财务杠杆系数越大，对股东收益的影响程度也越大。

⑤投资决策失误。投资项目需要投入大量的资金，如果决策失误、项目失败或由于种种原因不能很快建成并形成生产能力，无法尽快地收回资金来偿还本息，会使企业承受巨大的财务危机。

⑥信用交易策略不当。如果对往来企业资信评估不够全面而采取了信用期限较长的收款政策，就会使大批应收账款长期挂账。若没有切实有效的催收措施，企业就会缺乏足够的流动资金来进行再投资或偿还到期债务，从而增加企业的财务风险。

⑦企业经营活动的失误。如果企业经营管理不善，长期亏损，那么企业就不能按时支付债务本息，这样就给企业带来偿还债务的压力，也可能使企业信誉受损，不能有效地再去筹集资金，导致企业陷入财务风险。

⑧汇率变动。企业倘若筹借外币，还可能面临汇率变动带来的风险。当借入的外国货币在借款期间升值时，企业到期偿还本息的实际价值就要高于借入时的价值。当然，当汇率发生反方向变化时，即借入的外币变软（贬值）时，可以使借款企业得到持有收益。

⑨金融市场波动。企业负债经营会受金融市场的影响，金融市场的波动，如利率、汇率的变动，都会导致企业的筹资风险。当企业主要采取短期贷款方式融资时，如遇金融紧缩、银根抽紧、短期借款利息率大幅度上升，就会引起利息费用剧增、利润下降。更有甚者，一些企业由于无法支付高涨的利息费用而破产清算。

⑩资产的流动性弱和预期现金流入量减少。现金流入量反映的是现实的偿债力，资产的流动性反映的是潜在的偿债能力。如果企业投资决策失误或信用政策过宽，不能足额、及时地实现预期的现金流入量以支付到期的借款本息，就会面临财务危机。此时，企业为了防止破产可以变现其资产。若企业资产的整体流动性较弱，其财务风险就较大。

上述导致物流企业筹资风险的因素中，既有内部因素，也有外部因素。筹资风险的内因和外因相互联系、相互作用，共同诱发筹资风险。

（3）筹资风险的防范

①树立正确的风险观念。企业在日常财务活动中必须树立风险观念，强化风险意识，科学估测风险，有效预防和应对风险。

②优化资本结构。企业应自觉地调节资本结构中权益资本与债务资本的比例，确定最佳资本结构。在资产利润率上升时，调高负债比率，提高财务杠杆系数，充分发挥财务杠杆效应；当资产利润率下降时，适时调低负债比率，以防范财务风险。

③合理安排筹资期限的组合方式。企业应尽量用所有者权益和长期负债来满足企业永久性流动资产及固定资产的需要，而通过短期负债来满足临时性流动资产的需要，并做好还款计划和准备。

④保持和提高资产流动性。企业可以根据自身的经营需要和生产特点来决定流动资产规模，合理安排流动资产结构，通过提高现金到期债务比、现金债务总额比及现金流动负债比等比率来增强企业的抗风险能力。

⑤采取先内后外的融资策略。企业如有资金需求，应按照先内后外、先债后股的融资顺序进行融资。自有资本越充足，企业的财务基础越稳固，抵御财务风险的能力就越强。

⑥研究利率、汇率走势，合理安排筹资。当利率处于由低向高过渡时期时，应根据资金需求量筹措长期资金，尽量采用固定利率的计息方式来保持较低的资金成本；当利率处于低水平时，筹资较为有利，但应避免筹资过度；当利率处于高水平或由高向低过渡时期时，应尽量少筹资或只筹集急需的资金，尽量采取浮动利率的计息方式。此外，从事进出口贸易的企业，还应根据汇率的变动情况及时调整筹资方案。

⑦建立风险预测体系。企业必须建立一套完善的风险预防机制和财务信息网络，及时地对财务风险进行预测和防范。如充分利用财务杠杆原理来控制负债比率，从而控制投资风险；采用总资本成本比较法选择总资本成本最小的融资组合，进行现金流量分析，保证偿还债务所需资金的充足；通过控制经营风险来减少筹资风险，及时调整产品结构，不断提高企业的盈利水平，避免由于决策失误而造成的财务危机。

7.2.6 资本结构优化

资本结构是指企业长期资金来源的结构，即企业长期资金来源中资本与负债的比重。资本结构是物流企业筹资决策的核心问题。企业在筹资决策过程中，应确定最佳资本结构并在以后追加筹资中继续保持最优资本结构。

1. 资本结构的影响因素

在现实中，影响物流企业资本结构的因素除上面提及的资本成本、财务风险外，还包括以下几个因素。

（1）企业经营的长期稳定性。

（2）贷款人和信用等级评定机构的态度。

（3）对企业控股权的控制，如增发股票会分散企业控制权。

（4）企业资产结构。

（5）企业获利能力。

（6）税收政策。

2. 最佳资本结构的确定

建立最佳资本结构就是合理配置长期负债与所有者权益的构成比例。其目的是使企业资本总成本最低，企业资本价值最大，同时风险也可以承受。所谓优化资本结构，即寻求资本结构的最佳组合，在兼顾风险的基础上，达到综合资本成本率最低。

一般来说，如果企业经营风险不太大时，资本结构中长期负债比例越大，对企业越有利。但真理逾越一步就会变成谬论，长期负债若不断增加，会带来很大的财务风险，权益资本的投资者会因风险增大而要求更高的报酬率。也就是说，在长期资本结构中某项资金来源发生变化，也会导致其他来源的资本成本的变化和财务风险的变化。所以，企业必须从长期角度考虑，用最“经济”的方式，持续不断筹集长期资金，使资本成本保持在最低水平。在确定最佳资本结构时所运用的衡量标准是企业综合资本成本即加权平均成本的高低。

物流企业在持续的物流活动经营过程中，由于扩大服务业务或对外投资需要，有时会增加筹集新资金，即所谓追加筹资。因为追加筹资以及筹资环境的变化，企业原有资本结构也会发生变化，或发生恶化。因此，企业应在资本结构不断变化中寻求最佳结构，保持资本结构的最优化。

7. 3　物流企业的投资管理

物流企业经营的目的，就是为了获得收益，而这种收益主要来自两个方面：一方面来自于企业内部，主要是企业生产经营收益；另一方面来自于企业外部，主要是指企业对外投资。那什么是对外投资呢？所谓企业对外投资就是企业在满足内部生产经营的前提下，用货币、实物、无形资产投资于其他企业，或购买其他企业的有价证券，以期在未来获得收益的经济行为。企业对外投资，其投资过程、投资风险和投资收益相对于对内投资而言都有着不同特点。它对于合理配置社会资源、推动和促进社会产业结构调整、发展横向经济和提高企业整体经济效益起着重要作用，已成为物流企业财务决策和管理的主要内容。

7. 3. 1　物流企业的原则和目的

1. 物流企业投资原则

(1) 正确处理企业微观条件和宏观环境之间的关系

企业的生存与发展离不开客观的经济环境，企业只有认真分析投资环境，才能保证投资决策的正确有效。随着我国社会物流需求的增加以及对物流认识的深化，传统物流企业在努力改变原有单一的物流服务功能，积极扩展经营范围，延伸物流服务，向多功能的现代物流方向发展，大有掀起一股来势汹涌的“投资物流热”的势头。但是，我们要清醒地认识到，我国现代物流的发展尚处在起步阶段，物流基础设施还不够完善，物流技术装备还比较落后，有关物流发展的政策法规体系还未建立健全，这些因素增加了物流企业投资环境的复杂性和不确定性，增加了投资风险。如何防止盲目发展、低水平重复建设，防止物流投资热变成泡沫，是每个物流企业在投资决策中必须认真面对的问题。物流企业必须在认真分析自身条件（财务实力、管理水平、盈利能力、发展前景等）基础上，认清市场环境，创造投资机会，选择适合本企业条件的投资项目。

(2) 正确处理投资需求与资金供应的关系

目前，我国物流经济正处在高速发展时期，投资市场广阔，投资项目多，每个物流企业都在努力提高自身的竞争能力，扩大经营规模，增加物流功能的广度和深度，以提高企业经济效益。但是，对于一个企业来说，用于投资的资金来源总是有限的，这就要求企业在众多的投资项目中根据经济环境及企业自身条件作出合理的选择，即根据经济效益原则和规模化原则，做好物流市场需求调查与预测，认真选定物流发展的目标及定位，选择适应本企业实力与发展的投资规划。处理好投资需求与资金供应的关系，做好企业投资规划，既可使所需投资得到保证，产生预期效益，又可避免因筹资过多而造成的资金闲置或盲目投资。

(3) 正确处理企业内部投资与外部投资的关系

企业内部投资和外部投资的范围不同，投资目的也有较大差异。正确处理两者关系对物流企业的稳定与发展、投资效益的提高具有重大意义。

内部投资是对物流企业内部生产经营活动所需的各种资产的投资，如仓储设施、运输设备、装卸机械等。其目的是为维护物流企业的正常经营与持续发展。而对外投资是为某特定目的向企业外部的资金投放，如各种有价证券及其他实物性投资。其目的是为企业闲置资金寻找出路，获得本企业经营活动以外的经济效益，或者帮助企业更好地开展经营活动。内部投资是企业生存与发展的关键，也是外部投资赖以生存的基础。而对外投资又可以为企业内部投资创造更好的条件。从总体上看，物流企业外部投资与内部投资的根本目标是一致的，但就具体目标而言，又有一定差异。因此，企业在投资时，必须认真协调内部投资与外部投资的关系。

2. 物流企业投资目标

物流企业投资管理的目标是认真进行投资项目的可行性研究，力求提高投资报酬，降低投资风险。

物流企业应将筹集到的资金尽快用于投资，以取得盈利。但任何投资都有不同程度的风险性，企业在投资时，必须认真分析影响投资决策的各种因素，科学地进行可行性研究。对新增投资项目，一方面要考虑建成后给企业带来的投资报酬；另一方面也要考虑投资项目给企业带来的风险，以便提高企业价值，实现企业资本运营的整体目标。

7.3.2 物流企业投资的分类

为加强对物流企业投资的管理，分清投资的性质，提高投资效率，企业必须对投资进行分类。

1. 按投资对象的形态可将投资分为实体投资和金融投资

实体投资的投资对象是具有物质形态的实物资产和不一定具有物质形态的无形资产，投资收益相对较稳定，投资风险相对较小，但收益率较低。而金融投资的投资对象是金融资产或金融工具，企业不仅获得投资利润，而且获得资本利得收益，但投资风险比实体投资高。

2. 按投资和生产经营的关系可将投资分为直接投资和间接投资

直接投资是把资金投资于本企业或外单位的生产经营性资产，取得直接收益；间接投资是把资金投资于有价证券等金融资产，以取得投资利润和资本利得。

3. 按投资期限可将投资分为长期投资和短期投资

短期投资是指可在一年内收回的投资，通常为企业的流动资产。它具有投资期限短、变现能力强、周转快、波动性大等特点。长期投资一般指投资期限在一年以上的各项投资。一般说来，长期投资的回收期长、耗资大、变现能力差，并且将在较长时期内持续影响企业的经营，因而它比短期决策有更大的风险。

4. 按投资范围可将投资分为对内投资和对外投资

对内投资是指对企业内部物流活动所需要的各种资产的投资，其目的是为了保证物流企业生产经营过程的连续和经营规模的扩大及物流功能的拓展。对外投资是指物流企业将所拥有的资产直接投放于其他企业或购买各种证券形式的投资，主要包括股票投资、债券投资和其他投资等。

7.3.3 物流企业的投资方式

1. 物流企业的对内投资

物流企业对内投资是指对物流企业内部各种经营性资产的投资活动。物流企业对内投资主要包括固定资产投资、无形资产投资和递延资产投资。

(1) 固定资产投资

固定资产一般是指使用期限在一年以上、单位价值在规定标准以上，并且在使用过程中保持原有物质形态的资产，包括物流企业的仓库及其设施、装卸机械、运输设备、工具器具以及其他办公设施等。固定资产投资是物流企业生产经营活动赖以进行的物质条件。固定资产投资一般包括基本建设投资和更新改造投资两部分。

(2) 无形资产投资

无形资产投资是指对那些不具有实物形态，但能长期使用并为企业提供收益的资产的投资。例如专利、非专利技术、商标权、土地使用权以及商誉和企业形象等。无形资产具有无形性、专有性和不确定性的特点。因此，无形资产的辨认与确定、估价与推销、开发与利用都比固定资产更难于管理。

(3) 递延资产投资

递延资产是指不能全部计入当年损益，应当在以后年度内分期摊销的各种费用，如开办费、企业以租赁经营方式租入的固定资产、改良工程支出等。递延资产投资是影响物流企业对内长期投资经济效益的一个不可忽视的影响因素。

2. 物流企业的对外投资

在社会经济活动中，物流企业为获得本企业经营以外的经济效益，或为更好地开展物流活动，可将企业拥有的资产投向其他单位，或购买政府（企业）债券、持有其他企业的股票等。这些行为成为企业对外投资。物流企业对外投资的最终目的是追求更高的投资收益率。物流企业对外投资可分为对外间接投资和对外直接投资两类。

(1) 对外投资的原则

物流企业对外投资一般应遵循如下基本原则：

①效益性原则。追求效益是企业生存和发展的先决条件之一。对外投资项目多、范围广，特别是证券市场瞬息万变、不易预测。物流企业在进行对外投资时，应正确选择投资机会和投资项目，以便获得好的投资收益。

②分散风险原则。投资收益与投资风险是相伴而产生的。各种投资对象的风险是各不相同的。一般来说，债券投资风险要小于股票投资风险，基础产业投资风险低于高新技术产业投资风险。物流企业进行长期对外投资时，应把资金分布在不同的投资项目上，确定最佳投资组合方式，以分散风险。

③安全性原则。物流企业在进行对外投资时，要对被投资企业的资信、经营状况及其发展趋势、投资时机等进行深入的分析，以提高对外投资的安全程度。

④整体性原则。物流企业无论基于什么目的投资，都应为实现企业总体目标服务，不能偏离企业的战略目标。

（2）对外间接投资

对外间接投资是企业对外投资的一种常见方式，因其具有投资方便、变现能力强的特点，越来越受到企业投资决策者的重视。对外间接投资的主要形式有债券投资和股票投资两种。

①债券投资。进行债券投资的目的是为了获取投资收益，确定债券投资收益多少的指标是债券收益率。债券收益率指的是债券购买者在债券上的收益与他投入的本金之比。它主要受到债券利率、面值与实际价格的差额、还本期限等因素的影响。当债券的价格高于其面值时，收益率低于债券利率；当债券的价格低于其面值时，收益率高于债券利率。可见，债券价格的变化使债券持有者承担着不同程度的投资风险。除此之外，债券的信誉、债券的投资结构及资金保证程度等因素对投资收益也有着不可忽视的影响。投资者必须作出科学合理的投资决策，以使其风险最小，收益率最大，达到投资的目的。

②股票投资。企业进行股票投资既可以取得股利收入，又能参与企业的经营管理。股票投资虽然和债券投资一样都属于证券投资，但也有其自身特点：一是风险大。股票不能还本，且预期收益取决于股票发行公司的盈利水平和股票市场的行情，企业破产时，因股票的索取权位于债券之后，股票可能部分甚至全部不能收回投资资金。二是收益高。高风险必然要求高收益，股东除可以从股票发行公司领取股利，同时也可以因股票升值获取转让收益。三是价格的波动性。股票的价格高低除取决于公司的盈利水平外，还受到政治、经济、社会等因素的影响。因此，其价格经常处于不断的变化之中。正是由于股票价格的波动性，为股票投资者获取收益创造了条件。

（3）对外直接投资

在一般情况下，物流企业对外直接投资主要包括联营投资、兼并投资和境外投资等形式。

①联营投资。联营投资是指企业根据联营章程和联营协议，向联营企业投放一定财力并期望在未来取得收益的一种投资行为。联营投资能做到优势互补，发挥群体实力；可实现多元化经营，分散投资风险；可以加强企业间的协作关系，提高企业生产水平，创造规模经济效益。随着社会主义市场经济体制的建立，多层次、多形式的横向联合必将得到进一步的发展，联营投资也越来越重要。

②兼并投资。兼并投资是指企业自身通过产权交易、股本收购等资本经营形式取得其他企业的资产和负债的一种经营行为。其是企业为了获得本企业长远的经济利益，或开拓新的产品市场、获取新的资源，投入资金，收购并控股其他企业，以参与其他单位的经营管理，控制其经营活动的投资行为。它是市场经济下优胜劣汰、优势企业对外投资扩充经营的结果。

③境外投资。境外投资是指企业将资金投放到其他国家或地区，以便在国际市场上提高自己生产、销售等方面的竞争能力。企业要向境外投资，并想取得预期的收益，在投资决策时应认真考虑投资的国家、投资方式和投资项目的选择，作出科学合理的投资决策。

7.3.4 投资决策的主要方法

投资方案评价所使用的方法分为非贴现和贴现两大类。前者没有考虑资金的时间价值，计算较为简单，如投资回收期法、投资收益率法等；后者则考虑了资金时间价值对投资决策的影响，比非贴现更为准确、合理，但计算比较复杂，如净现值法、内含报酬率法等。

1. 非贴现的投资决策分析方法

（1）投资回收期法

投资回收期，又称“还本期限法”，是指收回全部原始投资所需要的时间。回收期法就是根据每年现金净流量来计算回收期的长短，并以此来评价投资方案的一种方法。一般来说，回收期越短，收回投资的速度越快，投资方案所承担的风险也越小；反之，回收期越长，收回投资的速度就越慢，投资方案所承担的风险也越大。回收期法正是据此来判断有关投资方案的优劣并从中选出最佳方案的。

回收期的具体计算方法，因投资方案每年的现金净流量的不同而有所不同。当投资方案每年的现金净流量相等时，其计算公式为：

$$投资回收期 = \frac{原始投资额}{年净现金流量}$$

当投资方案的现金净流量不相等时，其回收期应按累计现金净流量计算，即累计现金流量等于原始投资所需要的时间，就是回收期。采用投资回收期法评价投资方案是一种比较简便的方法。但回收期法不能指出投资方案究竟能获得多少收益，也未考虑资金时间价值，因此，在实际决策分析中，通常要结合其他方法加以运用。

（2）投资收益率法

投资收益率法就是通过计算投资方案的平均现金净流量或净利润与原始投资额的比值来确定获利水平，以确定投资方案的优劣。其计算公式为：

$$投资收益率 = \frac{年现金净收益}{投资总额}$$

在进行投资决策时，应将投资方案的投资收益率与企业的期望收益率相比较，对于投资收益率低于期望收益率的方案应放弃；如果有若干投资方案可供选择，则应选择投资收益率最高的方案。

2. 贴现的投资决策分析方法

（1）净现值法

净现值是指投资方案中未来现金流入现值与其现金流出现值的差额。净现值法就是按净现值的大小来评价各投资方案优劣的一种方法。其计算公式为：

$$净现值 = 未来报酬总现值 - 初始投资额$$

净现值如大于零，说明投资收益总和大于投资总额，该投资方案为有利；净现值等于或小于零，则该投资为无利或不利。对两个或两个以上不同方案的净现值进行比较，可以从中选择最有利的投资方案。

（2）现值指数法

现值指数是指投资方案中未来现金流入总额的现值同其现金流出总额现值的比值。现值指数法就是根据各方案的现值指数的大小来评价投资方案优劣的一种方法。现值指数大于 1，方案可行，且现值指数越大，方案越优。计算现值指数的公式为：

$$现值指数 = \frac{未来报酬(收入或现金流入)的总现值}{初始投资额(总流出现金的现值)}$$

此方法与净现值法的区别在于采用现值指数法弥补了净现值法难以正确评价投资额不同的各备选投资方案优劣的不足，因而使用范围比较广泛。

（3）内含报酬率法

内含报酬率是指能够使未来现金流入现值恰好等于未来现金流出现值时的贴现率，或者说是使投资方案净现值为零时的贴现率。内含报酬率法是根据方案本身的内含报酬率来评价投资方案优劣的一种方法。内含报酬率大于资金成本率则方案可行，且内含报酬率越高，方案越优。其计算公式为：

$$IRR = \sum_{t=1}^{n} \frac{NCF_t}{(1+k)^t} - C = 0$$

式中，C——初始投资额；

NCF_t——第 t 年的净现金流量；

IRR——内含报酬率；

k——贴现率（资本成本或企业要求的报酬率）。

内含报酬率的计算，通常采用计算内插法，即先估计一个贴现率，用它来计算方案的净现值。若计算出的净现值为正数，表示估计的贴现率小于该方案的实际投资报酬率，应再适当提高估计的折现率；若计算出的净现值为负数，则表示估计的贴现率大于该方案的实际投资报酬率，应适当降低估计的折现率。如此经过多次计算，最终找出由正到负的两个相邻的贴现率。然后根据上述两个相邻的折现率，采用插值法计算出投资方案的内含报酬率。

内含报酬率在计算上与资金成本分开，可免受资金成本变动的影响，同时运用了贴现法，并能直接反映投资方案的效益水平，虽然计算较复杂，但仍不失为实际工作中常用的决策方法。

7.3.5　其他投资管理

1. 货币资金投资管理

货币资金是以货币形态存在的可以随时动用的款项，具体包括库存现金、银行存款和其他货币资金（主要包括外埠存款、信用证存款、银行汇票存款、银行本票存款、在途货币资金等）。

货币资金是企业流动性最强、控制风险最高的资产，是企业生存与发展的基础。因此，必须加强对企业货币资金的管理和控制，建立健全货币资金内部控制，确保经营管理活动合法而有效。货币资金内部控制的四个目标之一就是实现货币资金的效益性，即合理调度货币资金，使其发挥最大的效益。由于货币资金持有过多会降低企业的盈利能力，持有过少又会使企业资金周转困难，给企业带来财务风险，因此，物流企业必须确定货币资金的最佳持有量。确定货币资金最佳持有量的方法很多，其中较常用的是利用存货经济批量模型，求货币总成本最低时的货币资金持有量。

2. 应收账款投资管理

应收账款是指企业因赊销产品或劳务而形成的应收款项，是企业流动资产的一个重要项目。应收账款产生的根源在于赊销的销售方式。赊销行为其实是企业向客户提供的一种商业信用贷款，通过延期偿付达到刺激销售、增加盈利的目的。赊销是一种投资，投资管理要达到的目的，就是要求使“利”最大化（最大程度上增加企业利润），“弊”最小化（使呆账损失最小，使产品转化为现金的时间最短）。为此，要分析比较应收账款的成本与收益。

应收账款的成本包括资金占用成本、管理成本和坏账成本，其收益是采取赊销方式增加销售额所带来的利润的增加。物流企业为控制应收账款的投资风险和收益，就要从以下几个方面入手：

（1）根据自身的风险承受能力，确定企业的信用策略（信用标准和信用条件）。

（2）从个人品质、付款能力、财务状况、外部环境等几个方面衡量客户的信用。

（3）应用应收账款投资总额动态控制法、应收账款平均收账期控制法和账龄分析法进行信用动态管理。

（4）通过比较坏账损失和收账费用确定合理的收账政策。

7.4 物流企业的财务分析与评价

物流企业财务分析与评价是指通过对企业物流活动的财务报表和管理会计报告所提供的数据信息进行加工处理和比较，以分析企业过去的财务状况和经营成果以及未来前景，从而为企业及各有关方面进行经济政策、提高资产管理水平提供重要依据。

7.4.1 物流企业财务分析与评价的目的与要求

财务分析与评价对于物流企业经营管理者、投资者和债权人都是至关重要的。通过财务分析与评价可以了解到物流企业的财务状况、资产管理水平、投资项目获利能力以及企业的未来发展趋势。为使财务分析与评价的结果尽可能准确、有效和及时，满足企业内外各方面对财务分析信息的需要，进行财务分析与评价时需做到以下几点。

1. 分析内容应满足多元分析主体的需要

财务分析与评价的主体是指财务分析与评价工作为之服务的对象，它包括企业经营者、投资者和债权人等。财务分析与评价不仅要从物流企业投资者和经营管理者的角度来分析评价企业的财务状况和经营成果，还应该考虑到企业债权人、未来投资者以及职工等多元分析主体的财务分析信息需要，在分析内容上满足他们的相关需要。

2. 以公认的会计准则和有关的法规制度为依据

用于财务分析与评价的报表数据必须真实可靠，如果报表数据失真，将直接影响分析结果的客观性和正确性。选择的评价指标和方法要符合相关的会计准则和制度规定。

3. 及时提供财务分析与评价的结果

财务分析与评价的结果是财务信息使用者用于新时期经营管理或投资决策的参考，企业应在财务报表出来后及时依据报表提供的信息资料进行分析与评价，并及时传递和公布，确保财务信息满足决策的需要。

4. 注重各种指标的综合运用

注重各种指标的综合运用，如定量分析与定性分析相结合、趋势分析与比率分析相结合、横向分析与纵向分析相结合、静态分析与动态分析相结合，以便取长补短，发挥财务分析的总体功能效应。

7.4.2　物流企业财务分析与评价的基础

物流企业财务分析与评价的依据主要是企业的会计核算资料和财务报告，并以财务报告为主。财务报告是现代物流企业向政府部门、投资者、债权人等与本企业有利害关系的组织或个人提供的，反映本企业在一定时期内的财务状况、经营成果以及影响企业未来经营发展的经济事项的文件，主要包括资产负债表、损益表、现金流量表、其他附表以及财务状况说明书。其中资产负债表、损益表、现金流量表应用比较广泛。

1. 资产负债表

资产负债表是现代物流企业在某一时点上资产、负债及所有者权益的基本状况的会计报表。资产负债表可以提供企业的资产结构、资产流动性、资金来源状况、负债水平以及负债结构等信息，分析者可据以了解企业拥有的资产总额及其构成状况，考察企业资产结构的优劣和负债经营的合理程度，评估企业清偿债务的能力和筹资能力，预测企业本来的财务状况和财务安全度，从而为债权人、投资人及企业管理者提供决策依据。

2. 损益表

损益表是以“利润 = 收入 - 费用”为根据编制的，反映物流企业在一定经营期间内物流活动经营成果的财务报表。通过损益表可以考核现代物流企业利润计划完成情况，分析企业实际的盈利水平及利润增减变化原因，预测利润的发展趋势，为投资者及企业管理者等各方面提供决策依据。损益表也是计算投资利润率和投资利税率的基础和依据。

3. 现金流量表

物流企业的现金流量表是以“净现金流量 = 现金流入 - 现金流出”为根据编制的，通过现金和现金等价物的流入、流出情况，反映企业在一定期间内的经营活动、投资活动和筹资活动的动态情况的财务报表。它是计算现代物流企业内含报酬率、财务净现值和投资回收期等反映投资项目盈利能力的指标。

7.4.3　财务分析方法

1. 比较分析法

比较分析法是指通过两个或两个以上相关经济指标的对比，确定指标间的差异，并进行差异分析或趋势分析的一种分析方法。它是一种最基本、最主要的分析方法。比较的基本方式一般有三种，即绝对额的比较、百分数的比较和比率的比较。通过比较分析，可以发现差距，确定差异的方向、性质和大小，并找出产生差异的原因及其对差异的影响程度，以进一步改善公司的经营管理。将实际达到的结果与不同时期财务报表中同类指标历史数据相比较，确定企业的财务状况、经营状况和现金流量的变化趋势和变化规律，揭示企业的发展潜力，为企业的财务决策提供依据。

运用比较分析法时，为了检查计划或定额的完成情况，可将本企业本期实际指标与计划或定额指标相比较；若要考察企业经济活动的变动情况和变动趋势，则以本企业本期实际指标与以前各期（上期、上年同期或历史最好水平等）同类指标进行比较；如果想要确定本企业在国内外同行业中所处的水平，则可采用本企业实际指标与国内外同行业先进指标或同行业平均指标相比较的形式。总之，在实际操作中，应根据分析者的分析目的和分析对象来决定需要哪些指标、多少指标以及采用哪种比较形式。而且，用于比较的指标应具有可比性，其比较的结果才有意义。

财务分析中最常见的三种比较分析法是财务报表的比较、重要财务指标的比较、财务报表项目构成的比较。

（1）财务报表的比较

财务报表的比较是将连续数期的会计报表的金额并列起来，比较其相同指标的增减变动金额和幅度，据以判断企业财务状况和经营成果发展变化的一种方法。会计报表的比较具体包括资产负债表比较、利润表比较、现金流量表比较等。比较时，既要计算出表中有关项目增减变动的绝对额，又要计算出其增减变动的百分比。

（2）重要财务指标的比较

重要财务指标的比较是将不同时期财务报告中的相同指标或比率进行比较，直接观察其增减变动情况及变动幅度，考察其发展趋势，预测其发展前景。对不同时期财务指标的比较，可以有两种方法，具体如下：

①定基动态比率。定基动态比率是以某一时期的数值为固定的基期数值而计算出来的动态比率。相应的计算公式为：

$$定基动态比率=\frac{分析期数值}{固定基期数值}\times 100\%$$

②环比动态比率。环比动态比率是以每一分析期的前期数值为基期数值而计算出来的动态比率。相应的计算公式为：

$$环比动态比率=\frac{分析期数值}{前期数值}\times 100\%$$

（3）财务报表项目构成的比较

财务报表项目构成的比较是在财务报表比较的基础上发展而来的。它是以财务报表中的某个总体指标作为100%，再计算出其各组成项目占该总体指标的百分比，从而来比较各个项目百分比的增减变动，以此来判断有关财务活动的变化趋势。它既可用于同一企业的不同时期财务状况的纵向比较，又可用于不同企业之间的横向比较。

2. 比率分析法

比率分析法是通过财务相对数指标的比较，对企业的经济活动变动程度进行分析和考察，借以评价企业的财务状况和经营成果的一种方法。比率分析法在财务分析中占有十分重要的地位，它也是比较分析法的一种形式，但它不是有关指标简单、直接的比较，而是将相关联的不同项目、指标之间相除，以揭示有关项目之间的关系，或变不可比指标为可比指标，或产生更新、更全面、更有用的信息。

不同的比率指标的计算方法各不相同，通过计算出来的各种比率进行分析，其分析的目的以及所起的作用也各不相同。根据不同的分析目的和用途，可将比率分为以下两类。

（1）相关比率

相关比率是指两个相互联系的不同性质的指标相除所得的比率。常用的相关比率有反映企业营运能力的存货周转率、流动资产周转率；反映企业盈利能力的净资产收益率、资产利润率；反映偿债能力的流动比率、速动比率等。通过相关比率分析，可以了解企业资产的周转情况是否正常，分析企业投入资本的盈利情况，考察企业偿付流动负债和长期负债的能力，使财务分析更加全面、深刻。

（2）构成比率

构成比率又称“结构比率”，是指某项分析指标的各组成部分的数值占总体数值的百分比，反映部分与总体的关系。相应的计算公式为：

$$构成比率 = \frac{指标某部分的数值}{指标总体数值} \times 100\%$$

常用的构成比率有流动资产、固定资产、无形资产占总资产的百分比构成的企业资产构成比率，长期负债与流动负债占全部债务的比率，营业利润、投资收益、营业外收支净额占利润总额的百分比构成的利润构成比率等。利用构成比率与目标数、历史数、同行业平均数相比较，可以考察总体中某个部分的现状和安排是否合理，充分揭示企业财务业绩构成和结构的发展变化情况，以便协调各项财务活动。

3. 趋势分析法

趋势分析法，又称为“水平分析法”，是指将企业两期或连续数期的财务会计报表中的相同指标或比率相比较，以确定其增减变动的方向、数额和幅度，揭示企业财务状况和经营成果增减变化的性质和变动趋势的一种分析方法。

具体做法是：编制比较会计报表，将连续数期的会计报表数据并列在一起，选择某一年份为基期，计算每一期各项目对基期同一项目的趋势百分比，或计算趋势比率及指标，然后再根据所形成的一系列具有可比性的百分数或指数，来确定各期财务状况和营业情况增减变化的性质和方向。采用此法时，首先，在指标的选用和计算上应保持口径一致，否则分析就没有意义；其次，对于变动较大的项目或指标，应作重点分析；最后，应排除偶发性项目的影响，以免扭曲正常的经营状况的分析。

4. 因素分析法

在上述各种分析法中，比较分析法和比率分析法可以确定财务报表中各项经济指标发生变化的差异。但是，如果要了解形成差异的原因以及各种原因对差异形成影响的程度，则需要进一步应用因素分析法来进行具体的分析。

因素分析法，又称为“连环替代法”，是用来确定几个相互联系的因素对某个财务指标的影响程度，据以说明财务指标发生变动或差异的主要原因的一种分析方法。采用此法的出发点是，当有若干因素对分析对象发生影响时，假定其他各个因素都无变化，顺序确定每一个因素单独变化所产生的影响。

具体步骤如下：

（1）将分析对象——某综合性指标分解为各项构成因素。

（2）确定各项因素的排列顺序。

（3）按确定的顺序对各项因素的基数进行计算。

（4）顺序以各项因素的实际数替换基数，计算替换后的结果，并将结果与前一次替换后的计算结果进行比较，计算出影响程度，直到替换完毕。

（5）计算各项因素影响程度之和，与该项综合性指标的差异总额进行对比，检查是否相符。

7.4.4　财务分析指标体系

物流企业财务分析与评价按照分析的目的不同可以分为偿债能力分析与评价、营运能力分析与评价、获利能力分析与评价等。

1. 偿债能力分析与评价

偿债能力是指物流企业偿还各种到期债务的能力。偿债能力指标是用来总结和评价企业长期以及短期内能够用其资产偿还负债的能力的大小，或者用来判断企业负债经营安全程度的指标。

（1）流动比率

流动比率是指物流企业流动资产与流动负债的比率。其计算公式为：

$$流动比率=\frac{流动资产}{流动负债}\times 100\%$$

流动比率反映了流动资产对流动负债的保障程度。流动比率越高，表明企业短期偿债能力越强。从债权人的角度来看，流动比率越高则其债权越有保障，对其越有利。但从经营管理者理财的角度来看，过高的流动比率表明管理上存在问题。因为流动比率过高，可能是企业滞留在流动资产上的资金过多，未能有效地加以利用，进而会影响企业的获利能力。通常流动比率定为 200%左右比较合适。

（2）速动比率

速动比率是指企业流动资产与流动负债的比率。速动资产是指能迅速转变为现金的资产，包括现金、各种存款、有价证券和应收账款等资产。其计算公式为：

$$速动比率=\frac{流动资产-存货}{流动负债}\times 100\%$$

因为速动资产流动性强、变现速度快，所以速动比率比流动比率更能精确地反映企业短期债务的偿还能力。一般认为，企业速动比率应达到 100%左右。速动比率过高，会造成资金浪费，资金使用效率低；过低则偿债能力弱，财务风险大，不利于吸引投资者。

（3）资产负债率

资产负债率是企业负债总额与资产总额的比率，是衡量企业长期偿债能力的重要指标。它反映在企业总资产中有多少比例是通过举债来筹集的，同时也说明企业清算时债权人利益的保障程度。资产负债率亦称“举债经营比率”，或“负债比率”。其计算公式为：

$$资产负债率 = \frac{负债总额}{资产总额} \times 100\%$$

从债权人角度来看，这一指标越低越好。该指标越低，说明全部资本中所有者权益的比例越大，企业财力也越充足，债权人按期收回本金和利息也就越有保证。从所有权的立场来看，该指标的评价要视借入资本的代价而定。当全部资产利润率高于借贷利率时，希望资产负债率高些，反之则希望其低些。从经营管理者角度来看，资产负债率高或低，反映其对企业前景的信心程度。资产负债率高，表明企业活力充沛，对其前景充满信心，但需承担的财务风险较大，同时过高的负债比率也会影响企业的筹资能力。因此，企业经营管理者运用举债经营策略时，应全面考虑，权衡利害得失，保持适度的负债比。

（4）产权比率

产权比率亦称“负债与股东权益比率”，是负债总额与所有者（股东）权益总额的比率。其计算公式为：

$$产权比率 = \frac{负债总额}{所有者权益} \times 100\%$$

这个指标是衡量企业长期债务的偿还能力和反映企业财务结构稳定状况的指标，实际上是负债比率的另一种表现形式。该指标越低，说明企业长期债务状况越好，债权人货款的安全越有保障，企业财务风险越小。

（5）利息保障倍数

利息保障倍数，也称“利息所得倍数”，是企业经营业务的收益与利息费用的比率，用于分析物流企业在一定盈利水平下支付债务利息的能力。其计算公式为：

$$利息保障倍数 = \frac{税前利润 + 利息费用}{利息费用} \times 100\%$$

该指标越高，说明企业利润为支付债务利息提供的保障程度越高；反之，说明保障程度低，会使企业失去对债权人的吸引力。

（6）长期资产适合率

长期资产适合率是所有者权益与长期投资之和的比率，它可以从企业资源配置结构方面反映企业的偿债能力。其计算公式为：

$$长期资产适合率 = \frac{所有者权益 + 长期负债}{固定资产 + 长期投资} \times 100\%$$

长期资产适合率是从所有者权益与长期资本的平衡性、协调性的角度出发，反映了物流企业财务结构的稳定程度和财务风险的大小。该指标在充分反映物流企业财务偿债能力的同时，也反映了企业资金使用的合理性，分析企业是否存在盲目投资、长期资产挤占流动资金或者负债使用不充分等问题，有利于加强物流企业的内部管理和外部监督。

2. 营运能力分析与评价

营运能力又称“资金周转状况”，即企业充分利用现有资源创造社会财富的能力。营运能力指标是用来总结、分析和评价物流企业销售能力、资金流动性等正常经营运转能力的指标。它反映企业资产管理的效率和水平。常用的评价指标有存货周转率、应收账款周转率、流动资产周转率、固定资产周转率和总资产周转率。

(1) 存货周转率

存货周转率是指企业一定时期内的销货成本与平均存货的比率。它是衡量企业购货、生产、销售各环节管理效率的综合性指标。通常用存货周转天数和存货周转次数两种方式表示。其计算公式分别为:

$$存货周转次数=\frac{销货成本}{平均成本}$$

$$存货周转天数=\frac{360}{存货周转率}=平均存货\times 360\div 销货成本$$

在正常情况下，存货周转率越高，说明存货周转越快，利润率就越大，营运资金用于存货的余额就越小。但存货周转率过高，也可能说明经营管理方面存在一些问题，如存货水平过低、批量太小等。存货周转率过低常常是库存管理不善、存货积压、资金沉淀、销售状况不佳的结果。因此，对存货周转率的分析，必须结合企业实际情况，充分考虑诸多因素的影响。

(2) 应收账款周转率

应收账款周转率是指物流企业赊销收入净额与应收账款平均余额的比率，是反映企业应收账款回收速度和管理效率的指标。通常用下列公式表示:

$$应收账款周转率=\frac{销售收入}{平均应收账款}$$

$$应收账款周转率=\frac{360}{应收账款周转率}=平均应收账款\times 360\div 销售收入$$

该指标是评价应收账款流动性大小的一个重要财务比率，它反映了企业在一个会计年度内应收账款的周转次数。这一比率越高，表明企业应收账款的变现速度快、管理效率高、资金回收迅速，不易发生呆账或坏账损失，流动资产营运状况好；反之，则相反。

(3) 流动资产周转率

流动资产周转率是指销售收入和流动资产平均余额的比率，它反映的是全部流动资产的利用效率，可用公式表示为:

$$流动资产周转率=\frac{销售收入}{流动资产平均余额}$$

式中，流动资产平均余额=（年初流动资产余额+年末流动资产余额）÷2。

该指标是分析流动资产周转情况的一个综合性指标，指标越高，说明流动资产周转速度越快，资金运用效果越好。

(4) 固定资产周转率

固定资产周转率也称“固定资产利用率”，是企业销售收入与固定资产平均净值的比率。其计算公式为:

$$固定资产周转率=\frac{销售收入}{固定资产平均净值}$$

式中，固定资产平均净值=（年初固定资产净额+年末固定资产净额）÷2。

该指标用于分析固定资产的利用效率，指标越高，说明固定资产的利用效率越高。

（5）总资产周转率

总资产周转率亦称“总资产利用率”，是指销售收入与资产总额的比率。其计算公式为：

$$总资产周转率=\frac{销售收入}{平均资产总额}$$

式中，平均资产总额=（年初资产总额+年末资产总额）÷2。

该指标可用来分析企业全部资产的使用效率。如果该比率较低，说明企业利用其资产进行经营的效率差，会影响企业的获利能力，企业应采取措施提高销售收入或处置资产，以提高总资产利用率。

3. 获利能力分析与评价

获利能力是指企业赚取利润的能力。盈利是企业的重要经营指标，是企业生存和发展的物质基础。获利能力分析与评价是财务分析不可缺少的重要内容。

评价企业获利能力的指标主要有资本金利润率、资产报酬率、销售利税率、成本费用利润率。

（1）资本金利润率

资本金利润率是指企业税后利润净额与资本金总额（在工商行政管理部门登记注册的资金总额）的比率。其计算公式为：

$$资本金利润率=\frac{利润净额}{资本金总额}\times 100\%$$

资本金利润率是一个既反映资本金获利能力，又衡量企业负债是否适度的指标。一般来说，该指标越高，说明投资的效益越好。在资本金利润率高于同期银行利率时，其差额部分可能转化为所有者享有的利益，因而适度负债对所有者有利。

（2）资产报酬率

资产报酬率是指企业利润总额同利息之和与平均资产总额的比率。其计算公式为：

$$资产报酬率=\frac{利润总额+利息}{平均资产总额}\times 100\%$$

式中，平均资产总额=（年初资产总额+年末资产总额产）÷2。

在这里，把利息列入资产报酬总额，是因为利息也是企业负债资本增值的一部分，只是企业将其支付给债权人而已。企业资产报酬总额的多少，受到企业资产的数量、资产结构及经营管理水平的影响。该比率越高，表明资产利用效率越高，获利能力越强。分析评价资产报酬率，可以促进企业改进经营管理，将有限来源的资产尽可能使用得更好，从而提高企业的获利能力。

（3）销售利税率

销售利税率是指企业在一定时期内利税总额与净销售收入的比率。其计算公式为：

$$销售利税率=\frac{利税总额}{净销售收入}\times 100\%$$

销售利税率是衡量企业销售收入水平的指标。该比率越高，说明销售收入水平越高，同时也说明企业对国家的贡献越大。

（4）成本费用利润率

成本费用利润率是指税后利润净额与成本费用总额的比率。其计算公式为：

$$\text{成本费用利润率} = \frac{\text{税后利润净额}}{\text{成本费用总额}} \times 100\%$$

该指标反映企业付出与所得的关系。这一比率越高，说明企业为获取收益而付出的代价越小，企业获利能力越强。因此，该指标不仅可以用来评价企业获利能力的高低，也可以评价企业对成本费用的控制能力和经营管理水平。

本章小结

资金是企业进行生产经营活动的必要条件。企业筹措资金是指企业根据生产经营、对外投资和调整资金结构的需要，通过筹资渠道和资金市场，采取一定筹资方式，经济、有效地筹措资金的过程。企业筹资的基本目的是为了自身的生存和发展，通常受一定动机的驱使，主要有业务扩展性动机、偿债性动机和混合性动机。企业筹资总的要求是要综合评价资金需要量、控制资金投放时间、选择资金来源渠道和确定合理资金结构等。

物流企业投资是指企业投入财务，以期望在未来获取收益的一种行为。物流企业投资管理的目标是认真进行投资的可行性研究，力求提高投资报酬，降低投资风险。投资管理的原则表现在要正确处理企业微观条件与宏观环境之间的关系，正确处理投资需求与资金供应的关系，正确处理内部投资与外部投资的关系。

物流企业财务分析与评价是指通过对企业物流活动的财务报表和管理会计报告所提供的数据信息进行加工、处理和比较，来分析企业过去的财务状况和经营成果以及未来前景，从而为企业及各有关方面进行经济决策、提高资产管理水平提供重要依据。物流企业财务分析与评价的重要依据是资产负债表、利润表和现金流量表。

自测题

1. 什么是资金的时间价值？如何计算资金的时间价值？
2. 现代物流企业主要的筹资方式有哪些？
3. 现代物流企业对外投资的方式有哪些？
4. 物流企业成本控制的方法有哪些？
5. 物流企业财务分析与评价的依据是什么？
6. 物流企业财务分析与评价的指标有哪些？分别代表什么意义？

第8章　物流企业的现代化管理

学习目标

通过本章的学习，使学生理解物流企业现代化的概念、物流组织现代化的含义和重要性、物流企业技术研发的新趋势，掌握一体化物流、供应链一体化、现代储存技术的相关知识，熟练运用现代物流技术和物流管理方法。

关键概念

物流一体化（the integration of logistics）　供应链一体化（supply chain integration）
电子数据交换（electronic data interchange）

引导案例

海尔现代物流技术的研究与应用

海尔物流创新实施了“一流三网”的同步管理模式，被中国物流与采购联合会授予首家中国物流示范基地。一流是以订单信息流为中心；三网分别是全球供应链网络、全球配送网络和计算机信息网络。三网同步流动，为订单信息流的增值提供支持，主要实现以下四个目标。

(1) 为订单而采购，消灭库存。在海尔，实施过站式物流管理模式，所有采购与制造必须按订单进行，这样使呆滞物资降低90%，仓库面积减少88%，库存资金减少63%。海尔国际物流中心货区面积为7200平方米，但它的吞吐量却相当于普通平面仓库的30万平方米，同样的工作，海尔物流中心只有9人，而一般仓库完成这样的工作量至少需要上百人。

(2) 全球供应链资源网的整合使海尔获得快速满足用户需求的能力。海尔通过整合内部资源和优化外部资源，使供应商由原来的2200多家优化至721家，建立起强大的全球供应链网络，有力地保障了海尔产品的质量和交货期。海尔在开发区和胶州建立了工业园，并先后引进爱默生等国际化供应商投资建厂，不但实现了JIT采购与配送，也将最先进的技术带给了海尔，并实现了为当地政府的招商引资。

(3) 以3个月JIT的速度实现同步流程。目前通过海尔的BBP采购平台，所有供应商均在网上接单，并通过网上查询计划与库存，及时补货，实现HT采购。货物入库后，根据看板管理2~3小时送料到工位，实现JIT配送，通过海尔全球配送网络将满足用户个性化需求的定制产品送达用户手中。目前，海尔在中心城市实现 8 小时配送到位，区域内 24 小时配送到位，全国 4 天以内到位，形成全国最大的分拨物流体系。

(4) 计算机网络连接新经济速度。在企业外部，海尔通过 CRM 和 BBP 电子商务平台的应用实现了与用户的零距离接触。目前，海尔 100%的采购订单由网上下达，使采购周期由原来的平均 10 天降低到 3 天；网上支付已达到总支付额的 80%，实施以信息代替库存，达到零营运资本的目的。

(资料来源：《海尔网络营销的成功案例》，https：//www. douban. com/note/328376131/，2014 年 1 月 25 日)

8.1　物流企业观念的现代化

物流企业的观念是指物流企业运营管理的哲学和思维方式。实践中物流企业形成了新的思维，人们认识到物流管理有助于企业制定战略，形成竞争优势，降低物流成本，提高服务水平，进而提升企业的竞争力。在这种思维的转化过程中，物流企业进行的自内部向外部的融合，促进了整体供应链的发展，物流外部委托与第四方物流由此兴起。在这种转化过程中，供应商、制造商和分销商构成了战略联盟伙伴关系，物流企业超越了组织机构界限，促进了物流企业专业化、现代化的发展。

1. 物流企业观念现代化的含义

物流企业的观念是指物流企业运营管理的哲学和思维方式。物流企业观念的现代化指的是从事企业管理的人员应当认识到知识成为物流企业中最重要的生产要素，信息技术成为物流企业的物质基础，技术创新成为物流企业发展的内在动力源，科技化人力资源成为物流企业发展的核心力量。

2. 物流企业现代化的作用

随着现代科技和全球经济一体化的发展，现代物流业已成为各国致力发展的黄金产业。现代物流在经济社会发展进程中所起的作用越来越明显，因此，大力发展现代物流具有重要的意义。

(1) 发展现代物流是提升产业化水平、推进现代化的必然要求

物流是指原材料、产成品从起点至终点及相关信息有效流动的过程。现代物流运用全新的管理理念，通过对物流全过程及多要素的计划、实施和控制，将运输、仓储、装卸、加工、整理、配送、信息处理等环节有机结合，形成完整的供应链，从而为用户提供高效率、多功能、一体化的综合性服务。它对加速经济循环、降低成本和提高企业竞争力有十分重要的作用。

目前，国际上普遍把物流称为“降低成本的最后边界”和企业的“第三利润源泉”。随着经济全球化和信息化进程的不断加快，物流业作为具有广阔前景和增值功能的新兴服务业，正在全球范围内迅速发展，从而掀起“现代物流革命”。事实上，世界上一些发达国家和地区的物流产业已成为国民经济的支柱产业。

（2）现代物流产业发展程度是衡量一个国家产业化水平和综合竞争力的重要标志

从世界经济发展过程来看，物流的高度发展与工业化发展过程是一致的。英国工业革命后“世界工厂”的形成，以及日本经济奇迹及其工业化进程都得益于现代的物流系统。国内外成功企业的发展经历也告诉我们：建立或运用先进的物流体系，能更快地提高企业的竞争力。如，美国戴尔计算机公司、美国波音飞机公司、通用汽车公司和我国的海尔集团无不借助于先进的物流体系保证其核心竞争力。

（3）现代物流是国家现代化的重要标志

流通现代化包括现代物流、连锁经营和电子商务，其核心是现代物流，没有物流现代化就不可能有流通现代化。因为流通现代化的其他两项内容即连锁经营和电子商务的发展均有赖于物流的支撑。目前，我国正处于全面建设小康社会和实现工业化的重要发展阶段。可以肯定地说，没有现代物流的充分发展，就难以实现国家整体的现代化。

（4）发展现代物流是提高企业经营效率和竞争力的重要手段

现代物流企业的发展，可大大较低高昂的物流费。中国的物流成本占比较高、高于海外发达国家甚至其他金砖几国。从实际国情出发，中国的物流成本占比较高，一方面来自于经济结构，即第二产业占比较高所致；但另一方面，除物流费用占 GDP 比重较高所呈现出的表观数字之外，中国的物流行业在模式、安全、信息系统等方面也确实与之存在差距，以美国流行的多式联运（铁水、公铁等）为例，在中国整个物流行业中的占比也始终较低，因此，尽管规模巨大，但从效率和质量来看，我国的物流产业仍有改进空间：事实上通过过去近三十年的努力，我国物流费用降本增效已经有了长足的进步，但物流费用占 GDP 的比重仍然较高，这当中运输环节的占比过半。

3. 现代物流发展趋势

目前，现代物流业面临全新的发展环境，呈现出以下几个突出的发展趋势。

（1）物流技术高度发展，物流管理水平不断提高，形成了以信息技术为核心，以运输技术、配送技术、装卸搬运技术、自动化仓储技术、库存控制技术、包装技术等专业技术为支撑的现代化物流装备技术格局。

（2）专业物流形成规模，第三方物流企业通过建立企业之间以及跨行业的物流系统网络，将原材料生产企业、产品生产企业、批发零售企业等上下游相关企业的物流活动有机结合起来，创造出比供方和需方采取自我物流服务系统运作更快捷、更安全、更高服务水准、更低廉成本的物流服务。同时，集管理咨询和第三方物流服务能力于一体，为客户提供一整套完善的供应链解决方案的第四方物流也逐渐发展起来。

（3）物流企业向集约化、协同化、全球化方向发展，在国际多式联运基础上发展起来的现代国际物流系统将成为未来世界交通运输业的主要力量。

（4）随着电子商务的迅速发展，互联网物流以其快速、及时、方便、可供选择的多样化以及低成本、高收益的优势逐渐成为物流发展中最具有创新性的要素。

（5）有利于环境保护、促进经济和消费健康发展的绿色物流方兴未艾。

4. 物流企业观念现代化的内容

（1）知识成为物流企业中最重要的生产要素

在传统的经济学中，生产要素局限于资本、劳动力、原材料等，知识是起到外部作用。而现代知识经济理论认为，知识在社会再生产中以科学和技术的形式融入生产工具、管理方法等，极大地促进了生产方式、流通方式、服务方式的改善，从而对整个社会经济产生潜移默化的推动作用。目前，知识作为独立的生产要素出现，并取代资本而成为最重要的生产要素，成为推动企业和社会经济增长的发动机。知识作为衡量一个国家竞争实力的最重要的指标，对国家的长期发展起到决定性的作用。

（2）信息技术成为物流企业的物质基础

知识经济时代的到来，使得物流企业内外部环境日趋复杂化。物流企业为了适应这一变化，需要有快捷的通信手段和控制手段。将电子计算机技术应用于管理工作中，建立起管理信息系统，可以对经营活动的诸要素进行加工处理，为管理决策提供及时而准确的信息支持。这就会大大提高管理的自动化水平，减少管理层次，改善管理条件，加快决策速度，节约人、财、物，提高劳动生产率。

网络技术在物流企业内外的延伸与扩展，以及信息库在各层管理人员中的共享与使用，使大、小物流企业均受益。物流企业不再追求职能的完整化。信息网络技术的功能在很大程度上抵消了单个物流企业规模经济的优势。一个规模庞大的金字塔结构的物流企业可以理解为若干规模较小、可以独立从事经济活动的部门，只要各部门之间以及部门同最高管理部门之间能通过纵横交错的信息渠道，形成立体的网络结构，就不会影响公司总部的综合协调规划。在知识经济社会中，小型物流企业只意味着人数较少，只要它加入信息流动或与其他企业结成“战略联盟”，从物流企业外部获得足够的信息与技术支持，那么，它同样可以干出大事业，发挥出大大超出传统小型物流企业的作用。

随着大规模生产被灵活的生产者网络所代替，大规模无差异市场营销正让位于个性化的市场营销及按需定做的能力，历史悠久的标准化产品和服务也正让位于能够不断变化的产品和服务，这种灵活、多变的机制只有基于高度发达的信息技术才能成为现实。国际互联网使技术的连锁反应成为新技术的源泉，并在世界范围内使人们能够相互激励。

5. 技术创新成为物流企业发展的内在动力源

知识经济是建立在先进知识在经济生活中的应用的基础上的，而这种应用又是建立在对已有技能和知识的辩证否定的基础上的。这种辩证否定就是创新。创新是知识经济发展规模和质量的决定性因素，建立科学的创新体系成为知识经济持续发展的动力源泉，包括自然科学和社会科学在内的技术创新对物流企业管理的发展起到了重大的推动作用。

在工业经济时代，技术创新能力和工业经济的规模与质量是现代化程度的重要指标。在知识经济时代，创新能力和知识经济的规模与质量是现代化建设成败的决定性因素。物流企业在对技术或生产进行大规模投资的同时，还要对管理进行投资，以具备组织创新能力，才能获得坚实的竞争优势。开拓新市场，市场又会为新技术开发提供激励因素。但即使市场存在需求，所需求的技术也不能都得到长足的发展，因为在技术的企业化过程中，多少会存在一些难以解决的技术瓶颈问题。技术创新的本质特征在于研究开发与经济发展的有效结合。技术创新的根本目的就是推动发明创造在经营活动中的应用和促进新市场的开拓，从而获得最大限度的利润。技术创新已成为物流企业发展的源泉。

创新的重要性对市场与技术本身带来影响，而对竞争优势与劣势的影响尤为重要。从竞争优势的观点来考察，一般创新通过长期的产品革新和工艺革新，给竞争优势带来重大变化。但这种创新必须是有计划的、一贯性的、持之以恒的，而不是一朝一夕的改良所能达到的。

6. 人力资源科技化成为物流企业发展的核心力量

在传统的劳动密集型产业中，最重要的生产要素是劳动者的体力；而在资本密集型产业中，最重要的生产要素是资本；在现代知识密集型产业中，最重要的生产要素是劳动者的知识水平。当知识密集型产业成为社会经济要素的主流时，便进入了知识经济社会。随着生产过程中科技投入量的提高，劳动的性质、内容会发生巨大变化，对劳动者的文化素养、科技知识水平提出越来越高的要求。劳动和知识的结合发展到了新的水平，劳动知识化成了发展的重要趋势，同时，科技人员在劳动中的地位和作用越来越重要，物流企业的雇佣制度已处于巨大的历史转变时期。

在物流服务业发展中，科技人员在劳动力中的比例明显上升，以才能为量度的智力就业代替了以人力为标志的体力就业，以知识和智慧的积累代替体力创造财富，甚至财富的标准也由占有物质转变到拥有信息和知识方面。那些仅靠资本金或体力投资来求得发展的人，将逐步被淘汰。科技人员成为物流企业发展过程中的核心力量，人们也将通过知识的投入来获取成倍的回报。同时，知识的外溢作用又使得整个社会受益，从而形成知识进步与经济发展之间相互促进的良性循环。

知识只有被劳动者所掌握，它的巨大作用才能发挥出来，因而，人才的开发和利用成了促进物流企业发展的核心力量。物流企业本为国民经济的细胞，其发展也必然与人力资源的科技化水平有密切联系。物流企业的发展要求人才的专业化程度不断加深，要求人才能够全面发展，以适应多变的外部环境。这就给人才的培养和开发带来了机遇和挑战。物流企业要迎接时代的挑战就必须广泛地吸引各种高科技人才并给予其施展才华的平台，同时，还应对现有职工进行有计划的定期培训，形成系统的学习知识的制度，培养物流企业对知识的吸纳能力，促进人力资源得到开发和利用。

7. 物流人才的现代化

(1) 我国物流人才培养的现状

中国目前物流业从业人员大多数素质还比较低，很多人的观念、知识跟不上现代物流业的发展需求。师资力量薄弱是物流业人才培养中最突出的问题："学院派"教师往往实践研究不足，而"实践派"教师又常常缺乏宏观、系统的思维，影响创新理论的发展。理论联系实际、"能文能武"的师资缺乏成为普遍存在的现象，很大程度上影响了物流专业人才的培养质量。目前，我们对流通基础理论的研究，特别是物流问题的研究严重滞后，专业人才严重匮乏。在流通中，商流、资金流和信息流这三种"流"都可以通过计算机和网络通信设备极大地缩短流通过程，使其流通时间可以达到马克思所说的"等于零或者趋近于零"。企业的交易成本将主要被物流所占用，物流成本的高低，就成了企业在市场竞争中能否取胜的决定因素。可以说，现代经济的水平，很大程度上取决于物流的水平，而物流水平的高低则取决于高素质人才的拥有量。经济形势的发展对物流、物流管理和物流技术人才的需要将是持续的、长远的、具体的，经济全球化需要的不是暂时的物流热，更不是局部的物流优化，这就给人才的培养和开发带来了机遇和挑战。物流企业要迎接时代的挑战就必须广泛地吸引各种高科技人才并给予其施展才华的机会。

（2）现代物流人才的要求

物流企业的现代化必然催生物流人才的现代化，现代化的物流人才能够在社会再生产过程中，根据物质资料实体流动的规律，应用管理的基本原理和科学方法，对物流活动进行计划、组织、指挥、协调、控制和监督，使各项物流活动实现最佳的协调与配合，以降低物流成本，提高物流效率和经济效益；在他们所具有的丰富的物流管理理论和实践经验的智慧支持下，可以实现对物流活动诸要素，包括运输、储存等环节的管理。对物流系统诸要素的管理，是指对其中人、财、物、设备、方法和信息等六大要素的管理。对物流活动中具体职能的管理，主要包括对物流计划、质量、技术、经济等职能的管理，帮助企业物流运作实现系统化。物流人才能否适应社会需求，既取决于物流的现代化发展走向，又取决于自身的物流管理与运作的提升速度是否能够跟上这个发展的速度。随着经济的不断发展，物流现代化已是必然的趋势。现代物流的发展要求企业物流人才要跟上时代的节奏，与时俱进。

当今社会已步入知识经济时代，知识作为独立的生产要素出现，并取代资本而成为最重要的生产要素，成为推动企业和社会经济增长的"发动机"，物流企业要想在错综复杂的国内、国际市场环境中立于不败之地，就必须敢于面对知识经济时代的挑战，一切以市场为导向，以服务为中心，优化物流企业内、外部经营环境，加快流通速度，不断地调整资源配置的变化方向，促进企业的良性发展。物流企业的发展要求人才的专业化程度不断加深，要求人才能够全面发展，以适应多变的外部环境。

（3）物流人才发展的趋势

①由被动服务型向主动服务型转化。过去的物流管理重点放在了企业内部作业与组织的整合上，对下游顾客的服务往往是被动的，因此，评价管理绩效的指标多半为订单周期、供货率等。然而在供应链管理模式发展下，企业逐渐转向强调跨企业界限的整合，使得顾客关系的维护与管理变得越来越重要。物流管理已从物的处理提升到物的价值方案管理，为其量身定做所用的物品与服务。物流人才对客户的需求与市场发展趋势只有具有敏锐的感知能力和认知度，才能把握物流服务市场，从而把握客户。

②由原来的供应链局部利益对立转向整个供应链的整体联合，即供应链一体化运作。传统商业节点中，企业间多半以自我为中心，追求自我利益，因此往往造成企业间对立的局面。然而在追求更大竞争力的驱动下，许多企业开始在各个商业流通机能上整合，通过联合规划与作业，形成高度整合的供应链节点体系，使通道整体绩效大幅提升。这就要求物流人才具有宏观的物流运作观念，能够站在供应链管理的制高点上，把握整个供应链发展的脉搏，使整个供应链管理实现一体化。

③由事先预测转向适时监控与调整。传统的流通模式通过预测下游节点的资源来进行各项物流作业活动，由于预测准确性程度不高，因而浪费了许多自然及商业资源。新兴的物流管理趋势是强调节点成员的联合机制，成员之间可以实现相关信息共享，尤其是内部需求及生产资料，使得不同供应链环节的企业无须去做不必要的预测，这样就要求物流管理人才具有良好的信息监控能力和对供应链管理的开放式的思路与策略。

④由传统的经验主义转向适时判断和调整策略。从我国物流发展历史来看，经验曲线

(empirical curve) 一直是企业用来分析市场竞争趋势及发展对应策略的方法，并以企业长年积累的经验作为主要竞争武器，通常用"干了几十年"的经验来指导当前的物流运作与管理。

然而科技的突飞猛进，使得企业固守既有经验寻求突破的经营模式成为企业发展的障碍。因此，在高度变化的环境下，经验及现存节点基础结构反而变为最难克服的障碍。成功的物流人才只有站在本企业和其所在的供应链上，建立新策略方向的嗅觉和持续变迁管理，才能使得人才自身和企业得以生存和发展。

⑤由功能整合转向业务流程系统改造。在渠道竞争日趋激烈的环境中，物流人才和企业必须能够更快响应上、下游顾客的需要，因而必须具有能够有效整合各部门的营运、有以程序式的操作系统来运作的能力。物流作业与活动多半具有跨功能、跨企业的特性，故物流人才具有程序式整合能力是其参与物流管理并取得成功的要件。

⑥由封闭式信息管理转向开放式信息管理。在供应链管理结构下，供应链内相关企业必须将供应链整合所需的信息与其他企业分享，否则无法形成有效的供应链体系，物流人才也不应该怕"肥水流到外人田"，而应该用战略的眼光来看待信息共享，以适应供应链发展的需要。

⑦由事先的上岗培训式的充分训练转向即学即用的尊师培训与适时学习。随着经济的发展，在可预见的未来，物流服务的业务流程大多通过人力或者以人力为主来完成。然而，物流作业多半需要在各个物流节点和运输网络中进行，大约有90%的时间，物流主管无法亲自加以监控。全球化的发展趋势，也增加了物流人力资源管理的复杂度。物流管理人才的培养必须从原来个别人员技能训练的方式转向知识基础的学习和发展。

8.2 物流企业的现代化

1. 物流企业组织的现代化

传统的物流企业组织结构具有管理严密、分工细致的优点，但是随着管理层次的增加，信息沟通日益复杂，花在管理层次间协商的费用大增，金字塔底层的下级人员的积极性、创造性受到严重影响。在知识经济中，科技高速发展，时间作用日益明显，产品更新速度不断加快，物流企业组织的灵活性、适应性等素质日益成为其求生的基本条件，过度的等级化已成为许多传统型大物流企业的通病。简化组织结构的管理层次已成为物流企业组织现代化的基本思路。

现代社会中管理组织的功能不仅在于能够建成一种新的结构，还在于能适应人们的心理需要，形成全力，从而提高效率，尽快完成特定目标。

由于技术的发展和劳动队伍的专业化、知识化，物流企业组织必以信息为中心，原来由管理人员去完成的许多任务，可以交给信息系统去完成。因此，组织的等级层次数量减少了，层次间的通信节点和环节削减了，但每一通信渠道的信息传递量却增加了，每一中层管理节点对下层的监控范围扩大了，物流企业高层领导与下层经理之间的合作与协调关系得到了加强。传统的管理幅度原则正被新的信息沟通幅度原则所取代。

协同工作是将职业和专长不同的人组织到一起，以小组的形式完成特定任务的工作方式。它是对传统分工方式的变革。传统的大批量生产将分工推向极端，致使每个人只能从事极其简单的专门工作，极大地妨碍了人的创造性的发挥，使最重要的资源只能发挥简单机械设备的作用。

现代社会的一个趋势是走向综合化。分工虽然使效率空前提高，但分工过细也使协调空前复杂。协调的复杂性将导致工作效率下降，而协同工作将使协调简化。协同工作还可以集中不同职业、不同专长的人的意见，从而提高工作质量和工作效率，使得改进不断进行。操作工人、维修工人、管理人员协同工作，可使生产现场出现的问题迅速得到解决；设计人员、工艺人员、销售人员和管理人员协同工作，可使并行工程得以实现，可使新产品开发周期大大缩短。要事后作出快速反应，不仅物流企业内部要协同工作，物流企业还需和供应商、用户协同工作。

人员之间、部门之间、物流企业与用户和供应商之间都需要沟通，及时传递信息，以使相互了解。没有沟通，就谈不上协同工作。为此，小组的每个成员都有必要了解其他成员的专业和工作内容。这样才能有共同语言，才能将自己的工作放到全局中去考虑，才能避免片面性。而现代化的通信手段是实现组织间沟通的物质条件。

2. 物流一体化与供应链一体化

(1) 物流一体化的含义

物流一体化是 20 世纪末最有影响力的物流趋势之一，是指将原料、半成品和成品的生产、供应、销售结合成有机整体，实现流通与生产的纽带和促进关系。它是物流管理系统化的具体体现，是应用系统方法。应充分考虑整个物流过程及影响此过程的各种环境因素，对商品的实物流动进行整体规划和运行。物流一体化的目标是将市场、分销网络、制造过程和采购活动联系起来，以实现顾客服务的高水平与低成本，赢得竞争优势。

最初的一体化物流主要是针对企业内部的各职能部门的协调。它是对实物配送、生产支持和采购业务的资源的计划、分配和控制过程进行系统的管理。在一体化物流系统中，企业的物流与市场营销、生产、管理等各职能部门相互配合，共同保证企业总目标的实现。20 世纪 80 年代以后，物流管理的重点由物资储运管理转到了物流战略管理方面。企业超越了现有的组织机构界限，将供货商（提供产品或运输服务等）和用户纳入管理范围，作为物流管理的一项中心内容，利用物流的自身条件建立和发展与供货商、用户的合作关系，形成一种联合力量，以赢得竞争优势。以战略为管理导向，要求企业物流人员从仅面向公司内部的管理发展为面向企业同供货商以及用户的业务关系管理上。

(2) 物流一体化的优势

在某种意义上，未来全球化物流管理的概念将使物流管理进入一个崭新的阶段，物流的关键是力图基于从原材料到用户的整个过程来管理商品流动。物流管理需要把所有连接供需市场的活动作为相互联系的系统对待。现在的重点是从狭窄的功能定位转向价值增值服务市场。实践证明，价值增值的管理是最有效的，关注的是商品的流动而不是传统观念的功能分割或局部效率。物流一体化的优点如下：

①有利于重建产销关系。它把生产与流通结合成为经济利益共同体，可扭转生产行业与流通行业的利益对立状况，形成生产与流通相互调控、自觉合作的利益机制，从经济利

益上激发商品流通部门参与生产的积极性，通过开拓市场来引导生产，通过组织规模流通促进规模生产，建立流通对生产的引导地位，重建产、供、销关系。

②有利于发挥“蓄水池”作用。它促使流通部门从共同利益出发，协调产、供、销矛盾，平衡市场供应。通过旺收淡放、滞储畅销，在更大程度上发挥流通对生产的引导作用。

③有利于优化运营环境。它通过相互参股等形式，不仅优化社会资源的配置，而且还可优化社会整体经济运行环境，使市场真正活起来，使宏观调控更加有效和畅通。

(3) 供应链一体化的概念

随着物流一体化的深入发展，物流的范围不断扩大。在这种背景下，美国人迈克尔·波特首先提出了“价值链”的概念，并在此基础上形成了比较完整的供应链理论。供应链是指涉及将产品或服务提供给最终消费者的过程和活动的上游及下游企业组织所构成的网络。供应链包括四个并行的分链，即物流链、信息链、价值链和技术链。因此，供应链管理由四大块组成，即物流管理、信息管理、价值（资金）管理和服务（技术）管理。这四大块是综合的有机整体，这种管理是一个集成化管理。

供应链管理是在全球制造出现之后，企业经营集团化和国际化的形势下提出的，它是物流的延伸。从整体系统的观点出发，物流管理是指通过对从市场到企业及其生产作业直到供应商的整个过程中物资流与资金流、信息流的协调，来满足顾客的需要。供应链包括物流一体化，又超越了物流本身，向着物流、商流、信息流、价值流的方向同时发展，形成了一套相对独立的体系。可见，要获得这种企业内外的广泛合作，需要一种与传统组织观念大不一样的定位。传统的或狭义的物流管理主要涉及实物资源在组织内部最优化的流动，而从供应链管理的角度来看，只有组织内部的合作是不够的。

社会再生产过程本身便是一个生产、流通和消费相互依存、相互渗透的过程。在这个过程中，商品生产者与分销商在价值的产生和实现上是相互依存的，而在利益分配上又是相互矛盾的。利益分配上的矛盾表现在商品上就是价格的竞争。许多公司想把成本降低或利润增加建立在损害供应链其他成员的利益上，这些公司没有认识到将自己的成本简单地转移到上游或下游企业并不能使其增强竞争力。如果社会再生产的各个环节均把成本简单地推到下游企业，只会增加最终消费者的商品购买价格。而商品的价值实现，必须以商品的最终消费为终结。在买方市场中，最终的竞争并不是表现为企业与企业之间的竞争，而是表现为供应链之间的竞争，商品价格过高只会削弱整个供应链的竞争力，于是便出现了跨组织的物流合作。

供应链一体化是指将产品与服务提供给最终消费者的过程中，所有参与活动的上游及下游企业组织所构成的网络。在供应链管理架构下，强调跨企业界线的整合，使顾客关系的维护与管理变得愈加重要。

一般来说，一个企业开始时，每个职能部门都是相对独立地发挥作用。例如，生产部门通过大量生产来使单位成本核算降到最低，不考虑成品的库存积压，也不会注意因此积压的库容和流动资金。当库存的积压问题和流动资金短缺问题已经影响了企业的正常经营时，企业就会认识到至少在生产、流通以及财务部门间需要有一定程度的合作。之后，在企业经营过程中，人力资源的开发、计划、组织等问题又依次成为企业发展过程中的主要阻碍。于是，企业逐步把各职能融入一个整体。在建立一种高效的内部职能协调机制后，企业间的流通和交易费用就显得非常突出了。为解决此问题，各相关企业采用“生产、物流一体化”“供应、物流一体化”“商流、物流、信息流一体化”等，并为此开展了多功能的物流服务。物流一体化的设想为解决复杂的物流问题提供了方便，而雄厚的物质技术基础和先进的管理方法又使一体化物流的设想成为现实，并在此基础上继续发展。目前，大多企业采取企业集团或“虚拟公司”或参股等形式建立供应链战略同盟，使企业成为整体供应链的一部分，按照每位客户的要求为其提供最大价值的同时，也使供应链的总利润最大化。

（4）实现供应链一体化的条件

供应链一体化要求上、下游企业内外的广泛合作，即产品的生产和流通过程所涉及的原材料供应商、生产企业、批发商、零售商和最终用户，需通过业务伙伴之间的密切合作，实现以最小的成本为用户提供最优质的服务，并实现最大的商品购买价值。

供应链一体化特别强调核心企业与相关企业的协调关系，通过信息共享、技术扩散、资源优化配置和有效的价值链激励机制等方法来实现供应链一体化。

3. 物流国际化和物流外部委托化

随着经济全球化的发展，跨国企业基于对最大利润的追求，纷纷实行全球化的生产销售模式，形成物流国际化。物流国际化是在国际物流的基础上发展的。在整体产销链上，国际大企业不再纯粹地进行垂直整合——包办生产某项产品或服务的所有活动，而专注于本身最具竞争力、最具附加价值的核心业务——产品规划、营销和研发，将其他最不具竞争力的业务，如制造及后勤支持外包给其他协作厂商，即整合供应链，以提升企业及合作伙伴们在市场上的竞争力。在这种全球产销分离、专业分工的模式中，生产是必要的前端活动，营销更是促进商品流通的手段，而物流正扮演着有效整合生产与营销的媒介，物流活动更加呈现出跨国性的特征，国际物流的外部委托迅速得以兴起与发展。

业务外包企业为了利用内、外部资源获得更多的竞争优势，将其非核心业务交由合作企业完成，企业物流外包服务的观念被广泛应用于制造业中。在美国，物流业务外包风潮在 20 世纪 80 年代进入高峰。在 1991~1995 年之间，全美前 500 大制造企业运用专业物流服务公司的比例从 37%增至 60%。外包的物流服务业务项目包括仓储管理、货物集运、车队管理、费率协商、运输业者的选择、海关代理、信息管理、咨询、设计物流系统等，另外，还包括一些重要的供应链活动，如顾客备用零件和存货供应与补充都交由专业物流服务公司处理。企业物流外包不仅可使企业将资源专注于核心竞争力的强化，还可获得更专业的服务，利用卓越的专业物流公司的服务提升企业物流能力，提升企业的产品与服务水准，实现规模经济所带来的低成本和高效率。对提供委托的物流企业而言，企业国际物流的外部委托可以长期扩大物流业务，以提高物流设备和人力资源的利用效率，反过来又可以把物流规模扩大所带来的规模效益让利于顾客。

21 世纪的成功企业管理模式中强调企业间深度的、有效的、合作的、互利的专业分工，作为物流专业化的重要形式的企业物流外包成为不可逆转的趋势。同时，物流流程中活动整合的要求已日渐增加，企业需要与包含物流服务提供者在内的供应链成员建立互信、互助的机制，使双方形成长期的合作关系，共同控制成本和增加价值。企业物流国际化使企业的物流活动超出了一国的范围，其物流系统涉及多个国家，系统的地理范围大，运输距离长。由于各国社会法律制度、自然环境、经营管理方法等存在差异，使跨越国界的物流活动的复杂性远高于国内物流。

物流企业国际化具有以下特征：

（1）独特的物流系统模式

一般地，全球物流有特有的报关和相关文书单据制度等，以克服国际阻隔的活动，其涉及的国际物流系统也包括系统的输入部分、系统的输出部分以及将系统输入输出的转化部分。虽然国际物流系统遵循一般系统模式的原理，但构成了独特的物流系统模式。它通过其所联系的各子系统发挥各自的功能，协力实现国际物流系统的低物流费用，提高顾客服务水平，从而实现企业整体效益最大化的目标。

（2）国际物流交货周期长，标准化要求高

跨国企业采用全球产销分离的模式以便降低生产成本，再通过完善的物流配送系统将其产品分送到世界各地，从而获得成本上的优势。这种生产集中化和专业化与市场的全球化和分散化之间存在矛盾，这种矛盾直接反映在物流交货周期上。国际货物运输具有路线长、环节多、涉及面广、手续繁杂、风险大、时间性强等特点。尤其在海运条件下，国际物流运输距离远，需要花费大量时间，同时相关的装卸搬运、报关通关等其他业务也会延长物流时间。欲缩短交货期，使国际间物流畅通，标准化、无纸化与机械化是非常重要的系统要求。标准化意味着将承载器具、所需文件与流程标准化；无纸化是将信息通过电子的形态传递，加快其流通的速度；机械化是将人力降至最低，利用机械的协助加快货物的搬运速度。若不向标准化靠近，必然在转运、换车等许多环节多耗费时间和费用，从而降低企业的竞争力。

（3）全球输送方式的多样化

国际货物运输是国际物流系统的核心。由于生产地点与销售地点的空间分离，许多产品通常需要经过漫长的运输与仓储过程才可以送达顾客手中。尤其是如果产品需要跨洲运输，流程更是漫长且繁复。在国际运输中，选择不同运输方式的组合，不仅要考虑交货周期，也要考虑物流总成本。除选择单一运输方式外，还可以将国际航运、铁路运输、航空运输和公路运输等手段组合形成国际性复合运输方式。复合运输方式即按照复合运输的不同要求，以两种或两种以上的运输方式相结合，并由复合运输经营企业来完成从输出国境内接受货物，运至输入国境内指定交付货物的地点。在国际运输中，门到门的运输方式备受货主欢迎，并逐渐成为全球运输方式的主流。因此，不同运输模式间的有效且快速的衔接，即复合运输系统成为各个国家在发展全球贸易与物流活动时的重要措施。全球物流企业将利用建构完备的复合运输转运港埠，构建其全球营运网络，以提供更快捷与高质量的物流服务。

4. 配送的集中化

配送的集中化是指共同配送。共同配送是几个企业联合，集小量为大量，共同利用统一配送设施的配送方式。其标准的运作形式是在中心机构的统一指挥和调度下，各配送主体以经营活动（或以资产）为纽带联合行动，在较大的地域内协调运作，共同对某个或几个客户提供系列化的配送服务。这种配送有两种情况：一是中小生产、零售企业之间分工合作实行共同配送；二是几个中小型配送中心之间联合，针对某一地区的用户，将用户所需物资集中起来共同配送。配送的集中化可以大大降低配送成本，促进输送单位大型化和信息网络化的发展，以及企业销售物流服务效果及社会效益的提高。

5. 供应链企业伙伴的全面信息连接

国际化信息系统是国际物流中重要的手段。随着信息科技与通信技术的进步，所有的供应链企业伙伴皆可以利用这些技术将所有的信息快速地传递，进行良好的沟通，创造出一个坚强的供应链联盟，进而强化这个联盟的竞争优势。除了上述优点，信息科技还可以为企业物流国际化中的供应链联盟创造出优势，降低不必要的存货，降低成本；增进供应链联盟成员的规划能力；建立快速响应市场的营运系统，使产品流动更顺畅；改善服务水准。这些优势使得整个供应链可以加快其全球化的脚步，进而扩展其供应链联盟的版图。

总之，在企业物流发展过程中，最初是将企业物流作业切割并分配到制造、财务、营销等部门，这种物流功能的分离使物流组织呈现离散式状态，导致组织内部物流程序难以有效整合。随着信息技术的发展，被视为“贯穿供应链和企业的关键智能资金的选择、合作和整合”的虚拟组织的出现，使企业的物流组织模式从垂直整合模式转化为虚拟整合模式。但虚拟物流组织是不稳定的，在完成其物流程序的任务后可以解散，而第四方物流的出现有效地强化和实现了对企业的供应链任务提供专业化、全方位管理，使企业与专业化物流企业之间的战略伙伴关系得以有效建立和巩固。可见，理念现代化、组织现代化使企业更加关注供应链整体的协作效益，其国际化、专业化、集中化的趋势使企业物流向物流企业和外包给第三方物流供应商两个方向转化。

8.3 物流企业技术的现代化

物流企业技术的现代化是指在物流运作过程中具有现代的物流信息技术和现代的物流作业技术。

1. 现代物流信息技术

（1）信息技术在物流企业中的应用

从系统论的角度来审视企业的物流活动，我们发现整个物流过程是一个多环节（子系统）的复杂系统。物流系统中的各个子系统通过物质实体的运动联系在一起，一个子系统的输出就是另一个子系统的输入。合理组织企业物流活动，就是要使物流各个环节相互协调，根据总目标的需要适时、适量地调度系统内的基本资源。而物流系统中各个环节之间的相互衔接是通过信息予以沟通的，基本资源的调度也是通过信息的传递来实现的。例如，物质调度是根据供需数量和运输条件来进行的，装卸活动的组织是按运送货物的数量、种类、到货方式以及保证情况来决定的。因此，物流企业的内控以及物流活动的系统化管理必须以物流信息化为基础，物流企业信息化的实现又需要信息技术的强力支持。

（2）物流信息的分类、特征和要求

物流信息是随企业的物流活动同时发生的。物流的各种功能是使运输、保管、装卸、配送圆满化所必不可缺的条件。在物流活动中，按照所起的作用不同，可将物流信息分为订货信息、库存信息、生产指示信息（采购指示信息）、发货信息、物流管理信息。在企业的物流活动中，按照顾客的订货要求，接受订货处理是物流活动的第一步，因此，接受订货的信息是全部物流活动的基本信息。当商品库存不足时，制造商按接受订货的信息安排生产，销售商按照采购指示信息安排采购。物流管理部门依据物流设施的机械工作效率信息作为物流管理信息。物流信息一般具有下列特征：物流信息涉及多方面，而且绝对量多；高峰时与平时的信息量差别很大；信息发生的来源、处理场所、传达对象分布在很广的地区；在货主与物流业者及有关企业之间物流信息相通，各连接点的信息再输入情况较多；有不少物流系统的环节，同时兼顾信息的中转和转送，并贯穿于生产经营活动的全过程。物流信息是随企业的物流活动而同时发生的，是实现物流功能必不可少的条件。

物流系统化管理对信息的质量有很高的要求，主要表现在以下三个方面：

①信息要充足。有效的物流系统提供的信息是否充足、是否能满足物流管理的需要至关重要。企业物流经理应了解信息系统，并懂得如何管理信息系统。

②信息要准确。只有准确的信息才能为物流系统管理提供帮助。许多企业的可用信息非常少，并且模棱两可，导致物流决策不当。

③通信要顺畅。管理需要及时准确的信息，这就要求企业通信顺畅。通信的方式必须使人容易接受，否则就会产生误解，导致决策失误。

（3）信息技术对现代物流信息化的支持作用

由于物流信息化主要表现为物流信息的商品化，而物流信息收集的数据库化和代码化、物流信息处理的电子化和计算机化以及物流领域网络化的基础也是信息化，所以，这些都需要现代化的信息技术予以强力支持。

①条形码、POS 系统。条形码技术是现代物流系统中非常重要的大量、快速信息采集技术，能适应物流大量化和高速化要求，大幅度提高物流效率的技术。所谓 POS 系统即销售时点资讯管理系统（point of sales system，POS 系统），它是利用第三类收款机进行销售数据的实时输入，系统实时处理销售业务，并进行经营业务分析的管理信息系统。条形码在物流系统中应用广泛，主要表现在以下几个方面：利用 POS 系统，在商品上贴上条码就能快速、准确地利用计算机进行销售和配送管理；在配送方式和仓库出货时，采用分货、拣选方式，需要快速处理的大量货物，利用条码技术便可自动进行分货拣选，并实现有关的管理。

②EDI 系统。电子数据交换（electronic date interchange，EDI）系统是对信息进行交换和处理的网络自动化系统，是将远程通信、计算机及数据库三者有机结合在一个系统中，实现数据交换、数据资源共享的一种信息系统。这个系统也可以作为管理信息系统和决策支持系统的重要组成部分。物流数据交换是指利用计算机化的网络系统，在企业内部与供应商、运输企业及客户之间交换物流信息。物流信息包括企业运行中的实时数据，如内部物料流、生产状态、产品库存与运输等。从外部的角度来看，企业需要与供应者、金融机构、运输企业、客户交换信息，互相沟通。企业内部的采购计划、原材料库存、产成品库存、企业设施间的物料运输、计划信息、控制信息往往要进行远距离传输，尤其是当企业的所在地和原料供应地、产品销售地相距较远时。因此，良好的物流数据交换系统可以使

企业内部的信息交换更及时、准确，更有效率。

③供应链系统中的 EDI。供应链中的不确定因素是最终消费者的需求，必须对最终消费者的需求作出尽可能准确的预测，供应链中的需求信息都源于而且依赖于这种需求预测。利用 EDI 相关数据进行预测，可以减少供应链系统的冗余性。

要提供最佳的后勤服务，物流企业管理必须要有良好的信息处理和传输系统。没有物流管理的信息化，企业要在扩大商品品种的同时保持配送管理的高效率是不可能的，这需要企业在自身的硬件和软件建设上都必须作出重大调整。企业必须引入最新的搬运、检验、拣取、无线电通信系统，替代原来的货账和货卡，做到无纸化作业。这样可以随时掌握商品来库储存信息，掌握即时的库存（包括仓库、每个仓间和每个货垛的存货），盘点清单，货物的数量、规格，并指示把吞吐频繁的货物放在仓库前方部分，不频繁的放在后部，经常吞吐的货物不要堆得太高，对货架进行空格管理和选拣作业，解决先进先出等问题。实行物流信息化，可大大加快物流的传送速度。近年来，物流活动已突破商业领域，与工厂生产半成品、成品等生产活动产生了密切的联系，实现了需求、配送和库存管理的一体化，同时从各个市场到最终市场的物流正日趋全球化，因此，电子数据交换和国际互联网的应用，使物流效率的提高更多地取决于信息管理技术。电子计算机的普遍应用提供了更多、更准确的需求和库存信息，提高了信息管理科学化水平，使产品流动更加迅速和方便。

2. 现代物流作业技术

现代物流作业技术主要包括现代包装技术、现代运输技术、现代装卸搬运技术和现代储存技术等。

(1) 现代包装技术

物流的发展对包装技术提出了更高的要求。合理化的包装、先进的包装技术以及包装材料的运用，对于节省包装费用、保护产品及促进物流系统的合理化发挥着重要的作用。例如，存货控制有赖于包装上的辨识系统，订单拣取的速度、精确度及效率受包装上的辨识信息、包装结构及搬运的难易度的影响，搬运成本负载单元化的能力和技术、运输与储存成本也与包装大小及密度有直接关系。

现代物流的发展要求包装集装化。集装化是相对于散装而言的。散装是指对颗粒状、粉末状以及液体状物资等，在不进行包装的前提下，运用专门的散装设备（车、船等）来实现物品的输送。水泥、石灰、面粉等粉末类物品以及油品、沥青等流体类物资都可以采用散装形式。而商品集装化又称为“组合化”或“单元化”，它通常是指将一定数量的散装或零星成件物组合在一起。在装卸、保管、运输等物流环节作为一个整件，进行技术和业务上的包装处理方式。通过货物的集装化，使得散杂货物的运输效率显著提高，同时也有利于实现物流的标准化。

集装化是物流现代化的标志，其实质就是要形成集装化系统，即由货物组合、集装器具、物流搬运技术装备设备和输送设备等组成的为高效、快速地进行物流功能运作的系统。集装化技术是物流系统中的一项先进技术，适合于大批量、长距离输送和机械化大生产，是便于采用自动化管理的一种现代科学技术，是提高物流合理化及综合规划和改善物流机能的有效技术。集装化采用先进的科学技术和科学的管理方法，既有物流设备、器具的机械化、自动化技术，又有合理组织设备、器具充分发挥作用的管理技术。

（2）现代运输技术

运输在企业物流中扮演核心的角色，其成本占物流的比例往往超过 30%。根据美国行业调查显示，企业运输成本占总销售额的比例为 10%～32%。而我国不太重视物流企业，其物料运输成本高达 60%，严重影响了企业经济效益的提高。

交通运输技术装备是交通运输经营活动的物质基础。交通能力的提高一方面需要基础设施总量规模的支持，另一方面受技术装备水平的制约。当前，随着世界新技术革命的发展，运输广泛采用新技术，实现运输工具和运输设施的现代化。运输体系主要由铁路、公路、水运、航空、管道五种运输方式组成。随着运输方式的多样化和运输过程的统一化，各种运输方式朝着分工协作、协调配合的方向发展，即朝着建立铁路、公路、水路、空运与管道的综合运输体系发展。除了单一的运输、特殊运输（包裹运输）外，多式联运（复合模式）得到了发展。它利用各种运输模式的经济特性，进而提供最低总成本的整合服务。

（3）现代装卸搬运技术

现代装卸搬运技术是传统搬运机械作业方法与高科技装卸搬运方式的结合。传统的搬运机械有门式起重机、通用桥式起重机、甲板起重机、流动起重机、叉车、带式输送机、辊子输送机、链斗式提升机、悬挂式输送机、埋刮板式输送机、螺旋式输送机等近千种。目前，传统的装卸搬运机械仍被广泛应用，但它们向作业速度更快、工作范围更广、装卸规模更大、专业化更强的方向发展。为了使装卸机械适应各种工作环境和作业要求，人们将现代化科学技术运用到装卸搬运技术上，出现了一系列新型设备，如运用激光技术的激光导引运输车，引用自动化控制技术的巷道堆垛机、堆码机器人等。无人搬运车有在固定路径的地面埋设电磁、磁带、光电等来实施自动导引的方式，也有通过计算机交通调度系统随时更改行驶路径的激光导引及惯性导引等方式。

由于信息技术的发展，企业自动化物流系统有了广阔的延伸，为企业信息化、生产过程自动化、物流活动自动化和单机自动化的集成提供了有力的支撑。它主要包括自动化立体仓储系统、自动化输送系统、自动搬运车系统、机人作业系统、自动控制系统、消防自动报警喷水灭火系统、实时监控、计算机模拟仿真系统、计算机集成管理系统等。它使各种物料最合理、最经济、最有效地流动，并使物流、信息流、商流在计算机的集成控制管理下，实现物流的自动化、智能化、快捷化、网络化和信息化。

（4）现代储存技术

随着物流技术的发展，传统的仓库概念已不能适应现代企业的生产要求，先进的仓储技术已成为当代物流系统的重要组成部分。现代储存技术是以自动化仓库为代表的先进储存技术。自动化仓库是由电子计算机进行管理和控制，不需人工搬运作业而自动完成物料的输送、分类拣选、堆垛、出入库等仓储作业。自动化仓库集电子、机械，建筑、自动化、信息、管理等技术为一身，体现了科学技术与物流的紧密结合。

实现仓储现代化的关键在于科学技术，仓储技术首先要解决信息现代化问题，包括信息的自动识别、自动交换和自动处理，以及实现物资出入库和储存保管的机械化和自动化。储存设备多样化是储存设备朝着省地、省力、多功能方向发展，推行集装化、托盘化，发展各类集合包装以及结构先进实用的货架，实现包装标准化、一体化。

总之，应在仓储社会化、产业化、标准化的基础上全面提高仓储的技术水平，彻底改变仓储原始的人工作业方式，实现仓储的机械化。要在有条件的仓库中发展配送中心，形成集储运、配送、加工、信息处理为一体的多功能物流配送中心。

3. 物流技术研发新趋势

随着市场竞争的加剧、国际分工协作的进一步完善，以及计算机网络技术的不断发展，物流技术研发出现许多新的趋势。

(1) 集成化物流系统技术的开发与应用加速

这种集成的趋势表现在将企业内部的物流系统向前与供应商的物流系统连接，向后与销售体系的物流集成在一起，使社会物流与生产物流融合在一起。企业对储运系统与生产系统的基础要求越来越高，促使集成化物流系统软件向广度和深度发展。

(2) 物流系统更加柔性化

在工业化进程中，随着市场变化的加快，产品生命周期正逐步缩短，制造业实现了规模化和多样化。多样化乃至个性化的需求进一步加剧了市场竞争，小批量、多品种的生产能力成为企业生存的关键。在企业柔性化制造的条件下，需要与之相应的企业内部和外部的柔性物流。柔性化制造要求包括整个供应链环节的物流管理柔性化。

(3) 虚拟物流系统走向应用

随着虚拟企业、虚拟制造技术的不断深入，虚拟物流系统已成为企业内部虚拟制造系统的一个重要组成部分。物流仿真系统软件成为虚拟制造系统的重要组成部分。玉溪红塔山烟草集团引进的美国集成化物流系统就具有在线监控仿真和离线设计仿真功能，并与企业管理信息系统集成。

(4) 电子商务新技术的广泛利用

电子商务是用于描述构建无纸化商业环境所使用的广泛的工具及技术。电子商务的交易是一种实时性、全球性、无限时的交易方式，比传统的零售交易更快速、便捷，因而网上销售、招标、网上采购、网上供应管理等各种电子商务形式已席卷传统商业领域的各个角落。电子商务和信息技术的结合再塑了企业物流管理系统，加上射频技术、GIS 技术 (geographical information system) 与全球卫星定位系统的应用，使物流信息具有高度可视性；使订单处理、履行电子化，使物流信息得以准确输送、反馈与共享，提高了物流系统的敏捷性和灵活性。企业能更好地了解顾客，提高顾客满意度，降低物流成本，强化了第三方物流服务，加速了更多的全球供应链以及全球运筹的发展。

8.4　物流企业管理的现代化

先进的物流技术和先进的物流管理是提高物流能力、推动现代物流迅速发展的必要条件，两者缺一不可。只有实现与物流科学技术现代化相适应的管理现代化，运用各种现代化管理方法和手段，才能取得物流系统的最佳效益。

8.4.1 管理标准的现代化

物流标准化是以物流系统为对象，围绕运输、储存、装卸、包装以及物流信息处理等物流活动，制定、发布和实施有关技术和工作方面的标准，并按照技术标准和工作标准的综合性要求，统一整个物流系统的标准工程。

1. 制定物流管理标准的必要性

（1）物流业的发展背景决定了制定管理标准的必要性

随着我国物流的发展，我们需要有明确的物流行业标准来指导物流业的发展。在明确物流市场、物流业务范围的基础上，我们需要正确评估我国物流市场的现状、市场总值，需要评估各家物流公司在物流市场中的市场定位，以及所提供的是全面的、全过程的服务还是部分的、区域性的服务等，而所有这些都离不开物流标准体系的编制。

（2）物流业自身特点也决定了制定管理标准的必要性

物流业是以物流活动为共同点的行业群体，涉及交通运输业、储运业、配送业等，这种综合性、跨行业的特点为管理增加了难度。为了规范物流业自身的健康运作，使其运作有标准可依，便于行业监管和自律，所以要求建立物流标准体系。

（3）政府宏观管理的需要

对政府而言，在进行物流宏观管理时，也需要有准确的物流标准，只有这样才能在物流信息系统、物流中心、配送中心的建设中有清晰的思路，才能制定出符合物流业发展方向的政策。

（4）中国物流业与国际物流业接轨的需要

中国加入 WTO 后，物流业开始与国际接轨，这迫切需要有一套规范化、全面化的标准来指导中国物流业的发展，只有这样物流业才能更好地参与国际竞争，进军国际市场。

（5）完善物流业标准的需要

物流业在我国是一个新兴的综合性行业，目前正处于发展的初期，除了现存大量关于物流作业各个环节的标准之外，几乎没有统一完善的标准。

2. 物流标准体系编制的指导思想和原则

物流行业标准体系是依据《标准体系表的编制原则和要求》（GB/T13016-91）编制的。在物流标准体系研究和编制过程中，主要依据如下指导思想和原则。

（1）编制的指导思想

①立足现状，兼顾前沿。我国物流业发展的基础还较薄弱，与国外物流经营相比，在诸如第四方物流（4PL）的新理念以及业务外包的成熟经营模式等方面还有较大的差距。因此，在制定我国自己的物流标准体系时不仅要立足于我国物流经营的现状，还要有足够的前瞻性。

②形成一组核心标准。物流标准体系是一个综合性很强的行业标准体系，涉及运输、配送、储存、装卸、搬运、物流信息处理等各个环节。但在编制中，不可能把所有标准简单地收集在一起，必须找出其中的关键性标准集合，简洁地表示出物流标准体系的核心内容，同时保证从这个统一的基础标准出发可以拓展到各个相关行业中的相近标准。

③专业标准全面成套。根据《标准体系表编制原则和要求》（GB/T13016-91），物流标准体系选择是按照层次结构自上而下展开的，即按照通用标准，专业标准，门类标准和具体的产品、过程、服务、管理标准建立层次结构，其中各个专业标准尽可能做到全面成套。

④思路全面。在制定物流标准体系时要全面考虑物流适用的范围，要考虑到新出现的大量涉及企业内部运作或商品分销系统等情况的物流状况。

（2）编制原则

①全面性。应将物流过程中使用的各项标准分门别类，并纳入相应的分体系之中，使这些标准之间协调一致，相互配套，构成一个完整而全面的体系结构。

②系统性。编制物流标准体系，在内容层次上要充分体现系统性，使标准之间尽可能体现出互相依赖、衔接配套关系。

③先进性。标准体系表中的标准项目，应充分体现等同或等效采用国际标准和国外先进标准的精神，保持我国标准与国外标准的一致性和兼容性，以保证我国的物流系统与国际标准接轨。

④预见性。在编制标准体系中的项目时，既要考虑到目前的习惯和技术水平，也要对未来的发展有所预见，使物流标准体系能适应物流业的发展。

⑤可扩充性。物流标准体系框架并非一成不变，将随着现代物流的发展和国际标准的不断完善而进行更新和充实，同时也要体现出适合我国物流实际需求的原则。因此，对标准体系的扩充、维护和完善工作是必然要考虑的因素。

3. 我国物流管理标准化建设过程中应注意的问题

（1）要充分发挥政府部门的组织和引导作用

相对于其他标准来说，物流标准是个全新概念，对于大多数人来讲比较陌生。面对建立物流标准体系的迫切需求，需要政府给予足够的重视和支持。政府应在对国外相关标准调研的基础上对我国物流业发展作出正确分析，对物流标准的制定进行宏观指导，使物流标准的制定沿着正确道路前进。因此，建议国家有关部门抓紧成立物流标准化专业委员会，以保证物流标准化建设的顺利发展。

（2）企业积极参与是物流标准化的基础

不能简单地局限于国外先进、成熟的物流标准及体系，需要有适合中国国情和特点的物流行业标准来支持我国物流业发展。在物流标准制定尚不完备的现状下，需要物流企业在自身的运作当中及时总结自己的经验，提供企业自身运作的物流标准，为国家的物流标准体系的建设提供良好的基础素材，用以支持我国自己的物流标准体系建设。这样才能使我国制定的物流标准体系真正符合我们自身的特点，使今后需要修订的物流标准有一个良好的依据。

（3）要加强科研机构间的相互协调与合作

在物流标准体系建设的过程中，相关的科研机构应担任重要的角色，它们是联系政府和物流企业的桥梁。一方面，它们对广大物流企业的经营运作进行调查；另一方面，它们与政府相关机构进行沟通与协调。作为标准体系的主要制定者，科研机构具有很重要的影响力。因此，加强它们之间的协调合作，促进它们之间的经验交流，对于形成既符合我国实际情况，又兼具先进性、成熟性并能与国际标准接轨的国家标准无疑具有积极的推动作用。

8.4.2 管理手段的现代化

物流管理手段的现代化，就是要实现以应用信息技术为主要标志的管理技术装备上的现代化。在商流、物流、信息流方面，国际上已广泛应用信息技术于物资计划、采购、供应或销售的各个环节，以及文件编印、数据传输、市场信息联网、汇集与分析等，还拥有现代化仓库管理的电子控制系统，以及运输、装卸的电子调度指挥系统等。我国在这方面的差距还很大，物流机械设备性能落后，传递商情还要靠手工操作。这种物流管理手段需要的硬件品种不全、软件开发滞后的局面，要有计划、有步骤地改变。

随着信息技术的不断发展，近些年世界各地都出现了前所未有的电子商务热，电子商务将改变物流的运作方式。首先，电子商务可使物流实现网络的实时控制。在电子商务下，物流的运作是以信息为中心的，信息不仅决定了物流的运动方向，而且也决定了物流的运作方式。在实际运作过程中，通过网络上的信息传递，可以有效地实现对物流的实时控制，实现物流的合理化。其次，网络对物流的实时控制是以整体物流进行的。在传统的物流活动中，虽然也有依据计算机对物流进行实时控制，但这种控制都是以单个的运作方式来进行的。例如，在实施计算机管理的物流中心或仓储企业中，所采用的计算机管理信息系统大都是以企业自身为中心来管理物流的。而在电子商务时代，网络全球化的特点可使物流在全球范围内实施整体的实时控制。

8.4.3 管理系统的现代化

1. 物流系统的特征

物流系统是一个复杂的、庞大的系统。在这个大系统中又有众多的子系统，系统间又具有广泛的横向和纵向的联系。物流系统除具有一般系统所共有的特点，即整体性、相关性、目的性、环境适应性外，同时还表现为是一个“无机”系统，是一个可分的系统，是一个动态系统，并且具有复杂性等特征。

(1) 物流系统是一个“人机”系统

物流系统是由人和形成劳动手段的设备、工具所组成。它表现为物流劳动者运用运输设备、搬运装卸机械、货物、仓库、港口、车站等设施，作用于商品的一系列生产活动。在这一系列的物流活动中，人是系统中的主体。因此，在研究物流系统的各方面问题时，要把人和物流有机地结合起来，作为不可分割的整体加以考察和分析，而且始终把如何发挥人的主观能动作用放在首位。

(2) 物流系统是一个可分的系统

物流系统无论其规模多么庞大，都是由若干个相互联系的子系统组成。这些子系统的多少、层次的阶数，是随着人们对物流的认识和研究的深入而不断扩充的。系统与子系统之间、子系统与子系统之间，存在着时间和空间上、资源利用方面的联系，也存在总的目标、总的费用以及总的运行结果等方面的相互联系。

（3）物流系统是一个动态系统

物流活动是受社会生产和社会需求广泛制约的。也就是说，社会商品的生产状况、社会的商品需求变化、社会能源的波动、企业间的合作关系都随时随地地影响着物流，物流系统是一个具有满足社会需要、适应环境能力的动态系统。为适应经常变化的社会环境，为使物流系统良好地运行，人们必须对物流系统的各组成部分不断地修改、完善。在社会变化较大的情况下，物流系统甚至需要重新进行系统的设计。

（4）物流系统的复杂性

物流系统拥有大量的商品，商品的大量化和多样化带来了物流的复杂化。从物流商品上看，品种成千上万，数量极大；从从事物流活动的人来看，需要数以百万计的庞大队伍；从资金占用角度看，它占用着大量的流动资金；从商品供应经营网点上看，它遍及全国城乡各地。这些人力、物力、财力、资源的组织和合理利用，是一个非常复杂的问题。

在物流活动的全过程中，始终贯穿着大量的物流信息。物流系统要通过这些信息把各个子系统有机地联系起来，如何把信息收集、处理好，并使之指导物流活动，也是非常复杂的问题。物流系统的边界是广阔的，它起始于生产企业的原材料供应，经生产制造转换为成品后，再经运输、储存等环节到达消费者手中，物流的范围横跨了生产、流通、消费三大领域。这一庞大的范围给物流组织系统带来了很大的困难，而且随着科学技术的进步，物流系统的边界范围还将不断地向外扩张。

2. 物流管理系统决策的要素

①规模适当化要求对物流系统进行投资建设时，首先要确定其规模的大小。这就是说，在新建物流企业时对其所处的地理位置、周围环境、服务对象，特别是物流量的多少，包括货物品名、数量、流向等，都要进行详细调查和预测，综合分析研究，以确定物流系统化规模。否则，物流系统规模设计大了，而物流量太小，必然要使一部分物流设施、技术装备闲置起来，不仅白白浪费了投资，而且影响物流的经济效益；反之，物流系统规模设计小了，而物流量太大，与其业务活动不相适应，满足不了顾客的需要，同样也是不可取的。

②运送及时性是物流管理系统的主要功能之一。能否根据货主的要求及时运输和配送，按顾客指定的时间和地点把商品迅速运送到收货地或用户手中，以赢得信誉，这是衡量物流企业服务质量的一个重要标志。因此，建设物流管理系统时，必须很好地考虑运输、配送功能，如运输工具的配备、运输线路的选择、运输环节的安排。

③库存合理化要求保持一定量的合理库存，这是物流企业的一项重要任务。对合理量的库存，在物流管理系统中必须予以充分重视。以生产物流来说，工厂要储存一定数量的原材料；否则，原材料供应不上，生产就中断了。反之，如果原材料储存过多，就会造成积压，占用库房，浪费资金，影响企业的经济效益。因此，物流系统必须强化这一功能，及时反馈，调整库存，多则停止进货，少则补充库存，充分发挥其调节功能。

④费用合理化在市场经济中日益发展，这要求物流技术不断革新。在当前物流业激烈竞争的情况下，要进行物流系统设计，无论对系统整体还是对各个子系统来说，一切物流业务活动都要求节省费用。一般来说，物流组织得合理，如物流方式、运输线路选择适

当，存货数量和分布上都比较合理等，物流费用支出就会少一些。但问题并非如此简单，因为，在物流活动中，运输、储存、包装、流通加工、装卸搬运，以及物流信息的收集、传递和反馈等环节之间都存在着一种相互矛盾、相互制约的关系。比如，进货或送货间隔时间短，运输次数频繁，数量小，则运输费用会增加，但相应的保管费用支出会减少；反之，则运输费用减少，保管费用增加。包装质量高，要求较多的包装费用支出，但相应地用于日常维护保养的费用则会减少，对存储条件的要求也会降低一些。物流信息搜集得越全面、越完整，对物流过程的了解就越透彻，对物流的协调和控制能力就越强，但用于信息的搜集、加工处理的费用支出就会相应增加。因此，要正确处理上述诸多关系，才能顺利地实现物流管理的预期目标。

⑤经济效益好是一个物流企业的最终目标。构造一个比较完整的物流系统，其最终经营目标仍然是取得最佳的经济效益，即以最少的投入取得同样的产出，或以同样的投入取得最大的产出。因此，在进行物流系统总体设计时，必须把物流经济效益放在首位。

3. 物流管理系统的实际步骤

物流管理系统的研究大体可分为三个部分：系统研究阶段、系统设计阶段、系统应用阶段，每一个阶段都包括若干内容。

①系统研究阶段。研究与分析现状，找出问题和确定目标。这要从全局出发，运用系统方法，正确确定系统研究的对象和范围，然后通过资料的收集和加工整理，对实际部门的调查和各种相关因素进行分析来透彻地了解物流现状和存在的关键问题，在此基础上确定预期的改进目标，并为进一步制定新的方案拟订必需的若干原则。

②系统设计阶段。系统设计阶段包括改革方案的构思、判断和选择以及改革方案的细化。在这个阶段，要对各种可能的方案进行深入细致的比较和分析，确定各自在技术上的优劣和经济上的可行性，进而作出正确抉择。

③系统应用阶段。系统应用阶段是改革方案的全面实施阶段。在实行中要采取相应的配套措施和保证措施，以确保方案的顺利实施和系统化的实现。

本章小结

物流企业的现代化管理知识成为物流企业中最重要的生产要素，信息技术成为物流企业的物质基础，技术创新成为物流企业发展的内在动力源，科技化人力资源成为物流企业发展的核心力量。简化组织结构的管理层次已成为物流企业组织现代化的基本思路。

物流一体化是指将原料、半成品和成品的生产、供应、销售结合成有机整体，实现流通与生产的纽带和促进关系。供应链一体化是指将产品与服务提供给最终消费者的过程中所有参与活动的上游及下游企业组织所构成的网络。物流企业管理必须要有良好的信息处理和传输系统。企业必须引入最新的搬运、检验、拣取、无线电通信系统，替代原来的货账和货卡，做到无纸化作业。随着运输方式的多样化、运输过程的统一化，各种运输方式朝着分工协作、协调配合的方向发展，即朝着建立铁路、公路、水路、空运与管道的综合运输体系发展。除了单一的运输、特殊运输（包裹运输）外，多式联运（复合模式）得到了发展，它利用各种运输模式的经济特性，进而提供最低总成本的整合服务。

自测题

1. 物流企业观念现代化的含义是什么？
2. 什么是一体化物流？其作用和优点是什么？
3. 结合我国物流的现状，谈谈你对物流人才趋势的看法。
4. 信息技术对现代物流信息化的支持作用表现在哪些方面？
5. 物流现代化的内容是什么？

案例分析

精细化+信息化="仓流"管理现代化

国内最大的液化工物流企业南通化轻是集贸易、仓储业、物流业于一体的大型化工企业。公司成立于 1963 年 7 月 1 日，1997 年 7 月 25 日整体改制为股份有限公司，2003 年 1 月 1 日进一步深化改制为经营层控股、经营者持大股的股份有限公司，全部股份均为内部自然人股东持有。企业有 170 多人，这个人数在化工轻工行业中可谓是少得不能再少了，但这样一个企业 2002 年销售额却高达 18.5 亿元。2003 年上半年，在国内"非典"横行的恶劣环境下，它又以 17 亿元的销售额创造了国内液体化工流通行业的一个奇迹。这个奇迹的创造者南通化工轻工股份有限公司，40 年履约率为 100%。

南通化轻的业务以经营有机化工、无机化工、塑料、橡胶、液体石油气等 200 多种化验室原材料为主业，兼营其他并拥有化工、轻工、五金矿产、机电产品、土畜产品等物资的进出口权。公司年销售规模、年进出口额，均居全国同行业第二名，并先后进入中国 500 家最大进出口企业、中国 500 家最大物资流通企业，是南通市流通企业第一名。

1. 三"流"分离管理

自 1997 年公司进行股份制改造以来，董事长骆德龙在带领干部职工深化产权制度改革的基础上，大胆探索改革新路，先后在企业内部形成了八大改革（即改革机构设置、编制方式、干部制度、用工制度、分配制度、岗位目标管理、经营方式、考评方式）的独特企业管理文化。

随着企业经营规模的不断扩大，洛德龙带领全公司不断加大制度管理和创新管理的力度，成立了物流管理中心，并且提出了三"流"分离的新型管理模式，即资金流、物流、商流分轨运行。而采用三"流"分离的模式，主要是为了对企业经营活动中的各个环节进行有效的控制，对各部门的经营活动形成有力的监督、监察机制，从而实现企业管理的精细化。

南通化轻经营的产品多达 200 多种，其中大多是进口原料。由于化工产品的特点，决定了产品品种多、变化快。不仅每一次采购的产品都有可能是一个新品种，而且价格的变动也十分频繁，一旦控制不好，很容易出现经营漏洞。另外，在南通化轻经营的产品中，相当一部分属于液体原料，这些产品在运输、存储的过程中，存在着一定的途耗、库耗，如果不能加以有效管理，企业经营的成本也很难得到有效的控制。因此，必须在管理的精细化上下功夫。

为此，南通化轻采用了三“流”分离的管理模式。首先将销售部门进行了细分。根据不同的产品分为了十几个销售分公司，每个分公司负责不同的产品，专人负责。同时将资金流和物流统一到财务部和物流管理中心，由财务部专门负责资金流，物流管理中心负责产品的物流，销售分公司只负责商流。通过财、物、销售分流的方式，使各部的业务更加专业，并形成了财务监督物流、物流监督销售的良性监控机制，同时也杜绝了经营过程中的各种不正当行为。

2. 信息化从财务入手

精细化管理为南通化轻的发展奠定了坚实的基础。随着企业规模的不断扩大，三“流”分离的管理模式逐渐显现出精细化管理的优越性。1997 年，南通化轻的销售额突破了 5 亿元。然而，随着业务的增长，传统的手工操作模式渐渐暴露出效率低下的弊端。各部门的工作越来越忙，业务处理的过程也越来越长。尤其是财务部，每天近千张单据制作和业务处理，使得财务人员的工作压力明显增大。与此同时，各种数据、报表的及时性和准确性也大大降低。不仅如此，各种数据的查询、统计也越来越困难。有时候，查找一个数据都要用上半天时间。

（资料来源：《精细化+信息化=“仓流”管理现代化》，http：//www.233.com/wuliu/anli/20070712/135141794.html，2007 年 7 月 12 日）

问题：

1. 什么是三“流”分离的管理？

2. 管理现代化给企业带来了什么？

第 9 章　创新与新视野

学习目标

通过本章的学习，使学生了解创新的基本概念及种类，熟悉全球化及全球物流，掌握物流管理理念创新、组织创新和技术创新等基本内容。

关键概念

创新（innovation）　信息（information）　全球化（globalization）　技术创新（technology innovation）　经济全球化（economic globalization）

引导案例

创新管理：让妙点子不再纸上谈兵

当北京华联集团酝酿多年，准备正式成立创新中心时，董事长吉小安很明白，需要一位经验丰富的创新领导者，才能创造一个成功的创新组织。浮上脑海的第一人选，是因业务需求、多次与他分享宝洁（P&G）创新中心成功经验的蔡元。

蔡元任职宝洁 26 年，2005 年升任零售创新部门主管，负责领导及运作世界各地 16 个创新中心，他深刻了解营运创新中心对企业绩效的影响。

1. 称职领导人掌握四关键

着手规划华联集团的创新中心时，吉小安得知蔡元刚从宝洁退休，便亲自飞到美国说服他接下重任，三顾茅庐后，蔡元才同意接任北京华联集团执行副总以及创新中心负责人之职。

丰富的创新领导经验，让蔡元就任华联创新中心掌门人游刃有余。他认为，要称职扮演成功的创新领导人，需要掌握四个关键。

首先是商业模式应能创造品牌权益。设定创新目标，从功能、情感面需求，深入了解目标族群，然后集中全力达成目标，另外也要考虑创新如何提升品牌价值。品牌权益指除了产品的功能性价值外，消费者愿意额外支付的价格。

创新要符合品牌形象。他举了创新不符合品牌权益的例子——英特尔开发一部造型特别、功能不错的相机，但因该公司专业不在此，消费者可能会质疑产品质量，而不愿意购买。这虽是个成功的创新商品，却不能提升品牌价值。

其次是同理心。蔡元认为，创新要打动人心，创新者要有同理心，这样才能有深入的消费者洞察力，创造符合他们需求的商品。例如，在地广人稠的中国，多元文化充斥，蔡元也是从头开始，学习如何真正“从心”认识消费者：走进深山，他看到寒冬中，妇女仍背着一大桶衣服到湖边清洗。他有很深的感触：传统的营销调查无法判断各地消费者的特性与需求，要为这群乡下妇女开发洗衣粉，没有同理心，很难做到。多数洗涤力一级棒的洗衣粉只能在温水中使用，但这群乡下妇女需要的或许是小包装、方便携带、能在冷水中清洗的洗衣粉商品。蔡元说：“有同理心，从使用者角度思考，才能开发出真正符合他们需求的商品。”

然后是要和策略伙伴创造长期的双赢关系。蔡元说，以顾客为核心，是企业与策略伙伴成功共创价值的关键，要达成这个目标，供应链的每个环节都要细心经营、各司其职。如最上端的制造商伙伴，要积极投入品牌建立、产品创新，零售商则要营造最佳的购物环境，穿起一条完整的价值链，才能创造最佳的消费者购物体验。

最后是创造组织创新的良性循环。蔡元指出，创新领导者的角色，可简单用“PVP”统括，分别是目的（purpose）、愿景（vision）、原则（principle）。创新领导要将心比心。他说：“创新领导人先要清楚描绘组织创新的目的与愿景，设定专业工作方式，才能促使伙伴全力投入，不断开发提升消费者生活质量的商品。”

2. 创新主轴，从购物者联想

进入华联集团，蔡元很清楚自己所扮演角色的核心职责，以及能做什么、该做什么。他为华联创新中心定下“以购物者为基础的创新”（shopped-based innovation）的主轴，领导组织发展。

2001 年宝洁推动连接与开放策略，成功将外部技术引进内部研发，并将内部技术对外授权，是当时被热烈讨论的开放式创新案例。“以购物者为基础的创新”知识概念，是蔡元应用在前东家习得的知识，结合人类学转化而来的。

蔡元进一步解释，产品面的创新是努力制作更贴近消费者需求的商品，提供给他们更好的使用经验；零售业的创新则是深入了解购物者，倾听他们的需求，思考如何创新购物过程，给予最好的购物感受、更高的价值满足。

根据他的观察，购物者往往在看到商品的第一眼，就已经决定是否要购买这个商品，这就是所谓的第一个关键时刻。以购物者为基础的创新，旨在捕捉购物者第一眼的心理反应，从中分析更深一层的购物动机，以需求导向创新商业模式，用知识引导创新中心发展，让购物者与北京华联共创价值。蔡元语气坚定地说：“因为北京华联期望变成中国零售业的创新领导者!”

1996 年成立的北京华联集团，触角伸入大型综合超市、百货公司和购物中心等零售业态，被政府列为重点培育的流通集团之一。中国是非常独特且动态的市场，全球顶尖的零售业者，70%已在中国市场竞技，北京华联这个在地零售商，如何和重量级零售业者竞争?

在地性，是劣势，也是优势。北京华联的手上握有的制胜筹码，就是在地性。蔡元说，北京华联要赢在比别家企业更深入了解消费者，创造更可靠的消费体验，以赢得消费者的心、忠诚度，用“心占率”抢得“市占率”。这也是北京华联投资兴建“北京华联创新中心”的主要目的之一。2008年，华联集团在北京市西南郊的大兴区大兴土木，建置创新基地。这个中心集研发、培养训练、会议、接待于一体，主要分为创新实验室及学习中心。

3. 用“心占率”抢得“市占率”

创新实验室如同进行焦点集团调查的大型实验室，一楼是大卖场，二楼是厂商进驻的办公室，整个场域提供创新空间，更加方便对消费者进行深入研究。实验室设计了店内的消费体验机制、仿真零售流程等。

“我们的学习中心，犹如零售业MBA。”蔡元说。学习中心负责零售创新培养训练，除培育华联集团的员工外，也提供供货商、合作伙伴教育训练，使整个供应链的知识趋于一致，加深彼此在认知以及知识上的紧密度。“这让创新点子不再是纸上谈兵，而是真正有试验系统，能随时观察市场反应，调整创新实验步伐，也加快创新速度，提升创新商品面市后市场的接受度。”财团法人商业研究发展研究院院长张光正分析。

打开实验室大门，进驻华联创新中心的厂商进行商品创新研究，不再是闭门造车，而是与消费者携手共创更高价值。华联建置实际的购物场城，拿出已上市、未上市的商品，邀请购物者提供宝贵意见，由每年1万名的购物人次决定商品生死，只要过了这一关，就大批制造，推出市场，降低创新失败率。

成功扮演北京华联创新中心推手，蔡元认为，不论何种创新组织，重要的是，领导者能否凝聚组织创新力量，在创新引擎启动的瞬间，集众力发挥最大价值。

（资料来源：《北京华联创新中心：让妙点子不再纸上谈兵》，http：//www.linkshop.com.cn/ web/archives/2009/105893.shtml，2009年1月12日）

9.1　创新管理

综观当代企业，只有不断创新，才能在竞争中处于主动，立于不败之地。许多企业之所以失败，就是因为它们做不到创新这一点。

9.1.1　创新的概念

有人曾经做了这样的游戏：主讲人手上有一个白色信封，里面可能是50元钱，也可能是一张罚款单，还可能是别的惩罚。你有三种选择：可以打开信封，但必须遵从信封里的要求；也可以不打开信封；还可以传给同伴，让同伴打开。究竟作何选择？

不打开信封，就意味着一切在停滞不前。这样最保险，可是机会也就擦肩而过。原地踏步实际上是一种变相的倒退，要发展就必须要创新。

创新，也叫创造。创造是个体根据一定的目的和任务，运用一切已知的条件，产生出新颖、有价值的成果（精神的、社会的、物质的）的认知和行为活动。

按照管理大师熊彼特的理论，创新是生产要素的重新组合，包括以下五个方面的内容：引进一种新产品（消费者还不熟悉的产品，或一种产品的新特性），采用新的生产方式，开辟新的市场，开辟和利用新的原材料，采用新的组织形式。

9.1.2 创新的种类

创新主要有以下七种：

1. 思维创新

思维创新是一切创新的前提。任何人都不要封闭自己的思维。若思维成定式，就会严重阻碍创新。有些政府部门或国有企业提出，不换脑筋就换人，就是这个道理。有的公司不断招募新的人才，重要原因之一就是希望带来新观念、新思维，不断创新。国外近年来还出现了"思维空间站"，其目的就是进行思维创新训练。

2. 商品（服务）创新

对于工业企业来说，是商品创新；对于物流服务而言，主要是服务创新。从 20 世纪 90 年代开始至今，从模拟机、数字机、可视数字机，到 GPRS 的手机，再到 4G 手机，手机的更新演变生动地告诉我们商品的创新是多么迅速而高级；而物流服务已从单一的仓储、运输业，发展到了第三方、第四方物流服务。

3. 技术创新

就一个企业而言，技术创新不仅指商业性地应用自主创新的技术，还可以是创新地应用合法取得的他方开发的新技术或已进入公有领域的技术创造市场优势。沃尔玛 1985 年启用六频道人造卫星，老板山姆·沃尔顿通过录像带可以同时对所有员工讲话做培训，每家分店都与阿肯色的总部相连，分店的温度、销售业绩、顾客的停留时间、购买行为模式等信息统统汇集到总部。沃尔玛还是世界上第一家试用条形码即通用产品码（UPC）技术的折扣零售商。其 1980 年试用条形码，使收银员的效率提高了 50%，之后所有沃尔玛分店改用条形码。

4. 组织与制度创新

企业组织形式不是一成不变的，通过企业的组织变革和创新，可改变人的行为风格、价值观念、熟练程度，同时能改变管理人员的认知方式。组织与制度创新主要有以下三种。

（1）以组织结构为重点的变革和创新，如重新划分或合并部门，流程改造，改变岗位及岗位职责，调整管理幅度。

（2）以人为重点的变革和创新，即改变员工的观念和态度，主要包括知识的变革、态度的变革、个人行为乃至整个群体行为的变革。GE 总裁韦尔奇执政后采取一系列措施来改革 GE 这部老机器。当时有一个部门主管工作很得力，所在部门连续几年盈利，但韦尔奇认为他可以干得更好。但这位主管不理解，韦尔奇建议其休假一个月。休假之后，这位主管果然调整了心态，变得就像刚接下这个职位，而不是已经做了 4 年。

（3）以任务和技术为重点，即通过对任务重新组合分配，并且配合设备更新、技术创新，以此来达到组织创新的目的。

5. 管理创新

世上没有一个一成不变、最好的管理理论和方法。环境情境作为自变量，管理则是因变量。英特尔总裁葛洛夫的管理创新是产出导向管理——产出不限于工程师和工厂工人，也适用于行政人员及管理人员。在英特尔，工作人员不只对上司负责，也对同事负责；同时打破障碍，培养主管与员工的亲密关系。有人把管理创新划入组织与制度创新之中。

6. 营销创新

营销创新是指营销策略、渠道、方法、广告促销策划等方面的创新。脉动的热销是营销策略的全面胜利，作为功能饮料，脉动走的却是普通饮料的路线——大容量、适中价位；其浅蓝色的差异化瓶体拥有良好的终端展示效果，深受年轻消费者的喜爱；600 毫升的大瓶体也与普通饮料 500 毫升形成了明显差异。

7. 文化创新

文化创新是指企业文化的创新。以价值最大化为导向的平安新价值管理文化就是文化创新。

9.1.3　物流管理创新

物流管理创新指的是在物流活动中，引入新的经营管理理念，实施新的经营管理方法，运用新的科学技术手段，对物流管理和物流运营过程进行改造和革新，从而全面提高物流活动的效率，取得最大化的企业经济效益和社会效益的创新活动实践。

1. 物流管理现状

现代物流业作为一个新兴的复合型产品，近几年在我国得到了迅速的发展，社会物流需求持续、高速增长，物流业增加值稳步提升，社会物流总成本趋于平稳。中国物流与采购联合会会长何黎明在《中国物流业 2016 年发展回顾与 2017 年展望》（以下简称《回顾与展望》）中称，2016 年物流总费用约 11 万亿元，同比增长 3%左右，与 GDP 的比率有望降至 15%以内，这是该数值连续 4 年下降，但这一比率仍然高于世界平均水平。发达国家这一比率在 8%~9%，其中美国物流成本约为当年 GDP 的 8%，日本物流成本约为当年 GDP 的 11%。业内专家表示，1 个百分比的下降意味着节省了数千亿元的成本。

从目前中国物流业发展现状来看，具有现代物流特征的物流企业一部分是在运输企业或仓储企业的基础上转变过来的物流公司，还有一部分是为满足物流市场的需求，以物流事业为经营内容的新型物流企业，其中包括第三方物流企业和以提供物流信息服务为主要内容的第四方物流企业等。但与西方发达国家相比，我国物流业起步较晚，物流成本占 GDP 的比重仍然过高。由于管理体制改革的落后，我国企业物流的发展仍然处于“小、多、散、弱”的状态，普遍存在经营分散、功能单一、自动化程度低、物流布局不合理、物流技术含量不高、物流企业横向联合薄弱、物流服务意识和服务质量不尽如人意等问题，难以满足社会化物流的需要。我国企业物流问题具体表现在以下几个方面。

（1）企业领导对物流的发展不够重视

虽然很多企业已经逐步认识到物流是企业的“第三利润源”，但像海尔、宝洁、美的这样将物流看作企业生产和形象的灵魂的企业还为数不多，总体上物流还远未被企业领导和业务部门所重视。

（2）第三方物流企业发展不足

许多生产流通企业“大而全”“小而全”，拥有自己的物流设施。第三方物流企业水平不高，专业化、精细化、系统化服务水平低，尤其缺乏一揽子服务能力。

（3）企业物流设备落后

目前大多数企业物流设施和物流技术落后，且很多成熟的物流技术也未能采用，如射频码技术在企业物流领域中的使用并不多见。

（4）企业物流的信息化程度不高

虽然许多企业在物流方面尝试推行 MRP（物流需求计划）、MRP Ⅱ（制造资源计划）和 ERP（企业资源计划）等，但取得实质性成功的企业不多。

（5）企业物流人才缺乏

目前培养的物流人才不仅数量不够，而且结构单一，主要面向社会物流。企业物流领域需要复合型人才，即既懂企业管理、物流管理，也懂信息技术和电子商务的复合型人才。

2. 物流管理创新的内容

供应链管理环境下的企业物流管理不再是传统的保证生产过程的连续性，而是通过有效完成物流网络活动，来保证供应链企业之间并行不悖的运作，形成快速响应市场的能力，提高企业自我竞争优势。因此，物流过程管理水平的高低和物流能力的强弱，直接影响着供应链整体竞争力。这就要求进行物流管理的创新，其创新有以下几个方面。

（1）物流服务理念的创新

树立新的物流服务理念，就是树立客户需求至上的理念。这就要求企业改变过去以规模效益获得经济效益的主要思想，建立适合多样化需求甚至实现客户化定制的新的物流服务。

①导入先进的物流服务理念。物流作为连接生产与再生产、生产与消费的桥梁与纽带，要求有很强的服务性。国外对物流业的界定是其归属于服务业。因此，物流的核心观念是服务观念。首先，要学习先进的物流运作方法，必须要掌握先进的物流理念，即客户服务（CS）的理念或客户价值（CV）的理念。其次，制定市场导向型的物流服务。不同于传统的产品导向型的物流服务，市场导向型的物流服务是根据经营部门的信息和竞争企业的服务水平制定的，通过与顾客面谈、顾客需求调查、第三方调查等，以寻求顾客最强烈的需求愿望，并以此为依据制定提高物流服务水平的方法。最后，以全面提升客户价值作为物流服务的目标。物流服务是物流企业按照货主的要求，为克服货物在空间和时间上的间隔而进行的活动。企业在积极追求自身交易扩大的同时，通过分析从供应商到顾客的供应链中是否为顾客创造了价值，是否提高了顾客的经济效益，是否实现相对于竞争企业顾客服务的差别化，以及用较少的成本扩大附加价值，为企业是否进行物流管理创新提供最佳依据。

②物流服务内容的创新。由于顾客在服务、价值等方面的期望越来越高，物流管理必须以顾客为导向，为客户提供差异化、个性化的物流服务。

第一，增值服务创新。现代物流服务应该根据客户的不同需求，不断发展综合服务、套餐型服务，其中包括流通加工、个性包装、产品回收等业务，以个性化服务内容表现出与市场竞争者的差异性，以客户增值体验为服务宗旨，以服务质量创效益。

第二，管理服务创新。企业在开发物流的服务项目时，要在物流管理层面的服务内容上做文章，包括客户物流系统优化、物流业务流程再造、订单管理、库存管理、供应商协调、客户服务等，从而为客户提供一体化物流解决方案，实现对客户的"一站式服务"。

第三，信息流、资金流服务创新。企业要与客户形成战略伙伴关系，就得参与客户的供应链管理，实现产品物流、信息流与资金流的协同运作。目前，为客户提供代收货款、垫付货款等资金流服务，是物流市场创新的最新焦点。

③物流服务方式的创新。企业要自始至终参与客户的物流管理运作，通过与客户建立有效的沟通渠道，变传统的与客户"一单一结"的拣选交易方式为与客户共同制定物流解决方案的现代服务方式。物流企业要在激烈的市场竞争中脱颖而出，必须通过不断的服务创新来引导和满足客户需求，在目标市场中提供区别于竞争对手的差异性服务。而要做到这一点，必须完整理解一体化物流服务的内涵，采用现代物流技术和信息技术增强服务能力，建立具有丰富物流服务经验的管理团队，努力与客户结成战略合作伙伴关系。

(2) 企业物流组织创新

由于物流活动地理位置分散的性质，以及通常跨越一个行业运作的事实，因此，管理者在组织方式的开发决策中，应根据不同的情况进行创新。但是对大多数企业而言，开发物流组织存在一些一般的准则和模式。

①由职能垂直化向过程扁平化转变。现代企业物流组织必须由过去的职能型转变为以顾客为中心的流程导向型。在这个转变过程中，企业物流组织跨越职能部门、分支机构或子单位的界限，不再局限于物流功能集合或分散的影响，从根本上思考每一个活动的价值贡献，把组织内部非增值活动压缩到最少，从而实现企业经营在成本、质量、服务和速度方面的改善。同时，要压缩企业组织的中间管理层，缩短信息沟通渠道，消除机构臃肿、反应迟钝的现象，实现物流组织由垂直化向扁平化的转变。

实现物流服务组织结构由垂直化到扁平化，首先要注重企业物流信息系统的建设，用以取代原来中层人员的上通下达及收集整理材料信息的功能，为扁平化组织结构的高效运行提供功能支持。其次要注重提高组织成员独立工作的能力，为扁平化组织结构的高效运行提供人才保障。同时，构建物流服务组织要强调以物流服务过程为核心的组织形式取代原来的以物流服务职能为核心的组织形式，如采用以流程为基础构建的矩阵式组织结构。

②由固定型向临时柔性化转变。组织柔性化的目的在于充分利用组织资源，增强企业对复杂多变的动态环境的适应能力。柔性化将是物流服务组织发展的必然趋势。首先，物流服务组织的柔性化与企业物流服务集权和分权度有较大关系，要适时调整权责结构，适当扩大物流服务授权度，正确处理好集权和分权的关系。其次，"二元化组织"是当前物流服务组织柔性化的有效方法，即一方面为完成组织的经常性任务设立比较稳定的物流服务组织部门，另一方面为完成某个特定的、临时的项目或任务设立动态的物流服务组织。

③由内部一体化向虚拟化、网络化发展。在经济全球化、网络化和市场化日益加剧的背景下，企业为有效提高其竞争力，必然会利用外部资源以快速响应市场需求，这将促进物流服务组织向虚拟化和网络化发展。随着信息技术的发展，许多物流程序中的作业可以通过信息的电子网络予以有效整合。在这种组织结构中，企业借助自身物流运作的核心能

力通过电子网络连接、整合上下游供应链成员来共同完成至关重要的物流活动。因而，跨组织的物流信息系统建设便是虚拟组织能否顺利运转的关键。

④缔结物流战略联盟，以供应链的整体优势参与竞争。战略联盟可能会衍生出合资经营、技术共享、采购与营销协议等多种形式，因此，中国的大型制造企业、商贸企业要迅速从“大而全”的经营误区中解脱出来，与合适的供应商、储运商等结成战略联盟，通过合作成为核心企业长期的、稳定的战略伙伴，以供应链的整体优势参与国内、国际竞争，提高中国商品在国内、国际市场的竞争能力和市场份额，同时又实现互惠互利。

(3) 物流管理技术创新

物流作为企业新的利润源泉，其管理创新应以网络及电子商务为依托，通过集约化、现代化管理，实现厂商的零库存和少库存，减少产品运转周期，以适应企业物流管理的需要。物流管理技术创新的途径主要表现在以下几个方面。

①利用信息网络技术优化供应链管理。我国企业物流管理创新应以网络和电子商务为依托，通过集约化、现代化管理，改造传统物流业务流程，利用 ERP、电子商务套件和 CRM 等 Web 技术将上下游企业组成一个动态的、虚拟的、全球化的供应链网络，实现自产品设计、需求预测、外协和外购、制造、分销、储运到客户服务每一个过程最合理的增值。

②积极使用高科技物流设施、设备，改善物流管理技术。发达国家的经验表明，提高企业物流管理水平和物流管理效率的一个很大的方面就是诸如自动化立体仓库、综合物流中心、专用车辆、先进的装卸与仓储工具等物流设备的使用。所以，我国企业积极发展物流的同时，要积极引进国外的资金、先进技术、管理经验改造我们的物流设施、设备，包括订货、采购、维修、服务、交易、存储、运输等各个环节。这将有助于破除企业只盯着眼前的既得利益、把精力放在低水平的扩张及对本部门的垄断保护等方面的落后观念，从而缩小我国物流业与现代物流的差距。

③以物流管理信息化带动物流管理现代化。企业应加大投入，建立计算机支持的物流信息系统。如今，RFID（射频识别）技术、条形码技术、自动仓储管理技术、电子数据交换、电子订货系统、自动分拣/存取跟踪系统等为物流管理信息平台提供了强有力的支持。此外，多媒体技术也在物流活动中大显身手，实现可视化的货品出入库功能，还可为客户提供物品运送的实时查询。

(4) 重视物流人才的培养

物流企业要实现管理创新，还要靠具有综合素质的物流专业人才。发展物流必须重视物流人才的培养，为此，企业必须大力培养现代物流管理人才。近年来，随着国际贸易和科技文化交流的不断扩大，对国际标准的需求日益增长。采用国际标准、标准的国际化或标准的国际趋同，已成为全球的普遍发展趋势，因而我们要培养标准化的物流人才。

9.2 全球化

当前，世界已进入全球化的时代，经济全球化、市场一体化的趋势加强，企业面临前所未有的压力。面对变幻莫测、激烈竞争的市场环境以及顾客需求多样化和个性化、消费水平不断提高的市场需求，企业奉行的传统的看似整体但缺乏系统的采购、生产、销售模式已无法适应需要，加强企业物流管理，缩短产品开发、采购、加工制造至流通配送周期，降低供应商—制造商—用户的全过程的供应链管理系统成本，已经成为提高企业在国内和国外市场上的生存和竞争能力的主要手段。

9.2.1　经济全球化

全球化是个进程，指的是物质和精神产品的流动冲破区域和国界的束缚，影响到地球上每个角落的生活。全球化还包括人员的跨国界流动，而我们提的最多的是经济全球化。

经济全球化是指世界经济活动超越国界，通过对外贸易、资本流动、技术转移、提供服务、相互依存、相互联系而形成全球范围的有机经济整体。经济全球化是当代世界经济的重要特征之一，也是世界经济发展的重要趋势。经济全球化是指贸易、投资、金融、生产等活动的全球化，即生存要素在全球范围内的最佳配置，从根源上说是生产力和国际分工的高度发展要求进一步跨越民族和国家疆界的产物。

经济全球化的具体表现有以下几个方面：

1. 生产国际化

生产国际化主要是指国际生产领域中分工合作及专业化生产的发展。现代生产分工已经不是在国家层次上的综合分工，而是深化到部门层次和企业层次的专业化分工。这种分工在国际间进行，形成了国际生产网络体系。其中最典型的是企业生产零部件工艺流程和专业化分工，即采购在一个国家进行，生产在另一个国家，而销售可能又在第三个国家。

2. 贸易国际化

世界上几乎所有的国家和地区以及众多的企业都以这种或那种方式卷入了国际商品交换。现在的国际贸易已占到世界总生产额的 1/3 以上，并且还在稳步增长。国际贸易的商品范围也在迅速扩大，从一般商品到高科技产品，从有形商品到无形服务等，几乎无所不包。

3. 投资国际化

各国放宽了对金融投资的管制，甚至采取诸多措施鼓励本国对外投资的发展。这一点从众多跨国公司到中国来投资设厂可见一斑。

4. 区域经济一体化

生产、投资、贸易发展的国际化使各国间经济关系越来越密切，特别表现在区域内经济关系上，为了适应新形势的发展，以区域为基础，形成了国家间的经济联盟。如欧洲联盟，美、加、墨自由贸易区以及上海经合组织等。

9.2.2　全球物流

全球物流也称为“国际物流”，是指在两个或两个以上国家（或地区）之间所进行的物流。全球物流是随着国际贸易的产生和发展而发展起来的，并已经成为了制约国际贸易发展的重要因素。

随着经济全球化的日益发展，全球化大生产、大贸易、大流通的经济格局逐步形成，与世界经济接轨、与国际惯例同步是物流发展的大趋势。与国际贸易一样，国际物流过程也需要专业从事商品使用价值转移活动的业务机构或代理人来完成。比如国际货物的运输是通过国际货物运输服务公司（代理货物的出口运输）来完成；又如报关行、出口商贸易公司、出口打包公司和进口经纪人等，它们主要是接受企业的委托，代理与货物有关的各项业务。这是由于在国际物流系统中，很少有企业单独依靠自身力量办理和完成这些复杂的进出口货物的各项业务工作。这一点正是国际贸易与国内贸易、国际物流与国内物流的重要区别之一。目前，全球经济环境中一方面存在着推动全球物流的有利因素，另一方面也存在着阻碍全球物流发展的不利因素。

1. 全球物流系统

全球物流系统是由商品的包装、储存、运输、检验、外贸加工和其前后的整理、再包装以及国际配送等子系统构成。其中，储存和运输子系统是物流的两大重要支柱。全球物流通过商品的储存和运输实现其自身的时间和空间效益，满足国际贸易的基本需要。

（1）运输子系统

运输的作用是将商品的使用价值进行空间移动，物流系统依靠运输作业克服商品生产地和需要地点的空间距离，创造了商品的空间效益。国际货物运输是国际物流系统的核心。商品通过国际货物运输作业由卖方转移给买方。国际货物运输具有路线长、环节多、涉及面广、手续繁杂、风险性大、时间性强等特点。运输费用在国际贸易商品价格中占有很大比重。国际运输主要包括运输方式的选择、运输单据的处理以及投保等有关方面。

（2）仓储子系统

商品存储、保管使商品在其流通过程中处于一种或长或短的相对停止状态，这种停滞是完全必要的。因为商品流通是一个由分散到集中，再由集中到分散的源源不断的流通过程。国际贸易和跨国经营中的商品从生产厂或供应部门被集中运送到装运港口，有时需要临时存放一段时间再装运出口，这是一个集和散的过程。从物流角度看，应尽量减少储存时间、储存数量，加速货物和资金周转，实现国际物流的高效率运转。

（3）商品检验子系统

由于国际贸易和跨国经营具有投资大、风险高、周期长等特点，使得商品检验成为国际物流系统中重要的子系统。通过商品检验，确定交货品质、数量和包装条件是否符合合同规定。如发现问题，可分清责任，向有关方面索赔。在买卖合同中，一般都订有商品检验条款，其主要内容有检验时间与地点、检验机构与检验证明、检验标准与检验方法等。

（4）商品包装子系统

国际市场和消费者是通过商品来认识企业的，而商品的商标和包装就是企业的面孔，它反映了一个国家的综合科技文化水平。现在我国出口商品存在的主要问题是出口商品包装材料主要靠进口；包装产品加工技术水平低，质量上不去；外贸企业经营者对出口商品包装缺乏现代意识，表现在缺乏现代包装观念、市场观念、竞争观念和包装的信息观念，仍存在着“重商品、轻包装，重商品出口、轻包装改进”等思想。为提高商品包装系统的功能和效率，应提高广大外贸职工对出口商品包装工作重要性的认识，树立现代包装意识和包装观念，尽快建立起一批出口商品包装工业基地，以适应外贸发展的需要，满足国际市场、国际物流系统对出口商品包装的各种特殊要求，认真组织好各种包装物料和包装容器的供应工作。这些包装物料、容器应具有品种多、规格齐全、批量小、变化快、交货时间急、质量要求高等特点，以便扩大外贸出口和创汇能力。

（5）国际物流信息子系统

国际物流子系统的主要功能是采集、处理和传递国际物流和商流的信息情报。没有功能完善的信息系统，国际贸易和跨国经营将寸步难行。国际物流信息的主要内容包括进出口单证的作业过程、支付方式信息、客户资料信息、市场行情信息和供求信息等。国际物流信息系统的特点是信息量大，交换频繁，传递量大，时间性强，环节多，点多，线长，所以要建立技术先进的国际物流信息系统。国际贸易中 EDI 的发展是一个重要趋势。我国应该在国际物流中加强推广 EDI 的应用，建设国际贸易和跨国经营的高速公路。

上述主要系统应该和配送系统、卸搬运系统以及流通加工系统等有机联系起来，统筹考虑、全面规划，建立适应国际竞争要求的国际物流系统。

2. 全球物流的发展趋势

（1）国际物流业将向集约化与协同化发展

物流业内模仿行为相对容易。随着物流市场的全面启动，物流产业将由起步期逐渐过渡到发展期乃至成熟期，物流服务产品的标准化、规范化和全面市场化的发展必将对参差不齐的物流企业进行大浪淘沙般的洗牌。物流行业服务标准的形成和物流市场竞争格局的逐步确立，将使物流产业的规模效应迅速显现出来，物流产业的空间范围将进一步扩大，物流企业将向集约化与协同化方向发展。

就物流的区域化以及全球化发展趋势而言，21 世纪必将是物流全球化的时代，企业之间的竞争将愈加激烈。要满足全球化或区域化的物流服务，企业规模必须扩大，形成规模效益。这种规模的扩大将主要表现在两个方面：其一是物流企业的兼并与合作，其二是物流企业间战略联盟的形成。

（2）国际物流服务的优质化与全球化趋势日益明显

物流服务的优质化与全球化趋势日益明显，而物流服务的全球化是今后发展的又一重要趋势。全球供应链的出现迫使物流服务商几乎采取了一种“一切为客户服务”的解决办法。随着合同导向的客户服务观念的确立与普及，以及物流服务产品化、市场化的继续发展，物流市场的服务标准将逐渐趋于规范化。

（3）第三方物流快速发展并且在物流产业中逐渐占据主导地位

第三方物流（third party logistics）就是指在物流渠道中由中间商提供的服务，因此，第三方物流提供者就是一个为外部客户管理、控制和提供物流服务作业的公司。它们并不在供应链中占有一席之地，仅是第三方，但其通过提供一整套物流活动来服务于供应链。国际上大多数第三方物流服务公司都是以传统的“类物流”业为起点而发展起来的，如仓储业、运输业、空运、海运、货运代理和企业内的物流部等。它们根据客户的不同需要，通过提供各具特色的物流服务取得成功。第三方物流市场具有潜力大、渐进性和高增长率的特征，这种状况将使第三方物流企业拥有大量的服务客户。

（4）绿色物流是物流发展的又一趋势

物流虽然促进了经济的发展，但同时也会给城市环境带来不利的影响，如运输工具的噪声、污染排放、对交通的阻塞等，以及生产及生活中的废弃物的不当处理所造成的环境污染。为此，21 世纪对物流提出了新的要求，即绿色物流。绿色物流包括两方面：一是对物流系统污染进行控制，即在物流系统和物流活动的规划与决策中尽量采用对环境污染小的方案，如采用排污量小的货车车型、近距离配送、夜间运货（减小交通阻塞、节省燃料和减小排放）等。发达国家政府倡导绿色物流的对策是在污染发生源、交通量、交通流等三个方面制定相关政策。二是建立工业和生活废料处理的物流系统。

（5）物流产业将由单一的业种向业态多元化发展

在经济发达国家，随着电子商务、网络技术以及物流全球化的迅速发展，广义的区域物流与企业物流通过上、下游的延伸与拓展，呈现相互融合的趋势。这一趋势促使物流企业模式即物流产业经营类型与业态向着多样化和细分化发展。根据对全球专业物流公司经营模式的分析，我们可将国内外物流产业经营类型与业态粗略归结为以下三类：一是由交通运输、邮电业发展起来的物流企业，如 UPS、FedEx 等；二是由零售业、批发商发展起来的物流企业，如沃尔玛、日本 7-11 等；三是由大型制造企业物流部门发展起来的物流企业，如海尔物流。

现代物流是现代生产、流通、消费新理念的产物，涉及的领域空前广阔，物流的各个环节都可能出现竞争者和替代者，这就决定了物流企业多样化发展的客观必然性。随着我国物流业的发展逐步趋于成熟，市场份额的控制壁垒将随之产生并不断强化，在优胜劣汰中保留下来的物流企业将控制行业的部分市场份额，并形成稳定的业务渠道，新加入的企业则必须开辟新的市场空间。这也会在一定程度上加速物流业态多元化的发展。

9.3 信息化

现代物流的根本宗旨是提高物流效率，降低物流成本，满足客户需求，并且越来越呈现出信息化、网络化、标准化、智能化、自动化等发展趋势，其中信息化是现代物流的核心。现代物流充分利用现代信息技术，打破了运输环节独立于生产环节之外的分业界限，通过供应链管理建立起对企业供产销全过程的计划和控制，从整体上优化了生产体系设计和运营，将实现物流、资金流和信息流的有机统一。物流企业的信息化是物流企业发展的必然趋势。从某种角度上讲，现代物流就是传统物流的信息化，即采用信息技术对传统物流业务进行优化整合，实现降低成本、提高服务水平的目的。

9.3.1 企业物流信息化

物流信息化是指物流企业运用现代信息技术对物流过程中产生的全部或部分信息进行采集、分类、传递、汇总、识别、跟踪、查询等一系列处理活动，以实现对货物流动过程的控制，从而降低成本、提高效益的管理活动。物流信息化是现代物流的灵魂，是现代物流发展的必然要求和基石。

山姆 · 沃尔顿在 1962 年创立沃尔玛百货有限公司。在短短几十年间，它由一家小型折扣商店发展成为世界上的零售巨头。在推动沃尔玛在短时间内坐上世界零售企业的头把交椅的各种因素中，强大的物流信息系统起着至关重要的作用。依靠自身的信息系统，沃尔玛每年能够满足全球 4000 多家连锁店对 8 万多种商品的配送需要，每年的运输总量超过 78 亿箱，总行程达 6.5 亿千米。早在 20 世纪 80 年代初期，沃尔玛就拥有了自己的一个卫星系统。沃尔玛在建立卫星系统后，利用一种统一的产品代码——UPC 代码（universal product code）对货品进行管理。经理们通过商品的 UPC 代码，不仅可以知道商场目前有多少这种商品、订货量是多少，而且知道有多少这种产品正在运输到商店的途中、会在什么时候运到。这些数据都是通过主干网和通信卫星传递到数据中心的。管理人员不但能实时地对销售情况、物流情况等进行监控，还可知道当天回收多少张失窃的信用卡、信息卡认可体系是否正常工作，并监督每日做成的交易数目。沃尔玛的数据中心也建立了与供应商的联系，从而实现了快速反应的供应链管理。供应商通过运营系统可以进入沃尔玛的电脑分销系统和数据中心，直接得到某供应商的商品流通动态信息，如不同店铺及不同商品的销售统计数据、沃尔玛各仓库的调配状态、销售预测、电子邮件与付款通知等，以此作为安排生产、供货和送货的依据。整个运作过程协调有序，减少无效的程序，提高效率。通过该信息系统，管理人员可掌握到第一手资料，并对日常运营与企业战略作出分析和决策。

9.3.2　物流信息化的层次分析

信息化需求的准确定位是物流企业信息化成功的关键。只有在准确分析物流企业信息化层次和现状的基础上，明确企业信息化的优势和不足，正确面对企业信息化面临的挑战，准确进行信息化需求的定位，才能抓住难得的发展机遇，在激烈的市场竞争中取得优势。

1. 基础信息化

基础信息化主要解决的是信息的采集、传输、加工、共享等，从而提高企业决策水平和效益。信息技术、网络技术解决了信息共享、信息传输的标准问题和成本问题，信息系统的任务就是为决策提供及时、准确的信息。在此层面上基本不涉及或较少涉及流程改造、优化问题。

2. 流程改造的信息化

企业为了不断降低成本和加快资金周转，把系统论和优化技术用于物流的流程设计和改造，融入新的管理制度之中，固化新的流程、管理制度，以及在规定的流程中提供优化的解决方案，例如仓储优化、运输路径优化等。

3. 供应链管理的信息化

提高整条供应链的效率和竞争力是此阶段要解决的核心问题，主要通过对上下游企业的信息反馈服务来提高供应链的协调性和整体效益。供应链管理的基础是建立互利的利益机制，而物流信息系统则是实现这种互利机制的重要技术手段。

综上所述，以上三个层次的应用中，后一阶段往往以前一阶段的基础为起点，即流程改造和过程优化控制要求具备一定的信息化基础，而供应链管理又以各企业流程设计和运行优化为基础。

9.3.3 物流企业信息化的现状及对策

运输和仓储是最主要的物流业务，也是物流企业信息化中的首要功能，在已建立物流管理信息系统的物流企业中，运输管理、仓储管理、财务系统、订单管理的应用比例分别达到78.6%、71.4%、64.3%和57.1%。在此基础上，以供应链管理为代表的信息系统刚刚开始。比如宝供集团以资助开发的全面订单管理系统（TOM）为平台，同时引进仓库管理系统（WMS-EXE）、运输调度管理系统（TM）和自动识别系统（RF），并充分利用现有的运作网络和信息网络，从供应链优化角度，为客户提供集商品的储存、分拣、配送、加工、包装、订单处理、库存管理、分销覆盖、交叉作业、信息处理等综合服务。

1. 物流企业信息化的现状

（1）现代物流管理意识淡薄

现代物流不仅要求物流管理的各个环节实现自动化、智能化，而且要求物流运作的各种业务，即采购物流、生产物流、销售物流、回收物流的专业化和高效化，这就对物流企业利用各种先进的物流设备和软件系统开展物流活动提出了要求。但是受现行经营体制的制约，我国多数企业的物流活动却是由企业内部组织完成。

（2）信息技术应用水平有待提高

目前，信息技术在物流企业方面的应用层次较低。鉴于中小型物流企业发展的不确定性，信息化难以推动，国家相关部门可以以政府投资的方式研制一些低成本甚至是免费的中小企业信息系统为中小企业提供信息化服务。这样，在推动中小型物流企业信息化进程的同时，还可以统一电子单证的标准，进而促进产业的标准化，加速我国物流集约化的进程。

（3）物流信息资源管理混乱

企业物流信息资源开发是物流信息化建设的核心任务，开发物流信息资源既是物流信息化的出发点，又是物流信息化的归宿。目前，许多物流企业的物流信息化工作没有实现信息采集问题，以至于系统缺乏足够信息源，因而大大影响了整个企业信息资源的开发利用。另外，不少企业忽视信息资源规划工作，缺乏统筹规划和统一的信息标准，致使设计、生产和经营管理信息不能快捷流通，不能共享，企业没有真正享受到信息化投资应产生的效益，从而严重阻碍了物流管理信息化的进程。

2. 物流企业信息化的对策

（1）加强物流基础设施的建设，做好总体物流规划

随着信息化时代的到来以及电子商务的要求，我国建立现代物流体系已是必然趋势，而现代物流体系建立的前提是必须要有先进的物流基础设施。物流企业要充分利用大中城市的地理优势和经济实力，建立一些大型的物流中心和配送中心，形成一个比较完整的全国性物流网络或物流联盟，从而增加我国物流企业同国外物流企业竞争的能力。

（2）物流信息化、自动化、网络化、标准化

物流实现高效运行，首先必须信息化。物流信息化表现为物流信息收集的数据库化和代码化、物流信息处理的电子化和算机化、物流信息传递的标准化和实时化、物流信息存

储的数字化等，相应可用条码技术、数据库技术、电子数据交换技术、企业资源计划技术等来实现。物流信息化为现代物流管理体系打下了基础，使物流管理上了一个台阶。其次，物流要自动化。自动化的核心是机电一体化，也就是要充分运用自动化的物流设施技术，如自动分拣系统、自动存取系统、自动导向车等，来实现物流的高效运行。再次，物流要网络化。网络化在信息化的基础上进行，网络化一方面要求实现整个物流配送体系网络化，包括物流配送中心、供应商、制造商和消费者；另一方面还要求各组织内部也开展网络化，这样可做到物流全过程的实时控制。可通过 EDI 技术和互联网技术来建立物流配送信息网络和组织内部网。最后是标准化。标准化是在包装、运输和装卸等一系列流通环节实施国际标准或通用的国家标准，从而提高物流企业的竞争力，为进军国际物流市场打下基础。

(3) 大力发展第三方物流

我国加入 WTO 以后，各生产企业和商业企业都将面对日趋激烈的竞争，它们不得不把主要精力放在核心业务上，而将运输、仓储等相关物流业务交由专业的物流企业进行操作，以求节约和高效。而物流企业应该抓住这个机遇，一方面不断拓宽业务范围，提供配套服务；另一方面要不断提高服务质量，成为合格的第三方物流商。

(4) 提供多功能、全球性、一流的服务

在电子商务时代和加入 WTO 以后，物流企业需要提供多功能化、全球化和一流的服务。多功能化是指不单单提供仓储和运输服务，还提供配货、配送和各种提高附加值的流通加工服务项目，也可按需要提供其他服务。全球化是国际贸易的要求，其物流配送不仅局限于国内，而且涉及国外。不管是多功能还是全球性，都需要一流的服务质量，才能留住客户。

本章小结

创新是现代社会和经济发展的重要动力源，现代物流的发展必须依托物流管理创新。管理创新不仅是更好地满足客户需求的必要手段，更是企业实现自我发展的重要途径。物流管理创新的基本内容有：物流服务理念的创新、企业物流组织创新、物流管理技术创新及重视物流人才的培养四个方面。

经济全球化是当代世界经济的重要特征之一，也是世界经济发展的重要趋势。经济全球化是指贸易、投资、金融、生产等活动的全球化，即生产要素在全球范围内的最佳配置。全球物流系统是由商品的包装、储存、运输、检验、外贸加工和其前后的整理、再包装以及国际配送等子系统构成。其中，储存和运输子系统是物流的两大重要支柱。全球物流通过商品的储存和运输实现其自身的时间和空间效益，满足国际贸易的基本需要。

物流信息化是指物流企业运用现代信息技术对物流过程中产生的全部或部分信息进行采集、分类、传递、汇总、识别、跟踪、查询等一系列处理活动，以实现对货物流动过程的控制，从而降低成本、提高效益的管理活动。物流企业信息化包括加强物流基础设施的建设，做好总体物流规划；物流信息化、自动化、网络化、标准化；大力发展第三方物流；提供多功能、全球性、一流的服务。

自测题

1. 调查了解当地物流企业在服务方面进行了什么样的创新。
2. 利用学校的软件，进行物流信息的采集、加工和传递操作。
3. 了解当地物流企业进行物流创新取得的效益及其评价方法。

案例分析

RFID 的电子商务物流技术创新分析

1. RFID（radio frequency identification，无线射频识别）技术

RFID 是一种自动识别技术，是集编码、载体、识别与通信等多种技术于一体的综合技术。与其他自动识别技术一样，其主要应用目标是实现信息系统的自动化信息采集，保证被识别物品的信息化管理。典型的 RFID 系统由 RFID 标签和 RFID 读写器组成，标签承载物品信息，作为标识附着于物品上；读写器利用感应无线电波、微波实现标签信息的识别与采集，并将信息输入信息管理系统。RFID 不局限于视线，识别距离比光学系统远，射频识别卡具有读写能力，可携带大量数据，难以伪造并且有智能。RFID 并不是新生事物，它最早的应用可以追溯到 20 世纪 40 年代，但由于技术成本标准等多方面因素，长期以来没有形成在开放的物品流通领域的系统化应用，而分散的单一的孤立的应用状态并没有引起人们对 RFID 的关注。直到 EPC（electronic product code，产品电子代码）系统概念的提出，形成全球化 RFID 应用大系统的诱人前景才引发了全球 RFID 热。

2. RFID 技术在电子商务物流中的功能分析

RFID 在物流领域中应用于物料跟踪、运载工具和货架识别等要求非接触数据的采集和交换。基于 RFID 技术的电子商务物流功能主要体现在以下几个方面。

（1）仓储管理

将 RFID 系统用于智能仓库货物管理，有效地解决了仓库中与货物流动有关信息的管理，它不但增加了一天内处理货物的数量，还监督这些货物的一切信息。射频卡贴在货物所通过的仓库大门边上，读写器和天线放在叉车上，每件货物均贴有条码，所有条码信息都被存储在仓库的中心计算机中，该货物的有关信息都能在计算机中查到。当货物被装走运往别处时，由另一读写器识别并告知计算中心它被放到哪个拖车上。这样管理中心可以实时地了解到已经生产了多少产品和发送了多少产品，并可自动识别货物，确定货物的位置。

（2）生产线自动化

用 RFID 技术在生产线上实现自动控制和监视，能提高效率，降低成本。在此我们举个例说明其用于汽车装配流水线的情况。德国宝马汽车公司在装配线上应用射频卡以尽可能大量地生产用户定制的汽车。宝马汽车的生产是基于用户提出的要求式样而生产的，用

户可以从上万种选项中选定自己喜欢的颜色、引擎型号及轮胎式样等，这样一来，装配线上就会配上百种式样的宝马汽车。如果没有一个有高度组织的、复杂的控制系统，是很难完成如此复杂的任务的。宝马公司在其装配流水线上配有RFID系统，并且使用可重复利用的射频卡。该射频卡上带有详细的汽车所需的各种要求，每个工作点都有读写器，这样可以保证在各个流水线位置能毫不出错地完成汽车装配任务。

（3）分析和预测

企业通过RFID对物流体系进行管理，不仅可对产品在供应链中的流通过程进行监督和信息共享，还可对产品在链中各阶段的信息进行分析和预测。企业通过对物流信息进行分析，可了解物流过程的各环节，发现各环节存在的不足，从而提出改进措施。通过对产品当前所处阶段的信息进行预测，估计出未来的趋势或意外发生的概率，从而及时采取补救措施或预警。作为分析和预测的信息来源，RFID数据采集功能在电子商务物流中显得尤为重要。基于RFID技术的电子商务物流体系，在数据采集以及数据分析与预测方面具有强大优势。

3. 用RFID技术在生产线上实现自动控制和监视

1999年，麻省理工大学成立研究中心，将RFID与网络技术相结合，提出了EPC概念。EPC是一个复杂、全面、综合的系统，它在计算机互联网和RFID技术的基础上，利用全球统一标识系统给每个实体对象唯一的代码，构造一个实现全球物品信息实时共享的实物互联网。这是继条码技术之后在物流配送及产品跟踪管理领域的又一革命性技术。2004年初，全球产品电子代码管理中心授权中国物品编码中心为国内代表机构，负责在中国推广EPC与物联网技术。4月，北京建立了国内第一个EPC与物联网概念演示中心。5~8月，北京、上海、沈阳建立了地方推进工作组和演示中心。6月，我国提出一个实验平台、一条产业链、几个试点工程的发展推进思路。7~10月，惠普推动RFID在中国的应用工作。2005年，国家烟草专卖局的卷烟生产经营决策管理系统在上半年实现用RFID出库扫描，下半年实现商业企业到货扫描。许多制造业也开始在自动化物流系统中尝试应用RFID技术。种种迹象表明，物联网系统相关的核心技术RFID早已开始在物流系统中应用，EPC标准也开始推广，今后几年我国必将掀起物联网应用的热潮。可以预见，物联网必将给现代物流运作和供应链管理带来革命性变化，更会创造无数物流服务新模式，这是所有物流企业必须关注的技术创新，也是时代带给我们的巨大商业机遇。

（资料来源：《基于RFID技术电子商务物流技术创新分析》，http://www.exam8.com/zige/dianshang/hangye/201005/2188961.html，2010年5月31日）

问题：

1. RFID技术应用于物流的哪些领域？

2. 以国内某企业或自身经验为例，说明RFID技术为企业带来哪些革新。

附　录

《快递市场管理办法》

第一章　总　　则

第一条　为加强快递市场管理，维护国家安全和公共安全，保护用户合法权益，促进快递服务健康发展，依据《中华人民共和国邮政法》及有关法律、行政法规，制定本办法。

第二条　从事快递业务经营活动应当遵守本办法。

第三条　本办法所称快递，是指在承诺的时限内快速完成的寄递活动。寄递，是指将信件、包裹、印刷品等物品按照封装上的名址递送给特定个人或者单位的活动，包括收寄、分拣、运输、投递等环节。

第四条　经营快递业务的企业应当依法经营，诚实守信，公平竞争，为用户提供迅速、准确、安全、方便的快递服务。

第五条　公民的通信自由和通信秘密受法律保护。除因国家安全或者追查刑事犯罪的需要，由公安机关、国家安全机关或者检察机关依照法律规定的程序对通信进行检查外，任何组织或者个人不得以任何理由侵犯他人的通信自由和通信秘密。

第六条　国务院邮政管理部门负责对全国快递市场实施监督管理。

省、自治区、直辖市邮政管理机构负责对本行政区域的快递市场实施监督管理。

按照国务院规定设立的省级以下邮政管理机构负责对本辖区的快递市场实施监督管理。

第七条　国务院邮政管理部门和省、自治区、直辖市邮政管理机构以及省级以下邮政管理机构（以下统称邮政管理部门）对快递市场实施监督管理，应当遵循公开、公平、公正以及鼓励竞争、促进发展的原则，规范快递服务，满足经济社会发展的需要。

邮政管理部门应当加强快递市场安全监督管理，维护寄递安全与信息安全。

第八条　快递行业协会应当依照法律、行政法规及其章程规定，制定快递行业规范，加强行业自律，为企业提供信息、培训等方面的服务，促进快递行业的健康发展。

第二章　经营主体

第九条　国家对快递业务实行经营许可制度。经营快递业务，应当依照《中华人民共和国邮政法》的规定，向邮政管理部门提出申请，取得快递业务经营许可；未经许可，任何单位和个人不得经营快递业务。

第十条　邮政管理部门根据企业的服务能力审核经营许可的业务范围和地域范围，对符合规定条件的，发放快递业务经营许可证，并注明经营许可的业务范围和地域范围。

经营快递业务的企业应当在经营许可范围内依法从事快递业务经营活动，不得超越经营许可业务范围和地域范围。

第十一条　任何单位和个人不得伪造、涂改、冒用、租借、倒卖和非法转让快递业务经营许可证。

取得快递业务经营许可的企业不得以任何方式将快递业务委托给未取得快递业务经营许可的企业经营，不得以任何方式超越经营许可范围委托经营。

第十二条　取得快递业务经营许可的企业设立分公司、营业部等非法人分支机构，凭企业法人快递业务经营许可证（副本）及所附分支机构名录，到分支机构所在地工商行政管理部门办理注册登记。企业分支机构取得营业执照之日起二十日内到所在地邮政管理部门办理备案手续。

快递业务经营许可证（副本）载明的股权关系、注册资本、业务范围、地域范围发生变更的，或者增设、撤销分支机构的，应当报邮政管理部门办理变更手续，并持变更后的快递业务经营许可证办理工商变更登记。

第十三条　快递企业进行合并、分立的，应当在合并、分立协议签订之日起二十日内，向颁发快递业务经营许可证的邮政管理部门备案。

备案应当提交以下材料：

（一）快递业务经营许可证；

（二）合并、分立协议；

（三）上一年度快递业务经营许可年度报告书。

合并、分立后新设立的企业法人经营快递业务的，应当依法取得快递业务经营许可。合并、分立涉及外商投资企业的，应当遵守国家有关外商投资快递业务的相关规定。

第十四条　以加盟方式经营快递业务的，被加盟人与加盟人均应当取得快递业务经营许可，加盟不得超越被加盟人的经营许可范围。被加盟人与加盟人应当签订书面协议约定双方的权利义务，明确用户合法权益发生损害后的赔偿责任。参与加盟经营的企业，应当遵守共同的服务约定，使用统一的商标、商号、快递服务运单和收费标准，统一提供跟踪查询和用户投诉处理服务。

第十五条　经营快递业务的企业应当按照国务院邮政管理部门的规定，向颁发快递业务经营许可证的邮政管理部门提交年度报告书。

第三章　快递服务

第十六条　经营快递业务的企业应当按照快递服务标准，规范快递业务经营活动，保障服务质量，维护用户合法权益，并应当符合下列要求：

（一）填写快递运单前，企业应当提醒寄件人阅读快递运单的服务合同条款，并建议寄件人对贵重物品购买保价或者保险服务；

（二）企业分拣作业时，应当按照快件（邮件）的种类、时限分别处理、分区作业、规范操作，并及时录入处理信息，上传网络，不得野蛮分拣，严禁抛扔、踩踏或者以其他方式造成快件（邮件）损毁；

（三）企业应当在承诺的时限内完成快件（邮件）的投递；

（四）企业应当将快件（邮件）投递到约定的收件地址和收件人或者收件人指定的代收人。

第十七条　经营快递业务的企业投递快件（邮件），应当告知收件人当面验收。快件（邮件）外包装完好的，由收件人签字确认。投递的快件（邮件）注明为易碎品及外包装出现明显破损的，企业应当告知收件人先验收内件再签收。企业与寄件人另有约定的除外。

对于网络购物、代收货款以及与用户有特殊约定的其他快件（邮件），企业应当与寄件人在合同中明确投递验收的权利义务，并提供符合约定的验收服务，验收无异议后，由收件人签字确认。

第十八条　经营快递业务的企业应当在营业场所公示或者以其他方式向社会公布其服务种类、服务时限、服务价格、损失赔偿、投诉处理等服务承诺事项。服务承诺事项发生变更的，企业应当及时发布服务提示公告。

第十九条　经营快递业务的企业应当遵循公平原则，以书面合同确定企业与用户双方的权利和义务。

对免除或者限制企业责任及涉及快件（邮件）损失赔偿的条款，应当在快递运单上以醒目的方式列出，并予以特别说明。

第二十条　在快递服务过程中，快件（邮件）发生延误、丢失、损毁和内件不符的，经营快递业务的企业应当按照与用户的约定，依法予以赔偿。

企业与用户之间未对赔偿事项进行约定的，对于购买保价的快件（邮件），应当按照保价金额赔偿。对于未购买保价的快件（邮件），按照《中华人民共和国邮政法》、《中华人民共和国合同法》等相关法律规定赔偿。

第二十一条　经营快递业务的企业应当建立与用户沟通的渠道和制度，向用户提供业务咨询、查询等服务，并及时处理用户投诉。

经营快递业务的企业对邮政管理部门转办的用户申诉，应当及时妥善处理，并按照国务院邮政管理部门的规定给予答复。

第二十二条　经营快递业务的企业应当按照国家有关规定建立突发事件应急机制。发生重大服务阻断、暂停快递业务经营活动时，经营快递业务的企业应当按照有关规定在二十四小时内向邮政管理部门和其他有关部门报告，并向社会公告；以加盟方式开展快递业务经营的，被加盟人、加盟人应当分别向所在地邮政管理部门报告。

经营快递业务的企业在事故处理过程中，应当对所有与事故有关的资料进行记录和保存。相关资料和书面记录至少保存一年。

第二十三条　经营快递业务的企业应当妥善应对快递业务高峰期，做好业务量监测，加强服务网络统筹调度，及时向社会发布服务提示，认真处理用户投诉。

第二十四条　经营快递业务的企业对无法投递的快件（邮件），应当退回寄件人。

对无法投递又无法退回寄件人的快件（邮件），企业应当登记，并按照国务院邮政管理部门的规定和快递服务标准处理；其中无法投递又无法退回的进境国际快件（邮件），应当依照相关规定交由有关部门处理。

第二十五条 经营快递业务的企业在从事快递业务的同时，向用户提供代收货款服务的，应当建立有关安全管理制度，与寄件人的合同中应当对代收货款服务的权利义务进行约定。

提供代收货款服务，涉及金融管理规定的，应当接受相关部门的监督管理。

第二十六条 经营快递业务的企业应当按照国家关于快递业务员职业技能的规定，加强快递从业人员职业技能培训，组织符合条件的快递从业人员参加职业技能鉴定。

第二十七条 经营快递业务的企业不得实施下列行为：

（一）违反国家规定，收寄禁止寄递的物品，或者未按规定收寄限制寄递的物品；

（二）相互串通操纵市场价格，损害其他经营快递业务的企业或者用户的合法权益；

（三）冒用他人名称、商标标识和企业标识，扰乱市场经营秩序；

（四）违法扣留用户快件（邮件）；

（五）违法提供从事快递服务过程中知悉的用户信息；

（六）法律、法规禁止的其他行为。

第二十八条 快递从业人员不得实施下列行为：

（一）扣留、倒卖、盗窃快件（邮件）；

（二）违法提供从事快递服务过程中知悉的用户信息；

（三）法律、法规禁止的其他行为。

第四章 快递安全

第二十九条 任何组织和个人不得利用快递服务网络从事危害国家安全、社会公共利益或者他人合法权益的活动。下列物品禁止寄递：

（一）法律、行政法规禁止流通的物品；

（二）危害国家安全和社会政治稳定以及淫秽的出版物、宣传品、印刷品等；

（三）武器、弹药、麻醉药物、生化制品、传染性物品和爆炸性、易燃性、腐蚀性、放射性、毒性等危险物品；

（四）妨害公共卫生的物品；

（五）流通的各种货币；

（六）法律、行政法规和国家规定禁止寄递的其他物品。

第三十条 经营快递业务的企业应当遵守《中华人民共和国邮政法》、《邮政行业安全监督管理办法》等相关规定，建立并严格执行收寄验视制度，加强生产安全和应急管理。

第三十一条 经营快递业务的企业对不能确定安全性的可疑物品，应当要求用户出具相关部门的安全证明。用户不能出具安全证明的，不予收寄。

经营快递业务的企业收寄已出具安全证明的物品时，应当如实记录收寄物品的名称、规格、数量、重量、收寄时间、寄件人和收件人名址等内容。记录保存期限不少于一年。

第三十二条 经营快递业务的企业接受网络购物、电视购物和邮购等经营者委托提供快递服务的，应当遵守邮政管理部门的规定，与委托方签订安全保障协议，并向颁发快递业务经营许可证的邮政管理部门备案。

第三十三条　经营快递业务的企业设置快件（邮件）处理场所，应当事先征询邮政管理部门及有关部门意见，并按照国家有关规定预留相关工作场地，其设计和建设应当符合国家安全机关和海关依法履行职责的要求。

第五章　监督管理

第三十四条　国家鼓励和引导经营快递业务的企业采用先进技术，充分利用交通运输资源，促进规模化、品牌化、网络化经营。

第三十五条　邮政管理部门应当结合邮政行业安全监督管理的实际，指导和监督经营快递业务的企业落实安全责任制，依法对经营快递业务的企业实施安全监督检查，并依照相关规定对妨害或者可能妨害行业安全的经营快递业务的企业进行调查和处理。

邮政管理部门应当加强对突发事件的管理，督促经营快递业务的企业定期组织开展突发事件应急演练。

第三十六条　国务院邮政管理部门建立以公众满意度、时限准时率和用户申诉率为核心的快递服务质量评价体系，指导评定机构定期测试评估快递行业服务水平，评定服务质量等级，并向社会公告。

第三十七条　邮政管理部门应当依法及时处理用户对经营快递业务的企业提出的申诉，并自接到申诉之日起三十日内作出答复。

任何单位和个人有权向邮政管理部门举报违反本办法的行为。邮政管理部门接到举报后，应当依法及时处理。

第三十八条　邮政管理部门应当加强对经营快递业务的企业及其从业人员遵守本办法情况的监督检查。

邮政管理部门依法实施监督检查，可以采取下列措施：

（一）进入有关场所进行检查；

（二）查阅、复制有关文件、资料、凭证；

（三）约谈有关单位和人员；

（四）经邮政管理部门负责人批准，查封与违法活动有关的场所，扣押用于违法活动的运输工具以及相关物品，对信件以外的涉嫌夹带禁止寄递或者限制寄递物品的快件（邮件）开拆检查。

第三十九条　邮政管理部门工作人员应当严格按照法定程序进行监督检查。实施监督检查时，应当出示执法证件，并由两名或者两名以上工作人员共同进行。被检查单位及其有关人员应当予以配合，不得拒绝、阻碍，并对有关情况予以保密。

邮政管理部门工作人员对监督检查过程中知悉的被检查单位的技术秘密和业务秘密，应当保密。

第六章　法律责任

第四十条　经营快递业务的企业违反快递服务标准，严重损害用户利益，由邮政管理部门责令改正，处五千元以上三万元以下的罚款。

第四十一条　违反本办法第十条规定的，由邮政管理部门责令改正，处五千元以上三万元以下的罚款。

第四十二条　违反本办法第十一条第二款规定的，由邮政管理部门责令改正，处一万元以下的罚款；情节严重的，处一万元以上三万元以下的罚款。

第四十三条　违反本办法第十四条规定的，由邮政管理部门责令改正，处五千元以上三万元以下的罚款。

第四十四条　违反本办法第十六条第（二）项规定的，由邮政管理部门处一万元罚款；情节严重的，处一万元以上三万元以下的罚款。

第四十五条　违反本办法第十八条、第二十一条、第二十二条、第三十一条规定的，由邮政管理部门责令改正，处三千元以上三万元以下的罚款。

第四十六条　违反本办法第二十四条第二款规定，未按照国务院邮政管理部门规定处理无法投递又无法退回寄件人的快件的，由邮政管理部门对快递企业处三千元以上一万元以下的罚款；情节严重的，处一万元以上三万元以下的罚款。

第四十七条　违反本办法第二十七条第（一）项、第（五）项规定的，分别依照《中华人民共和国邮政法》第七十五条、第七十六条的规定予以处罚。

违反本办法第二十七条第（四）项规定的，由邮政管理部门责令改正，对快递企业处一万元以上三万元以下的罚款。

违反本办法第二十七条第（二）项、第（三）项规定的，由国家有关部门依法处理。

第四十八条　违反本办法第二十八条规定的，由邮政管理部门责令改正，依法没收违法所得，对直接责任人员处五千元以上一万元以下的罚款；构成犯罪的，依法追究刑事责任。

第四十九条　邮政管理部门工作人员违反本办法第三十七条第一款、第三十九条规定的，依法给予行政处分；构成犯罪的，依法追究刑事责任。

第五十条　拒绝、阻碍邮政管理部门及其工作人员依法履行监督检查职责的，依照《中华人民共和国邮政法》第七十七条的规定予以处罚。

第五十一条　公民、法人或者其他组织认为邮政管理部门的具体行政行为侵犯其合法权益的，可以依法向上一级邮政管理部门申请行政复议或者直接向人民法院起诉。

经营快递业务的企业逾期不履行邮政管理部门处罚决定的，由邮政管理部门依法申请人民法院强制执行。

第七章　附　则

第五十二条　本办法自2013年3月1日起施行。交通运输部2008年7月12日发布的《快递市场管理办法》（交通运输部令2008第4号）同时废止。

《中华人民共和国政府采购法实施条例》

第一章　总　则

第一条　根据《中华人民共和国政府采购法》（以下简称政府采购法），制定本条例。

第二条　政府采购法第二条所称财政性资金是指纳入预算管理的资金。

以财政性资金作为还款来源的借贷资金，视同财政性资金。

国家机关、事业单位和团体组织的采购项目既使用财政性资金又使用非财政性资金的，使用财政性资金采购的部分，适用政府采购法及本条例；财政性资金与非财政性资金无法分割采购的，统一适用政府采购法及本条例。

政府采购法第二条所称服务，包括政府自身需要的服务和政府向社会公众提供的公共服务。

第三条　集中采购目录包括集中采购机构采购项目和部门集中采购项目。

技术、服务等标准统一，采购人普遍使用的项目，列为集中采购机构采购项目；采购人本部门、本系统基于业务需要有特殊要求，可以统一采购的项目，列为部门集中采购项目。

第四条　政府采购法所称集中采购，是指采购人将列入集中采购目录的项目委托集中采购机构代理采购或者进行部门集中采购的行为；所称分散采购，是指采购人将采购限额标准以上的未列入集中采购目录的项目自行采购或者委托采购代理机构代理采购的行为。

第五条　省、自治区、直辖市人民政府或者其授权的机构根据实际情况，可以确定分别适用于本行政区域省级、设区的市级、县级的集中采购目录和采购限额标准。

第六条　国务院财政部门应当根据国家的经济和社会发展政策，会同国务院有关部门制定政府采购政策，通过制定采购需求标准、预留采购份额、价格评审优惠、优先采购等措施，实现节约能源、保护环境、扶持不发达地区和少数民族地区、促进中小企业发展等目标。

第七条　政府采购工程以及与工程建设有关的货物、服务，采用招标方式采购的，适用《中华人民共和国招标投标法》及其实施条例；采用其他方式采购的，适用政府采购法及本条例。

前款所称工程，是指建设工程，包括建筑物和构筑物的新建、改建、扩建及其相关的装修、拆除、修缮等；所称与工程建设有关的货物，是指构成工程不可分割的组成部分，且为实现工程基本功能所必需的设备、材料等；所称与工程建设有关的服务，是指为完成工程所需的勘察、设计、监理等服务。

政府采购工程以及与工程建设有关的货物、服务，应当执行政府采购政策。

第八条　政府采购项目信息应当在省级以上人民政府财政部门指定的媒体上发布。采购项目预算金额达到国务院财政部门规定标准的，政府采购项目信息应当在国务院财政部门指定的媒体上发布。

第九条　在政府采购活动中，采购人员及相关人员与供应商有下列利害关系之一的，应当回避：

（一）参加采购活动前 3 年内与供应商存在劳动关系；

（二）参加采购活动前 3 年内担任供应商的董事、监事；

（三）参加采购活动前 3 年内是供应商的控股股东或者实际控制人；

（四）与供应商的法定代表人或者负责人有夫妻、直系血亲、三代以内旁系血亲或者近姻亲关系；

（五）与供应商有其他可能影响政府采购活动公平、公正进行的关系。

供应商认为采购人员及相关人员与其他供应商有利害关系的，可以向采购人或者采购代理机构书面提出回避申请，并说明理由。采购人或者采购代理机构应当及时询问被申请回避人员，有利害关系的被申请回避人员应当回避。

第十条　国家实行统一的政府采购电子交易平台建设标准，推动利用信息网络进行电子化政府采购活动。

第二章　政府采购当事人

第十一条　采购人在政府采购活动中应当维护国家利益和社会公共利益，公正廉洁，诚实守信，执行政府采购政策，建立政府采购内部管理制度，厉行节约，科学合理确定采购需求。

采购人不得向供应商索要或者接受其给予的赠品、回扣或者与采购无关的其他商品、服务。

第十二条　政府采购法所称采购代理机构，是指集中采购机构和集中采购机构以外的采购代理机构。

集中采购机构是设区的市级以上人民政府依法设立的非营利事业法人，是代理集中采购项目的执行机构。集中采购机构应当根据采购人委托制定集中采购项目的实施方案，明确采购规程，组织政府采购活动，不得将集中采购项目转委托。集中采购机构以外的采购代理机构，是从事采购代理业务的社会中介机构。

第十三条　采购代理机构应当建立完善的政府采购内部监督管理制度，具备开展政府采购业务所需的评审条件和设施。

采购代理机构应当提高确定采购需求，编制招标文件、谈判文件、询价通知书，拟订合同文本和优化采购程序的专业化服务水平，根据采购人委托在规定的时间内及时组织采购人与中标或者成交供应商签订政府采购合同，及时协助采购人对采购项目进行验收。

第十四条　采购代理机构不得以不正当手段获取政府采购代理业务，不得与采购人、供应商恶意串通操纵政府采购活动。

采购代理机构工作人员不得接受采购人或者供应商组织的宴请、旅游、娱乐，不得收受礼品、现金、有价证券等，不得向采购人或者供应商报销应当由个人承担的费用。

第十五条　采购人、采购代理机构应当根据政府采购政策、采购预算、采购需求编制采购文件。

采购需求应当符合法律法规以及政府采购政策规定的技术、服务、安全等要求。政府向社会公众提供的公共服务项目，应当就确定采购需求征求社会公众的意见。除因技术复杂或者性质特殊，不能确定详细规格或者具体要求外，采购需求应当完整、明确。必要时，应当就确定采购需求征求相关供应商、专家的意见。

第十六条　政府采购法第二十条规定的委托代理协议，应当明确代理采购的范围、权限和期限等具体事项。

采购人和采购代理机构应当按照委托代理协议履行各自义务，采购代理机构不得超越代理权限。

第十七条　参加政府采购活动的供应商应当具备政府采购法第二十二条第一款规定的条件，提供下列材料：

（一）法人或者其他组织的营业执照等证明文件，自然人的身份证明；

（二）财务状况报告，依法缴纳税收和社会保障资金的相关材料；

（三）具备履行合同所必需的设备和专业技术能力的证明材料；

（四）参加政府采购活动前 3 年内在经营活动中没有重大违法记录的书面声明；

（五）具备法律、行政法规规定的其他条件的证明材料。

采购项目有特殊要求的，供应商还应当提供其符合特殊要求的证明材料或者情况说明。

第十八条　单位负责人为同一人或者存在直接控股、管理关系的不同供应商，不得参加同一合同项下的政府采购活动。

除单一来源采购项目外，为采购项目提供整体设计、规范编制或者项目管理、监理、检测等服务的供应商，不得再参加该采购项目的其他采购活动。

第十九条　政府采购法第二十二条第一款第五项所称重大违法记录，是指供应商因违法经营受到刑事处罚或者责令停产停业、吊销许可证或者执照、较大数额罚款等行政处罚。

供应商在参加政府采购活动前 3 年内因违法经营被禁止在一定期限内参加政府采购活动，期限届满的，可以参加政府采购活动。

第二十条　采购人或者采购代理机构有下列情形之一的，属于以不合理的条件对供应商实行差别待遇或者歧视待遇：

（一）就同一采购项目向供应商提供有差别的项目信息；

（二）设定的资格、技术、商务条件与采购项目的具体特点和实际需要不相适应或者与合同履行无关；

（三）采购需求中的技术、服务等要求指向特定供应商、特定产品；

（四）以特定行政区域或者特定行业的业绩、奖项作为加分条件或者中标、成交条件；

（五）对供应商采取不同的资格审查或者评审标准；

（六）限定或者指定特定的专利、商标、品牌或者供应商；

（七）非法限定供应商的所有制形式、组织形式或者所在地；

（八）以其他不合理条件限制或者排斥潜在供应商。

第二十一条　采购人或者采购代理机构对供应商进行资格预审的，资格预审公告应当在省级以上人民政府财政部门指定的媒体上发布。已进行资格预审的，评审阶段可以不再对供应商资格进行审查。资格预审合格的供应商在评审阶段资格发生变化的，应当通知采购人和采购代理机构。

资格预审公告应当包括采购人和采购项目名称、采购需求、对供应商的资格要求以及供应商提交资格预审申请文件的时间和地点。提交资格预审申请文件的时间自公告发布之日起不得少于 5 个工作日。

第二十二条　联合体中有同类资质的供应商按照联合体分工承担相同工作的，应当按照资质等级较低的供应商确定资质等级。

以联合体形式参加政府采购活动的，联合体各方不得再单独参加或者与其他供应商另外组成联合体参加同一合同项下的政府采购活动。

第三章 政府采购方式

第二十三条 采购人采购公开招标数额标准以上的货物或者服务，符合政府采购法第二十九条、第三十条、第三十一条、第三十二条规定情形或者有需要执行政府采购政策等特殊情况的，经设区的市级以上人民政府财政部门批准，可以依法采用公开招标以外的采购方式。

第二十四条 列入集中采购目录的项目，适合实行批量集中采购的，应当实行批量集中采购，但紧急的小额零星货物项目和有特殊要求的服务、工程项目除外。

第二十五条 政府采购工程依法不进行招标的，应当依照政府采购法和本条例规定的竞争性谈判或者单一来源采购方式采购。

第二十六条 政府采购法第三十条第三项规定的情形，应当是采购人不可预见的或者非因采购人拖延导致的；第四项规定的情形，是指因采购艺术品或者因专利、专有技术或者因服务的时间、数量事先不能确定等导致不能事先计算出价格总额。

第二十七条 政府采购法第三十一条第一项规定的情形，是指因货物或者服务使用不可替代的专利、专有技术，或者公共服务项目具有特殊要求，导致只能从某一特定供应商处采购。

第二十八条 在一个财政年度内，采购人将一个预算项目下的同一品目或者类别的货物、服务采用公开招标以外的方式多次采购，累计资金数额超过公开招标数额标准的，属于以化整为零方式规避公开招标，但项目预算调整或者经批准采用公开招标以外方式采购除外。

第四章 政府采购程序

第二十九条 采购人应当根据集中采购目录、采购限额标准和已批复的部门预算编制政府采购实施计划，报本级人民政府财政部门备案。

第三十条 采购人或者采购代理机构应当在招标文件、谈判文件、询价通知书中公开采购项目预算金额。

第三十一条 招标文件的提供期限自招标文件开始发出之日起不得少于5个工作日。

采购人或者采购代理机构可以对已发出的招标文件进行必要的澄清或者修改。澄清或者修改的内容可能影响投标文件编制的，采购人或者采购代理机构应当在投标截止时间至少15日前，以书面形式通知所有获取招标文件的潜在投标人；不足15日的，采购人或者采购代理机构应当顺延提交投标文件的截止时间。

第三十二条 采购人或者采购代理机构应当按照国务院财政部门制定的招标文件标准文本编制招标文件。

招标文件应当包括采购项目的商务条件、采购需求、投标人的资格条件、投标报价要求、评标方法、评标标准以及拟签订的合同文本等。

第三十三条 招标文件要求投标人提交投标保证金的，投标保证金不得超过采购项目预算金额的2%。投标保证金应当以支票、汇票、本票或者金融机构、担保机构出具的保函等非现金形式提交。投标人未按照招标文件要求提交投标保证金的，投标无效。

采购人或者采购代理机构应当自中标通知书发出之日起5个工作日内退还未中标供应

商的投标保证金，自政府采购合同签订之日起 5 个工作日内退还中标供应商的投标保证金。

竞争性谈判或者询价采购中要求参加谈判或者询价的供应商提交保证金的，参照前两款的规定执行。

第三十四条　政府采购招标评标方法分为最低评标价法和综合评分法。

最低评标价法，是指投标文件满足招标文件全部实质性要求且投标报价最低的供应商为中标候选人的评标方法。综合评分法，是指投标文件满足招标文件全部实质性要求且按照评审因素的量化指标评审得分最高的供应商为中标候选人的评标方法。

技术、服务等标准统一的货物和服务项目，应当采用最低评标价法。

采用综合评分法的，评审标准中的分值设置应当与评审因素的量化指标相对应。

招标文件中没有规定的评标标准不得作为评审的依据。

第三十五条　谈判文件不能完整、明确列明采购需求，需要由供应商提供最终设计方案或者解决方案的，在谈判结束后，谈判小组应当按照少数服从多数的原则投票推荐 3 家以上供应商的设计方案或者解决方案，并要求其在规定时间内提交最后报价。

第三十六条　询价通知书应当根据采购需求确定政府采购合同条款。在询价过程中，询价小组不得改变询价通知书所确定的政府采购合同条款。

第三十七条　政府采购法第三十八条第五项、第四十条第四项所称质量和服务相等，是指供应商提供的产品质量和服务均能满足采购文件规定的实质性要求。

第三十八条　达到公开招标数额标准，符合政府采购法第三十一条第一项规定情形，只能从唯一供应商处采购的，采购人应当将采购项目信息和唯一供应商名称在省级以上人民政府财政部门指定的媒体上公示，公示期不得少于 5 个工作日。

第三十九条　除国务院财政部门规定的情形外，采购人或者采购代理机构应当从政府采购评审专家库中随机抽取评审专家。

第四十条　政府采购评审专家应当遵守评审工作纪律，不得泄露评审文件、评审情况和评审中获悉的商业秘密。

评标委员会、竞争性谈判小组或者询价小组在评审过程中发现供应商有行贿、提供虚假材料或者串通等违法行为的，应当及时向财政部门报告。

政府采购评审专家在评审过程中受到非法干预的，应当及时向财政、监察等部门举报。

第四十一条　评标委员会、竞争性谈判小组或者询价小组成员应当按照客观、公正、审慎的原则，根据采购文件规定的评审程序、评审方法和评审标准进行独立评审。采购文件内容违反国家有关强制性规定的，评标委员会、竞争性谈判小组或者询价小组应当停止评审并向采购人或者采购代理机构说明情况。

评标委员会、竞争性谈判小组或者询价小组成员应当在评审报告上签字，对自己的评审意见承担法律责任。对评审报告有异议的，应当在评审报告上签署不同意见，并说明理由，否则视为同意评审报告。

第四十二条　采购人、采购代理机构不得向评标委员会、竞争性谈判小组或者询价小组的评审专家作倾向性、误导性的解释或者说明。

第四十三条　采购代理机构应当自评审结束之日起2个工作日内将评审报告送交采购人。采购人应当自收到评审报告之日起5个工作日内在评审报告推荐的中标或者成交候选人中按顺序确定中标或者成交供应商。

采购人或者采购代理机构应当自中标、成交供应商确定之日起2个工作日内，发出中标、成交通知书，并在省级以上人民政府财政部门指定的媒体上公告中标、成交结果，招标文件、竞争性谈判文件、询价通知书随中标、成交结果同时公告。

中标、成交结果公告内容应当包括采购人和采购代理机构的名称、地址、联系方式，项目名称和项目编号，中标或者成交供应商名称、地址和中标或者成交金额，主要中标或者成交标的的名称、规格型号、数量、单价、服务要求以及评审专家名单。

第四十四条　除国务院财政部门规定的情形外，采购人、采购代理机构不得以任何理由组织重新评审。采购人、采购代理机构按照国务院财政部门的规定组织重新评审的，应当书面报告本级人民政府财政部门。

采购人或者采购代理机构不得通过对样品进行检测、对供应商进行考察等方式改变评审结果。

第四十五条　采购人或者采购代理机构应当按照政府采购合同规定的技术、服务、安全标准组织对供应商履约情况进行验收，并出具验收书。验收书应当包括每一项技术、服务、安全标准的履约情况。

政府向社会公众提供的公共服务项目，验收时应当邀请服务对象参与并出具意见，验收结果应当向社会公告。

第四十六条　政府采购法第四十二条规定的采购文件，可以用电子档案方式保存。

第五章　政府采购合同

第四十七条　国务院财政部门应当会同国务院有关部门制定政府采购合同标准文本。

第四十八条　采购文件要求中标或者成交供应商提交履约保证金的，供应商应当以支票、汇票、本票或者金融机构、担保机构出具的保函等非现金形式提交。履约保证金的数额不得超过政府采购合同金额的10%。

第四十九条　中标或者成交供应商拒绝与采购人签订合同的，采购人可以按照评审报告推荐的中标或者成交候选人名单排序，确定下一候选人为中标或者成交供应商，也可以重新开展政府采购活动。

第五十条　采购人应当自政府采购合同签订之日起2个工作日内，将政府采购合同在省级以上人民政府财政部门指定的媒体上公告，但政府采购合同中涉及国家秘密、商业秘密的内容除外。

第五十一条　采购人应当按照政府采购合同规定，及时向中标或者成交供应商支付采购资金。

政府采购项目资金支付程序，按照国家有关财政资金支付管理的规定执行。

第六章　质疑与投诉

第五十二条　采购人或者采购代理机构应当在3个工作日内对供应商依法提出的询问作出答复。

供应商提出的询问或者质疑超出采购人对采购代理机构委托授权范围的，采购代理机构应当告知供应商向采购人提出。

政府采购评审专家应当配合采购人或者采购代理机构答复供应商的询问和质疑。

第五十三条　政府采购法第五十二条规定的供应商应知其权益受到损害之日，是指：

（一）对可以质疑的采购文件提出质疑的，为收到采购文件之日或者采购文件公告期限届满之日；

（二）对采购过程提出质疑的，为各采购程序环节结束之日；

（三）对中标或者成交结果提出质疑的，为中标或者成交结果公告期限届满之日。

第五十四条　询问或者质疑事项可能影响中标、成交结果的，采购人应当暂停签订合同，已经签订合同的，应当中止履行合同。

第五十五条　供应商质疑、投诉应当有明确的请求和必要的证明材料。供应商投诉的事项不得超出已质疑事项的范围。

第五十六条　财政部门处理投诉事项采用书面审查的方式，必要时可以进行调查取证或者组织质证。

对财政部门依法进行的调查取证，投诉人和与投诉事项有关的当事人应当如实反映情况，并提供相关材料。

第五十七条　投诉人捏造事实、提供虚假材料或者以非法手段取得证明材料进行投诉的，财政部门应当予以驳回。

财政部门受理投诉后，投诉人书面申请撤回投诉的，财政部门应当终止投诉处理程序。

第五十八条　财政部门处理投诉事项，需要检验、检测、鉴定、专家评审以及需要投诉人补正材料的，所需时间不计算在投诉处理期限内。

财政部门对投诉事项作出的处理决定，应当在省级以上人民政府财政部门指定的媒体上公告。

第七章　监督检查

第五十九条　政府采购法第六十三条所称政府采购项目的采购标准，是指项目采购所依据的经费预算标准、资产配置标准和技术、服务标准等。

第六十条　除政府采购法第六十六条规定的考核事项外，财政部门对集中采购机构的考核事项还包括：

（一）政府采购政策的执行情况；

（二）采购文件编制水平；

（三）采购方式和采购程序的执行情况；

（四）询问、质疑答复情况；

（五）内部监督管理制度建设及执行情况；

（六）省级以上人民政府财政部门规定的其他事项。

财政部门应当制定考核计划，定期对集中采购机构进行考核，考核结果有重要情况的，应当向本级人民政府报告。

第六十一条　采购人发现采购代理机构有违法行为的，应当要求其改正。采购代理机构拒不改正的，采购人应当向本级人民政府财政部门报告，财政部门应当依法处理。

采购代理机构发现采购人的采购需求存在以不合理条件对供应商实行差别待遇、歧视待遇或者其他不符合法律、法规和政府采购政策规定内容，或者发现采购人有其他违法行为的，应当建议其改正。采购人拒不改正的，采购代理机构应当向采购人的本级人民政府财政部门报告，财政部门应当依法处理。

第六十二条　省级以上人民政府财政部门应当对政府采购评审专家库实行动态管理，具体管理办法由国务院财政部门制定。

采购人或者采购代理机构应当对评审专家在政府采购活动中的职责履行情况予以记录，并及时向财政部门报告。

第六十三条　各级人民政府财政部门和其他有关部门应当加强对参加政府采购活动的供应商、采购代理机构、评审专家的监督管理，对其不良行为予以记录，并纳入统一的信用信息平台。

第六十四条　各级人民政府财政部门对政府采购活动进行监督检查，有权查阅、复制有关文件、资料，相关单位和人员应当予以配合。

第六十五条　审计机关、监察机关以及其他有关部门依法对政府采购活动实施监督，发现采购当事人有违法行为的，应当及时通报财政部门。

第八章　法律责任

第六十六条　政府采购法第七十一条规定的罚款，数额为10万元以下。

政府采购法第七十二条规定的罚款，数额为5万元以上25万元以下。

第六十七条　采购人有下列情形之一的，由财政部门责令限期改正，给予警告，对直接负责的主管人员和其他直接责任人员依法给予处分，并予以通报：

（一）未按照规定编制政府采购实施计划或者未按照规定将政府采购实施计划报本级人民政府财政部门备案；

（二）将应当进行公开招标的项目化整为零或者以其他任何方式规避公开招标；

（三）未按照规定在评标委员会、竞争性谈判小组或者询价小组推荐的中标或者成交候选人中确定中标或者成交供应商；

（四）未按照采购文件确定的事项签订政府采购合同；

（五）政府采购合同履行中追加与合同标的相同的货物、工程或者服务的采购金额超过原合同采购金额10%；

（六）擅自变更、中止或者终止政府采购合同；

（七）未按照规定公告政府采购合同；

（八）未按照规定时间将政府采购合同副本报本级人民政府财政部门和有关部门备案。

第六十八条　采购人、采购代理机构有下列情形之一的，依照政府采购法第七十一条、第七十八条的规定追究法律责任：

（一）未依照政府采购法和本条例规定的方式实施采购；

（二）未依法在指定的媒体上发布政府采购项目信息；

（三）未按照规定执行政府采购政策；

（四）违反本条例第十五条的规定导致无法组织对供应商履约情况进行验收或者国家

财产遭受损失；

（五）未依法从政府采购评审专家库中抽取评审专家；

（六）非法干预采购评审活动；

（七）采用综合评分法时评审标准中的分值设置未与评审因素的量化指标相对应；

（八）对供应商的询问、质疑逾期未作处理；

（九）通过对样品进行检测、对供应商进行考察等方式改变评审结果；

（十）未按照规定组织对供应商履约情况进行验收。

第六十九条　集中采购机构有下列情形之一的，由财政部门责令限期改正，给予警告，有违法所得的，并处没收违法所得，对直接负责的主管人员和其他直接责任人员依法给予处分，并予以通报：

（一）内部监督管理制度不健全，对依法应当分设、分离的岗位、人员未分设、分离；

（二）将集中采购项目委托其他采购代理机构采购；

（三）从事营利活动。

第七十条　采购人员与供应商有利害关系而不依法回避的，由财政部门给予警告，并处 2000 元以上 2 万元以下的罚款。

第七十一条　有政府采购法第七十一条、第七十二条规定的违法行为之一，影响或者可能影响中标、成交结果的，依照下列规定处理：

（一）未确定中标或者成交供应商的，终止本次政府采购活动，重新开展政府采购活动。

（二）已确定中标或者成交供应商但尚未签订政府采购合同的，中标或者成交结果无效，从合格的中标或者成交候选人中另行确定中标或者成交供应商；没有合格的中标或者成交候选人的，重新开展政府采购活动。

（三）政府采购合同已签订但尚未履行的，撤销合同，从合格的中标或者成交候选人中另行确定中标或者成交供应商；没有合格的中标或者成交候选人的，重新开展政府采购活动。

（四）政府采购合同已经履行，给采购人、供应商造成损失的，由责任人承担赔偿责任。

政府采购当事人有其他违反政府采购法或者本条例规定的行为，经改正后仍然影响或者可能影响中标、成交结果或者依法被认定为中标、成交无效的，依照前款规定处理。

第七十二条　供应商有下列情形之一的，依照政府采购法第七十七条第一款的规定追究法律责任：

（一）向评标委员会、竞争性谈判小组或者询价小组成员行贿或者提供其他不正当利益；

（二）中标或者成交后无正当理由拒不与采购人签订政府采购合同；

（三）未按照采购文件确定的事项签订政府采购合同；

（四）将政府采购合同转包；

（五）提供假冒伪劣产品；

（六）擅自变更、中止或者终止政府采购合同。

供应商有前款第一项规定情形的，中标、成交无效。评审阶段资格发生变化，供应商未依照本条例第二十一条的规定通知采购人和采购代理机构的，处以采购金额5‰的罚款，列入不良行为记录名单，中标、成交无效。

第七十三条　供应商捏造事实、提供虚假材料或者以非法手段取得证明材料进行投诉的，由财政部门列入不良行为记录名单，禁止其1至3年内参加政府采购活动。

第七十四条　有下列情形之一的，属于恶意串通，对供应商依照政府采购法第七十七条第一款的规定追究法律责任，对采购人、采购代理机构及其工作人员依照政府采购法第七十二条的规定追究法律责任：

（一）供应商直接或者间接从采购人或者采购代理机构处获得其他供应商的相关情况并修改其投标文件或者响应文件；

（二）供应商按照采购人或者采购代理机构的授意撤换、修改投标文件或者响应文件；

（三）供应商之间协商报价、技术方案等投标文件或者响应文件的实质性内容；

（四）属于同一集团、协会、商会等组织成员的供应商按照该组织要求协同参加政府采购活动；

（五）供应商之间事先约定由某一特定供应商中标、成交；

（六）供应商之间商定部分供应商放弃参加政府采购活动或者放弃中标、成交；

（七）供应商与采购人或者采购代理机构之间、供应商相互之间，为谋求特定供应商中标、成交或者排斥其他供应商的其他串通行为。

第七十五条　政府采购评审专家未按照采购文件规定的评审程序、评审方法和评审标准进行独立评审或者泄露评审文件、评审情况的，由财政部门给予警告，并处2000元以上2万元以下的罚款；影响中标、成交结果的，处2万元以上5万元以下的罚款，禁止其参加政府采购评审活动。

政府采购评审专家与供应商存在利害关系未回避的，处2万元以上5万元以下的罚款，禁止其参加政府采购评审活动。

政府采购评审专家收受采购人、采购代理机构、供应商贿赂或者获取其他不正当利益，构成犯罪的，依法追究刑事责任；尚不构成犯罪的，处2万元以上5万元以下的罚款，禁止其参加政府采购评审活动。

政府采购评审专家有上述违法行为的，其评审意见无效，不得获取评审费；有违法所得的，没收违法所得；给他人造成损失的，依法承担民事责任。

第七十六条　政府采购当事人违反政府采购法和本条例规定，给他人造成损失的，依法承担民事责任。

第七十七条　财政部门在履行政府采购监督管理职责中违反政府采购法和本条例规定，滥用职权、玩忽职守、徇私舞弊的，对直接负责的主管人员和其他直接责任人员依法给予处分；直接负责的主管人员和其他直接责任人员构成犯罪的，依法追究刑事责任。

第九章　附　则

第七十八条　财政管理实行省直接管理的县级人民政府可以根据需要并报经省级人民政府批准，行使政府采购法和本条例规定的设区的市级人民政府批准变更采购方式的职权。

第七十九条　本条例自2015年3月1日起施行。

参考文献

[1] 王长城，姚欲群. 薪酬制度与管理［M］. 北京高等教育出版社，2002.

[2] 黄惠玲，郭晓红. 财务管理［M］. 北京：北京出版社，2007.

[3] 赵国忠，财务管理实务［M］. 北京：高等教育出版社，2004.

[4] 薛威，孙鸿. 物流企业管理［M］. 北京：机械工业出版社，2009.

[5] 高岩. 物流企业管理［M］. 北京：清华大学出版社，2009.

[6] 彭岩，高举红，罗宜美. 物流企业管理［M］. 北京：清华大学出版社，2009.

[7] 斯蒂芬·P·罗宾斯，玛丽·库尔特. 管理学［M］，孙健敏，等译. 北京：中国人民大学出版社，2003.

[8] 约翰·布里顿，杰弗里·高德. 人力资源管理［M］. 徐芬丽，等译. 北京：经济管理出版社，2005.

[9] 杨锡怀，冷克平，王江. 企业战略管理理论与案例［M］. 北京：高等教育出版社，2004.

[10] 孙明贵. 物流管理学［M］. 北京：北京大学出版社，2009.

[11] 邓明荣，张红，葛洪磊，等. 现代物流管理［M］. 北京：高等教育出版社，2005.

[12] 丁宁. 企业战略管理［M］. 北京：清华大学出版社，北京交通大学出版社，2005.

[13] 王操红. 知识型企业高绩效工作系统研究［D］. 厦门：厦门大学，2009.

[14] 田新华. 企业人力资源管理外包研究［D］. 厦门：厦门大学，2009.

[15] 李元勋. 我国中级职业经理人的选聘研究［D］. 厦门：厦门大学，2009.

[16] 朱文蔚. 我国上市公司高层管理人员人力资本定价研究［D］，厦门：厦门大学，2009.